U0615408

大连商品交易所
品种运行情况报告
（2016）

李正强　主编

中国金融出版社

责任编辑：陈　翎
责任校对：潘　洁
责任印制：裴　刚

图书在版编目（CIP）数据

大连商品交易所品种运行情况报告（Dalian Shangpin Jiaoyisuo Pinzhong Yunxing Qingkuang Baogao）. 2016/李正强主编. —北京：中国金融出版社，2017.6

ISBN 978 - 7 - 5049 - 9039 - 6

Ⅰ. ①大…　Ⅱ. ①李…　Ⅲ. ①期货市场—研究报告—大连—2016 Ⅳ. ①F832.5

中国版本图书馆CIP数据核字（2017）第122890号

出版
发行　中国金融出版社
社址　北京市丰台区益泽路2号
市场开发部　（010）63266347，63805472，63439533（传真）
网 上 书 店　http://www.chinafph.com
　　　　　　（010）63286832，63365686（传真）
读者服务部　（010）66070833，62568380
邮编　100071
经销　新华书店
印刷　北京市松源印刷有限公司
尺寸　170毫米×242毫米
印张　23.5
字数　302千
版次　2017年6月第1版
印次　2017年6月第1次印刷
定价　68.00元
ISBN 978 - 7 - 5049 - 9039 - 6
如出现印装错误本社负责调换　联系电话（010）63263947

大连商品交易所丛书
编委会

序言

20多年来，中国期货市场经历了从探索发展到规范运营、从量的扩张到质的提升的发展阶段，当前进入蓬勃发展时期。与之同步，大连商品交易所（以下简称大商所）创立于1993年，经历了创业、发展、整顿、再发展的成长过程，成功实现由农产品交易所向综合性交易所、由区域性市场向全国性、国际性市场的“两个转变”。截至2016年末，大商所上市了玉米、玉米淀粉、黄大豆1号、黄大豆2号、豆粕、豆油、棕榈油、鸡蛋、胶合板、纤维板、聚乙烯、聚氯乙烯、聚丙烯、铁矿石、焦煤、焦炭16个期货品种，覆盖农林牧、油脂、化工、能源、矿产等重要经济领域，初步形成多个产业链品种体系。大商所已成为全球最大的化工、焦煤、焦炭、铁矿石期货交易所和第二大农产品期货交易所。

随着上市品种数量逐步增加，市场结构持续优化，市场机制不断完善，大商所期货市场服务产业和实体经济的能力大幅提升。一是产业避险链条更加完善。大商所上市的16个期货品种形成了玉米、油脂油料、禽畜、木材、能源化工和煤焦矿六大产业链品种板块，为实体企业构建了完备的产业链避险体系。二是市场功能发挥水平不断提升。目前国内油脂油料行业中，70%的豆粕和棕榈油、40%的豆油等现货贸易采用大商所期货价格进行基差定价，90%以上的龙头企业参与大商所市场套期保值交易；焦炭、焦煤、铁矿石等品种的期现货价格相关性均在0.9以上，铁矿石期货价格与普氏价格指数相关性达到0.99，改善了铁矿石普氏指数定价模式，在国际贸易中开始传达出中国钢厂和贸易商的意见；化工品种期现基差相对稳定，行业主要生产、贸易企业也开始采用大商所期货价格进行基差价，管理市场风险。三是服务产业创新模式深入发展。大商所积极倡导和推动“银期合作”“保期合作”，支持产业企业、期货公司、保险公司等利用期货平台和工具深化合作，探索推出场外期权试点和“保险+期货”试点模式，其中“保险+期货”被写入了2016年中央一号文件，成为期货服务“三农”的典范。四是制度创新持续推出。大商所联合大型企业集团，助力中小微企业，逐步推出了立足于集团经营的“仓单串换”业务和“集团式交割制度”，为买方接货提供了更多的便利，极大地促进了产业链中下游的中小微企业参与期货交割，进一步推动了期货和现货市场的无缝对接，期货市场服务实体经济的能力和优势进一步深化。

大商所期货市场发展实践表明，我国期货市场经过多年的努力发展，功能稳定发挥，已成为国民经济发展不可或缺的重要一环。期货市场逐渐得到高层、监管机构和市场的普遍认可与重视，正步入快速发展的黄金时期。2012年8月，习近平总书记视察大连商品交易所时，勉励大商所要脚踏实地，大胆探索，努力走出一条成功之路，把大商所的发展提升到引领全球行业发展的全局战略高度。证监会主席刘士余2016年12月18日在大连商品交易所第六次会员大会上提到，我国已成为全球第二大经济体，中国经济已经高度融入国际市场，并正在进行高水平的双向开放，但期货市场的体量和质量与我国的实体经济规模和国际经济地位并不相称。为进一步发挥市场在资源配置中的决定性作用，建设大宗商品国际定价中心，必须从国家战略的高度进一步促进期货市场加快发展。

下一步，大商所将紧紧抓住当前发展的大好机遇，“撸起袖子加油干”，加大改革创新力度，进一步提升服务实体经济能力，积极推进大商所战略转型取得实质性突破。在此过程中，大商所将始终坚持服务实体经济的根本宗旨，持续建设公开透明的价格体系，支持产业企业更好地利用期货市场，加快建设国际化的大宗商品价格发现和风险管理中心；始终坚持市场“三公”原则，坚决维护市场正常秩序，坚决防范过度投机等市场风险，严肃查处违规交易行为；始终坚持市场创新与市场优化“两手抓”方针，加大新品种、新工具的研发创新力度，深入推进集团交割等业务管理创新，持续提升市场运行质量和效率；始终坚持共享发展理念，以交易所安全、平稳、高效运行取信于市场各方，努力实现交易所与市场各方的和谐发展。

北京大商所期货与期权研究中心有限公司此次组织编写的《大连商品交易所品种运行情况报告（2016）》，是对大商所16个上市期货品种的2016年市场运行情况、功能发挥情况及合约维护情况等方面的系统总结和评估梳理，并从产业角度深入分析了交易所上市期货品种的市场问题、发展前景及发展建议，对客观认识和评估大商所期货品种运行情况提供了重要的参考依据。借助此次图书出版的开放式平台，希望建立一个对大商所期货与期权品种服务实体经济和功能发挥的长效评估体系，同时，引导社会各方力量，共同探索我国期货市场服务实体经济的发展之路。

大连商品交易所理事长

2017年4月

前 言

当前，我国正处于新旧动能接续转换、经济转型升级的关键时期，市场要在资源配置中发挥决定性作用，这为我国期货市场创造了前所未有的发展机遇。期货市场具有价格发现、风险管理等基础性功能，是引领市场的“排头兵”，有助于为国家宏观调控提供服务，引导产业结构调整，提高整个社会资源配置效率和国际市场竞争力。然而，由于我国期货市场发展初期曾出现一些问题，损害了期货市场的形象，时至今日社会对期货市场及其功能的认识依然不足，甚至还存有一些疑惑和误解。

为加强对期货市场的认识和了解，厘清期货市场及品种合约发展中存在的问题，推动期货市场全面发展，北京大商所期货与期权研究中心有限公司（以下简称大商所研究中心）自2013年开始对大商所上市的期货品种进行总结回顾，分别从市场运行基本情况、功能发挥、合约及相关制度变迁等几个方面，全面记录了大商所各上市品种的发展历程，并展望其发展前景，还就发展中存在的问题提出具体工作思路。该研究工作已连续开展3年，以白皮书形式发文，今年首次作为图书出版，希望能为决策者、理论界和投资者提供一些有实践价值的参考。

《大连商品交易所品种运行情况报告（2016）》全书共分为17个章节，包括大商所期货市场运行总报告和16个期货品种运行分报告。每篇报告写作框架总体相同：第一部分首先介绍了期货品种在2016年的市场运行情况，包括成交量、持仓量变化情况，价格运行特点，投资者结构以及交割情况四个方面；第二部分对期货品种的功能发挥情况进行评估，并对期货市场功能发挥的最新案例进行总结；第三部分整理了年度内合约的最新维护和修改情况；第四部分从产业角度梳理了交易所各上市期货品种的发展前景、存在的问题和对策建议。

一个期货品种上市运行的背后，体现的是一个产业的发展与成长。在做好期货品种分析与产业研究的同时，大商所研究中心愿与各界携手，脚踏实地，大胆探索，努力为中国期货市场的发展和期货服务实体经济探索出一条路来。

编 者

2017年4月

Contents 目 录

报告一
大商所期货品种运行总报告（2016）

2016年，全球经济增长延续复苏疲弱态势，“黑天鹅”事件层出不穷，重大风险事件频频扰动全球经济金融体系，实体经济发展迫切需要加强市场风险管理。与此同时，2016年是我国供给侧结构性改革的攻坚之年，发展的着力点放在化解过剩产能、消化不合理库存、促进企业降本增效，努力增强企业自身活力和投资意愿等方面。在此背景下，作为全球第二大经济体和最大的商品贸易国，中国商品期货市场交易规模继续攀升，大商所期货品种交投活跃，不断发出预期信号，准确反映了国际形势、国家宏观经济政策和产业供需基本面的影响。

一、期货市场运行情况

（一）市场规模及发展情况

1. 成交、持仓持续攀升，市场规模突破新高点

2016年，国内经济下行压力有所缓解，经济逐步企稳，大商所期货市场成交、持仓规模持续上升，连创新高。受股市低迷、全球经济动荡影响，大规模资金流向大宗商品市场。大商所期货市场交易整体呈现量增价涨势头。全年期货成交量达15.37亿手[①]，同比增长

① 若无特别说明，本书中成交量和持仓量都采用单边统计口径。

37.73%；年末持仓量达525.99万手，同比小幅下跌1.23%，但仍处于历史高位。2016年大宗商品价格触底反弹，整体上行，成交额和持仓额大幅上涨，大商所期货品种全年成交额614 052亿元，年末持仓额1 947.9亿元，较2015年分别增长46.43%和15.82%（见图1-1）。

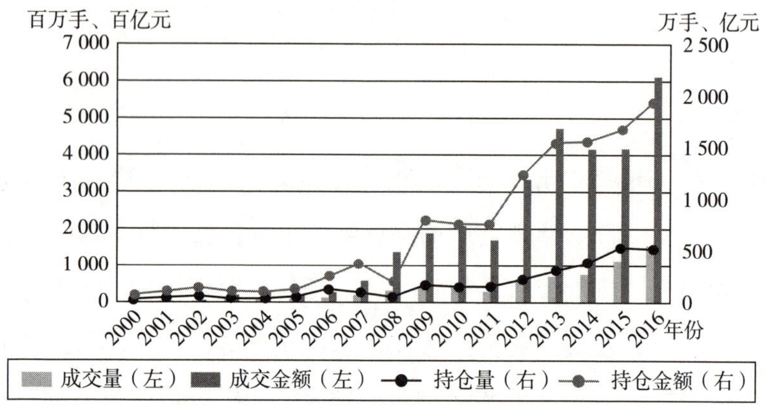

数据来源：大连商品交易所①

图 1-1 大商所 2000—2016 年期货成交、持仓规模变化情况

2. 农业品增长势头快于工业品

2016年，大商所工农期货品种继续保持增长势头。相比2015年，农业品成交持仓规模增幅快于工业品。其中，农业品量价齐增，全年成交量和持仓量创新高，分别为8.68亿手和407.41万手，同比增长45.64%和18.53%；成交额和持仓额高达29.93万亿元和1 259.3亿元，同比涨幅43.07%和22.27%；工业品的成交量和成交额继续保持增长，但持仓量同比下降，持仓金额小幅增长。2016年，工业品的成交量和成交金额分别为6.7亿手和31.48亿元，同比涨幅28.85%和49.76%；持仓量为118.59万手，同比下降37.20%；持仓金额688.57亿元，同比小幅增长5.63%（见图1-2、图1-3）。

① 如无特别说明，本书数据均来源于大连商品交易所。

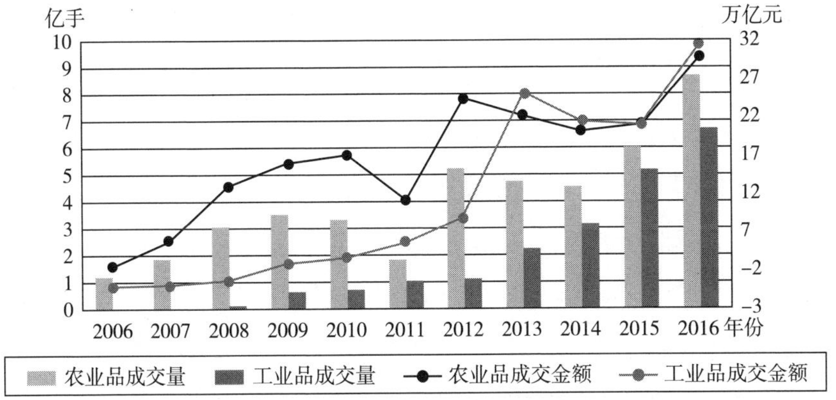

图 1-2　2006—2016 年大商所农业品和工业品成交规模变动情况

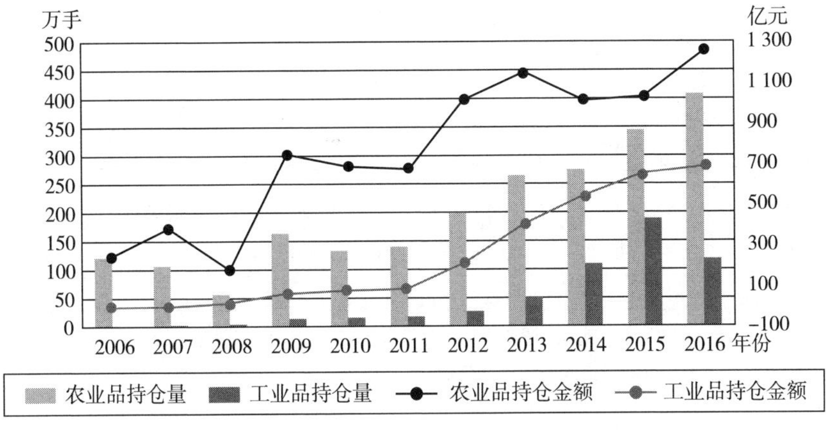

图 1-3　2006—2016 年大商所农业品和工业品持仓规模变动情况

3. 三大主要板块交易规模保持增长，玉米产业链增幅最为显著

2016年，大商所各板块发展差异较大，其中油脂油料和煤焦矿板块交易规模排在前列，玉米产业板块增幅最大，塑料板块成交规模萎缩而持仓规模保持增长，木材板块发展相对迟缓。分板块来看，油脂油料和煤焦矿板块成交量分别为65 544.2万手和43 380.4万手，同比分别增长27.9%和49.1%，成交额分别为25.9万亿元和22.3万亿元，同比分别增长37.0%和88.9%。油脂油料板块和煤焦矿板块的持仓量分别为229.1万手和71.7万手，同比分别增长9.3%和下降37.5%；持仓额分别为952.8亿元和484.7亿元，分别上涨24.6%和20.5%。由于2016

年初玉米实施收储制度改革，活跃度大幅上升，玉米品种成交量和成交额都大幅增长，分别为23 594.2万手和91 597.6亿元，同比分别增长181.3%和356.6%；持仓量分别为178.4万手和306.5亿元，同比分别增长33.0%和15.4%。塑料板块较2015年规模萎缩，成交量和成交额分别为21 228.3万手和40 231.8亿元，同比分别下降7.3%和56.3%；持仓量和持仓额分别为46.9万手和203.9亿元，同比分别下降36.7%和18.3%（见表1-1）。

表 1-1　　2016 年大商所期货品种分板块交易规模及变动情况

单位：万手、亿元

	成交量	同比	成交额	同比	持仓量	同比	持仓额	同比
油脂油料	65 544.2	27.9%	259 043.7	37.0%	229.05	9.26%	952.75	24.60%
煤焦矿	43 380.4	49.1%	223 175.2	88.9%	71.68	−37.52%	484.66	20.48%
玉米板块	23 594.2	181.3%	91 597.6	356.6%	178.35	33.03%	306.52	15.54%
塑料板块	21 228.3	−7.3%	40 231.8	−56.3%	46.90	−36.70%	203.91	−18.30%
木材板块	0.9	−96.5%	4.6	−96.3%	0.005	−51.00%	0.02	1.09%

注：油脂油料包括豆一、豆二、豆油、豆粕、棕榈油；煤焦矿包括铁矿石、焦煤、焦炭；玉米板块包括玉米、玉米淀粉、鸡蛋；塑料板块包括聚氯乙烯（PVC）、线性低密度聚乙烯（LLDPE）、聚丙烯（PP）；木材板块包括胶合板、纤维板。

4. 聚氯乙烯、焦煤、焦炭、玉米及玉米淀粉的成交均超过1倍

2016年，农业和工业供给侧改革逐步进入落实阶段，去产能、去库存政策推进，制度改革下市场供给变化引发市场价格大幅波动，聚氯乙烯、焦炭、玉米、焦煤和玉米淀粉变化尤为突出，成交增幅均在一倍以上，成交量分别为1 124.29万手，1 124.30万手、5 046.11万手、12 236.30万手、4 107.74万手和6 744.5万手，同比增长617.68%、222.18%、190.72%、161.53%和149.3%；政策效应明显提振价格，助推成交额大幅提升，聚氯乙烯、焦炭、玉米、焦煤和玉米淀粉的成交额分别为0.37万亿元、5.63万亿元、1.91万亿元、2.20万亿元和1.31万亿元，同比分别增长797%、328%、131%、272%和124%。

（二）期货价格运行规律分析

1. 玉米产业链期货品种价格全年先升后降

2015年，是我国玉米品种市场化改革元年，玉米取消了长达9年的临储制度，实行“价补分离”制度。2016年，改革效果初显，“镰刀弯”地区全年共削减玉米籽粒种植面积3 000万亩，从种植源头上减轻了市场供应压力。但在目前我国玉米产量多、库存高企、进口量大三量叠加形势下，市场仍面临强大的供给压力。近两年，我国玉米深陷政策市，在库存高企、需求低迷的情况下，其价格依然延续政策市。3月底，临储政策取消，价格开始进入市场化阶段，大大提振市场做空气氛，自3月底至4月初，玉米和玉米淀粉价格持续下跌，跌幅分别为8.5%和14.15%。鸡蛋在前期需求刺激下小幅上涨后也受政策影响开始回落，价格下跌9.64%。5—9月，玉米销售进度加快，优质玉米冲击陈粮市场以及前期价格下跌后反弹，价格得到支撑出现阶段性上涨，但后期市场预期供应压力仍存，加快价格下跌速度，玉米、玉米淀粉和鸡蛋均下跌10%左右，直至年底略有小幅回调。整体上玉米产业链全年呈先上升后下跌走势（见图1-4）。

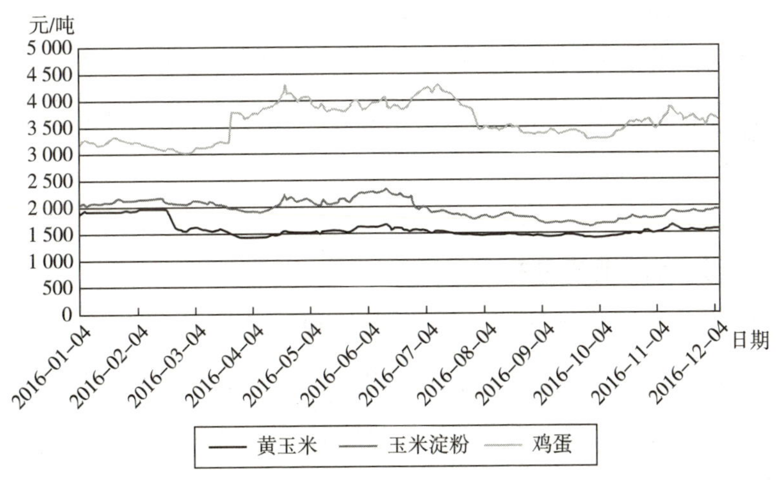

数据来源：Wind 数据库

图 1-4　2016 年玉米产业链价格走势图

2. 煤钢焦、油脂油料、塑料品种价格持续上升

2016年，煤钢焦、油脂油料和塑料品种迎来了一波上涨行情。以煤钢焦为例，国家实施供给侧结构性改革，推进煤炭及钢铁过剩产能企业去产能、去库存，煤炭和钢铁产能大幅缩减，加上房地产市场过热提振需求面，引发煤钢焦产业链价格持续上涨，年底焦煤、焦炭、铁矿石分别上涨112.07%、138.68和70.45%。

油脂油料品种价格上涨更多源于美豆出口需求和南美天气炒作影响，前期受美豆丰产压力与出口需求大增影响，多空力量相互博弈，在国内大豆需求上升指引下油料价格震荡向上。后期美豆丰产压力兑现，题材炒作转移到南美天气，在南美天气利多下油料价格持续上涨，年末大豆、豆粕价格分别上涨18.76%和20.51%。油脂品种，一方面，国内原料价格上涨推高豆油价格，另一方面，马来西亚棕榈油进入减产周期，产量和出口量大幅锐减，在国内豆油正值需求旺季时急需补库，促使油脂类价格上涨。年末棕榈油和豆油价格分别上涨29.10%和23.37%。

塑料品种，2016年在原料电石供应趋紧、严格的超限规定以及运输成本不断提高下PVC价格大幅拉升，全年上涨28.84%。而PP和PE主要受前期价格频繁走强、石化不断拉涨、市场货紧以及下游对原料需求的配合诸多因素的影响，价格走高，全年上涨23.04%和51.94%（见图1-5、图1-6）。

（三）市场结构分析

1. 法人客户占比上升，投资者结构日趋合理

2016年，大商所客户总数达到276.19万户，同比增长近16.9%，继续创历史最高纪录。其中，参与交易的客户达65.84万户，同比增长18.95%，法人客户1.26万户，占参与交易客户数的1.91%；2016年全年法人客户占比提高，较2015年占比1.73%有所提升，法人占比为历

年来最高水平，投资者结构更趋于合理化，市场交易稳定性增加（见图1-7）。

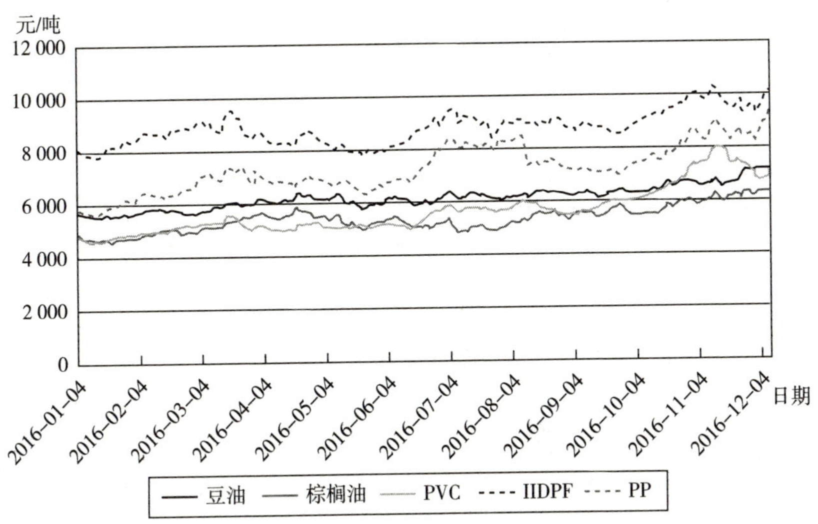

数据来源：Wind 数据库

图 1-5　2016 年油脂和化工板块期货价格走势

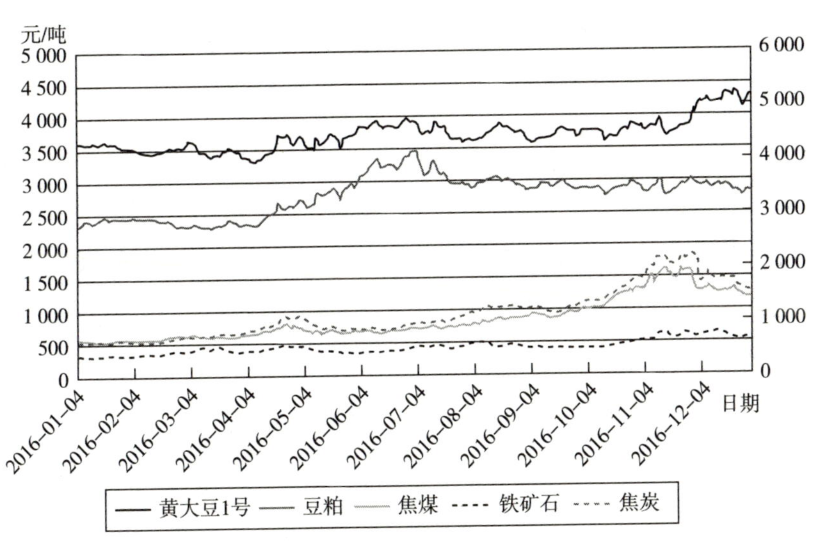

数据来源：Wind 数据库

图 1-6　2016 年油料和煤焦矿期货价格走势

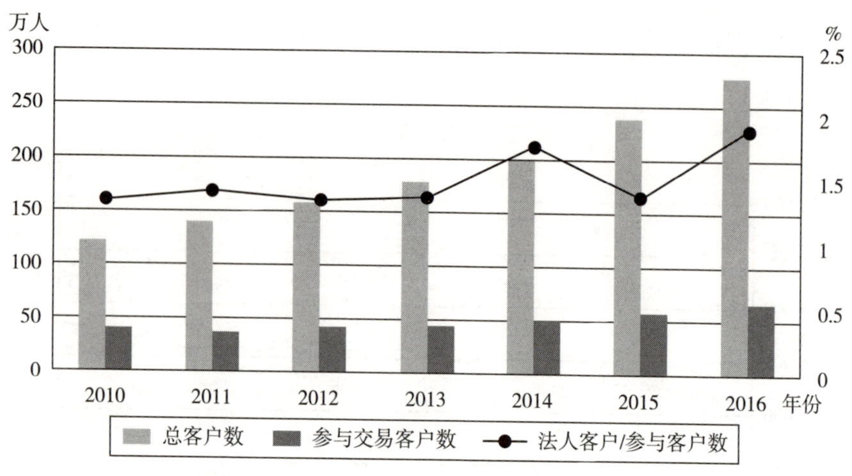

图 1-7 2010—2016 年大商所交易客户数及结构变化情况

2. 焦煤、焦炭、玉米、玉米淀粉、聚氯乙烯品种参与客户数大幅增加

不同品种对不同投资者吸引力不同，投资者更倾向于投资活跃、走势明显的品种。2016年，供给侧改革发力，焦煤、焦炭产能下调进度大幅推进，煤焦、钢铁基本面发生转变，价格波动剧烈，加强了产业客户套保操作和机构客户投机、套利操作，参与者大幅提升。其中，焦煤、焦炭参与交易总人数上涨546%和571.73%，法人客户参与交易增长802.95%和862.12%，持仓客户增长6 782.34%和7 151.06%；玉米、玉米淀粉和聚氯乙烯继2015年交易逐步活跃后持续受到法人和市场普遍关注，客户参与交易逐渐增多，2016年法人交易数增长分别为765.02%、889.13%和1 143.37%，持仓客户增长分别为5 829.29%、3 603.28%、9 004.08%（见表1-2）。

表 1-2 2016 年大商所各品种投资者结构列表

单位：户

项目 品种	参与客户数		法人客户数		持仓客户数	
	2016 年	同比增减	2016 年	同比增减	2016 年	同比增减
豆二	414	-26.20%	23	27.78%	253	2 711.11%

续表

项目 品种	参与客户数		法人客户数		持仓客户数	
	2016 年	同比增减	2016 年	同比增减	2016 年	同比增减
豆粕	1 836 857	394.66%	39 595	594.89%	1 246 800	3 763.29%
豆一	539 441	311.55%	16 786	587.39%	315 581	3 990.49%
豆油	806 957	278.23%	31 123	572.49%	503 063	2 975.90%
鸡蛋	684 375	285.14%	18 412	548.08%	446 145	3 741.11%
胶合板	1 698	−85.08%	49	−88.99%	1 007	11 088.89%
焦煤	656 098	546.55%	23 558	802.95%	410 050	6 782.34%
焦炭	723 610	571.73%	30 759	862.12%	488 649	7 151.06%
聚丙烯	773 018	360.63%	30 341	659.47%	459 106	3 531.31%
聚氯乙烯	194 815	572.45%	8 256	1143.37%	118 171	9 004.08%
聚乙烯	744 531	292.04%	30 493	581.26%	444 038	3 060.19%
铁矿石	1 469 912	505.62%	38 939	692.57%	1 071 028	3 583.17%
纤维板	337	−93.52%	27	−72.45%	211	1 218.75%
玉米	1 049 308	555.11%	25 449	765.02%	785 216	5 829.29%
玉米淀粉	667 303	521.53%	20 109	889.13%	427 433	3 603.28%
棕榈油	32 465	−86.31%	1 085 437	23 724.34%	677 573	3 237.80%

（四）交割特点分析

1. 各品种交割量有所提升，交割率保持稳定

2016年大商所新增设仓库、厂库，仓库数量增加为交割提供有利的基础。2016年全年大商所各期货品种交割总量达450.03万吨，较上年大幅提升近10倍，为历史交割最高水平。从交割量来看，玉米、棕榈油、豆油交割量在16个品种中交割量最大，分别为3.54万手、2.91万手、1.23万手。豆二、胶合板、纤维板全年交割量最小，豆二全年无交割，胶合板和纤维板全年交割量分别为0.0018万手、0.003万手，主要由于该三个品种交易量小、交割需求也小。从交割率看，与2015年状况一样，由于纤维板、胶合板和聚氯乙烯较其他交易活跃品种交割量和成交量都较小，因此稳居交割率前三位，分别为4.23%、0.22%和0.09%，纤维板的交割率遥遥领先（见图1-8）。

2. 参与交割客户集中于上海、浙江等地

2016年，从交割省份看，上海、浙江、江苏、辽宁、北京、吉林、山东、广东8省的总交割量较大，占比达88.99%，交割集中地仍集中于华东、华中地区，华南地区以广东为主。其中全国范围内江苏省交割量显著增大，从2015年排名第五位升至第三位，交割量增长33.76%。因交通和地理位置优势，同上海和浙江省基本形成以长三角地区为轴心的交割集中地，总交割量占据全国交割量的一半（见图1-9）。

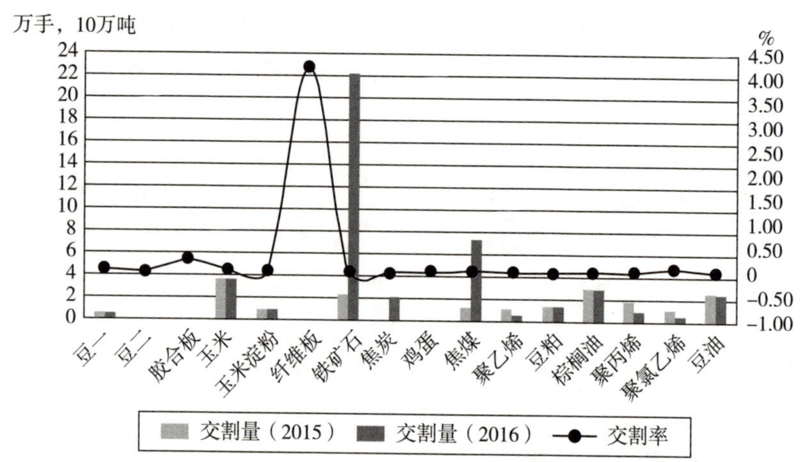

注：其中，胶合板、纤维板的交割单位是“万手”“十万张”。

图 1-8　2016 年大商所期货品种交割量与交割率情况

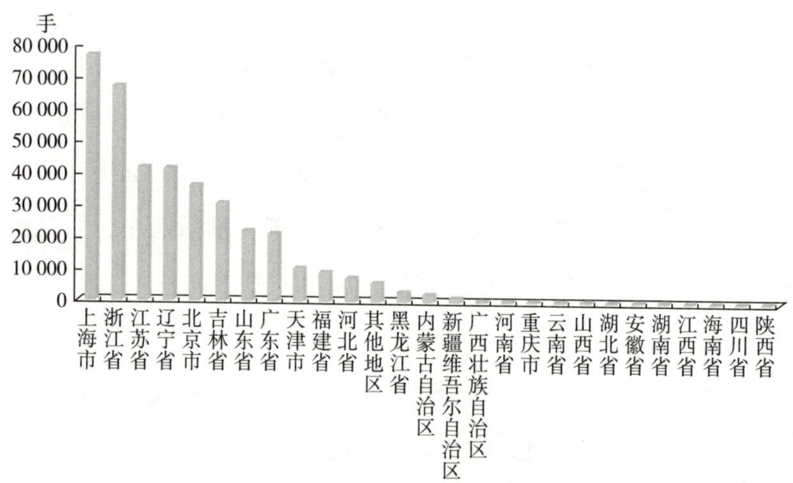

图 1-9　2016 年大商所期货品种交割客户地区分布情况

二、期货市场功能发挥情况

（一）价格发现功能分析

1. 期现价格相关性整体水平较高，有利于价格发现功能发挥

2016年，大商所期货品种期现价格相关性仍保持较高水平，价格发现功能作用进一步增强。在16个期货品种中，期现相关性在0.9以上的期货品种达8个，且存在期货价格引导现货价格或期现价格相互引导的关系。其中，豆一期现价格相关系数较上年有明显提高，由0.1升至0.41，增长近3倍。相比之下，玉米产业因实施收储制度改革，市场主体在摸索中适应市场定价，买卖双方不断博弈，导致期现货价格走势多有脱节，相关性下降（见表1-3）。

表 1-3　2015—2016 年大商所各品种期现价格相关系数列表

品 种	2015 年	2016 年	增减
玉 米	0.76	0.61	−0.20
玉米淀粉	0.93	0.57	−0.39
豆 一	0.66	0.41	3.10
豆 粕	0.87	0.9	0.05
豆 油	0.97	0.95	0.48
棕榈油	0.9	0.92	−0.04
胶合板	−0.10	0.055	0.155
纤维板	0.04	0.196	0.156
鸡 蛋	0.05	−0.34	−7.80
铁矿石	0.90	0.97	0.08
焦 炭	0.96	0.95	−0.01
焦 煤	0.96	0.95	0.00
LLDPE	0.90	0.87	0.00
PVC	0.94	0.96	0.02
PP	0.92	0.95	0.03

2. 期货价格运用正在普及

从各行业看，在我国油脂油料行业中，70%的棕榈油和豆粕以及

40%的豆油等现货贸易均已采用大商所相关价格进行基差定价。铁矿石期货价格已成为相关现货生产贸易、基差定价、指数编制和衍生品交易的重要参考，并对普氏价格指数产生实质性影响。尽管目前由于化工企业贸易习惯等原因，化工企业利用期货价格进行基差定价的比例还较低，但化工类品种的期货价格已成为其生产经营中的重要参考因素。

（二）套期保值功能分析

1. 期货品种普遍出现正基差，套期保值效率明显提高

受国内外经济形势影响，2016年大商所各期货品种价格以涨为主，期货价格上涨幅度小于现货市场，导致15个期货品种持续出现正基差现象，较上年增加3个品种。从套期保值效率看，各品种效率提高，但16个品种的套保效率排名与上年一致。其中，套保效率最高的6个品种与上年相同，其中三个农产品期货（豆粕、棕榈油、豆油）位列前三名，三个工业品期货（铁矿石、PVC和聚丙烯）位列第四、第五、第六名（见图1-10）。

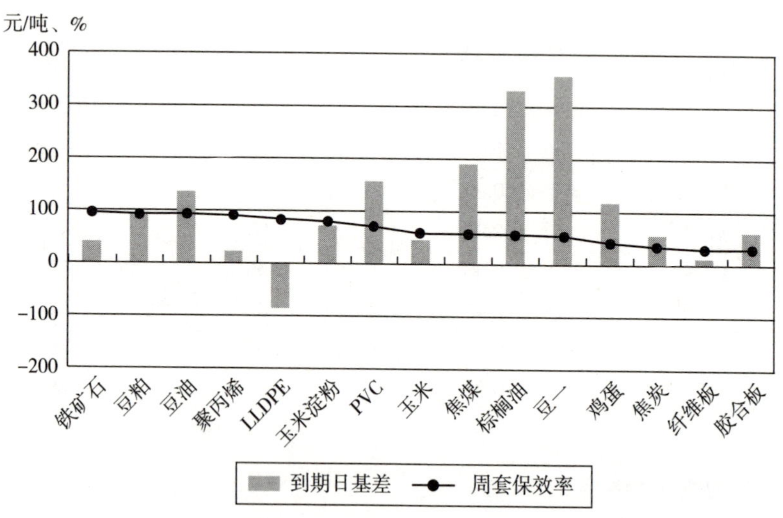

图 1-10 2016 年大商所各品种套保效率与基差均值情况

2. 产业客户覆盖面不断提升

我国涉农企业参与期货市场的水平逐步提高，但细分行业有所差别。油脂油料企业参与期货市场程度和水平最高，参与比例达到60%左右；饲料企业因对豆粕的需求，也紧跟油脂油料企业之后，参与和利用期货市场的水平大幅提高；深加工企业的原料主要源自国内，但随着国际替代品大量进口，来自国际市场的风险与日俱增，深加工企业不仅关注国内外期货市场，也积极参与其中，但参与程度和操作能力还是低于油脂油料、饲料行业和贸易企业。根据2016年大商所期货品种功能评估数据，油脂油料和玉米淀粉期货的产业客户参与度达50%以上，焦煤、焦炭、聚丙烯在工业品中的参与度较高，为30%~40%，其他品种参与度还有待提高。

三、制度与规则调整

2016年，大商所以市场稳健运行准则为基准，继续加大业务创新力度，调整相关制度与规则，推动市场健康平稳发展。

（一）相关合约调整

1. 调整合约手续费

2016年，为抑制市场投机过热，防范金融风险，大商所对交易合约手续费标准进行部分调整。（1）调整主要集中于交易活跃的4月22日至4月28日。铁矿石自4月22日起手续费标准逐步上调，分别为成交金额的万分之0.6（4月22日）、万分之0.9（4月25日）、万分之1.8（4月26日）、万分之3（4月27日）；焦煤、焦炭品种手续费标准也同步上调，分别为万分之0.6（4月22日）、万分之1.8（4月26日）、万分之3.6（4月27日）、万分之7.2（4月28日）；聚丙烯手续费标准分别为万分之0.9（4月25日）、万分之1.8（4月27日）、万分之2.4

（4月28日）；黄大豆1号和线性低密度聚乙烯品种自4月26日起，同一合约当日先开仓后平仓交易不再减半收取手续费，手续费标准恢复至2元/手。（2）其他月份，各品种手续费调整较少，主要为焦炭、焦煤、铁矿石和聚丙烯品种5月10日非日内交易手续费标准调整为成交金额的万分之0.6，同一合约当日先开仓后平仓交易手续费标准维持不变；5月16日，豆粕、玉米淀粉品种同一合约当日先开仓后平仓交易不再减半收取手续费，手续费标准恢复至1.5元/手。同时，豆油、棕榈油品种同一合约当日先开仓后平仓交易不再减半收取手续费，手续费标准恢复至2.5元/手。9月30日，对黄大豆1号、黄大豆2号、豆粕、豆油、棕榈油、玉米、线性低密度聚乙烯、聚氯乙烯8个品种合约进行了修改，取消其中的交易手续费条款。

2. 调整涨跌停板幅度和最低交易保证金

据统计，为防范市场大幅波动风险，促进理性投资，大商所2016年先后共调整涨跌停板和最低交易保证金16次。其中，根据《大连商品交易所风险管理办法》调整10次，分别为：2016年3月9日结算时起，大商所将铁矿石品种涨跌停板幅度调整至6%，最低交易保证金标准调整至7%。2016年4月18日结算时起，大商所将焦炭、焦煤品种涨跌停板幅度调整为6%，最低交易保证金标准调整为8%。2016年4月25日结算时起，将豆一、豆粕、玉米、玉米淀粉、聚氯乙烯品种涨跌停板幅度调整至5%，最低交易保证金标准调整至7%，聚乙烯、聚丙烯最低交易保证金标准调整至7%，铁矿石品种最低交易保证金标准调整至8%。2016年4月29日结算时起，将焦炭、焦煤品种涨跌停板幅度调整至7%，最低交易保证金标准调整至9%。自2016年8月17日结算时起，大商所将聚丙烯1609合约最低交易保证金标准调整至10%。自2016年11月8日结算时起，焦炭、焦煤品种最低交易保证金标准提高至11%，涨跌停板幅度调整至9%。自2016年11月9日交易时夜盘起，焦炭和焦煤品种非日内交易手续费标准由成交金额的万分之0.6提高至万分之1.2，日内交易手续费标准维持成交金额的万分之7.2不变。自2016年11月10日结算时起，焦炭、焦煤品种最低交易保证金标准提高至13%；11月11日，两者最低交易保证金标准又提高至15%，夜盘铁矿石品种非日内交易手续费标准由成交金额的万分之0.6调整为成交金额的万分之1.2，日内交易手续费标准维持成交金额的万分之3不变。2016年11月28日结算时起，大商所将铁矿石品种涨跌停板幅度调整至8%，最低交易保证金标准调整至10%。

对于节假日前后的涨跌停板和最低保证金制度先后调整6次，见表1-4。

表 1-4　　2016 年节假日大商所期货合约涨跌停板制度和最低保证金制度调整

时间	通知名称	调整措施
2016/1/28	关于 2016 年春节期间调整各品种最低交易保证金标准和涨跌停板幅度及夜盘交易时间的通知	自 2016 年 2 月 4 日结算时起，将黄大豆 1 号、黄大豆 2 号、豆油、棕榈油、豆粕、玉米、玉米淀粉、焦煤、焦炭、聚乙烯、聚氯乙烯和聚丙烯品种涨跌停板幅度和最低交易保证金标准分别调整至 6% 和 8%；将铁矿石品种涨跌停板幅度和最低交易保证金标准调整至 7% 和 9%；鸡蛋、胶合板和纤维板品种涨跌停板幅度和最低交易保证金标准维持不变。
		2016 年 2 月 15 日恢复交易后，自各品种持仓量最大的两个合约未同时出现涨跌停板单边无连续报价的第一个交易日结算时起，铁矿石、聚乙烯、聚丙烯品种涨跌停板幅度和最低交易保证金标准分别恢复至 5% 和 6%；其余各品种（除鸡蛋、纤维板和胶合板）涨跌停板幅度和最低交易保证金标准分别恢复至 4% 和 5%。
2016/3/24	关于 2016 年清明节期间调整各品种最低交易保证金标准和涨跌停板幅度及夜盘交易时间的通知	自 2016 年 3 月 31 日结算时起，将铁矿石、聚乙烯、聚丙烯和聚氯乙烯涨跌停板幅度和最低交易保证金标准分别调整至 7%、9%；其他品种涨跌停板幅度和最低交易保证金标准维持不变。
		2016 年 4 月 5 日，在铁矿石、聚乙烯、聚丙烯和聚氯乙烯持仓量最大的两个合约未同时出现涨跌停板单边无连续报价的第一个交易日结算时起，将铁矿石品种涨跌停板幅度和最低交易保证金标准分别恢复至 6%、7%；将聚乙烯和聚丙烯品种涨跌停板幅度和最低交易保证金标准分别恢复至 5%、6%；将聚氯乙烯品种涨跌停板幅度和最低交易保证金标准分别恢复至 4%、5%。

续表

时间	通知名称	调整措施
2016/5/31	关于2016年端午节期间调整各品种最低交易保证金标准和涨跌停板幅度及夜盘交易时间的通知	自2016年6月7日结算时起，将豆粕和铁矿石涨跌停板幅度调整至7%，最低交易保证金标准调整至9%；其他品种涨跌停板幅度和最低交易保证金标准维持不变。2016年6月13日恢复交易后，将豆粕和铁矿石品种涨跌停板幅度和最低交易保证金标准分别调整至6%和8%。
2016/9/6	关于2016年中秋节放假期间调整各品种最低交易保证金标准和涨跌停板幅度及夜盘交易时间的通知	自2016年9月13日结算时起，将豆油和棕榈油涨跌停板幅度调整至5%，最低交易保证金标准调整至7%；其他品种涨跌停板幅度和最低交易保证金标准维持不变。
		2016年9月19日恢复交易后，自豆油和棕榈油持仓量最大的两个合约未同时出现涨跌停板单边无连续报价的第一个交易日结算时起，将上述两个品种涨跌停板幅度和最低交易保证金标准分别恢复至4%和5%。
2016/9/22	关于2016年国庆节放假期间调整各品种最低交易保证金标准和涨跌停板幅度及夜盘交易时间的通知	自2016年9月29日结算时起，将棕榈油涨跌停板幅度和最低交易保证金标准分别调整至8%和10%；其余各品种（鸡蛋、胶合板和纤维板除外）涨跌停板幅度和最低交易保证金标准分别调整至7%和9%，焦煤、焦炭维持现行水平不变。
		2016年10月10日恢复交易后，自各品种持仓量最大的两个合约未同时出现涨跌停板单边无连续报价的第一个交易日结算时起，将豆油、豆粕、棕榈油涨跌停板幅度和最低交易保证金标准分别调整至5%和7%，其余各品种涨跌停板幅度和最低交易保证金标准分别恢复至9月29日结算前标准。
2016/12/22	关于2017年元旦期间调整相关品种最低交易保证金标准和涨跌停板幅度的通知	自2016年12月29日结算时起，将铁矿石品种涨跌停板幅度和最低交易保证金标准分别调整至11%和13%；将聚丙烯品种涨跌停板幅度和最低交易保证金标准分别调整至7%和9%；其他品种涨跌停板幅度和最低交易保证金标准维持不变。
		2017年1月3日恢复交易后，自各品种持仓量最大的两个合约未同时出现涨跌停板单边无连续报价的第一个交易日结算时起，铁矿石品种涨跌停板幅度和最低交易保证金标准分别恢复至8%和10%；聚丙烯品种涨跌停板幅度和最低交易保证金标准分别恢复至5%和7%。

（二）交割制度调整

1. 实施保税交割制度

2016年2月5日，为推进期货市场国际化，促进市场功能发挥，大商所在铁矿石期货品种上实施保税交割制度，并修改相关业务规则。自铁矿石合约起开始施行。其中，铁矿石期货保税交割结算价等公式中的“相关费用”，即商品进口报关、报检及代理服务费，暂定为1元/吨。

2. 调整部分品种交割仓库

2016年，大商所调整了部分品种的交割仓库。（1）对于玉米淀粉，设立1家基准交割厂库，2家非基准交割库，并增设黑龙江省、吉林省和内蒙古自治区为玉米交割区域；（2）对于铁矿石，共设立4家基准指定交割仓库，设立3家非基准指定交割厂库，取消1家基准指定交割厂库，设立3家基准指定交割厂库，调整1家指定交割厂库。（3）对于线型低密度聚乙烯、聚丙烯、聚氯乙烯，设立3家线型低密度聚乙烯指定交割仓库，取消1家备用指定交割仓库；聚丙烯设立3家指定交割仓库，2家非指定基准交割仓库；聚氯乙烯设立3家非指定交割仓库。（4）对玉米淀粉、豆油、棕榈油、鸡蛋品种指定交割仓库进行调整。玉米淀粉设立1家基准指定交割仓库，2家非基准指定交割仓库，恢复1家豆油、棕榈油交割仓库，暂停1家棕榈油基准指定交割仓库，取消1家鸡蛋基准指定交割仓库。（5）对于焦炭，设立4家焦炭指定交割厂库，取消1家焦炭指定交割厂库。

3. 调整标准仓单最大量

2016年4月，大商所对焦炭品种部分交割厂库的标准仓单最大量进行调整，交割厂库的标准仓单最大量和日发货速度都有所提高。

（三）仓单规则调整

1. 开展新一期油粕品种仓单串换试点

2016年9月9日，为促进油粕期货市场功能有效发挥，为客户提供更加便利的交割服务，在总结前期油粕品种仓单串换试点经验的基础上，大商所与各大集团联合推出新一期豆粕、豆油和棕榈油仓单串换试点，进一步完善仓单串换费用的设计方案，降低串换成本，并增加第三方信息机构数量，完善油粕品种报价体系。

2. 修改标准仓单管理办法

2016年10月11日，为降低期货交割成本，提高交割效率，大商所对《大连商品交易所标准仓单管理办法》进行了修改，分时间段下调在铁矿石出库时货主未按规定速度和时间提货向厂库支付滞纳金的标准，并进一步明确滞纳金的计算方法，并将规则修正案予以发布，修改后的规则自I1703合约起开始施行。

四、2017期货市场运行展望

2017年，世界经济依然面临多重挑战，全球潜在增长率下降，金融市场更加脆弱，美国正在成为世界经济不稳定的来源，贸易投资增长乏力，反全球化趋势日益明显。从整体看，2017年世界经济增长形势依然不容乐观。相比之下，2017年中国经济的良好开局，进一步强化了2016年经济运行中已经出现的亮点和趋势。同时，2017年也是中国“十三五”规划细则落地的重要一年，供给侧结构性改革的全面深化之年。随着积极财政政策发力、改革攻坚力度的加大、新的制度红利不断释放，中国经济增长形势将持续向好。大商所应审时度势，抓住机遇，坚持“保稳定、抓管理、促转型”的工作方针，按照“五个始终坚持”“三个取信”的要求，积极践行交易所的愿景、使命和价值观，在维护市场平稳运行的基础上，以豆粕期权上市、铁矿石国际化、场外市场建设为重点，稳步加快交易所战略转型，着力推动期货市场更好地服务实体经济。

报告二
玉米期货品种运行报告（2016）

2016年我国取消了连续执行9年的玉米临储收购政策，玉米价格跌至近十年来的最低价，与进口玉米的价格逐渐接近，并且与玉米替代品——小麦、高粱、大麦等农产品的成本相比，国产玉米的价格优势开始显现，玉米需求逐渐恢复。伴随着玉米市场化进程的推进，玉米期货市场的活力逐渐回升，2016年玉米期货持仓量创历史新高，玉米期货市场对资金的吸引力大大提高，充分发挥了价格发现以及规避风险的功能。政策上，国家大力推进种植业结构调整以及玉米临储政策改革，但玉米大库存格局持续存在依旧毋庸置疑，市场价格底部运行可能成为新常态。改革大局之下的2017年玉米市仍将继续承压，中国玉米去库存依旧任重而道远。

一、玉米期货市场运行情况

（一）市场规模及发展情况

1. 玉米期货市场活跃度继续增加

随着玉米市场化进程的推进，2016年玉米期货成交量继续放大，多方参与市场的积极性继续增加。从全年成交情况来看，2016年玉米全年的成交量和成交金额与2015年相比分别增长了190.72%和130.8%。从月度成交状况来看，3月、4月、7月、11月、12月超过了1 000万手。其中，成交量最高的月份是11月，成交量达1 582.83

万手，成交金额为2 484.48亿元，分别环比增长72.84%和84.23%，分别同比增长51.84%和28.14%。成交量最低的月份是1月，成交量达485.55万手，成交金额为877.54亿元，分别环比下降29.91%和46.74%，但是分别同比增长825.39%和591.68%。无论是从全年整体来看，还是从单月分开来看，2016年的成交活跃度都比2015年有了不同程度的提升。与此同时，玉米成交量在大商所整体成交量的占比也节节攀升，从1月的4.22%一直上涨到12月的12.56%。但是由于2016年，大宗商品价格整体走强，而玉米价格走势偏弱，所以成交金额占比并未有显著提升（见图2-1）。

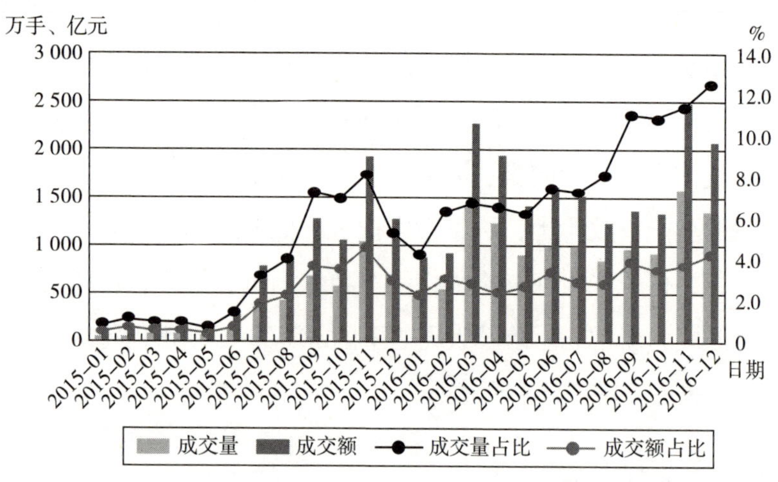

注：成交量占比 = 成交量 / 大商所成交量；成交额占比 = 成交额 / 大商所成交额。

图 2–1 2015—2016 年玉米期货成交情况

2. 玉米期货持仓规模再创新高

玉米期货市场除了成交量突飞猛进的增长之外，持仓量也再创新高。2016年玉米的年末持仓量117.1万手，同比增长34.79%，再创新高，占大商所年末商品持仓量的22.26%，较上年增加5.95个百分点。

从月度持仓情况来看，持仓量最大的月份是9月，持仓量和持仓金额分别达到150.0万手和209.25亿元，分别环比增长6.87%和2.09%，分别同比增长48.79%和13.49%，在大商所的持仓占比和持仓金额占比分别为28.88%和9.75%。持仓量最小的月份是5月，持仓量和持仓金额分别为81.16万手和133.15亿元，持仓量环比减少3.28%，同比增长364.83%，但由于玉米期价在5月出现上涨，因此持仓金额环比增加0.73%，同比增加218.92%，在大商所的持仓占比和持仓金额占比分别为13.65%和6.59%。

玉米期货的持仓量在2016年的表现为继续平稳增加，并且再创新高。但是持仓金额同样由于2016年，大宗商品价格整体走强，而玉米价格走势偏弱，持仓金额占比并未出现增加（见图2-2）。

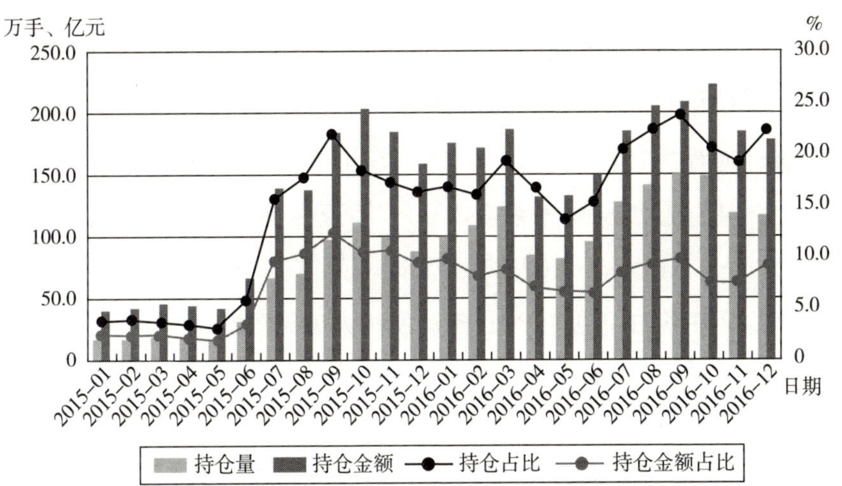

注：月末持仓占比 = 月末持仓量 / 大商所月末持仓量；月末持仓金额占比 = 月末持仓金额 / 大商所月末持仓金额。

图 2-2　2015—2016 年玉米期货持仓情况

（二）期现货市场价格走势

1. 期货价格重心下移，波幅加剧

2016年是取消连续执行9年的临储收购政策的第一年，玉米期现货价格达到了近十年来的最低价，全年呈现出震荡走低的态势，但是期价波幅较2015年有所放大，并且期货价格跌幅明显大于现货价格，

在年末期现货价差逐渐收窄。1—3月，市场仍在继续消化取消临储政策的利空因素，玉米活跃合约期价从1 829元/吨跌至1 518元/吨，跌幅达17%。随着4月底2015年/2016年度临储收购的结束，市场优质粮源出现紧缺，玉米期价从4月至6月中旬出现了一波反弹，期价从最低1 500元/吨涨至1 700元/吨，涨幅达13.3%。但是国家为了消化巨量玉米临储库存，加大抛储的力度，新增了超期储存和蓆茓囤储存玉米的拍卖以及“分贷分还”形式的临储拍卖，再叠加下游需求萎靡，玉米期价又从6月中旬的1 700元/吨跌至9月底的1 385元/吨，跌幅达18.5%。十一长假过后，玉米价格超跌、全国公路查处超载以及煤炭运输升温导致其他货物运输紧张，再叠加阴霾、小雨天气阻碍北粮南运，多因素共振，共同刺激玉米价格的反弹，玉米期价从10月的1 433元/吨涨至11月中旬的1 624元/吨，在1个半月的时间里，期价涨幅达11.8%。随后，伴随着新粮上市直到年底，玉米期价维持区间震荡态势。

从月度波动区间来看，2015年玉米期货月度波动区间为（-11.2%，3.6%），2016年玉米期货月度波动区间为（-15.2%，5.7%），2016年的波幅较2015年有所扩大（见图2-3）。

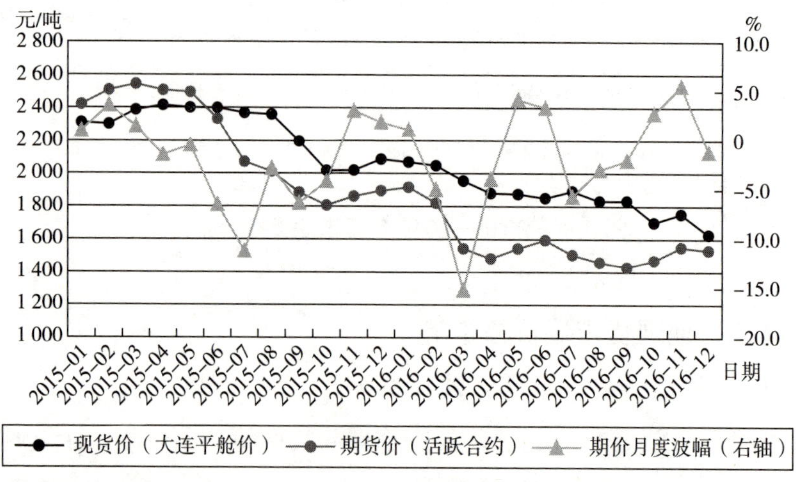

数据来源：Wind 数据库

图 2-3 2015—2016 年玉米期货市场价格变动情况

2. 玉米现货价格明显低于其他饲料作物

2016年玉米价格持续震荡走低，从国内的层面来看，与其他饲料作物价格走势相比出现分化。2016年/2017年度新玉米价格已跌至10年前水平，但其他饲料作物价格走势却呈现偏强态势。例如，与普通小麦之间的价差最高差了1 000元/吨左右，但往年正常价差范围是200~500元/吨，两者背离较为严重，与豆粕、DDGS相比，国产玉米的价格优势也开始显现，逐渐挤占小麦及玉米替代品市场，致使玉米的需求渐渐转好。

从各个品种2016年全年涨跌数据来看，玉米大连平舱价从2 110元/吨跌至1 520元/吨，跌幅为28%；豆粕现货价从2 628.79元/吨涨至3 516.97，涨幅为33.79%；小麦现货价从2 315元/吨涨至2 565.71元/吨，涨幅为10.8%；DDGS现货价从1 555.56元/吨涨至2 111.44元/吨，涨幅为35.7%，仅玉米现货价格在2016年走跌（见图2-4）。

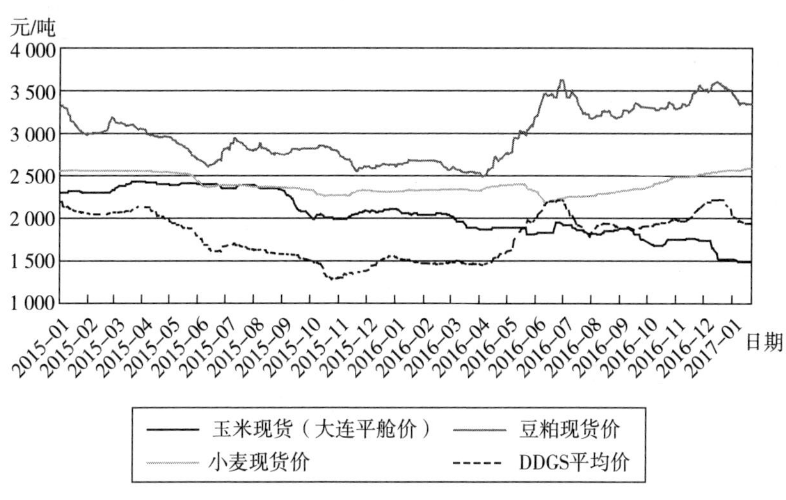

数据来源：Wind 数据库

图 2-4 2015—2016 年玉米期现货市场价格走势

3. 国内玉米与进口玉米接轨

2016年两会期间，农业部部长韩长赋提到农业供给侧也要进行结构性的调整和改革，其中一点是通过改革推动农业转型升级，提高我们农业的质量、效益和竞争力，配合2015年《“镰刀弯”地区玉米结构调整规划》，市场预期国内玉米价格将与国际接轨。

由于国内玉米市场连续执行了9年的临储收购政策以及12年的进口配额制，国内玉米市场是一个较为封闭的市场，国内玉米价格从2013年7月开始高于国际价格，直至2016年取消临储收购政策，国内玉米价格才逐渐向国际玉米价格靠拢。

2016年，国内蛇口港玉米价格从1月2 230元/吨震荡跌至12月1 620元/吨，跌幅27.35%。玉米进口到岸完税价从1月1 509元/吨震荡走强至12月1 747元/吨，涨幅15.9%。从现货价格来看，直至2016年12月，国内港口价格开始低于进口到岸完税价（见图2-5）。

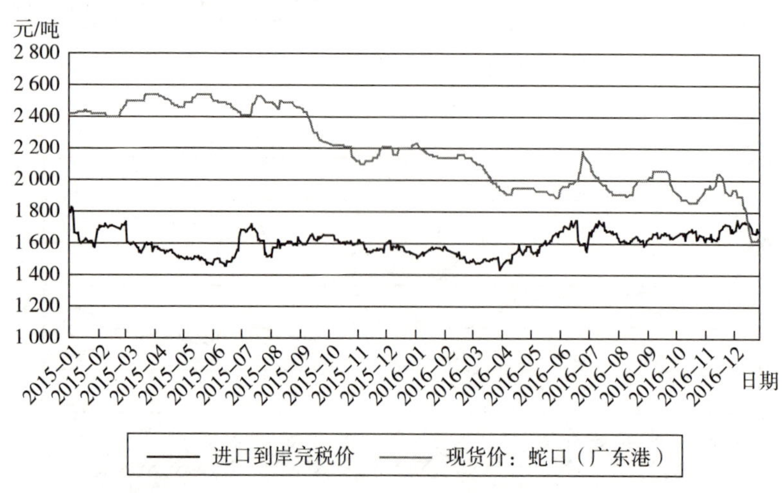

数据来源：Wind 数据库

图 2-5 国内外玉米价格比较

（三）期货交割情况分析

1. 交割规模名列前茅，交割客户集中在东北

2016年，玉米累计交割量3.54万手（折合35.4万吨），累计交割金额6.37亿元，参与交割客户数26个，分别较2015年下跌23.8%、

39.9%和33.3%（见表2-1）。2016年参与交割的客户分布于广东省（6.45%）、吉林省（42.22%）、江苏省（0.014%）、辽宁省（42.23%）、内蒙古自治区（3.39%）、上海市（5.68%）、天津市（0.006%），其中东北三省一区交割量占比87.8%。2016年交割规模较2015年有所下降，但是玉米的交割量排名居大商所所有商品第一位，交割状况依然非常活跃。

表 2-1　　2016 年玉米期货各交割月交割情况

单位：手、万元、个

项目		1月	3月	5月	7月	9月	11月	合计
2015	交割量	4 160	—	6 009	86	36 182	36	46 473
	交割金额	9 342.4	—	14 418.5	196.6	81 855.3	64.9	105 877.8
	客户数	6	—	12	2	26	5	39
2016	交割量	2 044	149	31 711	5	1 501	—	35 410
	交割金额	4 242.6	298.2	56 408.7	9	2 722.8	—	63 681.3
	客户数	10	2	16	2	2	—	26

（四）期货市场结构分析

1. 个人、单位客户数同步大幅增长

2016年是取消临储收购政策的第一年，是玉米市场走向市场化的第一年，玉米期货市场活跃度增加、波动率加大，个人客户投入市场活跃，企业套保需求增强。2016年单位月均客户数2 121户，较2015年单位月均客户数794户，增加了167.13%。2016年个人月均客户数85 321户，较2015年个人月均客户数31 388户，增加了171.83%。从全年来看，2016年单位客户数，每月保持稳定增长，由1月的1 359户增长到12月的2 823户，涨幅达107.73%。2016年的个人客户数，仅5月、10月、12月出现减少，其余月份个人客户数均保持增长态势，在11月达到最高的115 910户，由1月的41 588户增加到12月的112 100户，涨幅为169.55%（见图2-6）。

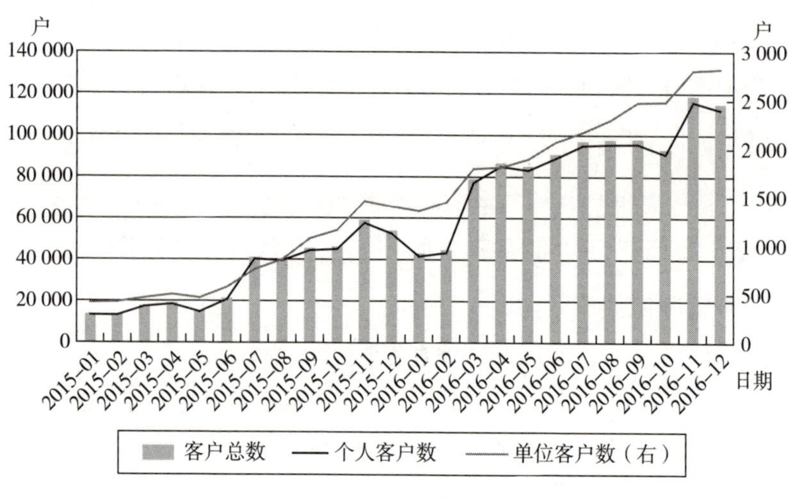

图 2-6　2015—2016 年玉米期货市场客户变动情况

2. 市场参与者逐渐多元化、分散化

玉米2016年客户数量增加显著，与此同时，客户的持仓集中度、成交集中度呈现下降态势，这主要是因为市场参与群体扩大，市场参与者呈现多元化、分散化。2016年月均持仓集中度和成交集中度分别为47.62%和35.11%，较2015年分别下降30.8%和22.17%。

2016年玉米持仓集中度从1月最高的57.83%持续下降到9月最低的39.93%，10—12月玉米迎来一波减仓缩量的反弹行情，玉米持仓集中度重新略有增加。2016年玉米成交集中度最高为12月40%、最低为4月31.45%，全年变化范围不到10%，说明玉米市场规模稳定性较强。

二、玉米期货市场功能发挥情况

（一）价格发现功能发挥情况

1. 期现价格强正相关

2016年玉米的期现价格的相关性系数为0.61，呈现强正相关性，通过显著性检验（见表2-2）。2016年是玉米取消临储收购政策的第一年，上半年市场对玉米行情的预期过分悲观，期货价格走势持续弱于现货价格，直至10月，玉米新粮外运出现阻碍，造成短期供应趋紧，市场逐渐从悲观预期转向关注玉米市场的利多支撑因素。期现货市场相互影响、相互作用，玉米期货价格充分地反映市场多方预期，并及时体现现货市场的状况，较好地实现了价格发现功能。

表 2-2　　2015—2016 年玉米期现价格相关性

项目 \ 年份		2015	2016
期现价格的相关性	系数	0.76	0.61
	显著性检验	通过检验	通过检验
期现价格引导关系		期货引导	无引导

注：表中计算所使用的期货价格为玉米活跃合约结算价格，现货价格为大连港玉米平仓价。

（二）套期保值功能发挥情况

1. 基差持续为正，到期收敛性进一步上升

2016年，取消了玉米临储收购政策，市场对玉米价格预期普遍悲观，期货价格大幅低于现货价格。玉米基差持续为正，最小值68元，最大值508元，均值为328.24元，显著高于2015年的87.34元。但是，到期日基差有所收敛至44.75元，期现价差率降低到2.39%，玉米期货的到期收敛性较2015年继续出现好转（见图2-7）。

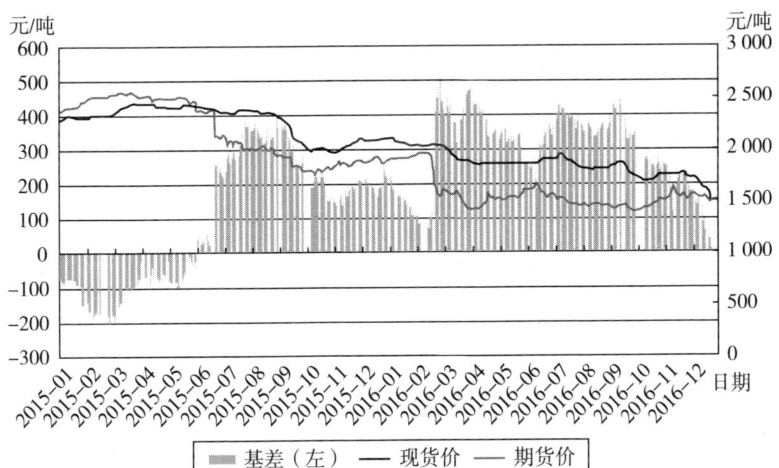

图 2-7　2015—2016 年玉米期现价格及基差变化

2. 套期保值效率进一步提高

2015年，玉米期货月度价格套保效率为35.74%。2016年，取消临储收购政策，玉米价格波动加大，伴随着参与玉米期货市场的群体的增加，玉米套期保值效率也有了显著的提高，进一步发挥了为现货企业规避风险的作用（见表2-3）。

表 2-3　　2014—2015 年玉米套保有效性

指标＼年份			2015	2016
基差	均值	元	87.34	328.24
	标准差	元	197.00	108.53
	变异系数	—	2.26	0.05
	最大	元	406	508
	最小	元	-205	68
到期价格收敛性	到期日基差	元	78	44.75
	期现价差率	%	3.52	2.39
套期保值效率	周价（当年）	%	35.74	57.64

注：表中计算所使用的期货价格为玉米活跃合约结算价，现货价格为大连港玉米平仓价。

（三）期货市场功能发挥实践

1. 市场参与期货套保热情增加

在临储政策市场化改革的背景下，玉米价格波动加大，经受了2015年玉米价格连续下跌的洗礼，产业避险需求增加。2016年，参与玉米期货的大型玉米贸易饲料企业增加了10余家，参与期货市场的饲料企业产量占全国产量的15%左右，在进入中国500强的12家玉米贸易和饲料养殖企业中，有8家参与玉米期货，占比67%。10大饲料企业有7家参与玉米期货交易。玉米产业链中各方企业参与玉米期货市场的热情极大增强。

2. “期货+保险”创新试点取得突破成果

“期货+保险”试点继续稳步推进，于2016年7月22日，试点项目全面启动。其中，吉林玉米价格“保险+期货/期权”试点项目第一年圆满收官。2016年10月玉米月平均结算价为1 466.44元/吨，低于吉林省玉米价格保险约定的1 484.3元/吨，差额为17.86元/吨，按照吉林省玉米价格保险条款规定，安华农险吉林省分公司近日向长春市农安县盛满良玉农业专业合作联社、四平市梨树县梨树镇宏旺农机农民专业合作社、四平市梨树县郭家店镇小泉眼村种植大户共支付赔款9.06万元。这代表着“期货+保险”创新试点取得突破性成果。

三、玉米期货合约相关规则调整

（一）合约及交割流程修改

1. 调整玉米品种指定交割仓库升贴水

2016年1月15日，为贴合市场实际情况，大商所经研究决定，对玉米品种指定交割仓库升贴水进行调整，调整如下：（1）指定交割仓库营口港务集团有限公司与基准指定交割仓库的升贴水调整为0元/吨。（2）指定交割仓库锦州港股份有限公司与基准指定交割仓库的升贴水调整为-5元/吨。（3）指定交割仓库辽宁锦州锦阳国家粮食储备（中转）库与基准指定交割仓库的升贴水调整为-15元/吨。上述指定交割仓库升贴水调整自2017年4月1日开始实施。

2. 为增值税一般纳税人开具增值税专用发票

2016年4月29日，大商所根据财政部和国家税务总局发布的《关于全面推开营业税改征增值税试点的通知》（财税〔2016〕36号），自2016年5月1日起，大商所将为增值税一般纳税人开具增值税专用发票。需要大商所开具增值税专用发票的会员需要提供以下资料：

（1）增值税专用发票开票信息采集表；

（2）国税登记证复印件。若已办理“三证合一”，则提供营业执照复印件；

（3）会员单位为增值税一般纳税人的证明文件（以下任意一份即可）：

①若已办理“三证合一”，则提供主管税务机关发放的核定专用发票的《税务事项通知书》复印件或加盖主管税务机关印章的《增值税一般纳税人资格登记表》复印件；

②若未办理“三证合一”登记或已办理“三证合一”登记但未完成纳税人识别号信息变更，则提供增值税一般纳税人资格证书复印件或加盖“增值税一般纳税人”字样的税务登记证复印件。

3. 增设黑龙江省、吉林省和内蒙古自治区为交割区域

2016年9月14日，大商所经研究决定，增设黑龙江省、吉林省和内蒙古自治区为交割区域。首批将于黑龙江省绥化市，吉林省长春市（榆树市）、松原市，内蒙古自治区通辽市设立玉米期货交割仓库。绥化市所设交割库与玉米基准交割库贴水为195元/吨；长春市（榆树市）所设交割库与玉米基准交割库贴水为130元/吨；松原市所设交割库与玉米基准交割库贴水为135元/吨；通辽市所设交割库与玉米基准交割库贴水为100元/吨。上述交割区域所设交割库将于C1709合约开始启用。

（二）其他规则调整

根据《大连商品交易所风险管理办法》第九条规定：如遇法定节假日休市时间较长，交易所可以根据市场情况在休市前调整合约交易保证金标准和涨跌停板幅度。2016年，大商所先后调整了7次交易保证金比例和涨跌停板幅度（见表2-4）。

表 2-4　　2016 年节假日玉米合约交易保证金调整

时间	通知名称	调整措施
2016/01/28	关于 2016 年春节期间调整各品种最低交易保证金标准和涨跌停板幅度及夜盘交易时间的通知	自 2016 年 2 月 4 日（星期四）结算时起，将黄大豆 1 号、黄大豆 2 号、豆油、棕榈油、豆粕、玉米、玉米淀粉、焦煤、焦炭、聚乙烯、聚氯乙烯和聚丙烯品种涨跌停板幅度和最低交易保证金标准分别调整至 6% 和 8%；将铁矿石品种涨跌停板幅度和最低交易保证金标准调整至 7% 和 9%；鸡蛋、胶合板和纤维板品种涨跌停板幅度和最低交易保证金标准维持不变。 2016 年 2 月 15 日（星期一）恢复交易后，自各品种持仓量最大的两个合约未同时出现涨跌停板单边无连续报价的第一个交易日结算时起，铁矿石、聚乙烯、聚丙烯品种涨跌停板幅度和最低交易保证金标准分别恢复至 5% 和 6%；其余各品种（除鸡蛋、纤维板和胶合板）涨跌停板幅度和最低交易保证金标准分别恢复至 4% 和 5%。 对同时满足《大连商品交易所风险管理办法》有关调整交易保证金标准和涨跌停板幅度的合约，其最低交易保证金标准和涨跌停板幅度按照规定数值中较大值执行。 另外，2016 年春节期间夜盘交易时间提示如下： 2 月 5 日（星期五）当晚不进行夜盘交易；2 月 15 日（星期一）所有期货品种集合竞价时间为 08:55—09:00；2 月 15 日（星期一）当晚恢复夜盘交易。
2016/03/24	关于 2016 年清明节期间调整各品种最低交易保证金标准和涨跌停板幅度及夜盘交易时间的通知	自 2016 年 3 月 31 日（星期四）结算时起，将铁矿石、聚乙烯、聚丙烯和聚氯乙烯涨跌停板幅度和最低交易保证金标准分别调整至 7%、9%；其他品种涨跌停板幅度和最低交易保证金标准维持不变。 2016 年 4 月 5 日（星期二）恢复交易后，在铁矿石、聚乙烯、聚丙烯和聚氯乙烯持仓量最大的两个合约未同时出现涨跌停板单边无连续报价的第一个交易日结算时起，将铁矿石品种涨跌停板幅度和最低交易保证金标准分别恢复至 6%、7%；将聚乙烯和聚丙烯品种涨跌停板幅度和最低交易保证金标准分别恢复至 5%、6%；将聚氯乙烯品种涨跌停板幅度和最低交易保证金标准分别恢复至 4%、5%。 对同时满足《大连商品交易所风险管理办法》有关调整交易保证金标准和涨跌停板幅度的合约，其最低交易保证金标准和涨跌停板幅度按照规定数值中较大值执行。 另外，为了使会员单位更明确 2016 年清明节期间夜盘交易的时间，现提示如下： 4 月 1 日（星期五）当晚不进行夜盘交易；4 月 5 日所有期货品种集合竞价时间为 08:55—09:00；4 月 5 日当晚恢复夜盘交易。

续表

时间	通知名称	调整措施
2016/04/21	关于调整豆一、豆粕、玉米、聚乙烯、玉米淀粉、聚丙烯、聚氯乙烯、铁矿石品种涨跌停板幅度和最低交易保证金标准的通知	根据《大连商品交易所风险管理办法》，经研究决定，2016年4月25日（星期一）结算时起，我所将豆一、豆粕、玉米、玉米淀粉、聚氯乙烯品种涨跌停板幅度调整至5%，最低交易保证金标准调整至7%，聚乙烯、聚丙烯最低交易保证金标准调整至7%，铁矿石品种最低交易保证金标准调整至8%。对同时满足《大连商品交易所风险管理办法》有关调整涨跌停板幅度和交易保证金标准规定的合约，其涨跌停板幅度和交易保证金标准按照规定涨跌停板幅度和交易保证金数值中的较大值收取。
2016/05/31	关于2016年端午节期间调整各品种最低交易保证金标准和涨跌停板幅度及夜盘交易时间的通知	根据《大连商品交易所风险管理办法》第九条规定，经研究决定，我所将在2016年端午节休市前后对各品种交易保证金标准和涨跌停板作如下调整： 自2016年6月7日（星期二）结算时起，将豆粕和铁矿石涨跌停板幅度调整至7%，最低交易保证金标准调整至9%；其他品种涨跌停板幅度和最低交易保证金标准维持不变。 2016年6月13日（星期一）恢复交易后，自豆粕和铁矿石持仓量最大的两个合约未同时出现涨跌停板单边无连续报价的第一个交易日结算时起，将豆粕和铁矿石品种涨跌停板幅度和最低交易保证金标准分别调整至6%和8%。 对同时满足《大连商品交易所风险管理办法》有关调整交易保证金标准和涨跌停板幅度的合约，其最低交易保证金标准和涨跌停板幅度按照规定数值中较大值执行。 另外，为了使会员单位更明确2016年端午节期间夜盘交易的时间，现提示如下： 6月8日（星期三）当晚不进行夜盘交易；6月13日（星期一）所有期货品种集合竞价时间为08:55—09:00；6月13日当晚恢复夜盘交易。
2016/09/06	关于2016年中秋节放假期间调整各品种最低交易保证金标准和涨跌停板幅度及夜盘交易时间的通知	根据《大连商品交易所风险管理办法》第九条规定，经研究决定，我所将在2016年中秋节放假期间对各品种交易保证金标准和涨跌停板作如下调整： 自2016年9月13日（星期二）结算时起，将豆油和棕榈油涨跌停板幅度调整至5%，最低交易保证金标准调整至7%；其他品种涨跌停板幅度和最低交易保证金标准维持不变。 2016年9月19日（星期一）恢复交易后，自豆油和棕榈油持仓量最大的两个合约未同时出现涨跌停板单边无连续报价的第一个交易日结算时起，将上述两个品种涨跌停板幅度和最低交易保证金标准分别恢复至4%和5%。 对同时满足《大连商品交易所风险管理办法》有关调整交易保证金标准和涨跌停板幅度的合约，其最低交易保证金标准和涨跌停板幅度按照规定数值中较大值执行。 另外，为了使会员单位更明确2016年中秋节放假期间夜盘交易的时间，现提示如下： 9月14日（星期三）当晚不进行夜盘交易；9月19日所有期货品种集合竞价时间为08:55—09:00；9月19日当晚恢复夜盘交易。

续表

时间	通知名称	调整措施
2016/09/22	关于2016年国庆节放假期间调整各品种最低交易保证金标准和涨跌停板幅度及夜盘交易时间的通知	根据《大连商品交易所风险管理办法》第九条规定，经研究决定，我所将在2016年国庆节放假期间对各品种交易保证金标准和涨跌停板作如下调整： 自2016年9月29日（星期四）结算时起，将棕榈油涨跌停板幅度和最低交易保证金标准分别调整至8%和10%；其余各品种（鸡蛋、胶合板和纤维板除外）涨跌停板幅度和最低交易保证金标准分别调整至7%和9%，焦煤、焦炭维持现行水平不变。 2016年10月10日（星期一）恢复交易后，自各品种持仓量最大的两个合约未同时出现涨跌停板单边无连续报价的第一个交易日结算时起，将豆油、豆粕、棕榈油涨跌停板幅度和最低交易保证金标准分别调整至5%和7%，其余各品种涨跌停板幅度和最低交易保证金标准分别恢复至9月29日结算前标准。 对同时满足《大连商品交易所风险管理办法》有关调整交易保证金标准和涨跌停板幅度的合约，其最低交易保证金标准和涨跌停板幅度按照规定数值中较大值执行。 另外，为了使会员单位更明确2016年国庆节放假期间夜盘交易的时间，现提示如下： 9月30日（星期五）当晚不进行夜盘交易；10月10日所有期货品种集合竞价时间为08:55—09:00；10月10日当晚恢复夜盘交易。
2016/09/30	关于取消相关品种合约交易手续费条款的通知	为统一各品种合约条款，经理事会审议通过，并报告中国证监会，我所对黄大豆1号、黄大豆2号、豆粕、豆油、棕榈油、玉米、线形低密度聚乙烯、聚氯乙烯等8个品种合约进行了修改，取消其中的交易手续费条款，现将合约修正案予以发布，并自即日起生效。 前述8个品种现行交易手续费收取方式和标准不变，以我所已发布的有效通知为准。
2016/12/22	关于2017年元旦期间调整相关品种最低交易保证金标准和涨跌停板幅度的通知	根据《大连商品交易所风险管理办法》第九条规定，经研究决定，我所将在2017年元旦休市前后对相关品种交易保证金标准和涨跌停板幅度作如下调整： 自2016年12月29日（星期四）结算时起，将铁矿石品种涨跌停板幅度和最低交易保证金标准分别调整至11%和13%；将聚丙烯品种涨跌停板幅度和最低交易保证金标准分别调整至7%和9%；其他品种涨跌停板幅度和最低交易保证金标准维持不变。 2017年1月3日（星期二）恢复交易后，自各品种持仓量最大的两个合约未同时出现涨跌停板单边无连续报价的第一个交易日结算时起，铁矿石品种涨跌停板幅度和最低交易保证金标准分别恢复至8%和10%；聚丙烯品种涨跌停板幅度和最低交易保证金标准分别恢复至5%和7%。 对同时满足《大连商品交易所风险管理办法》有关调整交易保证金标准和涨跌停板幅度的合约，其最低交易保证金标准和涨跌停板幅度按照规定数值中较大值执行。

四、玉米期货市场发展前景、问题与建议

（一）发展前景

1. 农业政策改革下套保需求强烈

2016年1月27日，中央一号文件公布，直接涉及玉米市场的有两部分：第一，启动实施种植业结构调整规划，稳定水稻和小麦生产，适当调减非优势区玉米种植。支持粮食主产区建设粮食生产核心区。扩大粮改饲试点，加快建设现代饲草料产业体系。第二，按照市场定价、价补分离的原则，积极稳妥推进玉米收储制度改革，在使玉米价格反映市场供求关系的同时，综合考虑农民合理收益、财政承受能力、产业链协调发展等因素，建立玉米生产者补贴制度。6月20日，国家财政部官网公布，财政部已会同有关部门印发了《关于建立玉米生产者补贴制度的实施意见》，玉米临时收储制度改革落地。11月2日，农业部发布《关于“镰刀弯”地区玉米结构调整的指导意见》，2017年将继续调减“镰刀弯”等非优势产区玉米面积1 000万亩，累计调减总量争取达到4 000万亩。随着玉米产业政策的逐渐深入推进，市场化的玉米价格波动较以往更加剧烈，给玉米期货市场带来了历史机遇，客户参与市场群体增大、活跃度增加，使玉米期货在农业供给侧改革进程中有更大的空间发挥作用。

2. 契合国家惠农政策发展方向

2016年中央一号文件中还专门提到完善农业保险制度，提出把农业保险作为支持农业的重要手段，扩大农业保险覆盖面、增加保险品种、提高风险保障水平；稳步扩大“保险＋期货”试点；推动金融资源更多向农村倾斜，加快构建多层次、广覆盖、可持续的农村金融服务体系，发展农村普惠金融，降低融资成本，全面激活农村金融服务链条。大商所一直积极探索期货创新业务的研发，如玉米“保险+期货”试点、健全玉米上下游产业链期货品种、玉米期权等，为玉米

及相关产业上下游企业提供更为完备的避险工具。在国家政策的支持下，玉米期货打开了新的上升空间。

（二）当前存在的问题

2016年是玉米临储政策取消的第一年，随着玉米种植产业改革进程推进，市场多方群体经历了不同程度的阵痛，尤其是种粮农民，重新回到市场承担卖方风险，更需要政策支持帮助其适应转变，还有临储的庞大库存也为国家财政带来沉重负担，这些都是当前需要解决的问题。

1. 补贴政策落地滞后，减弱调减效果

2015年国家释放玉米政策转向市场化信号，但是方案的具体操作时间和实施步骤一直没有具体落实。直至2016年6月20日财政部会同有关部门印发了《关于建立玉米生产者补贴制度的实施意见》，玉米临时收储制度改革落地，国家决定2016年对农民种玉米实施补贴。8月9日，财政部发布玉米目标价格补贴公告，公布各省补贴金额。但是北方玉米春耕时间是5月前后，很多农民在春节前就买了玉米种子，有的地方由于连续种植玉米，施播的农药导致其地力不适合马上种植别的作物。补贴政策的发布滞后于春耕时间，一些农民对种植何种作物感到迷茫，一些农民来不及改变种植作物，导致政策的调减效果减弱。

2. 东北产地过度依赖临储收购，自由贸易功能退化

为保障农民利益，东北连续9年执行玉米临储收购政策，维持玉米价格高位运行，但是此举也损害了下游产业，深加工企业经营困难、需求低迷，饲料企业寻求玉米替代品降低成本，贸易商收购玉米也大多运往粮库，东北大部分粮源运往临储库而非进入购销市场，粮源由产区到销区的自由贸易功能严重退化。2016年临储政策退出，玉米走向市场化，但是农民卖粮渠道少，产销衔接不畅，粮源流通效率

下降，导致东北地区新粮销售进度较往年严重滞后，截至12月25日，11个主产区累计收购玉米4 705万吨，同比减少2 590万吨，减幅达35.5%。

3. 玉米库存庞大、财政负担沉重

自2008年国家在东北、内蒙古地区实施玉米临储收购政策后，玉米库存逐年上升，目前高达2.6亿吨左右。巨大的玉米国储库存，不仅带来财政资金负担，同时也在消耗巨大的库存费用和利息费用。据悉，包括收购费、做囤费、保管费和资金利息等，每吨粮食库存成本在252元左右。照此计算，目前2.6亿吨玉米需要付出的库存成本费高达650亿元。尽快消化庞大的临储库存势在必行。

（三）发展建议

1. 提高政策推出效率

粮食价格形成机制和补贴改革在2016年有一个好的开端，在此经验的积累上，希望2017年政策的出台效率能有所提高。为保证农民春耕生产资金需要，以及给农民更多的时间权衡种植何种农作物，应尽早发放补贴，在每年春耕前尽量完成上年度补贴资金兑付工作，提高补贴效率，避免国家惠农政策缩水，同时尽早地发放补贴也有利于更有效地实现种植面积调减目标，推进农业供给侧结构性改革。

2. 拓展玉米消化渠道

消化庞大的玉米临储库存需要扩大有效消费新途径，加快粮食加工转化，加快政策性粮食竞价交易，鼓励多元主体多收粮、农民多存粮，努力减少政策性库存增量。可积极实施和尝试“互联网+粮食”的创新思路，加快构建国家粮食电子交易平台，加快完善现代粮食物流体系。通过增加拍卖形式、补贴下游产业、打通玉米贸易环节等方式，拓展玉米库存消化的渠道。另外，自2006年7月中国出口玉米500万吨之后，中国成为主要玉米进口国，当前国内玉米价格与国际玉米价格接轨，中国出口玉米的竞争力大大增加，未来还可尝试通过出口玉米的方式消化库存。

3. 继续推广期货创新工具

在继续试点“保险+期货”的基础上，不断增强期货市场服务“三农”的能力，在当前农业供给侧改革推进的背景下，进一步扩大“保险+期货”试点的规模和范围。采用农业部、地方政府等多方配合来保护农民基本收益的方法，采用险种合并、降低费用的常规化补贴机制；或是针对不同农民的需求，给予阶梯式价格保险，由原来单一的“价格险”，增加“收入险”，即“价格险+产量险”，更符合农民种植需求。在大商所豆粕期权取得重大进展的同时，加紧推进玉米期权研究，丰富完善玉米衍生品市场，为涉农机构提供更为丰富、灵活的风险管理工具。

专栏

2016年玉米期货大事记

1月12日起，商务部启动对美国DDGS的反倾销和反补贴调查。

1月27日，中央一号文件公布，直接涉及玉米和淀粉市场的有两部分：第一，启动实施种植业结构调整规划，稳定水稻和小麦生产，适当调减非优势区玉米种植。支持粮食主产区建设粮食生产核心区。扩大粮改饲试点，加快建设现代饲草料产业体系。第二，按照市场定价、价补分离的原则，积极稳妥推进玉米收储制度改革，在使玉米价格反映市场供求关系的同时，综合考虑农民合理收益、财政承受能力、产业链协调发展等因素，建立玉米生产者补贴制度。

4月7日，农业部相关负责人在新闻发布会上表示，要结合种植业结构调整，调减非优势区的玉米种植面积，计划2016年调减1 000

万亩以上，改种市场需要的大豆等作物。与此同时，优势主产区、核心区的玉米种植要稳定。

4月19日，中储粮辽宁省分公司下发紧急通知，5月1日前禁止直属库与贸易商、个人签订玉米销售合同，对南方用粮企业并确定下海南运的销售合同仍可签订。前期已签订的下海南运、本地深加工企业及饲料加工企业的销售合同，必须派人跟踪流向，确保出库玉米集港装船、入厂加工，坚决禁止出库玉米倒流临储库存。对其他已签订的玉米销售合同一律停止出库，延期至5月1日后出库。

4月26日，《财政部农业部关于全面推开农业“三项补贴”改革工作的通知》，2016年农业“三项补贴”将合并为农业支持保护补贴，政策目标调整为支持耕地地力保护和粮食适度规模经营。补贴的对象原则上为拥有耕地承包权的种地农民。对已作为畜牧养殖场使用的耕地、林地、成片粮田转为设施农业用地、非农业征（占）用耕地等已改变用途的耕地，以及长年抛荒地、占补平衡中“补”的面积和质量达不到耕种条件的耕地不再给予补贴。

4月30日，2016年国家临储玉米收购期限截止，在政策执行期内，中储粮在东北四省区累计完成2016年玉米临时收储超过1亿吨，同比增加50%，再创历史新高。

6月20日，国家财政部官网公布，财政部已会同有关部门印发了《关于建立玉米生产者补贴制度的实施意见》，玉米临时收储制度改革落地，将在辽宁省、吉林省、黑龙江和内蒙古自治区建立玉米生产者补贴制度，补贴政策的基本安排：一是市场定价、价补分离，二是定额补贴、调整结构，三是中央支持、省级负责，四是公开透明、加强监督。

7月3日，中国农业部部长在接受官方媒体采访时表示，2016年中国夏粮产量预计将达到1.40亿吨，和上年产量持平。厄尔尼诺可能对2016年产量造成不利影响，谷物价格波动可能导致农民收入下降。

7月21日，农业部称，上半年种植业调结构转方式初见成效，预计2016年全国玉米面积调减3 000万亩以上。之前农业部预计2016年全国玉米面积调减2 000万亩以上。

8月9日，中央财政拨付第一批玉米生产者补贴资金约300亿元。其中，内蒙古自治区66.25亿元，辽宁省45.78亿元，吉林省72.63亿元，黑龙江省115.73亿元。

9月21日，交通运输部、公安部《超限运输车辆行驶公路管理规定》正式施行，被物流业称为“史上最严的货车限超令”。以13米半挂车为例，新规出台后，原来总重（55吨）–车皮（16.5吨）=实际载重（38.5吨），每吨饲料的运输成本增为133.6元，运费单价实际上涨33.6%，加上相应增加的税费，运输单价上涨35%到38%。

9月28日，中国将对美国玉米酒糟粕（DDGS）征收10%到10.7%的反补贴关税。

10月，黑龙江省、吉林省、辽宁省、内蒙古自治区等玉米深加工企业财政补贴额度集中公布。黑龙江下发通知，2016年11月1日至2017年4月30日期间收购入库，并于6月30日前加工消耗的省内2016年新产玉米，每吨给予300元补贴（标准水分）。吉林省下发通知，2016年11月1日至2017年4月30日期间，玉米深加工企业收购入库且6月底前实际加工消耗的2016年省内新产玉米，每吨给予200元补贴。辽宁省玉米深加工企业收购期为2016年11月1日到2017年4月底，加工期到2017年6月底，在此期间收购、运回并加工使用的当地新产玉米可享受补贴政策。补贴标准为100元/吨，补贴资金由省财政在2017年省本级预算中安排。内蒙古自治区粮食局发布消息称，内蒙古自治区将对销售收入在2 000万元以上的玉米深加工企业收购加工新产玉米给予200元/吨的补助。

10月28日，财政部公布了第二批玉米生产者补贴资金分配情况，补贴资金总量为90亿元，内蒙古自治区20.45亿元，辽宁省14.13亿元，吉林省22.42亿元，黑龙江省32.99亿元。

11月2日，农业部发布《关于“镰刀弯”地区玉米结构调整的指导意见》，2017年将继续调减“镰刀弯”等非优势产区玉米面积1 000万亩，累计调减总量争取达到4 000万亩。调减的1 000万亩将被用来深入开展粮改饲、粮改豆补贴试点，扩大玉米大豆轮作试点，扩大青贮玉米、苜蓿等优质饲草料种植面积，调动农民主动参与结构调整的积极性。

11月28日，闽赣两省六大饲料厂商联合港口、铁路、船公司三方物流服务企业和各大粮食贸易商共同搭建起“6+3+N”的粮食物流多式联运服务新模式，该模式将有效降低物流成本，促进福建省、江西省饲料加工业的发展，开创多方互利共赢的良好局面。

报告三
玉米淀粉期货品种运行报告（2016）

玉米淀粉是玉米产业链下游的重要加工产品。玉米淀粉期货自2014年末上市，在2015年已获得市场投资者的认可，尤其是在农业供给侧改革的背景下，在2016年玉米的“市场定价，价补分离”收储政策改革过程中，玉米淀粉期货市场日渐活跃，不仅对上游玉米价格表现出良好的传导作用，在引导现货企业利用玉米淀粉进行风险管理、库存管理方面的也发挥了积极作用。

一、玉米淀粉期货市场运行情况

（一）市场规模及发展情况

1. 成交量再上一个台阶

玉米淀粉期货市场自2015年9月下旬开始活跃度明显提升，成交量明显放大，并因为2016年玉米“市场定价，价补分离”的政策而使得玉米淀粉全年的成交量再上一个台阶——2016年成交量6 745万手，几乎是2015年的2 705万手的2.5倍。同样，玉米淀粉的成交量仍是集中在第四季度，因为这阶段也是玉米大量上市、市场价格波动较大的阶段（见图3-1）。

玉米淀粉成交在大商所的占比在2016年达到4.75%，而在2015年的占比不到2%，显示出玉米淀粉这个品种的权重已开始提升，成为大商所的明星品种（见图3-2）。

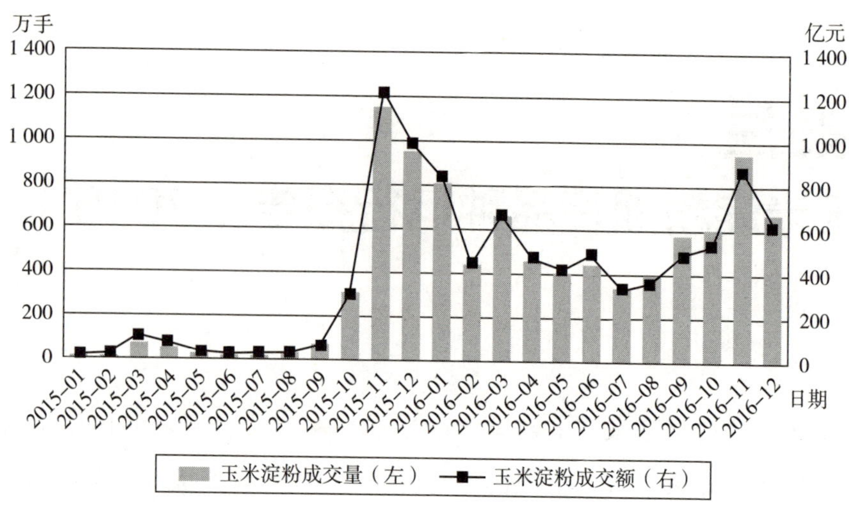

数据来源：大连商品交易所。

图 3-1 2015—2016 年玉米淀粉期货成交情况

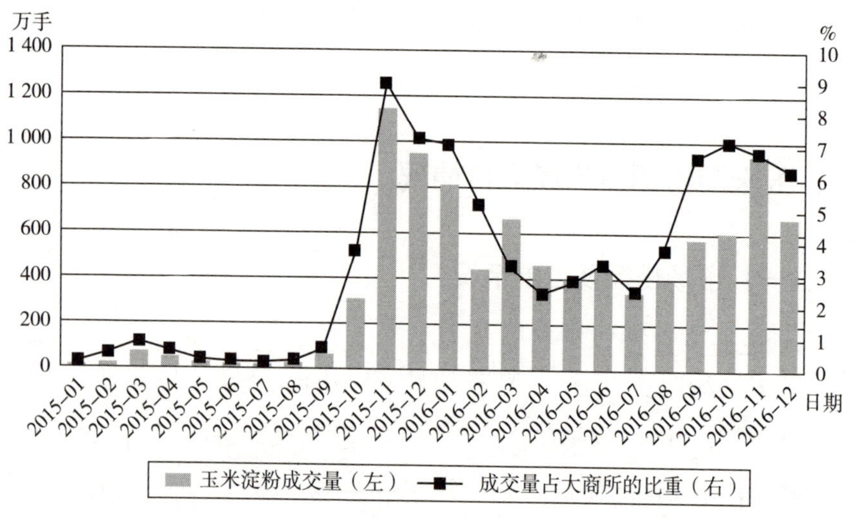

图 3-2 2015—2016 年玉米淀粉期货成交量及占大商所的比重

2. 持仓量大幅增长

玉米淀粉持仓量的放大步伐基本与成交量一致——自2015年9月开始出现持仓量较大增幅，并且，在2016年保持较高的市场热度，其全年的平均值达到38.6万手，较2015年的10.6万手增长达到3倍。从时间上分析，2016年9月到12月持仓量保持在50万手水平之上（更是在2016年10月达到58.9万手的新高），继续重复着上一年度的市场活跃周期（见图3-3）。

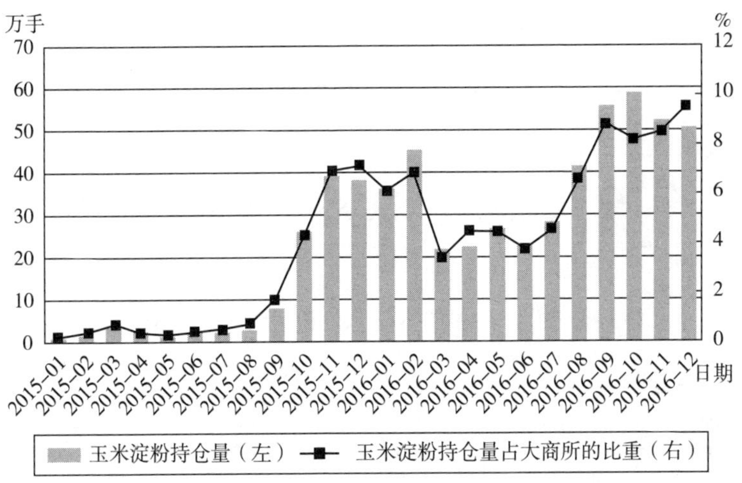

图 3-3　2015—2016 年玉米淀粉期货持仓量及占大商所的比重情况

（二）期现货市场价格走势

1. 期价重心稳步下移

2016年玉米淀粉活跃合约期货价格走势分成两个阶段：上半年，期价延续上年度年末的价格水平，展开了围绕2 100元/吨上下波动的行情；下半年从6月最高价2 300元/吨左右跌至9月末的最低价1 600元/吨左右，跌幅达30%，也正是由于市场提前对玉米取消临时收储做出了预期走势，期价在10月玉米陆续上市阶段以及国家展开轮储收购的活动中止跌反弹，年末恢复至1 800—1 900元/吨。整体上，2016年玉米淀粉期价重心稳步下移（见图3-4）。

2. 与玉米期价的相关性降低

数据统计显示，2016年玉米淀粉期价与玉米期价的相关系数为0.589，而在2015年两者的相关系数高达0.909。

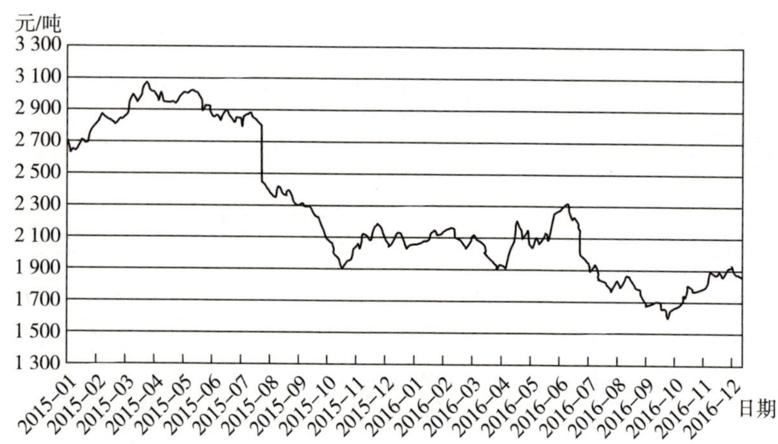

数据来源：Wind 数据库

图 3-4　2015—2016 年玉米淀粉活跃合约结算价走势

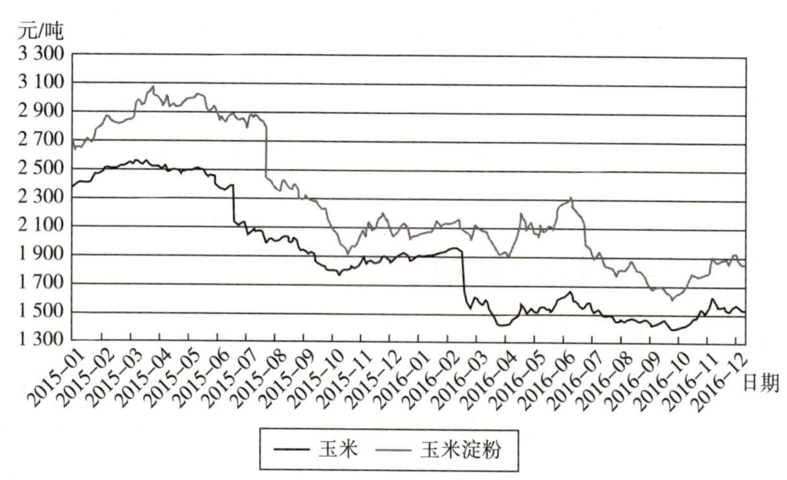

数据来源：Wind 数据库

图 3-5　2015—2016 年玉米与玉米淀粉期价走势对比

从图3-5两者的走势对比来看，从2016年2月下旬到3月末，玉米活跃合约期价从1 950元/吨跌至1 420元/吨，但同期的玉米淀粉仅从2 160元/吨跌至1 920元/吨，价格不同步的原因是，市场对2016年不再执行玉米临时收储政策反馈出对玉米较大的看空预期，但玉米淀粉期价因当期玉米深加工副产品价格坚挺而没有遭遇较大的抛压。

正是由于玉米期价提前反映了对后市的预期，用将近半年的时间消化了看空情绪，在9月末仅仅跌破1 400元/吨之际，伴随着运力不佳、运费上涨，以及国家督导东北地区玉米收储、展开玉米轮储收购等超出预期的政策出台，玉米期价自9月末止跌反弹，玉米淀粉期货也跟随探出底部的1 600元/吨之后开始为期2个月的反弹。由此，在第四季度两者价格的走势相关性要好于上半年度。

从两者价差统计来看，2016年的价差均值为382元/吨，接近2015年388元/吨，但2016年的最大价差为681元/吨，明显低于2015年802元/吨，说明2016年市场集中在玉米上的压力开始趋缓，两者价差开始走向理性。

综合来看2016年两者期价相关性降低的原因，其一，仍是粮食政策（如取消临储、定向拍卖、公开拍卖等）直接影响玉米市场，玉米期价的价格发现功能及时地体现出来，但是原粮政策再传导到下游产品的作用则比较以往有所减弱。其二，2016年国家两次拨付玉米生产者补贴的金额共390亿元，核算对东北地区的补贴约为400元/吨，这也促使玉米期价与下游淀粉期价出现较大的走势差异。

（三）期货交割情况分析

2016年，玉米淀粉期货共交割8 164手（折合8.164万吨），较2015年4 536手（折合4.536万吨）增加了近一倍。玉米淀粉期货交割业务体现出以下特点：

1.5月交割量占全年近半

从月度统计的交割量情况来看，2016年玉米淀粉期货除了7月之外均发生有实物交割。其中，最高交割数量月份由2015年9月转换成2016年5月，虽然2016年5月的交割量3 904手不及2015年最高量4 124手，但其数量占全年交割量的48%（见图3-6）。另外，2016年参与交割的客户数量共42次，也比2015年28次有了较大的提高。整体上，企业参与玉米淀粉交割的活动比上一年度大幅提高。

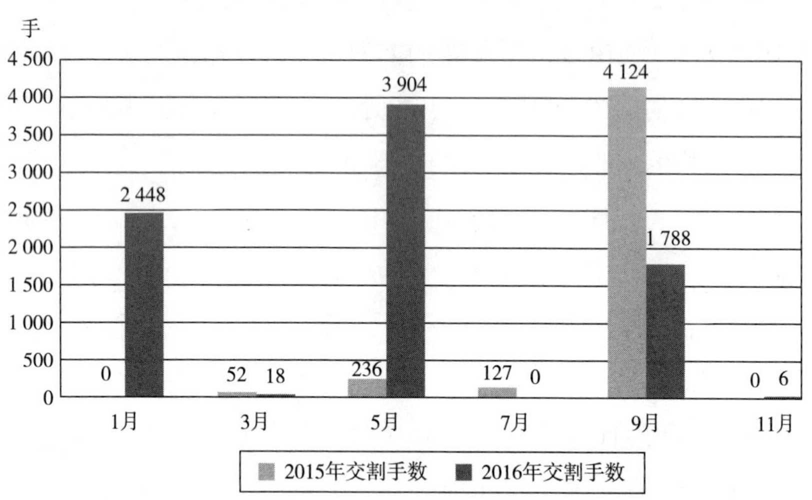

图 3-6　2015 年、2016 年玉米淀粉期货交割量对比图

2. 山东地区积极运用期现市场

经过2016年2次增加玉米淀粉交割库，目前为止玉米淀粉的交割厂（仓）库已达到17家——交割厂库设立在吉林（基准库）、辽宁省、黑龙江省、山东省、河北省等共15家，标准仓单最大量共19.35万吨。交割仓库设立在辽宁（非基准库，比较基准库升水60元/吨）、山东省（非基准库，比较基准库升水95元/吨）共2家，协议库容共10万吨。

我国玉米淀粉加工企业主要集中在华北和东北玉米主产区，如山东省、吉林省、河北省、黑龙江省、河南省。2016年山东省交割量2 983.5手（折合2.9835万吨）较2015年1 019.5手（折合1.0195万吨）增长292%，山东地区占据着2016年交割量大部分的份额，再次印证了玉米工业消费大省山东省对玉米淀粉期货具有较高的接受度和使用率（见图3-7）。

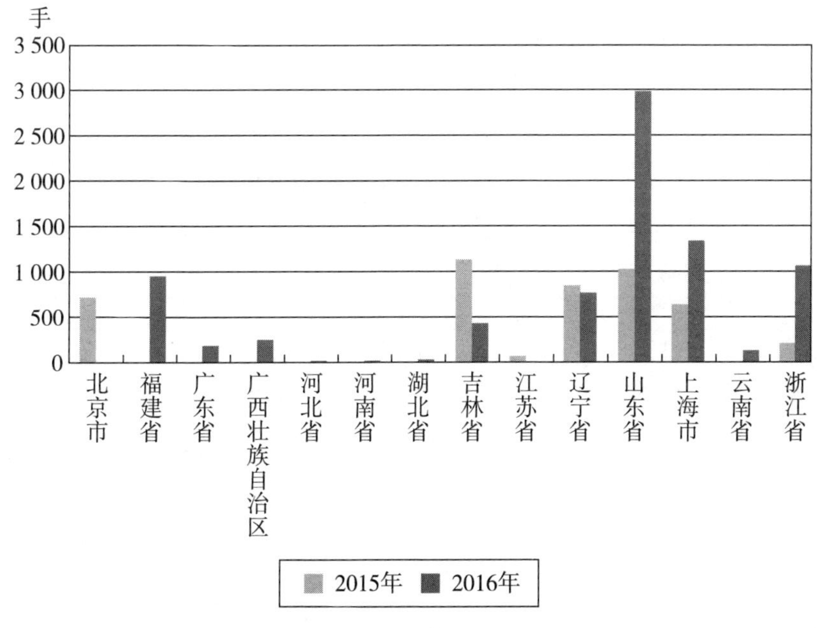

图 3-7　玉米淀粉期货交割地区对比

（四）期货市场结构分析

1. 客户数量大幅增长

2016年玉米淀粉期货的整体参与客户数稳步增长，全年每月平均交易客户为5.56万户，较2015年全年2万户的增幅为173%。从不同客户群体来看，本年度的法人客户同比增幅达到304%，自然人客户增幅为170%。从同类客户来看，法人客户占全部客户比例由上年的1.87%升至3%，自然人客户占比则由98.13%降至96.98%。从各月情况看，6月、8月、9月两类客户同比增加幅度最高，这与国内在华东各地玉米上市的前后时间段内，相关的玉米深加工企业进入到期货市场进行套期保值操作有着一定的关联性。整体上，在期货市场增加活跃度的同时，法人客户的稳定增长则充分体现出期货市场服务现货市场的宗旨（见图3-8、表3-1）。

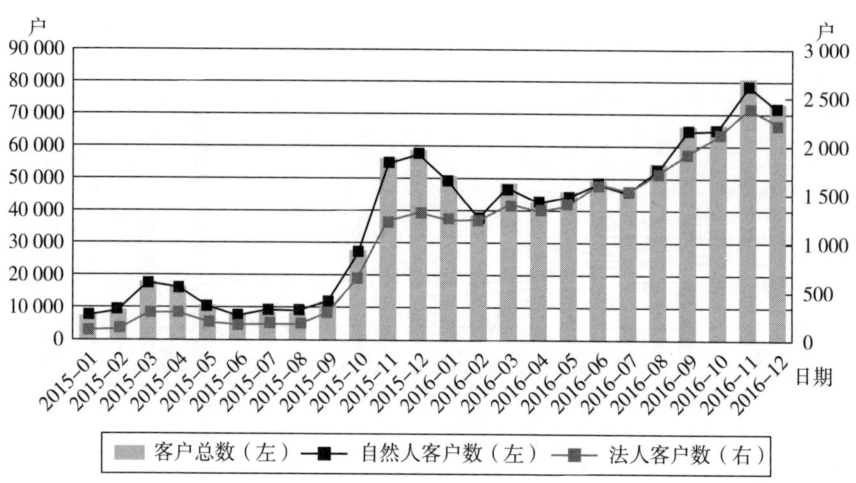

图 3-8　2015—2016 年玉米淀粉期货交易客户数情况

表 3-1　　2016 年玉米淀粉客户月度同比变化

同比	法人客户变化	自然人客户变化	法人客户增幅（%）	自然人客户增幅（%）
1 月	1 146	41 684	87.15	72.56
2 月	1 106	27 893	88.84	56.60
3 月	1 117	29 496	91.18	79.42
4 月	1 051	26 745	75.02	56.37
5 月	1 191	33 948	89.28	79.14
6 月	1 440	40 223	103.75	90.34
7 月	1 379	36 603	86.08	76.20
8 月	1 557	43 971	100.91	95.68
9 月	1 645	52 541	95.42	99.10
10 月	1 441	37 594	74.51	58.32
11 月	1 146	23 241	54.78	35.93
12 月	913	13 860	38.15	17.67

2. 法人客户持仓占比稳定

2016年玉米淀粉期货的法人客户的持仓占比均值为62%，与2015年保持基本一致，其中7月、9月最高达到65%。自然人客户的短线占比均值为53%，较2015年下降1%，在4—6月的占比最高，该段时间与玉米淀粉期价迎来一轮上涨行情的时间相契合。自然人客户的持仓占比均值为46.96%，较2015年上升1%，其中8—10月占比最高，该段时间则是玉米淀粉期价持续寻底的过程（见图3-9）。

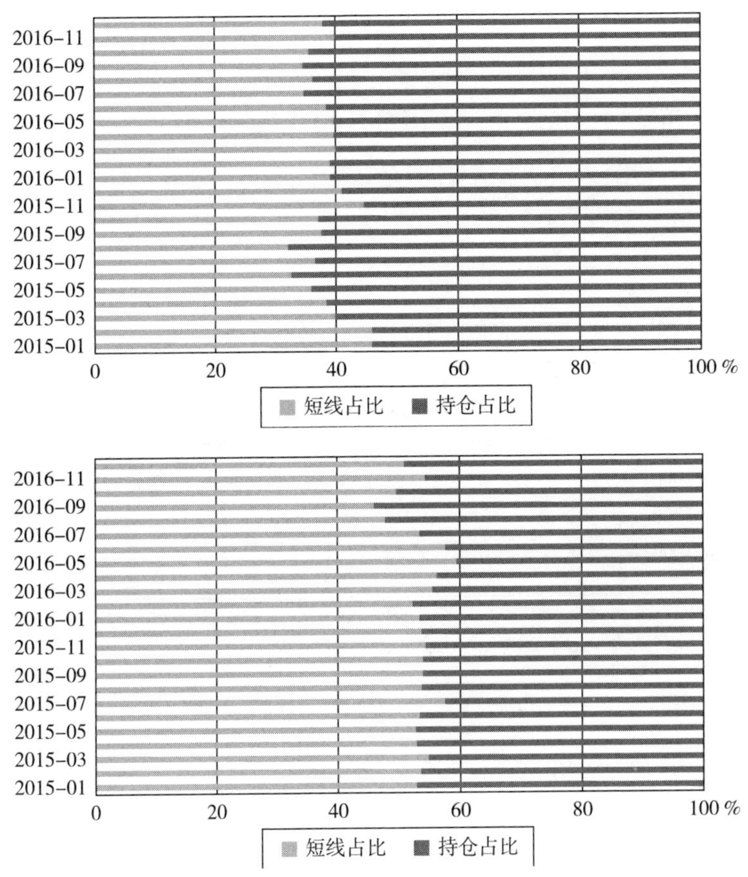

图 3-9　2016 年法人、自然人的交易情况对比

3. 市场集中度前高后低

2016年玉米淀粉期货的持仓集中度（指持仓量前100名客户的持仓量/市场持仓量）均值仅为50.27%（2015年均值为67.82%且每月都在55%之上），尽管当年的整体持仓量较2015年有了明显的放大。分月度来看，2016年第一季度持仓集中度达到60.57%也成为全年的高点，随后伴随持仓量放大开始回落，7月的40.61%成为当年的最低水平，10月的52.51%成为下半年的最高水平（该月价格也是全年最低）

（见图3-10）。

从前100名的客户持仓实力对比看，不同于2015年玉米淀粉期货多头占据年内的大部分时段，2016年的空头持仓整体占据绝对优势，其中9月、10月分别达到-35.53%、-31.63%，是空头实力的最高峰值，伴随当期期价持续下行，跌至10月末出现下跌无力才走出止跌的反弹行情。与空头占优相配合的是，整体2016年期价重心也比2015年稳步下移（见图3-11）。

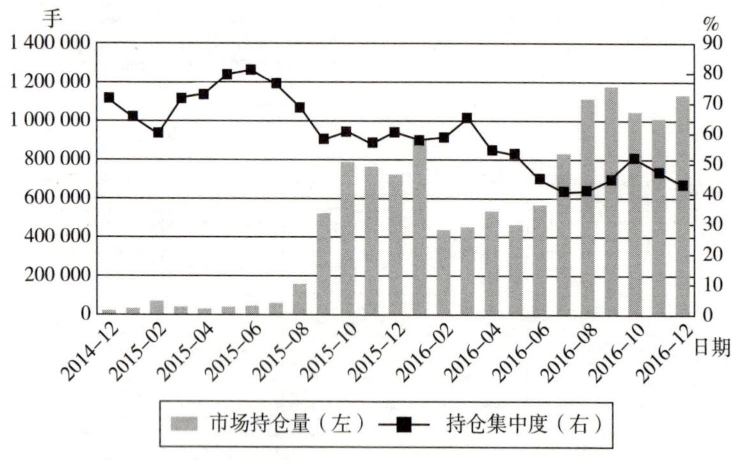

图 3-10 2015—2016 年玉米淀粉期货持仓量与持仓集中度对比

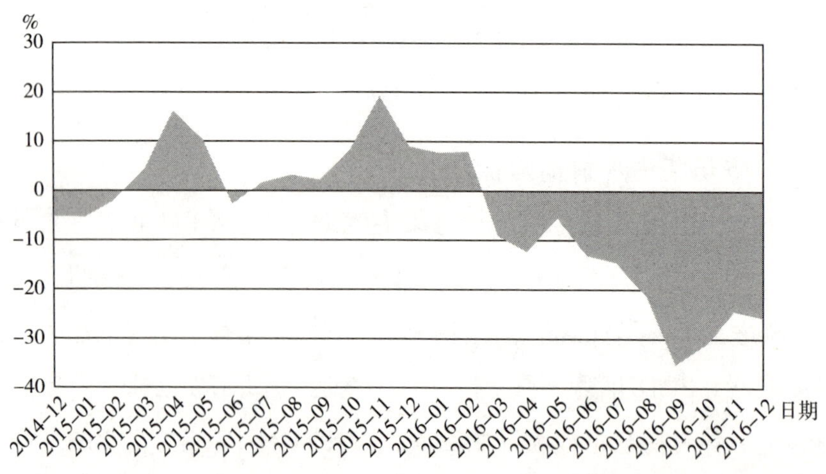

图 3-11 2015—2016 年玉米淀粉期货前 100 名多空持仓集中度差值变化

二、玉米淀粉期货市场功能发挥情况

（一）价格发现功能

2014年末上市阶段，期货价格引导现货价格的作用比较明显。经过两年的运行，玉米淀粉期货市场交投逐渐活跃，交易规模再上一个台阶。但2016年期货价格与现货价格的相关性降至0.57，其主要原因是：首先，华北和东北地区的玉米原料价格仍存在明显区域性；其次，随着淀粉期货市场活跃度的提升，玉米淀粉期货价格里面包括了一部分对玉米的交易，投机者把淀粉看做玉米的一种替代品，期价反映对玉米的预期比较现货价格要多一些；最后，由于在年初与年末出台的东北地区的玉米深加工补贴政策也使得淀粉现货与期货价格的差异加大。

总之，在上游玉米市场的直接带动下，玉米淀粉的期货与现货价格整体呈现同步变化趋势，2016年玉米淀粉的期现关系进一步表现为双向引导（见表3-2）。

表 3-2　　2015—2016 年玉米淀粉期现价格相关性

项目 \ 年份		2015	2016
期现价格的相关性	系数	0.93	0.57
	显著性检验	通过检验	通过检验
期现价格引导关系		双向引导	双向引导

注：现货价格为吉林长春玉米淀粉出厂价格，期货价格为玉米淀粉期货活跃合约结算价，数据频率为日度。

（二）套期保值功能发挥情况

1. 正基差保持高升水

上市以来玉米淀粉基差基本表现为“正基差”。2016年基差最高达到474元/吨，最小为-125元/吨，全年基差均值为198.98元/吨，较

2015年增加22.9元/吨。基差高升水300~500元/吨主要集中在下半年时段，其中一个峰值区域为9月初开始达到400元/吨之上并且维持近1个月时间，10月初开始现货价格至年度最低但期货价格提前走升；另一个峰值区域为滞后的现货价格在11月才明显提价，12月中旬基差一度扩大至500元/吨附近（见图3-12）。

与2015年不同的是，2016年基差在年末守在高位，其主要原因是外运紧张造成东北玉米出关困难使得深加工企业的淀粉加工缺少粮源、造成现货价格坚挺。

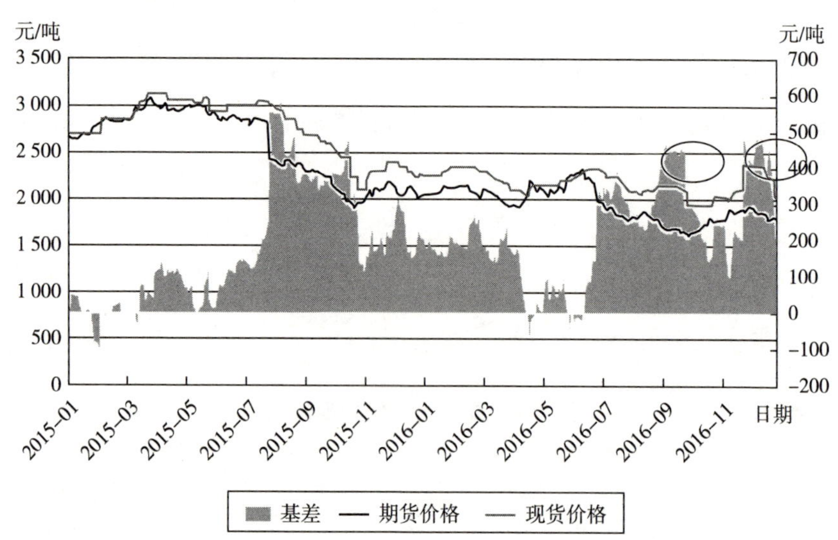

注：现货价格为吉林长春玉米淀粉出厂价格，期货价格为玉米淀粉期货活跃合约结算价。

图 3-12　2015—2016 年玉米淀粉期现价格及基差变化

2. 套期保值功能大幅提高

尽管玉米淀粉上市时间较短，但是投资者对玉米淀粉期货关注度和认可度稳步提升，随着农业供给侧改革使得玉米价格走向市场化，企业客户参与积极性显著提高，2016年玉米淀粉套保效率达到79.54%，较2015年的19.07%有了大幅的提升（见表3-3）。

表 3-3 2015—2016 年玉米淀粉套保有效性

指标		年份	2015	2016
基差	均值	元	177.09	198.98
	标准差	元	144.22	131.45
	变异系数		0.84	0.06
	最大	元	537	474
	最小	元	-60	-125
到期价格收敛性	到期日基差	元	-95	73
	期现价差率	%	2.3	3.33
套期保值效率	周价（当年）	%	19.07	79.54

注：现货价格为吉林长春玉米淀粉出厂价格，期货价格为玉米淀粉期货活跃合约结算价。

（三）期货市场功能发挥实践

1. 期货市场发挥价格发现功能

2016年中央一号文件明确提出玉米“市场定价、价补分离”的指导方向，市场自年初便体现出对于新季玉米价格的看空预期。玉米及玉米淀粉期价仅仅在5月被动地跟随一轮周边商品的上涨，随后玉米淀粉期价于6月上旬开始提前回落（淀粉现货价格则在7月才开始回落），期价持续下跌行情持续至10月初。

2016年秋季玉米在刚刚上市时段的价格比2015年同期大幅回落，虽然取消临储收购，但是车辆限载和运费提价使东北玉米外运困难，加上国家督导产区收粮和进行一部分的轮储收购，因此，已经超跌的期货价格率先止跌走稳，随后带动现货价格在粮食秋收之际走出一轮上涨行情。

玉米淀粉价格跟随上游玉米价格进行同步波动。玉米淀粉期货的价格发现功能更为淀粉相关企业提供了参考作用，用来预研预判实体产业链的发展变化，为现货企业的经营与决策提供了重要的参考依据。

2. 期货市场发挥避险增效作用

随着我国经济结构调整、市场化改革不断深入，市场在资源配置中的重要作用不断增强，实体企业风险管理需求大幅提高，这也为商品期货市场发展创造了良好条件。2016年国家正式将玉米临储政策调整为“市场定价、价补分离”新机制后，玉米和玉米淀粉期货交投活跃、交易规模达到历史新高；参与玉米和玉米淀粉期货交易的生产、贸易、加工、饲料养殖等大型企业超过50家，参与玉米交易的饲料企业生产规模占到全国的15%以上，参与玉米淀粉交易的淀粉企业生产规模占到全国的70%左右[①]，期货市场功能逐步强化。

值得一提的案例是，玉米淀粉期货上市两年来的稳定运行，博得了可口可乐这样谨慎外企的信任，可口可乐公司从现货原料采购到期现套期保值，慢慢形成一套独特的期现套保模式和风险控制体系。

可口可乐公司对期货套期保值理念的认识十分值得学习。一是对待期货套保亏损方面。目前国内部分企业及企业管理者只愿接受套保盈利，却不能接受套保亏损，甚至设置期货以盘面利润为基准的考核指标，在错误理念的引导下，企业要么畏惧期货市场，不敢参与，要么渐渐走向投机的道路。在可口可乐看来，套期保值的目的是获得稳定的利润，而不是获取最大利润，正确用好期货这个工具，必须正视套保的亏损，特别是管理层对套期保值的正确态度十分重要。二是对待实物交割与套期保值关系方面，部分企业和投资者认为只有实物交割才是套期保值，不参加实物交割就不能实现保值目的。对于像可口可乐这样成熟运用期货市场交易工具的企业来说，交割只是在有现货需求且相对现货交易有利润时才会采用的方式。当期现货走势拟合度较高的情况下，企业没有必要通过交割来实现保值目的。[②]

① 摘自第九届中国玉米产业大会开幕式上大商所党委书记、理事长李正强致辞。

② 摘自大商所“期货与企业发展案例”系列报道之十三《可口可乐：谨慎到认可，淀粉期货运用的成长史》。

三、玉米淀粉期货合约相关规则调整

（一）合约及交割流程修改

增设玉米淀粉交割库。随着企业参与增加、市场规模的扩大，以及玉米和玉米淀粉市场波动风险加大，相关实体企业希望通过增设交割库进一步控制风险管理和实物交割。

2016年2月18日大商所发布《关于设立玉米淀粉品种指定交割仓库的通知》，主要内容有：（1）设立天成玉米开发有限公司为基准指定交割厂库。（2）设立山东福宽生物工程有限公司、临清德能金玉米生物有限公司为非基准指定交割厂库，与基准指定交割厂库的升贴水为95元/吨。

2016年7月15日大商所发布《关于调整指定交割仓库的通知》，主要内容有：设立中粮生化能源（龙江）有限公司为玉米淀粉基准指定交割厂库。设立玉锋实业集团有限公司、潍坊盛泰药业有限公司为玉米淀粉非基准指定交割厂库，与基准指定交割厂库的升水为95元/吨。

至此，玉米淀粉交割库数量较上市初期的7家增至17家，其中东北地区交割厂库7家，华北（山东）地区10家。玉米淀粉的总库容达到29.35万吨。经过大商所的不断改进，持续增加和较为均衡的产销区交割库布局，为持续活跃的玉米淀粉稳健运行和功能发挥提供了有力保障。

（二）其他规则调整

1. 保证金调整

2016年，根据风险管理需要，玉米淀粉期货的保证金先后经过三次调整，考虑到春节及国庆的休假时间相对较长，其间的国内外不确定风险因素较多，因此，大商所主要针对这两个长期假日的保证金进行调整。另外，由于今年商品市场在4月开始出现普涨行情且波动较大，因此，大商所在4月底开始将最低交易保证金的5%调整至7%，基于这次上调，所以国庆节的保证金调整至9%的中等水平。如此，大商所根据市场波动情况，通过适当上浮保证金的手段，有效控制了玉米淀粉市场所面临的价格波动风险（见表3-4）。

表 3-4　　2016 年节假日玉米淀粉合约交易保证金调整

时间	通知名称	调整措施
2016/1/28	关于 2016 年春节期间调整各品种最低交易保证金标准和涨跌停板幅度及夜盘交易时间的通知	自 2016 年 2 月 4 日结算时起，最低交易保证金标准调整至 8%。2 月 15 日恢复交易后，持仓量最大的两个合约未同时出现涨跌停板单边无连续报价的第一个交易日结算时起，最低交易保证金标准恢复至 5%。
2016/4/21	关于调整豆一、豆粕、玉米、聚乙烯、玉米淀粉、聚丙烯、聚氯乙烯、铁矿石品种涨跌停板幅度和最低交易保证金标准的通知	自 2016 年 4 月 25 日（星期一）结算时起，将玉米淀粉最低交易保证金标准调整至 7%。
2016/9/22	关于 2016 年国庆节放假期间调整各品种最低交易保证金标准和涨跌停板幅度及夜盘交易时间的通知	自 2016 年 9 月 29 日结算时起，最低交易保证金标准调整至 9%。10 月 10 日恢复交易后，持仓量最大的两个合约未同时出现涨跌停板单边无连续报价的第一个交易日结算时起，最低交易保证金恢复至 9 月 29 日结算前标准。

2. 涨跌停板幅度调整

2016年，根据风险管理需要，玉米淀粉期货的涨跌停板幅度先后经过三次调整（见表3-5），时间上与保证金调整同步。

表 3-5　　2016 年节假日玉米淀粉合约涨跌停板幅度调整

时间	通知名称	调整措施
2016/1/28	关于 2016 年春节期间调整各品种最低交易保证金标准和涨跌停板幅度及夜盘交易时间的通知	自 2016 年 2 月 4 日结算时起，玉米淀粉涨跌停板幅度调整至 6%，2 月 15 日恢复交易后，持仓量最大的两个合约未同时出现涨跌停板单边无连续报价的第一个交易日结算时起，涨跌停板幅度恢复至 4%。

续表

时间	通知名称	调整措施
2016/4/21	关于调整豆一、豆粕、玉米、聚乙烯、玉米淀粉、聚丙烯、聚氯乙烯、铁矿石品种涨跌停板幅度和最低交易保证金标准的通知	自 2016 年 4 月 25 日（星期一）结算时起，将玉米淀粉涨跌停板幅度调整至 5%。
2016/9/22	关于 2016 年国庆节放假期间调整各品种最低交易保证金标准和涨跌停板幅度及夜盘交易时间的通知	自 2016 年 9 月 29 日结算时起，玉米淀粉涨跌停板幅度调整至 7%，10 月 10 日恢复交易后，持仓量最大的两个合约未同时出现涨跌停板单边无连续报价的第一个交易日结算时起，涨跌停板幅度恢复至 9 月 29 日结算前标准。

3. 手续费的调整

根据风险管理需要，大商所自2016年5月中旬开始对玉米淀粉期货的同一合约不再减半手续费。玉米淀粉的成交量在5月为400万手，6月升至443万手，7月降至当年最低336万手后再度开始持续扩大。持仓量从5月26.6万手微降至6月23.3万手，其后保持稳步增长态势，总体来看，玉米淀粉市场容量稳步扩大，对冲了其中不当投机因素的影响（见表3-6）。

表 3-6 2016 年玉米淀粉手续费调整

时间	通知名称	调整措施
2016/5/12	关于调整豆粕等品种交易手续费收取标准的通知	自 2016 年 5 月 16 日交易时（即 13 日晚夜盘交易小节时）起，玉米淀粉品种同一合约当日先开仓后平仓交易不再减半收取手续费，手续费标准恢复至 1.5 元 / 手。

四、玉米淀粉期货市场发展前景、问题与建议

（一）发展前景

2016年以来，在玉米临储新政影响及价格市场化方向推进预期下，市场主体参与利用玉米和玉米淀粉期货管理风险的积极性持续提

高，玉米及玉米淀粉流动性增强，两者已晋身为国内期市活跃品种。

2016年12月国家粮食局发布《粮油加工业“十三五”发展规划》，提出“在确保口粮、饲料用粮和种子用粮供给安全的前提下，发展玉米等粮食深加工，促进库存陈粮深加工转化，推动发展高附加值产品，带动产业上下游协调发展”，特别提出“东北三省一区、黄淮海等主产区要加大推动对玉米加工淀粉及淀粉糖、酒精、味精、柠檬酸等产品生产企业的兼并重组、淘汰落后产能、环保达标和清洁生产情况核查力度，鼓励行业技术进步创新和改造升级”。由此展望东北地区作为玉米主产区的深加工能力将会有所改观，玉米淀粉作为玉米深加工主要副产品，上下游行业联系紧密，市场影响范围广，后期将会新增更多相关企业的避险和投资需求，也将会有越来越多的实体企业参与玉米淀粉期货市场开展套期保值业务，用以管理原材料和产品价格波动风险。

（二）当前存在的问题

玉米淀粉期货市场逐渐走向成熟，但是，在前端玉米价格走向市场化改革进程中，玉米淀粉企业随之的改变也将增加其保值需求的多样性。比较而言，套期保值策略相对单一，缺乏灵活性，无法满足不同客户的各自需求，限制了很多客户的保值、增值目标实现的可能性。

（三）发展建议

为满足不同客户的需求，期权能够灵活设计出不同的产品组合，策略多样化，不但能管理风险，还能兼顾收益，既能保值又能增值。2017年豆粕、白糖期权的上市已经打开了金融衍生品的大门，在市场逐渐成熟后预计将会陆续上市更多的期货活跃品种。玉米、玉米淀粉场内期权的大力发展将有助于农业供给侧结构性改革。

在大力发展玉米、玉米淀粉期权市场的同时，更要注重套期保值者和投机者两类主体的培育。重点选择培育产业链企业，使之灵活选择期货和期权进行风险管理，建议使用套期保值案例进行培训的效果会更佳。另外，也要加强企业的风险管理培训，在风险管理现实需求的驱动下，玉米淀粉相关企业才有动力在期货与期权市场的有效结合之下进行套期保值。

专栏

2016年玉米淀粉期货大事记

1月27日，国务院发布中央一号文件《关于落实发展新理念加快农业现代化实现全面小康目标的若干意见》首提“农业供给侧结构性改革”，尤其提出“按照市场定价、价补分离的原则，积极稳妥推进玉米收储制度改革，在使玉米价格反映市场供求关系的同时，综合考虑农民合理收益、财政承受能力、产业链协调发展等因素，建立玉米生产者补贴制度”。

2月18日，大商所发布《关于设立玉米淀粉品种指定交割仓库的通知》，主要内容有：设立天成玉米开发有限公司为基准指定交割厂库。设立山东福宽生物工程有限公司、临清德能金玉米生物有限公司为非基准指定交割厂库，与基准指定交割厂库的升贴水为95元/吨。

3月14日，吉林省规定2016年1月1日至6月30日，纳入补贴范围的企业在省内自购用玉米，按实际数量给予每吨150元补贴。

4月30日，国家粮食局数据显示，截至4月30日东北三省一区累计收购2015年产临储玉米总量12 543万吨，超出2015年收购总量（8 329万吨）4 214万吨，创下历史新高，其中内蒙古自治区2 186

万吨，吉林省4 536万吨，黑龙江省4 697万吨，辽宁省1 124万吨。

5月27日，超期临储玉米定向拍卖启动，产区深加工以及饲料企业购粮积极性高涨，市场情绪被点燃。6月现货市场上涨，深加工收购区间上沿突破2 000元/吨大关。随着7月中旬“分贷分还”以及9月初14年临储玉米的陆续投放，在新季玉米接棒之际，深加工企业大幅调低收购价格。

7月15日，大商所发布《关于调整指定交割仓库的通知》，主要内容有：设立中粮生化能源（龙江）有限公司为玉米淀粉基准指定交割厂库。设立玉锋实业集团有限公司、潍坊盛泰药业有限公司为玉米淀粉非基准指定交割厂库，与基准指定交割厂库的升水为95元/吨。

7月19日，国家粮食局印发《关于加快推进粮食行业供给侧结构性改革的指导意见》。其中《意见》指出，要严防粮食“出库难”。督促指导承储企业、买方企业严格执行国家政策性粮食销售政策，确保销售粮食正常出库。对定向销售给淀粉、酒精、饲料等加工企业的粮食，要加强从出库、中转到加工的全程监管，确保粮食流向和用途符合国家规定，坚决防止不符合食品安全标准的粮食流入口粮市场。

7月19日，2016年中央财政公布第一批玉米生产者补贴资金分配结果——为支持东北三省和内蒙古自治区玉米收储制度改革，报经国务院批准，中央财政拨付第一批玉米生产者补贴资金3 003 860万元，其中内蒙古自治区662 515万元、辽宁省457 788万元、吉林省726 306万元、黑龙江省1 157 251万元。

8月19日，财政部发布《关于恢复玉米深加工产品出口退税率的通知》，“自2016年9月1日起，将玉米淀粉、酒精等玉米深加工产品的增值税出口退税率恢复至13%”。

8月19日，大商所发布了《玉米淀粉期货指定交割仓库交割业务指南（2016年版本）》等三个业务指南。交割业务指南的推出，体现了大商所在市场服务上不断探索、深耕细作的务实精神，有助于市场参与主体系统全面掌握玉米淀粉交割业务流程，使交割工作运行更为顺畅，利于促进品种功能发挥。

9月9日，大商所发布《关于营口港务集团有限公司设立玉米延伸库区的通知》，在玉米指定交割仓库营口港务集团有限公司设立延伸库区，分别位于辽宁省铁岭市和吉林省德惠市的辽宁益海嘉里地尔乐斯淀粉科技有限公司、德惠金信粮油收储有限公司。延伸库区将自C1701合约开始启用。交易所指定交割仓库设立延伸交割库区，将增强客户对交接货地点的选择性，增加了交割的方便性和灵活度，有利于提高玉米期货价格的代表性，便于吸引更多企业通过期货市场进行套期保值。

9月14日，大商所发布《关于增加玉米交割区域的通知》，增设黑龙江省、吉林省和内蒙古自治区为交割区域。在不影响已有的辽宁港口库区主交割地地位的基础上，将玉米交割区域覆盖到东北四省玉米产区，有利于更多玉米市场主体参与。在玉米现货市场变化、政策调整的新形势下，此次调整有利于玉米期货品种功能的有效发挥。

9 月21 日，交通运输部、公安部《超限运输车辆行驶公路管理规定》施行。新规表明，超限超载标准吨位全线降低，如载重量最大的 6 轴汽车列车超载标准由此前的 55吨降至49 吨，4轴货运单车超载标准下降最多，由 40 吨降至 31 吨。根据最新的《车辆运输车治理工作方案》规定，对超载货车“一超四罚”，对货车司机除了经济处罚之外，还要罚分。这是我国公路治理超载超限行动中首次使用罚分处罚，也堪称“史上最严治超措施”。运力不畅，运费涨价，对于东北陆续上市、需要外运的玉米产生了一定的推高价格的作用。

10月12日，2016年玉米拍卖自5月27日至10月12日，累计计划销售临储玉米达到1.2亿吨，实际成交量为2 183万吨，比2015年同期成交量大幅增加1 775万吨。

10月27日，吉林省玉米加工能力10万吨以上的企业，于2016年11月1日至2017年4月30日加工消耗省内新产玉米，每吨补贴200元。

10月28日，2016年中央财政公布第二批玉米生产者补贴分配结果——为支持东北三省和内蒙古自治区玉米收储制度改革，报经国务院批准，中央财政拨付第二批玉米生产者补贴资金900 000万元，其中内蒙古自治区204 520万元、辽宁省141 320万元、吉林省224 211万元、黑龙江省329 949万元。

11月3日，内蒙古对销售收入在2 000万元以上的玉米深加工企业，收购加工新产玉米给予200元/吨的补助。辽宁省补贴标准为100元/吨，补贴资金由省财政在2017年省本级预算中安排，收购期为2016年11月1日至2017年4月底，加工期到2017年6月底。

11月17日，黑龙江省对2015年产品销售收入2 000万元及以上或具备年加工能力10万吨及以上，生产淀粉类或酒精类玉米深加工企业，在2016年11月1日至2017年4月30日期间收购入库，并于6月30日前加工消耗的省内2016年新玉米给予300元/吨补贴。

12月，国家粮食局发布《粮油加工业“十三五”发展规划》的通知，针对玉米深加工业提出“鼓励玉米深加工企业拓展有效消费新途径，明显提高玉米深加工转化率”，“深入挖掘玉米的食用价值、饲用价值、工业价值和能源价值”。

报告四
黄大豆1号期货品种运行报告（2016）

2016年，在农业供给侧结构性改革影响下，我国大豆种植面积改变过去连年下滑局面，出现小幅增长，虽进口量再创历史新高，但大豆国内外价差逐渐缩小，国产大豆市场份额开始增加。国产大豆现货市场基础好转，产业客户参与黄大豆1号（以下简称豆一）期货市场的积极性增加，期货市场成交、持仓规模明显增长。不过，受2016年国内外价格走势分化等因素影响，大豆期现价差收敛性有所下降，影响了企业的套期保值效果。未来，随着国内大豆期货和现货市场的稳步发展，大商所豆一期货服务实体经济的功能将稳步提升。

一、豆一期货市场运行情况

（一）市场规模及发展情况

1. 成交规模明显放大

2016年，豆一期货全年总成交量和成交额较2015年有明显增长。2016年豆一全年累计成交3 257万手（折合32 570万吨），较2015年增加1 376万手，同比增长73.2%。全年累计总成交额为12 241亿元，较2015年增加4 519亿元，涨幅达58.5%。

从月度成交情况看，2016年豆一月均成交271.4万手，较2015年增加114.7万手；月均成交额1 020.1亿元，较2015年增加376.6亿元。其中，5月成交量最大，达到494.1万手，2月最少，仅为87.4万手。

2015年，成交量超过200万手的仅有两个月，其他月份均在200万手以下；而2016年，月成交量超过300万手的有4个月，超过200万手的有7个月，5月成交量最高近500万手。可见，2016年豆一期货成交活跃度较2015年有明显提升（见图4-1）。

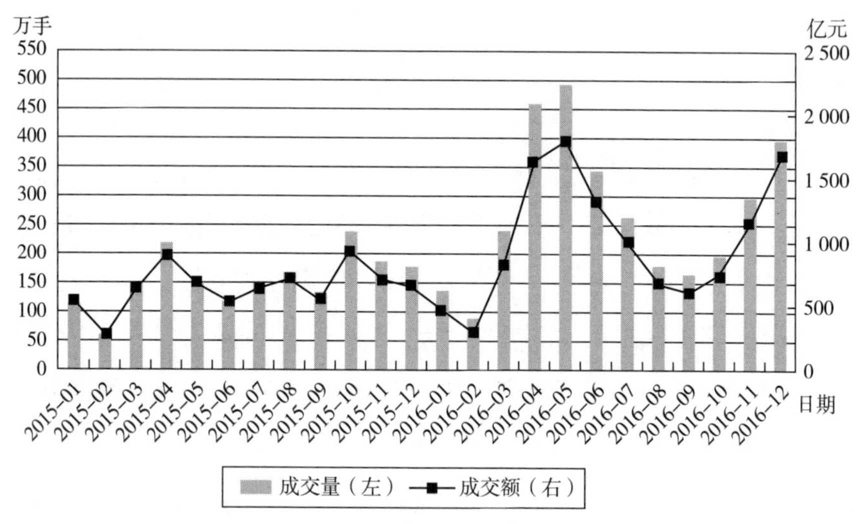

图 4-1　2015—2016 年豆一期货成交情况

2. 市场份额有所增加

2016年，豆一期货在大商所和全国商品期货市场的成交占比均有所上升。其中，豆一全年累计成交量占大商所总成交量的2.1%，同比提升23.5%；占全国商品期货总成交量的0.8%，同比提升33.3%。从月度对比情况看，2016年豆一月均成交占大商所比重为2.1%，而2015年为3%，最高月为3.4%；2016年豆一月均成交占全国商品期货总成交的比重有5月和12月超过1%（见图4-2）。

与大商所其他期货品种成交对比看，豆一成交占比位居大商所各品种成交量的第十一位，远低于豆粕、铁矿石等活跃品种，并继续落后于棕榈油、豆油、玉米和玉米淀粉等农产品期货品种（见图4-3）。

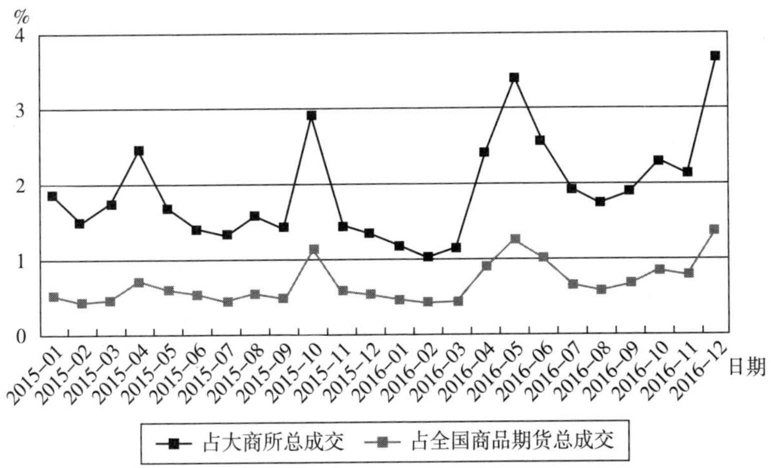

图 4-2　2015—2016 年豆一期货成交量及其在大商所和全国的占比

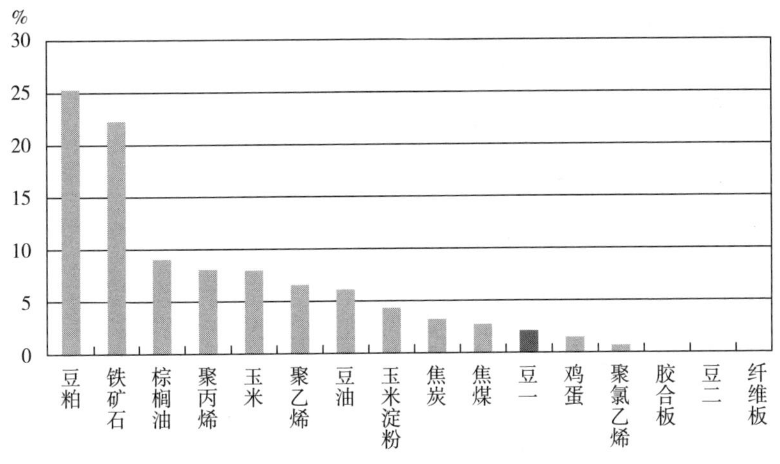

图 4-3　2016 年大商所期货品种成交量占比情况对比

3. 持仓量同比增加

2016年，豆一期货的持仓量及其占比较2015年也有所上升。年末豆一持仓量为14.6万手，较2015年同期增长了13.2%；月均持仓量为13万手，较2015年的月均持仓12.1万手增长了7.4%；占大商所月均总持仓的比例仅为2.13%，较2015年月均持仓占比下降了13.41%。5月末持仓量达到年内最高的17万手，最低为9月9万手（见图4-4）。

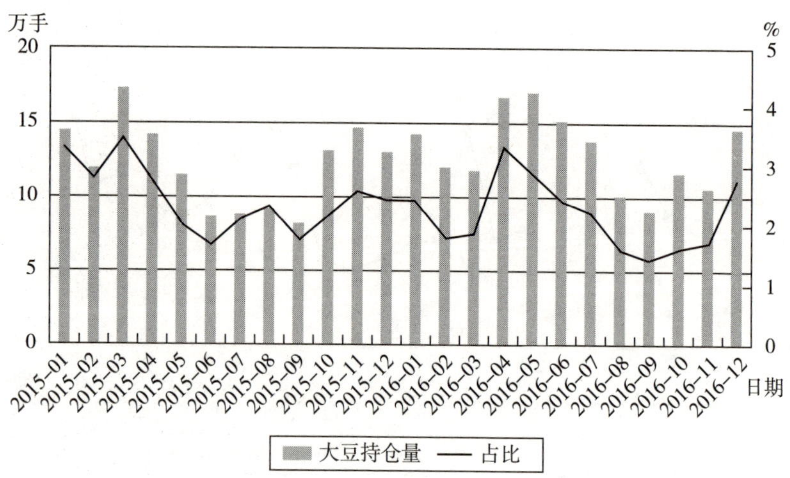

图 4-4 2015—2016 年豆一期货持仓量及占大商所总持仓的比重情况

（二）期现货市场价格走势

1. 期货价格震荡收高

2016年，豆一期货价格走势大体可以概括为“探底—反弹—震荡—上涨”的运行特点。临近年底，豆一价格加速拉升，年末收于4 279元/吨，较年初上涨18.4%。

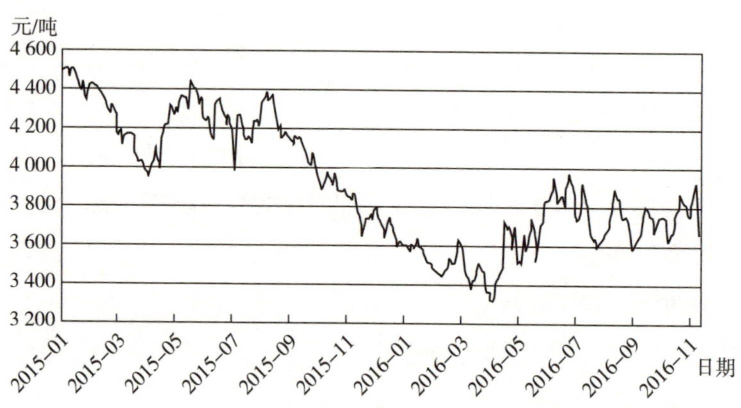

图 4-5 2015—2016 年豆一期货活跃合约收盘价变化情况

具体来看，2016年，国内豆一期货价格呈现明显的季节性特点：2016年，国内大豆期货价格呈震荡上涨趋势。第一季度，国内大豆期价持续低位震荡。第二季度，在外盘CBOT大豆期价大涨的支撑下，国内大豆期价也跟随上涨，加之市场余粮逐渐减少，供应紧张支撑国产大豆期现价走强。第三季度，国内大豆期货市场多空交织，期价宽幅震荡，整体下跌。第四季度，年末备货需求增加，大豆价格强势反弹。截至12月末，连豆主力合约收至4 279元/吨，较上月末上涨282元/吨，较年初上涨664元/吨。

第一季度，国内大豆期价持续低位震荡。受现货市场影响，整体大豆市场需求低迷，北方大豆产区质量较往年有所下降，市场整体余粮存量近5成，再加上大豆市场需求疲软，直接导致第一季度行情持续弱势运行，价格下滑明显。

第二季度，大豆价格呈现明显上涨趋势。在外盘CBOT大豆期价大涨的支撑下，国内大豆期价也跟随上涨，加之市场余粮逐渐减少，供应紧张支撑国产大豆期现价走强。此外，4月大豆利好政策频传，首先是目标价格政策确定继续在东北三省和内蒙古自治区展开，其次是国家出台“镰刀弯”地区调减政策，确立“玉米去库存”的决心，最后是严查港口进口大豆流向，直接导致4月开始大豆价格触底反弹。

第三季度，国内大豆期货市场多空交织，期价宽幅震荡，整体下跌。一方面，大豆需求进入淡季，加上南方新豆陆续上市，价格逐步回落。另一方面，国储大豆在7月中旬开始拍卖，首次成交率高达99.7%，后期国储大豆拍卖供应陆续增加，压制大豆价格上涨。8月进口大豆封港依然继续，南方市场新豆上市，但质量差、价格高，大豆价格弱势反弹。9月中下旬河南省、安徽省、江苏省、黑龙江省以及内蒙古自治区等产区新季大豆陆续上市，从全国市场来看，新季大豆鼓粒期普遍旱情严重，未成熟籽粒较多，蛋白含量较低，新豆价格弱势运行。

第四季度，年末备货需求增加，大豆价格强势反弹。国庆节后，东北产区新豆陆续上市，由于产区受旱情影响明显，新豆蛋白含量普遍低于往年，下游采购较差，但与东北产区相比，安徽省、河南省等沿淮产区在国庆节后大豆价格上涨，涨势一直持续到12月中旬才有所放缓。

2. 国内外大豆价格相关性有所下降

2016年，豆一期货价格与美国芝加哥期货交易所（CBOT）大豆期货价格相关较2015年有所下降。2016年大商所与美国芝加哥大豆期货活跃合约收盘价的相关系数为0.57，较2015年的0.66有所下降。主要原因是二者受基本面影响因素差异较大导致价格走势出现一定分化。2016 年上半年，受不利天气影响南美大豆减产，在新作市场供应格局偏紧的背景下，CBOT 大豆价格大幅上涨，并于 6 月中旬上涨至2015年以来新高。随后美豆收获上市，CBOT 大豆价格受美豆丰产压制下跌，随后出口需求强劲支撑价格上涨。而国内第一季度大豆价格持续下跌，4月开始上涨，7月中旬受国储拍卖影响震荡回落，第四季度有所拉升。可见，国内外大豆价格影响因素差异较大，价格出现分化（见图4-6）。

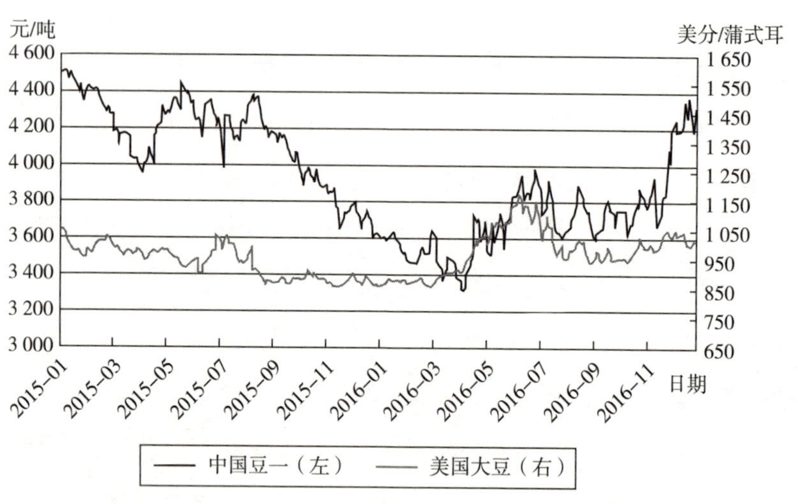

数据来源：Wind 数据库

图 4-6 2015—2016 年中美大豆期货活跃合约收盘价走势

3. 期货价格波动幅度收窄

2016年，豆一期货价格止跌反弹，月度环比波动区间较2015年有所放大。2016年豆一期货价格的月度环比波动区间为[-3.23%，10.96%]，相比较2015年的波幅区间[-5.28%，6.07%]有所放大。2016年大豆价格市场化程度进一步增加，价格对国内国际影响因素变动反应的灵敏程度增强，产业客户参与期货市场积极性增加，豆一期货市场整体稳定发展（见图4-7）。

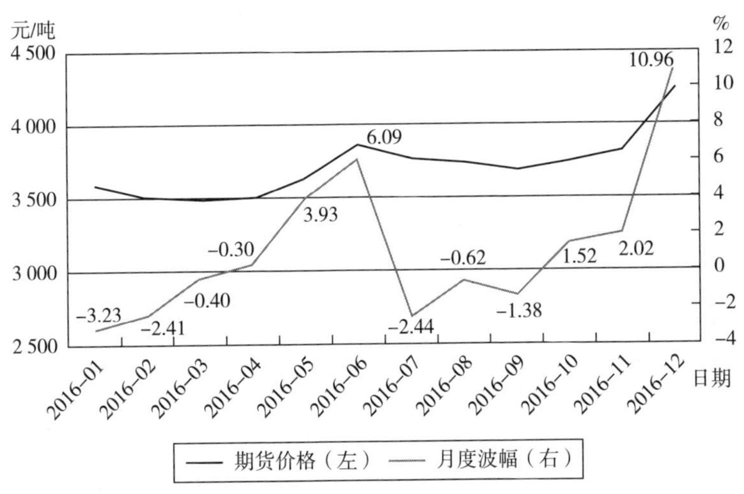

数据来源：Wind 数据库

图 4-7　2015—2016 年豆一期货市场价格变动情况

（三）期货交割情况分析

2016年，豆一期货共交割5 045手（每手10吨），较2015年减少83.6%。2016年豆一交割业务的特点主要体现在以下两个方面：

1. 交割量较2015年明显减少

从月度统计的交割量情况来看，2016年豆一交割月份仍主要集中在1月、3月、5月和9月，全年的交割量较2015年明显减少。2016年1月交割量为2 576手，较2015年同期减少81.2%；5月交割量为669手，较2015年同期减少94.9%；9月交割量为873手，较2015年同期减少78.5%（见图4-8）。豆一交割量较少，一方面是企业参与期货套期保值操作的熟练程度增加，可灵活通过期货对冲操作实现套保目的；另一方面由于下半年东北地区运力不足，运费较高，客户交割意愿受到限制。

2. 交割客户数量有所下降

从交割客户的数量看，2016年总共有46户完成交割，较2015年减少31户，下降40.3%。1月、3月、5月、7月、9月和11月分别有14户、7户、4户、3户、14户和4户完成交割，交割客户零星分散（见表4-1）。

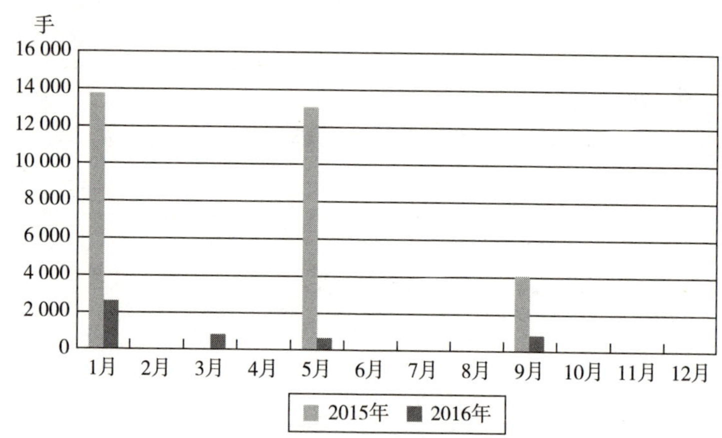

数据来源：Wind 数据库

图 4-8 2015—2016 年豆一月度交割量对比

表 4-1 2016 年与 2015 年豆一交割客户数分月度对比

月份	2015 年	2016 年	增减
1 月	36	14	-22
2 月	0	0	0
3 月	2	7	5
4 月	0	0	0
5 月	17	4	-13
6 月	0	0	0
7 月	3	3	0
8 月	0	0	0
9 月	16	14	-2
10 月	0	0	0
11 月	3	4	1
12 月	0	0	0

（四）期货市场结构分析

1. 法人客户数占比继续增长

2016年，豆一期货的总交易客户数为53.94万个，较2015年增加了47.13%。其中，个人客户数为52.27万个，较2015年增加46.05%；法人客户数为19 468个，较2015年增加1.22倍。从客户结构的人数对比来看，法人客户数量增长速度要快于自然人客户，这种变化说明2016年法人客户参与豆一期货市场的积极性明显提升（见图4-9）。

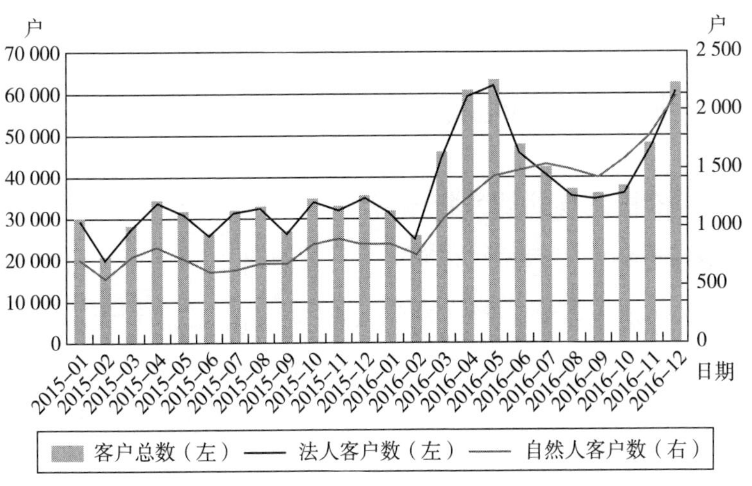

图4-9　2015—2016年豆一期货交易客户数情况

2. 持仓集中度逐步趋于合理水平

由持仓排名前100名客户的持仓量之和与总持仓量的比例可以看出，2016年豆一期货持仓集中度均值为57.25%，与2015年的持仓集中度均值66.24%相比有所下降，前100名客户持仓集中度降低。从月度情况看，2016年前100名客户持仓占比波动平缓，1月和3月分别下降至55%左右，7月下降至42.7%，为两年来最低水平（见图4-10）。可见，随着法人客户参与积极性和数量增加，豆一期货市场的客户结构不断趋于合理水平。

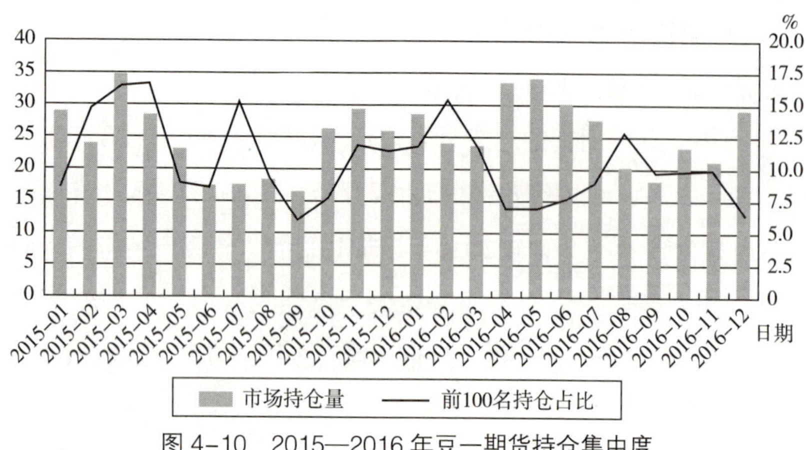

图 4-10 2015—2016 年豆一期货持仓集中度

二、豆一期货市场功能发挥情况

（一）价格发现功能发挥情况

豆一期现货价格相关性有所下降。2016年，豆一期现价格相关系数为0.41，较2015年的0.66有所降低。2016年，在预期玉米价格将大幅下跌的情况下，受比价关系影响，豆一期货价格单边大幅下跌，但国产大豆现货价格下跌幅度较小。下半年在中储粮开启新年度大豆收储工作后，由于市场开始普遍看跌大豆，贸易商大豆存量有限，收购进展缓慢，短时间内难以满足收储需求，中储粮黑龙江省直属库为提升收储进度，大幅提升国产大豆收购价格，大豆现货市场价格随之提升。与此同时，期货市场反应迅速，豆一价格迅速拉升，涨幅较大且高于现货水平。上述两方面原因使得豆一期现价格相关性下降（见表4-2）。

表 4-2 2015—2016 年豆一期现价格相关性

项目 \ 年份		2015	2016
期现价格的相关性	系数	0.66	0.41
	显著性检验	通过检验	通过检验
期现价格引导关系		期货引导	期货引导

注：现货价格为辽宁大连收购价格，期货价格为豆一期货活跃合约结算价，数据频率为日度。

（二）套期保值功能发挥情况

1. 期现价差收敛性较好

2016年豆一期现价格到期收敛效果较好，下半年基差由正转负。这主要是由于年底中储粮黑龙江省直属库大幅提升国产大豆收购价格，导致大豆现货市场价格随之提升。与此同时，黄大豆1号期货价格迅速拉升，涨幅较大且高于现货水平，致使基差由正转负（见图4-11）。

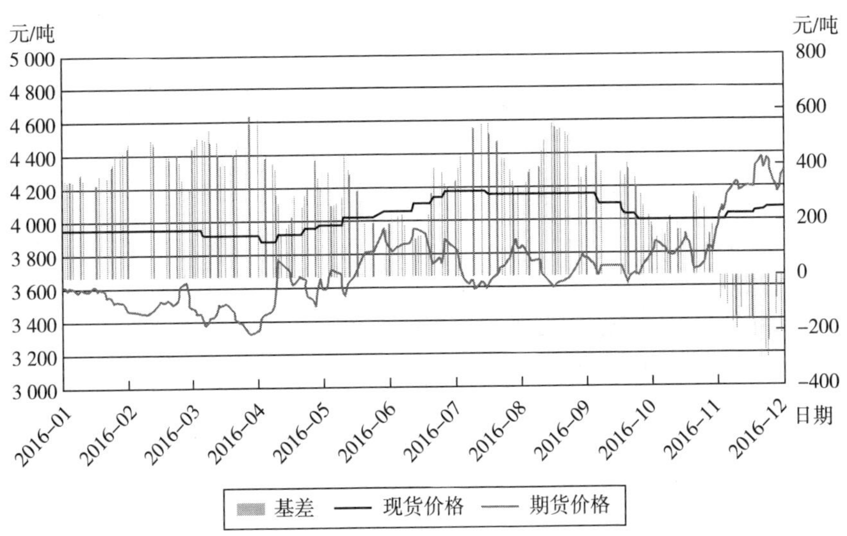

注：现货价格为辽宁大连收购价格，期货价格为豆一期货活跃合约结算价，数据频率为日度。

图4-11　2016年豆一期现价格及基差变化

2. 套期保值效率明显提高

2016年，豆一期货品种的套期保值效率为54.61%，较2015年的14.14%大幅提高。从2016年企业参与豆一期货的套期保值数量也可以看出，随着豆一期现货市场套期保值功能有效性的增加，现货企业对豆一期货市场的认可程度逐渐恢复，并积极着手利用期货市场来规避现货价格波动风险（见表4-3）。

表 4-3　　2015—2016 年豆一期货套保有效性

指标			2015	2016
基差	均值	元	-94.68	388.8
	标准差	元	158.62	115.79
	变异系数		-1.68	0.05
	最大	元	186	598
	最小	元	-490	108
到期价格收敛性	到期日基差	元	-74	356.75
	期现价差率	%	-1.85	8.9
套期保值效率	周价（当年）	%	14.14	54.61

注：现货价格为辽宁大连收购价格，期货价格为豆一期货活跃合约结算价，数据频率为日度。

（三）期货市场功能发挥实践

“保险+期货”创新模式助力农业供给侧结构性改革。按照中共中央、国务院发布的2016年中央一号文件精神，探索开展重要农产品目标价格保险，稳步扩大“保险＋期货”试点，2016年大商所联合12家期货公司及7家保险公司在辽宁省、吉林省、黑龙江省、内蒙古自治区和安徽省开展了12个“保险+期货”试点项目，服务“三农”创新模式试点规模和数量成倍增长。以大豆品种为例，根据2016年我国大豆产业特别是东北地区大豆种植产业的发展态势，在大商所支持下，南华期货股份有限公司（以下简称“南华期货”）与阳光农业相互保险公司（以下简称“阳光农险”）针对大豆市场推出了新产品。

此次项目地点为黑龙江农垦赵光农场，品种为黄大豆1号，数量为国产大豆1万吨。在项目实施的第一阶段，南华期货与阳光农险共同开发农产品价格险，设定阶梯型保险目标价、保险时间、保费比例，对接南华期货询问对应的期权价格。项目实施第二阶段，赵光农场将自付20%保费购买阳光农险的保险产品，以确保农场的种植收益。第三阶段，阳光农险通过购买南华期货的场外看跌期权产品进行再保险，以对冲农产品价格下降可能带来的风险。同时南华期货在期货交易所进行相应的复制看跌期权操作，进一步分散风险。第四阶段，到期结算时，如果到期大豆价格降至保险价格之下，则阳光农险按约定条款赔付赵光农场，南华期货赔付阳光保险买入看跌期权的收益。南华期货与阳光农险针对大豆市场推出保险新产品，为种植大豆的农民增添价格保险渠道，降低大豆种植的市场风险，有利于调动农民种植大豆的积极性，扩大国产大豆种植面积，加快产业结构的调整，推动我国非转基因大豆产业的快速发展，符合国家调整种植结构的主导方向。

三、豆一期货合约相关规则调整

（一）合约及交割流程修改

2016年9月30日，为统一各品种合约条款，经大商所理事会审议通过，并报告中国证监会，大商所对黄大豆1号等8个品种合约进行了修改，取消合约中规定的交易手续费条款，并自通知发布之日起生效。目前，豆一期货合约中已取消对于手续费条款的规定，给交易所在应对期货市场风险时提供了更为灵活的操作手段。

（二）其他规则调整

1. 保证金调整

2016年，根据风险管理需要，豆一期货保证金先后经过2次常规性调整，即春节及国庆两个长假期期间和1次非节假日保证金调整。调整幅度为由5%调高至8%，后恢复至5%，并于4月21日调高至7%，元旦期间调高到9%，元旦后仍恢复至7%（见表4-4）。

表 4-4　　2016 年节假日豆一合约交易保证金调整

时间	通知名称	调整措施
2016/1/28	关于 2016 年春节期间调整各品种最低交易保证金标准和涨跌停板幅度及夜盘交易时间的通知	自 2016 年 2 月 4 日结算时起，豆一最低交易保证金标准调整至 8%。2 月 15 日恢复交易后，持仓量最大的两个合约未同时出现涨跌停板单边无连续报价的第一个交易日结算时起，最低交易保证金标准恢复至 5%。
2016/4/21	关于调整豆一、豆粕、玉米、聚乙烯、玉米淀粉、聚丙烯、聚氯乙烯、铁矿石品种涨跌停板幅度和最低交易保证金标准的通知	自 2016 年 4 月 25 日结算时起，豆一最低交易保证金标准调整至 7%。
2016/9/22	关于 2016 年国庆期间调整各品种最低交易保证金标准和涨跌停板幅度及夜盘交易时间的通知	自 2016 年 9 月 29 日结算时起，豆一最低交易保证金标准调整至 9%。10 月 10 日恢复交易后，持仓量最大的两个合约未同时出现涨跌停板单边无连续报价的第一个交易日结算时起，最低交易保证金标准恢复至 7%。

2. 涨跌停板幅度调整

2016年，豆一期货的涨跌停板幅度先后经过两次常规性调整和一次非常规调整，调整幅度为由4%调高至6%，后恢复至4%，并于4月21日调高至5%，元旦期间调高到7%，后仍恢复至5%（见表4-5）。

表 4-5　　2016 年节假日豆一合约涨跌停板幅度调整

时间	通知名称	调整措施
2016/1/28	关于 2016 年春节期间调整各品种最低交易保证金标准和涨跌停板幅度及夜盘交易时间的通知	自 2016 年 2 月 4 日结算时起，豆一涨跌停板幅度调整至 6%，2 月 15 日恢复交易后，持仓量最大的两个合约未同时出现涨跌停板单边无连续报价的第一个交易日结算时起，涨跌停板幅度恢复至 4%。
2016/4/21	关于调整豆一、豆粕、玉米、聚乙烯、玉米淀粉、聚丙烯、聚氯乙烯、铁矿石品种涨跌停板幅度和最低交易保证金标准的通知	自 2016 年 4 月 25 日结算时起，豆一涨跌停板幅度调整至 5%。
2016/9/22	关于 2016 年国庆期间调整各品种最低交易保证金标准和涨跌停板幅度及夜盘交易时间的通知	自 2016 年 9 月 29 日结算时起，豆一涨跌停板幅度调整至 7%，10 月 10 日恢复交易后，持仓量最大的两个合约未同时出现涨跌停板单边无连续报价的第一个交易日结算时起，涨跌停板幅度恢复至 5%。

3. 手续费调整

2016年4月，大连商品交易所决定调整部分品种手续费收取标准，其中规定不再减半收取黄大豆1号等合约当日同一合约先开仓后平仓交易手续费，该手续费收取标准恢复至2元/手，自2016年4月26日开始实施。提高手续费收取标准，有利于2016年上半年降低市场流动性，促进期货市场平稳健全运行（见表4-6）。

表 4-6　　2016 年豆一合约手续费收取标准调整

时间	通知名称	调整措施
2016/4/25	关于调整铁矿石等品种交易手续费收取标准的通知	自 2016 年 4 月 26 日起，黄大豆 1 号品种同一合约当日先开仓后平仓交易不再减半收取手续费，手续费标准恢复至 2 元 / 手。

四、豆一期货市场发展前景、问题与建议

（一）发展前景

1. 国产大豆种植前景将好转

近年来，我国大豆种植面积不断下滑，2015年仅为9 756万亩，比2005年减少4 630万亩，2016年虽有增加但仍处于历史较低水平。同时我国大豆进口量达到8 169万吨，占全球大豆贸易量的70%左右，已是世界第一大大豆进口国，大豆对外依存度超过85%，我国大豆供需缺口越来越大。2016年农业供给侧结构性改革提出并推进，改革重点是调整优化种植结构，适当调减非优势区玉米，改种大豆等作物，化解玉米过剩库存，同时增加产需缺口较大的大豆供应。2016年，农业部出台的《关于“镰刀弯”地区玉米结构调整的指导意见》强调减少玉米种植面积，鼓励东北地区种植大豆，并联合发改委等部门出台了《关于促进大豆生产发展的指导意见》，制定了国产大豆未来5年发展战略，即到2020年我国大豆面积达到1.4亿亩，增加4 000万亩。按照

该指导意见，至2020年我国大豆生产基本恢复到2005年的历史较高水平。我国国产大豆种植前景好转，不仅能有效满足国内食用大豆的需求，而且能形成国产大豆与进口大豆错位竞争、相互补充的格局，有利于我国国产大豆产业健康良性发展。

2. 国产非转基因大豆优势逐步显现

2015年底，国家开始实施封港政策，加强对进口分销大豆贸易商的检查，控制进口大豆流入商品市场，只允许油厂压榨使用，从港口经销商手中购买进口豆需出示进口转基因大豆加工许可证。此举使得国产大豆需求有所恢复，提升了农户对大豆种植的信心。该政策实施以来，进口豆流入食品领域明显减少，低价进口豆对国产大豆的冲击减弱，有益于国产大豆价格保护，促进国产大豆需求恢复增长，提升农户种植大豆的信心和决心。综观全球，俄罗斯已颁布法令禁止种植转基因农作物，我国在2016年已经成为其最大的非转基因大豆进口国；四大国际粮商之一的邦吉公司是全球最大的大豆加工商，现在也开始扩大非转基因大豆产品的生产规模；美国国会通过了一项对有转基因成分的食品进行强制标识的法案。我国农业部不仅出台了相关政策鼓励扩大国产大豆种植面积，黑龙江省在2016年12月还新修订了《黑龙江省食品安全条例》，依法禁止种植转基因粮食作物，用法律手段保护黑龙江省生态发展空间，促进黑龙江省绿色食品产业发展。可见，随着各国对非转基因大豆政策的重视，国产非转基因大豆优势将逐步显现，国际竞争力有望进一步提高，进口大豆对国产大豆的冲击也将有所减弱。

3. 国产大豆价格市场化形成机制逐步建立

自2014年我国取消大豆临时收储政策以来，国产大豆价格市场化形成机制逐步建立，2014年至2016年底，国产大豆主产区黑龙江省大豆市场价格下跌了20%，与此同时，国际大豆价格自2014年以来大幅下调，截至2016年下跌了15%，国内外大豆价差由600~800元/吨缩小至100元/吨。从2016年全年看，国产大豆价格优势更加显现。2016年国内大豆价格出现了上涨5%的回暖，截至12月末，产区国标三等大豆收购价格为3 660~3 860元/吨，较年初上涨10~160元/吨。而2016年进口大豆涨幅达到26%，暴雨使得阿根廷大豆产量降低，加上天气炒作让美豆期价大幅走高，使得进口大豆港口分销价格上行，截至12月末，进口大豆港口分销价格主要集中在3 780元/吨，较年初上涨740~820元/吨。可见，2016年国内大豆从价格上来看优势已非常显现。随着我国农业供给侧改革和农产品价格改革深入推进，国产大豆市场化价格形成机制逐步建立，黄大豆1号期货市场基础趋好。

（二）存在问题

1. 豆一期货功能发挥仍存在一定限制

2016年我国豆一期货市场功能发挥较上年有所提升，但仍存在一定的限制，制约了现货企业参与豆一期货市场的积极性。主要表现为豆一期货的产区交割库有限，难以满足实际需求。如在2016年底，大豆1701合约期货价格较现货价格出现较大升水，且由于东北地区运力不足，运费较高，大豆产区交割利润明显高于港口交割。在此情况下，客户在产区交割的需求进一步显著增强，但目前黄大豆1号在产区设立的交割库数量有限，难以完全满足临时出现的大量交割的需要。

2. 国产大豆生产水平仍较低

目前，我国大豆平均亩产120公斤左右，而美国平均亩产214公斤、巴西平均亩产191公斤、阿根廷平均亩产185公斤。以黑龙江省为例，该省是我国最重要的大豆产区，大豆产量约占全国的三分之一。但当前该省大豆平均亩产只有200多斤，与世界上大豆生产先进地区有很大差距。由于大豆单产低、价格相对不高，最近几年黑龙江省大豆与玉米等高产作物的比较效益逐渐拉大，农民种一亩玉米的收益几乎相当于种两亩大豆。我国大豆单产较低有多方面原因，一方面是我国大豆种植户均规模小，标准化集成技术利用率低；另一方面是大豆多种植在土地条件较差的地块，导致单产潜力没有充分发挥出来。国产大豆生产水平仍较低，这是影响我国国产大豆竞争力的一个重要原因。

3. 国产大豆加工龙头品牌企业数量仍较少

大豆作为国人重要的营养来源，产业的健康发展牵动国家粮食安全，目前我国已成为全球最大的大豆进口国，食品安全、民族健康问题不容忽视。虽然我国涌现了一批国产大豆产品优质品牌企业，九三集团专注非转基因大豆产品的生产和推广，是我国首批行业龙头企业。但从数量和规模上看，我国国产大豆产业链上整体大型龙头企业仍较少，国产大豆加工企业规模小，散而乱，小作坊加工企业数量多，缺少像九三这样的龙头企业，大部分企业缺乏资金、能力、人才和经验，不能通过利用期货市场操作来壮大企业发展规模，提高企业竞争力。

（三）发展建议

1. 根据现货市场变化完善豆一合约相关交割制度

为响应客户需求，提高服务产业发展水平，建议根据现货市场变化完善豆一合约相关制度。一是建议继续加大交易所在黑龙江省、内蒙古自治区等产区进行调研，并根据实际现货产业贸易情况，在产区增设豆一散粮交割仓库的方案，扩大交割区域、增加交割库容；二是建议提高买卖双方多点交割便利性，以满足买卖双方现货贸易需求，为产业企业参与大豆期货市场进行套期保值创造更多便利条件。

2. 加快发展大豆科技提高大豆生产水平

提高大豆生产水平，应该加快发展大豆科技。提高国产大豆单产水平，一要调整优化区域布局，建立优质大豆保护区；二要引导资金、技术、人才向优势区域集中；三要大力推进科技创新，选育高产优质多抗的突破性品种，集成组装高产高效技术模式。同时，还要强化大豆政策扶持，加强大豆市场调控，完善大豆目标价格政策，合理确定目标价格，稳定农民收益预期，引导农民多种大豆。并要注意加强分析预警，建立大豆供需信息发布机制等。

3. 借助期货等工具全面提高国产大豆加工企业竞争力

提高我国国产大豆加工能力和水平，培育一批具有竞争力的龙头加工企业具有非常重要的作用。借鉴大豆压榨加工企业先进管理经验，一方面要加强传统大豆食品生产及装备等研究加强传统大豆食品生产与流通技术及装备研究，大力发展新兴大豆食品行业，促进国产大豆升值、转化；另一方面，也要重视和充分利用期货、期权等现代风险管理工具，提高企业风险管理能力和水平，做大规模，做强品牌，通过建立一批龙头加工企业来提高国产大豆加工能力，提升国产大豆非转基因价值和附加值水平，进而提高企业和国产非转基因大豆竞争力。

报告五
黄大豆2号期货品种运行报告（2016）

2016年，在中国证监会、国家质检总局及辽宁进出口检验检疫局的大力支持和大商所的努力推动下，黄大豆2号（以下简称豆二）期货合约交割政策取得重大突破，为进口大豆在期货市场流通铺平了政策道路，也为豆二合约再造和市场活跃奠定了坚实的基础。未来，新修订的豆二合约将以崭新的姿态面世，不仅能给大豆产业链相关企业提供更为便利的风险管理工具，而且对促进行业健康发展和提高我国大豆国际话语权均具有重要的现实意义。2016年豆二新合约尚未落定，期货市场成交、持仓规模下滑，相关功能发挥等受到一定抑制。

一、豆二期货市场运行情况

（一）市场规模及发展情况

豆二期货成交量、持仓量均出现萎缩。从交易活跃度来看，2016年豆二期货总成交量为1 834手，总成交金额6 566.4万元，相较于2015年分别下降了62.84%和56.3%。从持仓量来看，2016年豆二月均持仓量为27手，相较于2015年月均持仓减少172手，降幅86.63%。

从月度成交情况看，2016年豆二月均成交153手，月均成交金额547.2万元。其中，除3月、12月两个月外，其他月份与上年同期相比均有下滑。2016年1—2月，豆二期货成交量延续了2015年9月以来的下滑趋势，总体成交清淡。此后3月到5月，成交量略有回升，并在4月达到年度最高点462手，环比增33.91%，同比减少33.91%，成交金额1 553.77万元。5月成交量环比下降至264手，比2015年同期减少72.84%。此后6月直至年底，豆二成交一直呈现下滑态势，并在9月跌至历史最低点28手，成交金额仅为105.3万元。

从月度持仓情况来看，2016年全年豆二持仓量持续在较低水平，1—9月月末持仓与去年同期相比均有所下降，全年月均持仓量为27手，相比于2015年月均持仓量199手，同比下降86.63%。持仓量在6月到达全年峰值为74手，同比降幅达86.19%。持仓额从1月的65.58万元增加到6月的297.8万元，增幅达354.11%。此后持仓量一路萎缩，从7月至年底月末持仓一直下滑，到11月持仓量仅为15手（见图5-1）。

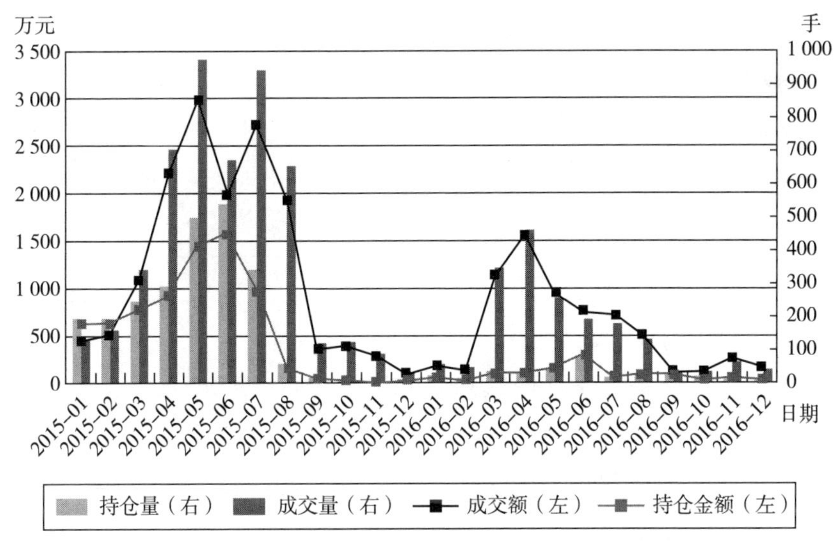

图 5-1　2015—2016 年豆二期货成交持仓情况

（二）期现货市场价格走势

豆二期货价格全年震荡上行。2016年，进口大豆价格强势收涨，带动国内豆二期货价格震荡上涨。从大豆主产国情况看，受拉尼娜等不利天气条件影响，阿根廷等大豆主产国单产下降，产量减少，加上上半年美国农业部供需报告利多支撑，推动美豆期价大幅走高，使得进口大豆港口分销价格持续上涨，全年涨幅接近30%。受国际市场大豆价格上涨带动，大商所豆二期货在2016年全年震荡上行。2016年1月初价格为3 272元/吨，至7月涨至4 019元/吨，涨幅达22.8%。随后豆二价格震荡，截至年底两个月再次拉升，年终价格为3 940元/吨，全年价格涨幅为20.4%（见图5-2）。

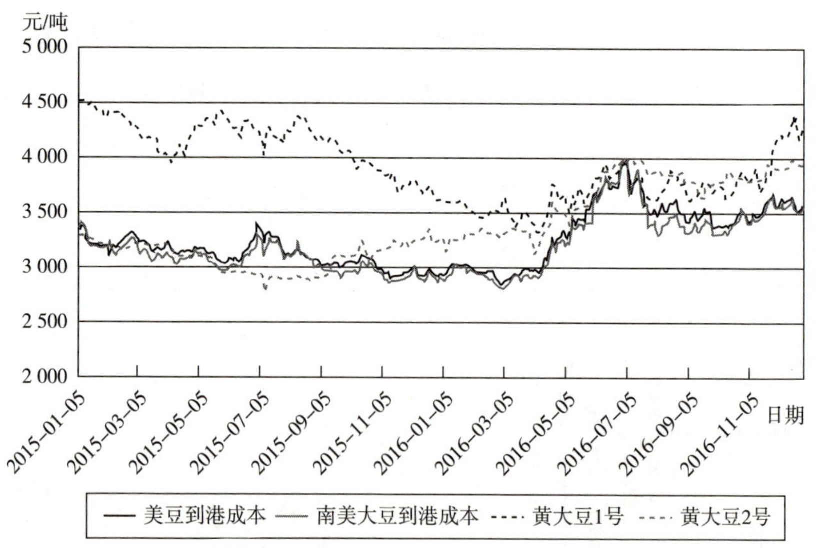

数据来源：Wind 数据库。

图 5-2 2015—2016 年国内外大豆价格变动情况

（三）期货市场结构分析

客户总数稳定，以个人客户为主。2016年我国豆二期货市场的客户总数为414户，较上年的1 023户客户总数大幅下降。从客户结构看，豆二以个人客户为主，法人客户与个人客户比例基本保持稳定。其中，2016年法人客户数为23户，占比5.8%；个人客户数为391户，占比97.3%（见图5-3）。

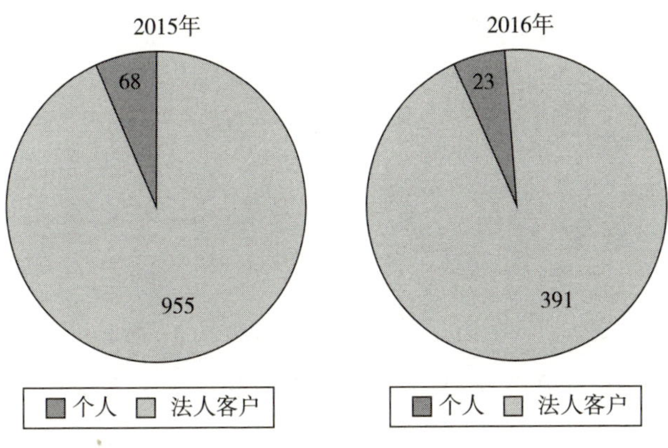

图 5-3　2015—2016 年豆二期货客户数量及结构

（四）期货交割情况分析

全年无交割。豆二期货市场总体交投不活跃，产业客户参与程度低，2016年全年无交割。

二、豆二期货市场功能发挥情况

（一）价格发现功能发挥情况

期现价格相关性明显提升。2016年，以山东日照港进口大豆分销价格为现货价格参考，豆二期货价格与现货市场价格的相关性较2015年有所上升，由0.56升至0.95（见表5-1）。

表 5-1　　2015—2016 年黄大豆 2 号期现价格相关性

项目 \ 年份		2015	2016
期现价格的相关性	系数	0.56	0.95
	显著性检验	通过检验	通过检验
期现价格引导关系		期货引导	现货引导

注：现货价格为山东日照港进口大豆分销价格，期货价格为黄大豆 2 号期货活跃合约结算价，数据频率为日度。

（二）套期保值功能发挥情况

1. 基差收敛性有所扩大

2016年，豆二期现基差收敛性较2015年有所放大。数据显示，2016年山东日照港进口大豆分销价格与豆二主力合约结算价之差的年均值为-299.18，到期日基差均值为-250.25，而2015年年均值仅为17.57，可见，豆二到期收敛性较2015年有所放大。此外，2016年豆二期现基差全年为负，期货价格较现货长期升水。黄大豆2号属于政策受限品种，市场不活跃，套期保值、价格发现等市场功能发挥受到一定限制（见图5-4）。

2. 套期保值效率略有下降

2016年，豆二期货的周度套期保值比率为0.7%，较2015年下降了12个百分点；周度套期保值效率为0.82%，较2015年下降了0.85个百分点（见表5-2）。

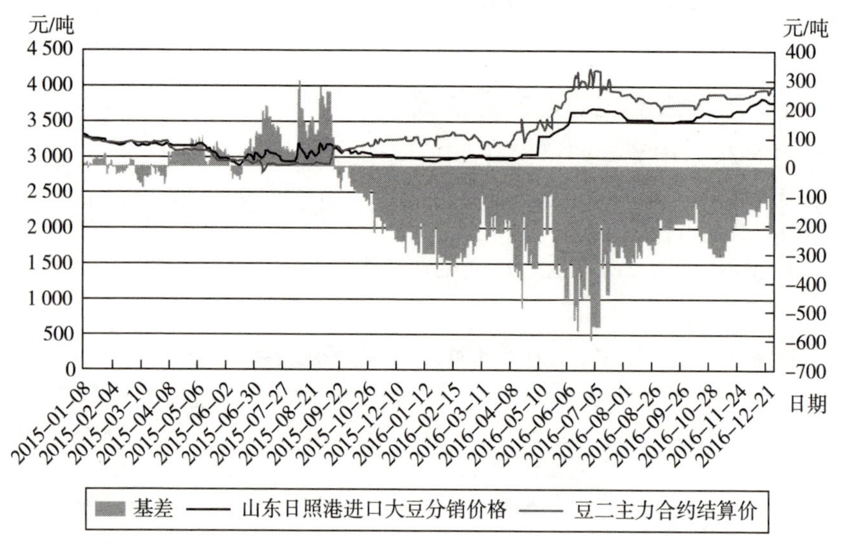

注：现货价格为山东日照港进口大豆分销价格，期货价格为黄大豆 2 号期货活跃合约结算价，数据频率为日度。

图 5-4　2015—2016 年豆二期现价格及基差变化

表 5-2　　2015—2016 年黄大豆 2 号套保有效性

项目 \ 年份			2015	2016
基差	均值	元	17.57	-299.18
	标准差	元	110.26	92.21
	变异系数		6.28	0.04
	最大	元	294	-92
	最小	元	-231	-564
到期价格收敛性	到期日基差	元	-9	-250.25
	期现价差率	%	-0.28	-7.48
套期保值比率	周价（当年）	%	12.97	0.70
套期保值效率	周价（当年）	%	1.67	0.82

注：现货价格为山东日照港进口大豆分销价格，期货价格为黄大豆 2 号期货活跃合约结算价，数据频率为日度。

三、豆二期货合约相关规则调整

（一）合约及交割流程修改

2016年9月30日，为统一各品种合约条款，经大商所理事会审议通过，并报告中国证监会，大商所对黄大豆2号等8个品种合约进行了修改，取消合约中规定的交易手续费条款，并自通知发布之日起生效。目前，豆二期货合约中已取消对于手续费条款的规定，给交易所应对期货市场风险提供了更为灵活的操作手段。

（二）其他规则调整

1. 保证金调整

2016年豆二期货保证金水平在春节和国庆节期间先后经历两次调整，在春节前调高保证金至8%，节后恢复正常水平；在国庆节前调高保证金至9%，节后恢复正常水平（见表5-3）。

表 5-3　　2016 年节假日豆二合约交易保证金调整

时间	通知名称	调整措施
2016/1/28	关于 2016 年春节期间调整各品种最低交易保证金标准和涨跌停板幅度及夜盘交易时间的通知	自 2016 年 2 月 4 日结算时起，豆二最低交易保证金标准调整至 8%。2 月 15 日恢复交易后，持仓量最大的两个合约未同时出现涨跌停板单边无连续报价的第一个交易日结算时起，最低交易保证金标准恢复至 5%
2016/9/22	关于 2016 年国庆期间调整各品种最低交易保证金标准和涨跌停板幅度及夜盘交易时间的通知	自 2016 年 9 月 29 日结算时起，豆二最低交易保证金标准调整至 9%。10 月 10 日恢复交易后，持仓量最大的两个合约未同时出现涨跌停板单边无连续报价的第一个交易日结算时起，最低交易保证金标准恢复至 5%

2. 涨跌停板幅度调整

2016年，豆二涨跌停板分别经过两次调整，一次是在春节前扩大至6%，节后恢复至4%的正常水平；另一次是在国庆节前扩大至7%，节后恢复至4%的正常水平（见表5-4）。

表 5-4　　2016 年节假日豆二合约涨跌停板幅度调整

时间	通知名称	调整措施
2016/1/28	关于 2016 年春节期间调整各品种最低交易保证金标准和涨跌停板幅度及夜盘交易时间的通知	自 2016 年 2 月 4 日结算时起，豆二涨跌停板幅度调整至 6%，2 月 15 日恢复交易后，持仓量最大的两个合约未同时出现涨跌停板单边无连续报价的第一个交易日结算时起，涨跌停板幅度恢复至 4%
2016/9/22	关于 2016 年国庆期间调整各品种最低交易保证金标准和涨跌停板幅度及夜盘交易时间的通知	自 2016 年 9 月 29 日结算时起，豆二涨跌停板幅度调整至 7%，10 月 10 日恢复交易后，持仓量最大的两个合约未同时出现涨跌停板单边无连续报价的第一个交易日结算时起，涨跌停板幅度恢复至 4%

四、豆二期货市场发展前景、问题与建议

（一）发展前景

豆二期货合约再造取得重大进展。黄大豆2号政策争取的过程历经了三年时间，大商所与国家质检总局、辽宁出入境检验检疫局合力

推进，现取得重大进展，扫除了合约再造障碍，为市场争取到了五项便捷措施：一是允许企业（包括非大豆加工企业）办理期货交割许可证，解决非大豆加工企业进口大豆参与期货交割的资质问题。二是进口大豆入境前，加工原料和期货交割许可证相互变更，数量可拆分、入境口岸可同时变更，这样每月进口的几百万吨大豆都能够用来交割，同时节省物流成本，方便了大豆加工企业参与期货交割。三是对于已经进境的港口库存加工原料进口大豆可用于期货交割，数量可拆分、流向可变更，港口库存进口大豆可用于交割，方便了中小型大豆加工企业和非大豆加工企业参与期货交割。四是结合"进境粮食指定口岸"增设指定交割仓库，将交割区域扩展到全国主要的沿海、沿江省份，对期货指定交割仓库实行有效管理。五是开发了进口大豆期货监管信息系统，提高审批效率，提升现货物流监管水平。

2016年豆二合约修改取得重大政策进展，开辟了豆二交割的绿色通道，为进口大豆在期货市场流通铺平了政策道路。未来豆二合约修改完善并将伴随着市场活跃，无论是对于促进行业健康发展、维护国家粮食安全战略，还是争夺大豆国际定价权都具有重要的现实意义。

（二）存在的问题

1. 豆二期货市场功能发挥仍有限

我国是全球最大的大豆消费国和进口国，2015年大豆进口超过8 000万吨。由于国内豆二期货受政策等原因制约，交割审批环节多、操作周期长、不确定性大、许可证及已入境大豆用途流向不可变更，黄大豆2号交割仍然不够顺畅，产业客户担心无法交割，期货参与度低，合约流动性不足，市场功能难以有效发挥，企业参与程度不高。2016年进口大豆监管新政给予豆二期货交割五项便利措施，解决了豆二交割面临的瓶颈。但由于豆二合约再造仍在继续，新修订的合约仍未上市推出，新政策效果仍未显现，市场期待豆二新修订合约推出。

2016年豆二期货市场仍不活跃，功能发挥水平有限，为了规避价格波动风险，国内大豆企业只能在美国进行点价和套期保值交易，这对我国大豆加工企业乃至整个大豆压榨产业发展仍非常不利。

2. 我国大豆市场定价中心地位缺失

我国大豆进口贸易量大且对外依存度高。2016年全年进口量达到8 391万吨，较2015年增加222万吨，增幅为 2.7%，连续第五年创下大豆进口量的历史最高纪录，同年我国大豆对外依存度已超过85%。但大豆进口过程中贸易规则主要由国际市场上的跨国企业来定，国内企业只能被动在美国芝加哥期货交易所（CBOT）等市场进行点价，灵活性较差，而且国内大豆进口企业为完成进口采购贸易必须通过“点价”操作才能完成贸易，而不能通过其他方式来确定价格，使进口企业的头寸暴露在外，在期货市场开展点价操作时容易被国际市场资金狙击，甚至遭受巨大损失。

（三）发展建议

1. 积极推动黄大豆2号合约修改和系统开发工作

加快推进豆二合约修改和系统开发各项工作，力争早日推动相关内容尽快落地实施，建议相关部门通力协作，积极推动以下工作开展：一是推动检验检疫部门与大商所继续密切合作，加快进行“进口大豆期货监管信息系统”开发测试，并完成与国家质检总局的许可证审批、现货物流监管等系统的整合对接。制订切实有效的现货物流监管方案，采取GPS跟踪等多种方式对参与期货交割进口大豆物流进行监控，确保疫情不扩散、流向可监控。二是根据现货市场变化，修改完善黄大豆2号期货合约及规则，在交割制度方面尝试创新，为买卖双方参与期货交割进一步提供便利，争取按照修改后的新合约及制度尽快挂牌交易，为我国经济发展和国家粮食安全战略作出更大贡献。

2. 努力构筑豆二期货的国际化发展路径

新修订的豆二期货标的为进口转基因大豆，与棕榈油期货一样是一个纯进口的期货品种，而且覆盖美国、巴西、阿根廷等主要国际市场的大豆品种，非常有利于国内外产业客户利用豆二期货进行点价交易和套期保值。豆二合约的修改与活跃将给我国提高大豆贸易话语权提供一个千载难逢的良好机遇，对此，一要抓住时机积极推进豆二新合约期货品种的国际化，充分利用期货市场加快我国大豆定价中心建设，提高我国在国际农产品市场的话语权。企业竞争力是期货市场国际化的核心。二要充分利用国内国际两个市场，循序渐进地引入境外机构投资者参与国内豆二期货交易，丰富市场投资者结构，活跃市场流动性，为大豆压榨企业充分利用国内期货市场进行套期保值提供更大的便利和更多渠道。三要在活跃豆二期货基础上，努力推进以中国期货的交割质量标准为基础，通过确定大豆国际贸易的质量标准，积极打造大豆国际贸易领域的“中国标准”和“中国价格”。

专栏

2016年黄大豆期货大事记

1月1日，国内新修订的《种子法》自2016年1月1日起施行。新《种子法》改革了品种审定登记退出制度，改革了种子生产经营许可制度，强化了种业科技创新和发展扶持保护制度，完善了种质资源和植物新品种权保护制度，完善了监管执法制度，强化了法律责任，对种业将影响深远。

1月12日，阿根廷出口及汇率政策调整后，数据显示大豆出口积极性增强。2015年12月阿根廷取消维持了四年的资本管制，允许汇率自由浮动，同时阿根廷新任政府宣布取消玉米和小麦的出口关税，这使得大豆的出口关税也从35%降低到30%。市场预计1—3月将有800万~1 000万吨的阿根廷大豆涌入市场。

2月15日，俄罗斯对美国大豆和玉米实行临时进口禁令，实施此举措主要是因为从美国进口的玉米中有玉米穗干腐病原体以及大豆中有大量野草种子，并且俄罗斯担心转基因品种的进入会影响国内未来种植。

2月25日，阿根廷农业部发布的月度报告显示，过量降雨令人担忧阿根廷大豆产量能否达到潜力水平。厄尔尼诺现象导致南美部分地区洪涝加剧。阿根廷政府宣布六省为洪水紧急地区，紧急受灾地区包括科尔多瓦、圣达菲、查科和科连特斯等。布宜诺斯艾利斯并未被纳入灾区，但该省份部分地区也迎来了过多的降雨。

2月28日，美豆供需报告显示中性。美国大豆产量预计为39.30亿蒲式耳，与1月预测保持一致；大豆年度出口量在16.90亿蒲式耳，未有变动；压榨量自1月预测的18.90亿蒲式耳，降低到18.80亿蒲式耳，从而使期末大豆结转库存由4.40亿蒲式耳，升高到4.50亿蒲式耳，基本符合预期。南美方面，巴西大豆产量维持10 000万吨未变，但阿根廷大豆产量自5 700万吨提高到5 850万吨。

3月9日，美国农业部报告显示，美国2016年大豆种植面积预估为8 223.6万英亩，市场此前预估为8 305.7万英亩。2015年美国实际大豆种植面积为8 265.0万英亩。美国3月1日大豆库存为15.31亿蒲式耳，2015年同期为13.27亿蒲式耳。数据显示，3月1日美国农场内大豆库存为7.28亿蒲式耳，2015年同期为6.09亿蒲式耳；农场外库存为8.03亿蒲式耳，2015年同期为7.17亿蒲式耳。

3月21日，巴西最大港口——桑托斯港的装卸工人宣布从3月21日开始举行24小时罢工，要求提高薪资待遇以对抗通胀，但此次罢工也可无限期延长。桑托斯港是巴西主要的大豆、糖及咖啡出口港，此举威胁到大豆的装载。

4月1日，2016年国家继续在东北三省和内蒙古自治区开展大豆目标价格改革试点。统筹考虑大豆市场供求、生产成本收益等因素，经国务院批准，国家发展改革委于4月1日发布2016年大豆目标价格水平为每吨4 800元，即每斤2.40元，与2015年持平。

4月20日，美国气候预测中心（CPC）称，2016年下半年出现拉尼娜现象的概率提高。因厄尔尼诺现象进一步减弱，厄尔尼诺现象可能在北半球的春季或初夏趋于中性。3月该中心表示2016年北半球出现拉尼娜现象的概率为50%，未来几个月厄尔尼诺可能消失。

4月29日，南美多个产区遭受强降雨，大豆减产预期增强。阿根廷农业部将2015/2016年度阿根廷大豆产量调低到5 760万吨，低于早先预测的6 090万吨。巴西国家商品供应公司（Conab）将巴西2015/2016年度大豆产量预估从1.0117亿吨调降219万吨，至9 898万吨。

5月4日，中国首次对巴西农业公司进行大型收购。上海鹏欣集团旗下的湖南大康农业公司以10亿雷亚尔（约合2.86亿美元）购买了Fiagril 57%的股份。Fiagril公司是Fiagril Participacoes SA公司的子公司。Fiagril公司成立于1989年，每年出口约250万吨大豆和玉米，贮存能力为70万吨。

5月11日，美农供需报告预计全球大豆供应紧张。美国农业部公布的月度供需报告显示，全球2016/2017年度大豆产量预估为3.24亿吨，期末库存预估为6 820.7万吨。全球2015/2016年度大豆产量预计为3.16亿吨，期末库存预估为7 425.3万吨。

6月1日，首场临储大豆拍卖“迟到”。原定于6月1日在国家粮食局粮食交易协调中心及联网的各省（区、市）国家粮食交易中心举行的国家临时存储大豆竞价销售交易会延期举行，本次计划拍卖30.04万吨大豆，本轮计划拍卖包括2010年、2011年、2012年生产的大豆共计约300万吨。

6月6日，美国农业部报告显示，美国6月1日大豆库存为8.67亿蒲式耳，市场预估为8.29亿蒲式耳，2015年同期为6.27亿蒲式耳。数据显示，6月1日当季美国大豆农场内库存为2.81亿蒲式耳，2015年同期为2.46亿蒲式耳；农场外库存为5.89亿蒲式耳，2015年同期为3.81亿蒲式耳。

6月17日，美国农业部报告显示，美国2016年大豆种植面积预估为8 368.8万英亩，市场此前预估为8 383.4万英亩。3月预估为8 223.6万英亩。2015年美国实际大豆种植面积为8 265.0万英亩。美国2016年大豆收割面积预估为8 303.7万英亩，2015年实际收割面积为8 181.4万英亩。

7月29日，美国国家气象局下属的气候预测中心（CPC）发布的月度预测报告里将拉尼娜在2016/2017年度秋冬季出现的概率下调为55%到60%，6月CPC预测的概率为75%。联合国世界气象组织（WMO）发布的最新报告也表示，2016年第三季度可能出现拉尼娜现象，但如果确实出现，这次的强度也不会达到2010/2011年度那次中等偏强的水平。

8月1日，国家质检总局发布质检动警〔2016〕第43号进出境动植物检验检疫风险预警表，其中关于进口巴西大豆中检出种衣剂大豆污染进行警示通报。与此同时，辽宁出入境检验检疫局1日对外披露，辽宁鲅鱼圈检验检疫局近日在对巴西进口大豆进行检疫时，一次性截获7种检疫性有害生物。此次含有有害生物的巴西大豆多达6.4万吨，检验检疫局方面称，在同一批次中截获多种有害生物十分罕见。

8月10日，财政部公布《2016年中央财政大豆目标价格补贴资金分配结果》，为支持做好大豆目标价格改革试点工作，切实保障农民利益，按照国务院批准的《大豆目标价格改革试点方案》有关规定，中央财政拨付大豆目标价格补贴资金601 077万元，其中内蒙古自治区96 881万元、辽宁省14 112万元、吉林省27 840万元、黑龙江省462 244万元。

8月25日，美国农业部在公布的月度大豆供需报告中，大幅上调美豆单产至48.9蒲式耳/英亩的纪录高位，远超趋势单产46.7蒲式耳/英亩，也大大超过此前市场预期的平均值47.5蒲式耳/英亩。报告同时也对旧作库存进行了较为明显的下调，但由于产量上调幅度太大，使得新作库存消费比不但较7月的报告上升，也高于旧作大豆的库存消费比。

8月30日，黑龙江省农委、省财政厅、省统计局、省物价监督管理局联合下发了《2016年黑龙江省玉米改种大豆轮作补贴试点工作实施方案》，农业大省黑龙江开展玉米改种大豆轮作补贴试点工作，补贴标准为每亩150元人民币。2016年玉米改种大豆轮作补贴试点面积为650万亩，占2016今年黑龙江大豆总面积的17.38%，补贴标准为150元/亩，补贴重点向大豆主产区倾斜。

9月7日，美国农业部报告显示，美国9月1日大豆库存为1.914 25亿蒲式耳，较2014年9月1日时的9 199.1万蒲式耳增加108%。6月1日时大豆库存为6.25亿蒲式耳。数据显示，9月1日美国农场内大豆库存为4 970万蒲式耳，农场外库存为1.417 25亿蒲式耳。

9月21日，交通部正式开始施行《超限运输车辆行驶公路管理规定》，并联合公安部下发了关于《整治公路货车违法超限超载行为专项行动方案》以及《车辆运输车治理工作方案》，开始为期1年的专项整治。此次“新规”使得部分地区的运输车辆供应紧张，且运输成本普遍上涨20%以上。

10月20日，第十三个五年规划纲要指出，中国将提升大豆种植面积，大力推进农业现代化。国务院称，到2020年，大豆种植面积将增至1.40亿亩，高于2015年的9 800万亩。总谷物产量将增至5.50亿吨，高于2015年的5亿吨。

10月24日，中储粮公布轮换收储具体价格：北安直属库3 580元/吨，绥棱直属库3 620元/吨，嫩江直属库/嫩江直属库红彦分库/嫩江直属库九三分库3 560元/吨，讷河直属库讷河长发粮库/讷河学田粮库/呼玛县粮库/塔河县粮库/大兴安岭岭南粮库3 560元/吨。收购标准：国标三等，水分13%以内，杂质1%以内，损伤粒率8%以内。

10月24日，截至10月21日一周，巴西出口商和中国买家签约，对中国售出四船大豆，11月和12月交货，而且还有更多合同在洽谈之中。巴西大豆定价咄咄逼人，蚕食了本来属于美国大豆的市场份额。出口市场竞争日渐白热化可能会给美国大豆期价带来压力，因美国种植户正在收获产量预期创纪录的大豆。

11月2日，阿根廷主要谷物出口港之一圣洛伦索的工人称，如果年底前其涨薪要求不能得到满足，可能阻挠行业运作。在阿根廷，罢工和其他工人示威活动十分常见，该国高通胀引发工人担心失去购买力，因而要求涨薪。

11月9日，美国国家海洋与大气管理局（NOAA）称：“拉尼娜现象已经出现，可能会持续2016—2017年整个冬季。”NOAA还称，拉尼娜将影响整个冬季的概率是55%，将会给南部加利福尼亚州、东南部地区和南部大平原带来干旱。

11月24日，辽宁鲅鱼圈检验检疫局在一船6.47万吨进口美国大豆中，检出6种检疫性有害生物。其中，猥实苍耳为辽宁口岸首次截获。猥实苍耳常以刺果形式混入大豆、玉米中，全株有毒，对神经及肌肉有毒害作用，入侵性极强，是各国重点关注的恶性杂草。

12月，国家质检总局修订《进口大豆期货交割检验检疫监督管理要求》，提出五项便利：一是允许企业利用期货交割库仓容；二是允许在期货交割与加工原料之间快速变更检疫许可证；三是允许进口后供加工用库存大豆转化为期货大豆；四是结合我国进境粮食指定口岸制度，增设期货指定交割仓库；五是国家质检总局授权辽宁出入境检验检疫局和大连商品交易所联合开发“进口大豆期货监管信息系统”。

12月1日，中储粮大豆轮换粮收购价格上涨，其中：内蒙古莫旗、大杨树直属库收购国标三等大豆价格提至3 670元/吨，较前期的3 560涨110元/吨；北安直属库3 720元/吨，涨140元/吨；嫩江直属库3 700元/吨，涨140元/吨；北安直属库1.86元/斤，涨140元/吨；齐齐哈尔讷河直属库3 660元/吨，涨100元/吨；吉林敦化直属库3 700~3 760元/吨，较前期的3 640涨60~120元/吨，其蛋白豆收3 800元/吨。各粮库价格上调带动了东北市场价格上涨。

12月8日，美国农业部报告显示，美国12月1日大豆库存为27.148 17亿蒲式耳，较2014年12月1日时的25.277 44万蒲式耳增加7.4%。9月1日时大豆库存为1.914 25亿蒲式耳。数据显示，12月1日美国农场内大豆库存为13.095亿蒲式耳，农场外库存为14.053 17亿蒲式耳。美国农业部公布的12月供需报告显示，全球2016/2017年度大豆产量预估为3.38亿吨，期末库存预估为8 285万吨。全球2015/2016年度大豆产量预计为3.133 1亿吨，期末库存预估为7 722万吨。

报告六
豆粕期货品种运行报告（2016）

2016年豆粕期货市场整体运行平稳有序，期货成交量和持仓量继续稳定增长，在国内农产品期货中继续保持领先地位。客户结构日趋成熟稳定，企业参与豆粕期货市场的力度明显增强。豆粕期货业务创新推动功能发挥愈加完善，服务现货产业能力进一步提升。

一、豆粕期货市场运行情况

（一）市场规模及发展情况

1. 成交规模稳步增长

豆粕期货是国内最成熟的农产品期货品种，2016年整体运行稳定。全年豆粕期货共成交38 894.9万手，同比增长34.35%，成交金额111 768亿元，同比增长45.22%。2016年豆粕期价结束了两年的持续下滑，走出阶段上涨缓慢回落走势，成交量与成交金额较2015年均出现较大幅度增长，特别是成交金额增长较为突出。大商所对豆粕期货相关制度的创新改革进一步激发产业企业参与力度，豆粕期货市场参与群体进一步优化。与其他品种相比，豆粕成交量继续保持多年领先优势，2016年豆粕期货成交量再度位居大商所期货交易品种成交量第一位（见图6-1）。

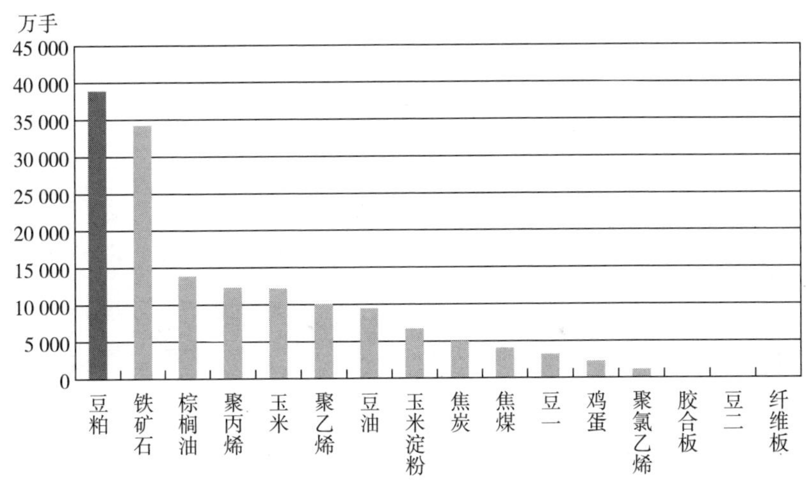

图 6-1　大商所 2016 年各品种期货成交量

从月度成交数据看，2016年豆粕月均成交量为3 241万手，较2015年的2 412万手增长34%，其中2016年5月、6月、7月三个月的成交量总和已经达到2015年全年成交量的62.9%，达到2016年全年成交量的46.8%。5月受到阿根廷减产预期影响，6月对美国天气担忧，资金不断进入豆粕市场引发价格持续走高，同时油厂也抓住国内豆粕涨幅快于CBOT期价的时机，及时进行套保卖出操作。8月至12月成交量重回正常水平，由于美国天气良好，大豆单产不断上调，做多热情减弱，成交量不断下降。其中6月成交量单月达到6 648万手，同比增长257.46%。从成交金额方面看，4月、5月、6月、7月、12月成交金额均高于2015年成交金额均值，6月成交金额同比增长321%，占2015年全年成交金额的27%，创出近年单月成交金额新高，成交金额整体增幅超过了成交量的增幅，主要得益于豆粕期价上涨影响（见图6-2）。

2. 持仓量保持稳定，占比有所上升

2016年豆粕期货持仓量保持平稳，截至2016年12月末持仓水平较2015年末增长28%至139万手。9月豆粕总持仓为109万手，为全年最低持仓月份，5月持仓达到年内最高的191万手，较2015年同期最高持仓减少31%，但占大商所持仓比例达到年内最高的32.24%。豆粕持仓量全年相对平稳，其中在5月和11月分别出现两次峰值。2015年豆粕的持仓均值在171万手，2016年持仓均值在150万手，较2015年有所下滑，但2015年豆粕月度持仓波动幅度为持仓均值的0.6倍至1.6倍，2016年豆粕月度持仓波动幅度为持仓均值的0.73倍至1.27倍，各月持仓变化更为均衡平稳，同时豆粕持仓继续保持国内农产品期货持仓最大的地位（见图6-3）。

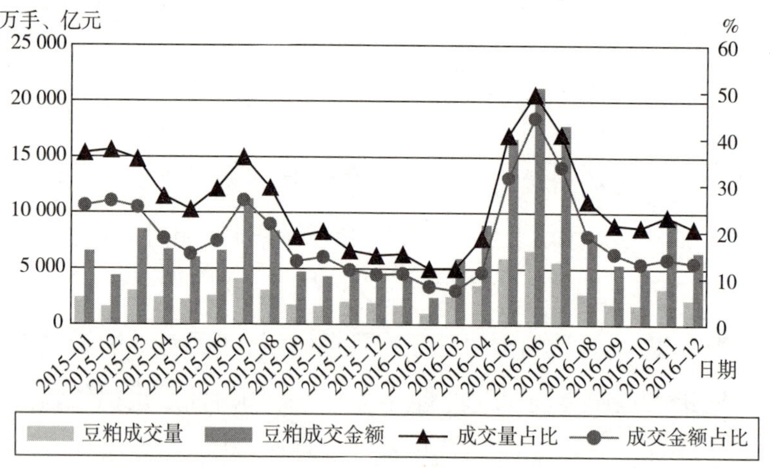

图 6-2　2015—2016 年豆粕期货成交量与成交额

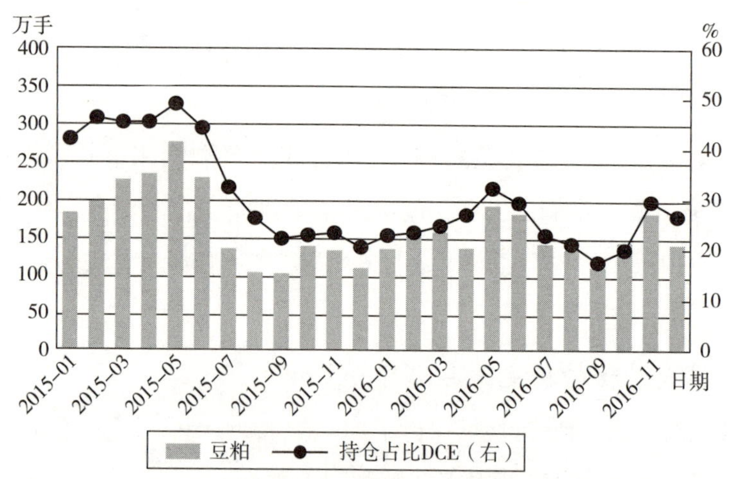

图 6-3　2015—2016 年豆粕期货月末持仓量及占比变化

（二）期现货市场价格走势

1. 豆粕期货价格止跌上涨高位震荡

2016年豆粕价格结束了过去两年的持续下跌趋势，价格由年初最低的2 326元/吨，上涨至年中最高的3 459元/吨，年末再度回落至2 800元/吨，较2015年上涨幅度达到17%。第一季度豆粕价格仍保持着在2 300元/吨至2 500元/吨的低位弱势震荡，南美天气的良好使产量增长预期压低了豆粕价格，同时国内油厂开机率处于较高水平，油厂豆粕库存在春节后养殖需求淡季出现部分胀库。第二季度受阿根廷暴雨影响产量预期，CBOT大豆价格大幅反弹，豆粕价格受此影响不断走高，同期商检严格影响到港大豆通关速度，油厂由于基差销售已经提前销售豆粕合同，造成现货出现阶段性供应紧张，豆粕价格由2 340元/吨上涨至3 459元/吨，上涨超过1 000元/吨。第三季度受美国天气好转影响，大豆单产不断创历史新高，CBOT大豆价格不断回落，豆粕期货价格也由3 400元/吨回落至2 900元/吨。第四季度市场预期美国大豆丰收，进口大豆到港量增加将进一步压制豆粕价格，但同期下游饲料企业豆粕库存较低，国家运输车辆限载政策出台令运力紧张，阶段性形成豆粕出库紧张，令豆粕期货价格出现短暂反弹上涨，但年底受美豆回落影响，期货价格继续在2 800元/吨附近震荡（见图6-4）。

图6-4　2015—2016年豆粕连续合约价格走势

2. 期货价格油强粕弱

豆油与豆粕是大豆压榨后的主要产成品，但其不同的消费结构令其强弱的转变存在一定周期性变化，油粕比趋势性变化受到压榨企业与个人投资者的重要关注，其中一种产品需求变化会引发另一种产品在价格与趋势上的变化与调整，对油粕比的跟踪可以从另外的角度更好地了解豆油、豆粕自身的变化趋势的强度。

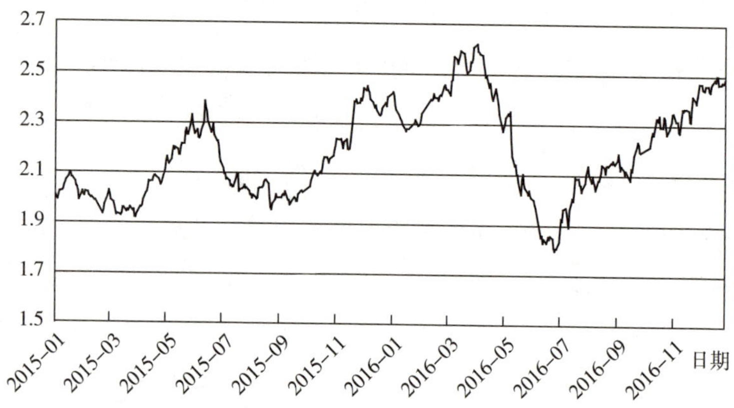

数据来源：Wind 数据库

图 6-5　2015—2016 年豆粕期货连续合约油粕比走势

大商所豆油与豆粕连续合约的比价2015年至2016年继续保持在比价低位震荡。2016年油粕比在1.8至2.6区间震荡，油粕比波动高低点均比2015年有所扩大，但由于豆油年底持续上涨令油粕比价达到2.5接近年内比值高点2.6（见图6-5）。2016年油粕比价不断走高，得益于本年度油脂价格的不断复苏上涨，油粕比价也呈现阶段性走高。2016年油脂领先其他农产品品种走出持续上涨行情，豆油与棕榈油的库存在此期间不断下滑及对马来西亚棕榈油减产预期。整体油粕比价近几年波动节奏仍以美豆成本推动豆粕价格为主导，而在美豆没有大幅变化前，油脂波动往往左右油粕比价格变动。

3. 豆菜粕价差筑底震荡走高

豆粕作为最重要的植物蛋白原料，在饲料中的使用占据着重要地位，中国粮油信息中心公布的数据显示，2015—2016年国内豆粕产量预计为6 209万吨，其中饲料用豆粕消费量预计为5 850万吨，较2015年增加450万吨，2015—2016年国内总消费量预计为6 000万吨，较2015年增加455万吨。而菜粕国内消费量预计为1 072万吨，较2015年度减少58万吨。2016年豆粕替代菜粕趋势继续保持。

豆粕与菜粕存在相互替代关系，当价格出现较大偏差时，饲料企业会通过改进配方选择成本更为具有优势的植物蛋白。豆粕与菜籽粕连续合约2015年价差均值为548元/吨，最大值为690元/吨，最小值为421元/吨。2016年两者价差均值为519元/吨，最大值为672元/吨，最小值为367元/吨。2016年3月受豆粕供应增加，市场需求疲弱影响，豆粕菜粕价差一度跌破2015年的低点，创出367元/吨的最低差值，随后受阿根廷暴雨的减产预期影响，豆粕价格在4月至7月持续反弹上涨，同期中国与加拿大双边贸易影响菜籽进口出现减少，虽有进口菜粕增长弥补了进口菜籽减少影响，但整体菜粕消费量仍少于2015年，拉大了豆粕与菜粕的价差，6月13日豆粕与菜粕差价达到年内高点672元/吨（见图6-6）。

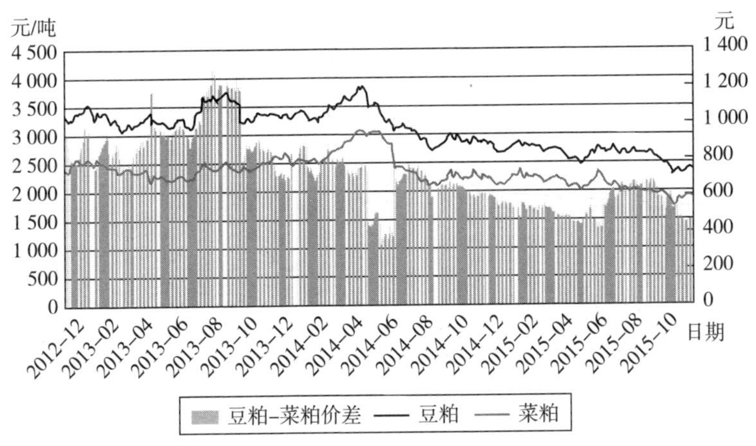

数据来源：Wind 数据库

图 6-6　2013—2015 年豆粕、菜粕价格及豆菜粕价差走势图

（三）期货交割情况分析

1. 豆粕交割量平稳略有下降

从交割数据看，2016年豆粕期货全年共交割12 323手，较2015年减少4 342手，从交割时间分布看，1月交割5 158手，较2015年同期增加668手，5月交割量1 413手，较2015年同期减少7 426手，9月交割5 751手，较2015年同期增加4 052手，交割分布在1月、5月、9月三个月，其他月份没有交割数据。5月交割量较2015年出现下滑，主要是在4月初国内豆粕价格受到阿根廷减产预期影响出现快速上涨，豆粕期货与现货价格均出现300元/吨的涨幅，现货出现供应紧张，市场更多地转为现货贸易，造成期货交割意愿下降（见图6-7）。

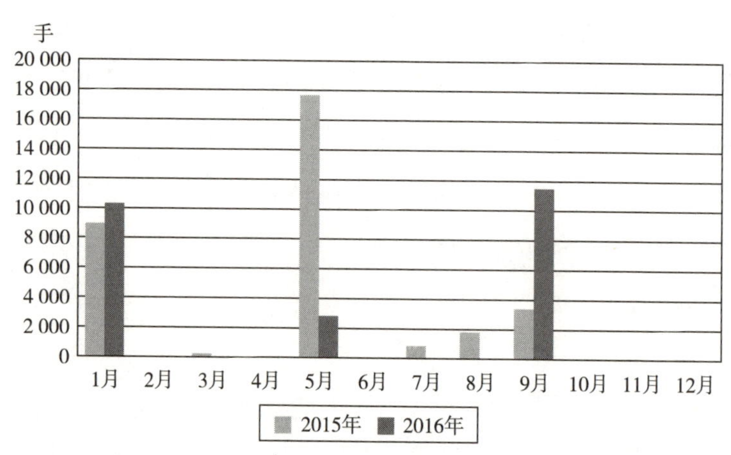

图 6-7　2015—2016 年豆粕期货交割数据

2. 豆粕交割较为稳定

2016年交割量较2015年有所下降，但重点客户交割仍保持着持续交割，2016年参与交割共30户，较2015年下降39户，其中1月为12户较2015年减少10户，5月为9户较去年减少18户，9月为10户较2015年减少10户。其中1月和9月交割户有所下降，但交割量较2015年均出现增长，表明客户交割仍继续保持，证明期货市场功能已经成为重点企业客户常态化运作工具（见图6-8）。

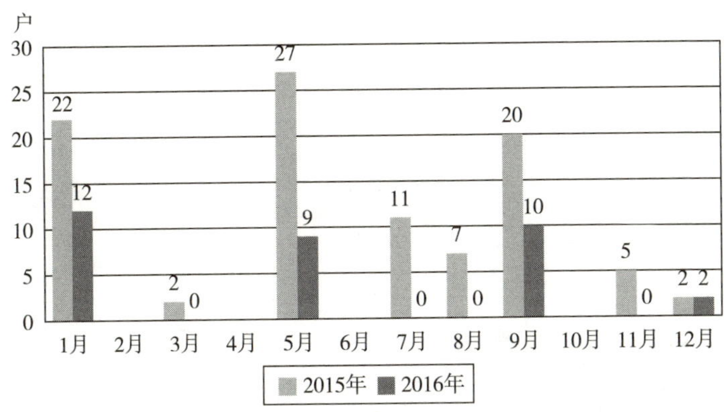

图 6-8　2015—2016 年豆粕期货交割户数

（四）期货市场结构分析

1. 法人客户大幅增长

豆粕期货市场已经进入稳定成熟周期，产业客户参与度不断提高，特别是在基差销售被油厂大量运用之后，豆粕下游企业参与积极性大幅提高，法人客户数量一度增长一倍，2016年参与期货交易的法人客户数量月均为3 299户，较2015年2 205户提高49.61%。

从月度数据看，2016年1—12月期货交易法人客户数量均在3 299户，其中2016年11月一度达到4 033户峰值，较2015年12月增长84.74%。法人客户参与数量的增长表明现货实体企业对豆粕期货认同度持续提高，同时豆粕价格在2016年持续震荡走高，下游中小企业客户参与到期货市场进行风险对冲，基差合同风险对冲需求明显增强，进一步发挥豆粕期货服务实体企业的功能。

交易客户总量方面，2016年参与豆粕期货交易的客户数量月均达到153 071户，较2015年提高23.21%。从月度数据看，参与期货交易客户数量呈现上半年持续增长，到2016年6月一度达到203 855户，同比增长48.66%，随后不断下降，11月再度有所增加。2016年豆粕价格上半年持续反弹上涨，投资者参与热情增强，随着豆粕价格在7月开始回落，个人客户与法人客户交易数量开始下降（见图6-9）。

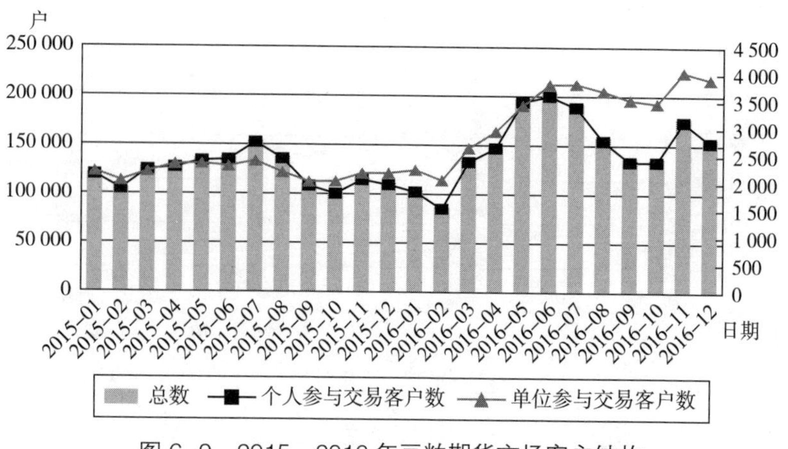

图 6-9　2015—2016 年豆粕期货市场客户结构

2. 豆粕持仓集中度稳定

作为国内最成熟的农产品期货品种，豆粕期货持仓集中度（指持仓量前100名客户的持仓量/市场持仓量）较为平稳。2016年持仓集中度运行区间为[51%，61%]。第一季度持仓集中度不断上升，但在第二季度持仓集中度出现持续下滑，第二季度豆粕价格持续上涨吸引大量交易者参与，呈现出持仓量增长，但前100名持仓量占比有所下降。随着第三季度豆粕价格的回落持仓集中度再度回升。整体看全年持仓集中度波动幅度较小，产业客户参与充分，表现出成熟期货品种的持仓结构特征（见图6-10）。

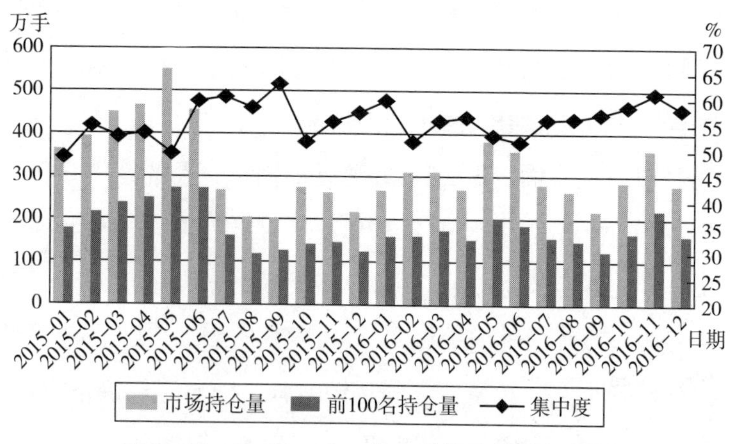

图 6-10　2015—2016 年豆粕期货持仓集中度

3. 企业加大参与豆粕期货套期保值

从2015—2016年豆粕期货单位参与客户数可以看出，单位交易客户由2015年的2 000户增长至2016年最高的4 000户，持仓单位交易客户由2015年的不足2 000户增长至2016年近3 600户。企业参与豆粕期货套保意愿明显增强（见图6-11）。

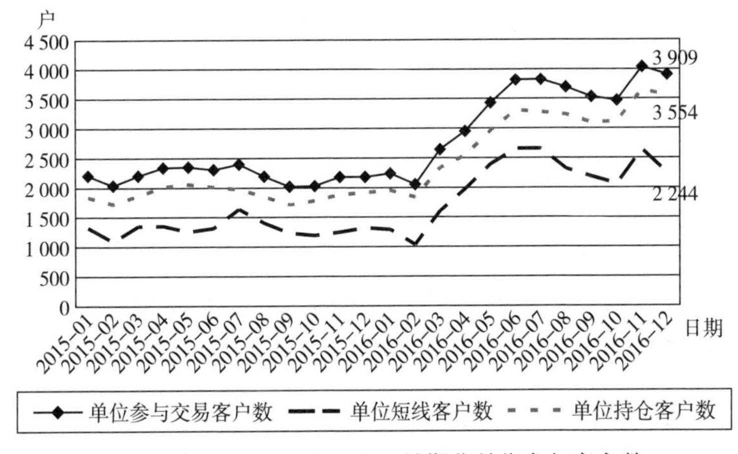

图 6-11　2015—2016 年豆粕期货单位参与客户数

二、豆粕期货市场功能发挥情况

（一）价格发现功能发挥情况

期现价格相关性继续改善，期货引导良好。2016年，豆粕期货的期现价格相关性为0.9，较2015年提高0.03，继续保持在较高水平。受油厂豆粕基差合同增长的影响，豆粕法人户参与度大幅提升，利用期货市场管理现货头寸进一步增强，推动豆粕期现相关性较2015年继续提高（见表6-1）。

表 6-1　　2015—2016 年豆粕期现价格相关性

检验项 \ 年份		2015	2016
期现价格的相关性	系数	0.87	0.9
	显著性检验	通过检验	通过检验

续表

检验项 \ 年份	2015	2016
期现价格是否存在协整关系	存在	不存在
期现价格引导关系	期货引导	期货引导

（二）套期保值功能发挥情况

1. 基差有所扩大

进口大豆港口商检严格及2016年12月环保部门对华南油厂的突击检查造成短期部分油厂停机，影响豆粕发货。9月对运输车辆超载的限制也影响了油厂阶段性发货进度，造成现货价格大幅高于期货价格。同时，2017年春节为1月27日开始，而1701豆粕交割后出库至少得1月18日之后，此时豆粕需求企业早已经采购完豆粕，而接货1701合约豆粕后销售只能在2017年2月，所以形成2016年12月底的现货价格大幅高于期货价格。2015年豆粕基差波动区间为[100，200]元，2016年豆粕基差[-40，700]元。2016年大部分时间豆粕基差处于100至400，4月出现短暂的负基差，主要受到油厂胀库现货低迷影响，12月出现了高达700的基差，受到环保超载限制等多重因素影响（见图6-12）。

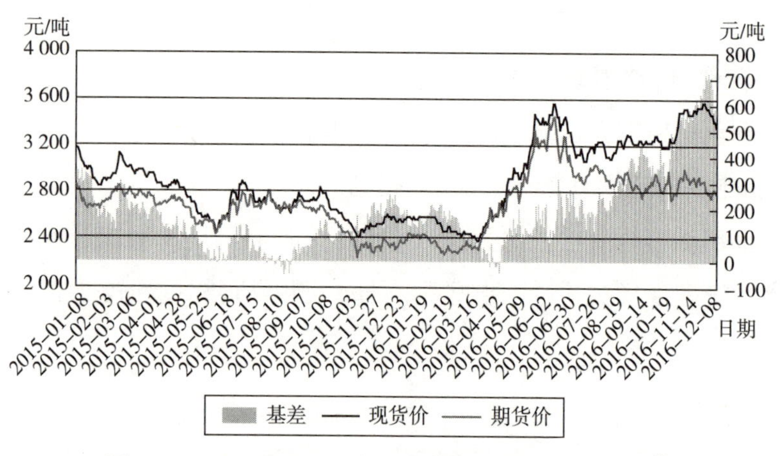

图6-12 2015—2016年豆粕期现价格及基差变化①

① 现货价格为张家港普通蛋白粕出厂价格，期货价格为C1连续价格，数据频率为日度。

2. 套期保值效率继续保持较高水准

基差收敛有所减弱，2016年港口商检的严格造成油厂大豆到厂时间延长，基差合同销售令油厂发货多以执行合同为主，现货出现短周期的紧张，豆粕期货套期保值效率较2015年有进一步的提高，周度套期保值效率从2015年的66.99%提高到2016年的91.96%（见表6-2）。

表 6-2　　2015—2016 年豆粕期货套保有效性

指标 \ 年份			2015	2016
基差	均值	元	111.41	158.19
	标准差	元	85.22	68.55
	变异系数		0.76	0.03
	最大	元	310	307
	最小	元	-44	-34
到期价格收敛性	到期日基差	元	17	95.6
	期现价差率	%	0.59	3.25
套期保值效率	周（当年）	%	66.99	91.96

（三）期货市场功能发挥实践

1. 基差销售合同贸易方式进一步推广发展

2016年豆粕价格呈现筑底反弹随后震荡走高态势，扭转了2015年持续下跌的格局。海关总署2017年1月13日发布的数据显示，中国2016年大豆进口总量为8 391万吨，较2015年增加2.7%。进口量的增长主要得益于油厂基差合同销售增长与压榨利润好转。2016年油厂压榨利润为正的时间超过了2015年，2016年除了4—6月美豆大涨时压榨利润为负，大部分时间油厂有较好的压榨利润。天下粮仓公布的数据显示，2016年油厂豆粕的未执行合同由200万吨增长至年底的近500万吨，而2015年油厂豆粕的未执行合同基本在250万吨至450万吨，年底一度回落至200万吨附近，2016年基差销售的增长也增加了油厂的销售热情。基差销售增长带动了豆粕套保对冲力度，增加了油厂参与豆粕期货套保持仓头寸，同时现货豆粕价格的高企也令进行基差采购的饲料企业与贸易商在基差采购中不断得到基差利润，增强了基差采购合同的增长。豆粕价格的上涨也增加了下游饲料、养殖、贸易企业通过期货对冲基差合同头寸风险，增加了豆粕期货的持仓。

2. 豆粕期权获批上市交易企业增强风险对冲能力

2016年12月16日，证监会公布批准大商所开展豆粕期权交易，并表示为确保豆粕期权的顺利推出和平稳运行，相关准备工作预计需要3个月左右。同日大商所发布《关于开展豆粕期货期权做市商招募工作的通知》，申请大商所豆粕期权做市商资格，应当具备下列条件：净资产不低于人民币5 000万元；具有专门机构和人员负责做市业务，做市人员应当熟悉期货、期权相关法律法规和交易所业务规则；具有健全的做市业务实施方案、内部控制制度和风险管理制度；最近三年无重大违法违规记录；具备稳定、可靠的做市业务技术系统；具有大商所豆粕期货期权仿真交易做市的经验；中国证券监督管理委员会及交易所规定的其他条件。

豆粕期权的上市获批标志着我国期货市场进入期权时代，有利于企业利用更丰富的工具对冲价格风险，特别是在豆粕基差贸易不断增长的阶段，大量的豆粕采购企业在买完基差后并没有在期货市场上进行相应的对冲，而更多的是以现货操作方式来应对基差合同，这往往得益于过去几年不断下跌的豆粕价格。一旦价格转为上涨趋势，采购基差合同不进行套保对冲将面临较大的风险。豆粕期权的上市对于没有操作期货能力的现货商，可以通过支付一定权利金来对基差合同进行有效保值，同时也可以对点完价的合同进行相应的对冲。

三、豆粕期货合约相关规则调整

（一）合约修正及开展新仓单串换试点

1. 豆粕合约条款修正

2016年9月30日，为统一各品种合约条款，经理事会审议通过，并报告中国证监会，大商所对豆粕等8个品种合约进行了修改，取消其中的交易手续费条款，将合约修正案予以发布，并自即日起生效。

2. 开展新一期豆粕仓单串换试点

2015年9月16日，大商所推出新一期豆粕仓单串换试点，到2016年7月31日结束，自2013年9月豆粕仓单串换试点运行以来而后推广至豆油和棕榈油品种，共发生15笔串换业务，参与者以饲料养殖企业特别是区域性中小型饲料养殖企业为主。仓单串换业务实施以来，得到了油脂油料行业和期货市场的广泛认可，收效明显，主要表现在以下四个方面：一是有效消除了饲料企业参与期货市场交割和交易的顾虑，促进了产业企业利用期货市场的积极性，同时为压榨企业增设交割厂库打开了空间，使产业链上下游客户都从中获益；二是仓单串换业务令买方企业接货顾虑大幅降低，据统计，2016年以来豆粕主力合约平均基差比过去6年同期缩小了19～165元/吨，缩窄明显，相关品种价格发现更为有效；三是使饲料企业敢于在临近交割月保持持仓，从而带动临近交割月份持仓规模大幅增长，有利于近月合约活跃；四是促进豆粕现货远期销售基差合同的发展，临近交割月流动性显著上升，买方点价的最后结束时间也明显延长，部分合同已延伸进入交割月点价，基差合同的适用性明显提升。

2016年9月9日，大商所推出新一期豆粕、豆油和棕榈油品种仓单串换试点。新一期试点在总结前期经验的基础上，进一步完善仓单串换费用的设计方案，增加第三方信息机构数量，完善油粕品种报价体系，并增加了串换工厂数量。此次豆粕仓单串换试点企业为中国粮油控股有限公司等10大集团。客户通过当月交割（不含期转现）买入试点集团所属交割库的豆粕、豆油或棕榈油标准仓单，可申请到通知公布的该试点集团相关的串换库提取现货，或串换为该试点集团相关交割库的期货标准仓单。本次试点至2017年8月31日结束。

本次试点对新一期仓单串换业务进行了三个方面完善：一是生产计划调整费和豆油精炼费的上限值由原先的固定值改为比例值，油粕品种价格低时，串换费用低，油粕品种价格高时，串换费用相应提高，有效平衡串换各方利益；二是增加参与报价的第三方信息机构，串换价差的代表性、公平性进一步提高；三是增加了参与豆粕仓单串换的工厂，不断提高饲料企业串换提取现货的便利程度。

（二）其他规则调整

2016年5月12日，大商所发布通知：经研究决定，自2016年5月16日交易时（即13日晚夜盘交易小节时）起，豆粕品种同一合约当日先开仓后平仓交易不再减半收取手续费，手续费标准恢复至1.5元/手。通过风险制度的变化，实现了对投资者的风险提示，加强了对市场的风险防范，确保了市场平稳运行。

表 6-3　　2016 年节假日豆粕交易保证金调整

时间	通知	调整内容
2016.1.28	关于 2016 年春节期间调整各品种最低交易保证金标准和涨跌停板幅度及夜盘交易时间的通知	自 2016 年 2 月 4 日（星期四）结算时起，将豆粕品种涨跌停板幅度和最低交易保证金标准分别调整至 6% 和 8%；2016 年 2 月 15 日（星期一）恢复交易后，持仓量最大的两个合约未同时出现涨跌停板单边无连续报价的第一个交易日结算时起，涨跌停板幅度和最低交易保证金标准分别恢复至 4% 和 5%。对同时满足《大连商品交易所风险管理办法》有关调整交易保证金标准和涨跌停板幅度的合约，其最低交易保证金标准和涨跌停板幅度按照规定数值中较大值执行。另外，2016 年春节期间夜盘交易时间提示如下：2 月 5 日（星期五）当晚不进行夜盘交易；2 月 15 日（星期一）所有期货品种集合竞价时间为 08:55—09:00；2 月 15 日（星期一）当晚恢复夜盘交易。

续表

时间	通知	调整内容
2016.3.24	关于2016年清明节期间调整各品种最低交易保证金标准和涨跌停板幅度及夜盘交易时间的通知	自2016年3月31日（星期四）结算时起，豆粕涨跌停板幅度和最低交易保证金标准维持不变。4月1日（星期五）当晚不进行夜盘交易；4月5日所有期货品种集合竞价时间为08:55-09:00；4月5日当晚恢复夜盘交易。
2016.5.31	关于2016年端午节期间调整各品种最低交易保证金标准和涨跌停板幅度及夜盘交易时间的通知	自2016年6月7日（星期二）结算时起，将豆粕涨跌停板幅度调整至7%，2016年6月13日（星期一）恢复交易后，自豆粕持仓量最大的两个合约未同时出现涨跌停板单边无连续报价的第一个交易日结算时起，将豆粕涨跌停板幅度和最低交易保证金标准分别调整至6%。6月8日（星期三）当晚不进行夜盘交易；6月13日（星期一）所有期货品种集合竞价时间为08:55—09:00；6月13日当晚恢复夜盘交易。
2016.9.6	关于2016年中秋节放假期间调整各品种最低交易保证金标准和涨跌停板幅度及夜盘交易时间的通知	自2016年9月13日（星期二）结算时起，豆粕涨跌停板幅度和最低交易保证金标准维持不变。9月14日（星期三）当晚不进行夜盘交易；9月19日所有期货品种集合竞价时间为08:55—09:00；9月19日当晚恢复夜盘交易。
2016.9.22	关于2016年国庆节放假期间调整各品种最低交易保证金标准和涨跌停板幅度及夜盘交易时间的通知	自2016年9月29日（星期四）结算时起，将豆粕涨跌停板幅度和最低交易保证金标准分别调整至7%和9%。2016年10月10日（星期一）恢复交易后，将豆粕涨跌停板幅度和最低交易保证金标准分别调整至5%和7%。9月30日（星期五）当晚不进行夜盘交易；10月10日所有期货品种集合竞价时间为08:55—09:00；10月10日当晚恢复夜盘交易。

四、豆粕期货市场存在问题与发展建议

（一）当前存在的问题

仓单串换业务继续改善，仍有进一步提升空间。大商所于2016年9月9日发布《关于开展新一期油粕品种仓单串换试点的通知》，推出新一期豆粕品种仓单串换试点。新一期试点在总结前期经验的基础上，进一步完善仓单串换费用的设计方案，增加第三方信息机构数量，完善油粕品种报价体系，并增加了串换工厂数量。2013年9月至今，共发生15笔串换业务，参与者以饲料养殖企业特别是区域性中小型饲料养殖企业为主。为中小型饲料养殖企业更为主动参与豆粕期货交割扫清了障碍，但整体串换量仍有待提升，令仓单串换业务向常态

化模式运作。

（二）发展建议

1. 进一步扩大豆粕仓单串换业务试点范围

豆粕仓单串换业务是期货交割制度与服务的一项重要创新，建议进一步扩大豆粕仓单串换业务试点范围，促进豆粕期货和现货价格有效收敛，提高近月合约活跃度，推动期货市场价格发现功能进一步发挥。未来豆粕仓单串换还将有更大的发展空间，建议充分利用集团优势、地区龙头企业优势，扩充串换厂库数量规模，将贸易商纳入串换供给主体，实现由集团内向集团间、集团外延伸，进一步提升仓单串换的效率，将串换商品品质由期货交割标准品扩大到不同类型的产品，实现品质的串换。

2. 加强对中小型企业的豆粕期权培训

2016年12月16日，证监会批准大商所开展豆粕期权，商品期权开启运营新时代，在豆粕期权运行平稳的发展基础之上，加大力度对中小型企业进行豆粕期权的培训，增强油厂、贸易商、饲料企业对基差合同套保对冲的能力，目前部分油厂基差合同已经占到现货贸易量的60%，基差合同已经达到几千万吨的贸易量级，基差合同的风险对冲已经成为贸易商关注的重点。豆粕期权的推出为企业提供更多的风险管理手段，但目前大多数企业还没有配备熟悉期权操作的风险管理人员，交易所将继续加大力度向中小型企业提供期权培训，提高企业风险管理能力。

专栏

2016年豆粕期货大事记

1月27日，中央一号文件发布，提出创设农产品期货品种，开展农产品期权试点。探索建立农业补贴、涉农信贷、农产品期货和农业保险联动机制。稳步扩大“保险+期货”试点。

3月25日，南方油厂首报豆粕“负基差合同”，受终端市场影响对豆粕未来持续看弱，现货豆粕出货迟滞，广东地区豆粕市场因油厂胀库现象突出，现货价格领跌全国市场，当地油厂4月至5月负基差报价逐渐增多，现货豆粕价格跌破2 300元/吨整数关口。

3月31日，美国农业部公布新年度大豆播种意向报告，2016年预计美国大豆播种面积为8 223.6万英亩，略低于行业预估均值。

4月12日，据布宜诺斯艾利斯消息，大雨至少毁坏5%阿根廷大豆作物，阿根廷播种的2 050万公顷大豆近一半受到降雨冲击，推迟收割，洪水冲毁向港口运输谷物的道路。各分析机构下调阿根廷大豆产量400万吨至600万吨，至5 500万吨。CBOT大豆受此推动持续上涨。

5月12日，大商所发布通知，自2016年5月16日交易时（即13日晚夜盘交易小节时）起，豆粕同一合约当日先开仓后平仓交易不再减半收取手续费，手续费标准恢复至1.5元/手。

7月15日，农业部发布，上半年生猪存栏40 203万头，同比减少3.7%；生猪出栏319 559万头，同比减少4.4%，猪牛羊禽肉产量3 853万吨，同比下降1.3%，其中猪肉产量2 473万吨，下降3.9%。

9月9日，大商所发布《关于开展新一期油粕品种仓单串换试点的通知》，推出新一期豆粕、豆油和棕榈油品种仓单串换试点。新一期试点在总结前期经验的基础上，进一步完善仓单串换费用的设计方案，增加第三方信息机构数量，完善油粕品种报价体系，并增加了串换工厂数量。试点有效期从通知发布之日起至2017年8月31日结束。

9月21日，交管运输部门实施《超限运输车辆行驶公路管理规定》，2016年9月21日至2017年7月31日，在全国范围内重点开展三个“专项行动”，即开展为期一年的整治货车非法改装专项行动和整治公路货车违法超限超载行为专项行动，开展为期两年的车辆运输车联合执法行动。该政策对豆粕市场影响体现在，运费整体上涨20%~30%，豆粕装运量由35~40吨/车减至25~30吨/车，单车发货量的减少，也造成油厂豆粕装车出库周期延长，出现运力紧张局面。

12月16日，证监会公布批准郑商所和大商所分别开展白糖和豆粕期权交易，并表示为确保白糖期权和豆粕期权的顺利推出和平稳运行，相关准备工作预计需要3个月左右。

12月16日，大商所发布《关于开展豆粕期货期权做市商招募工作的通知》，为配合豆粕期货期权上市，大商所拟在豆粕期货期权品种上实施做市商制度，对有意申请豆粕期货期权品种做市商资格并符合条件的单位，在2016年12月23日之前向大商所提交申请材料。

12月16日，大商所发布《大连商品交易所关于豆粕期货期权合约、相关细则及其起草说明公开征求意见的通知》，为规范期货期权业务，防范市场风险，保护投资者合法权益，根据《期货交易管理条例》和中国证监会相关规定，大商所制定了《大连商品交易所豆粕期货期权合约》《大连商品交易所期权交易管理办法》《大连商品交易所期权做市商管理办法》《大连商品交易所期权投资者适当性管理办法》以及其他实施细则修正案的征求意见稿，并向社会公开征求意见。

12月21日，大商所发布《关于开展期权业务全市场测试的通知》，定于12月24日（星期六）上午进行交易系统期权业务联网测试。

报告七
豆油期货品种运行报告（2016）

2016年，豆油市场在全球主要食用油减产利好支撑下价格震荡上行，同时，自2010年以来国内实行“三公”消费政策之后，食用油需求首次出现好转。大商所豆油期货2016年成交量与成交额双增，充分显示了现货企业参与期货市场积极性的提高，也说明了参与者对豆油期货工具的运用日臻成熟。

一、豆油期货市场运行情况

（一）市场规模及发展情况

1. 成交规模同比增加

2016年豆油期货总成交量9 476.18万手，同比增加24.40%；总成交额为5.94万亿元，同比增加14.53%。成交量增幅大于成交额增幅，可看出市场套保、套利的参与度明显提升。

在大商所农产品期货品种中，豆油期货成交量排名第四位，仅次于豆粕、棕榈油和玉米三个品种；在大商所所有品种中，豆油期货成交量占比为6.16%，名列前十位；在全国商品期货品种中，豆油期货成交量占比为2.3%，市场活跃度仍居前列。

从月度成交规模看，2月、9月成交量相对偏低，仅为404.66万手和580.24万手，其余月份月度成交量均在650万手之上。相对应的成交额，除2月、9月为2 311.73亿元和3 660.06亿元外，其余月份的月度成交额均在3 800亿~7 000亿元。

2月是豆油年内成交的低点，因春节放假期间交易日偏少，加上小包装油备货结束后，资金关注度明显下降，但3月开始随着棕榈油减产炒作升温，豆油3月、4月紧随其后，成交活跃度明显上升，3月成交量和成交额分别为1 019.56万手和5 998.11亿元，成交量突破2015年的记录。第二季度成交量略有下滑，7月豆油再度迎来成交高峰，达到1 013.41万手，成交额为6 278.39亿元，为年内单月第二位。因第二、第三季度本就是棕榈油增产周期，在减产因素被市场吸收后，空头资金回补打压豆油价格，成交额大幅放大。11月豆油期货的成交量和成交额分别为1 005.2万手和6 851.34亿元，尤其是成交额创下年度之最。EPA增加生物柴油的搀兑对本就处于消费旺季的豆油而言更是锦上添花，豆油成交量价双增的同时，12月迎来了年内价格的高峰（见图7-1）。

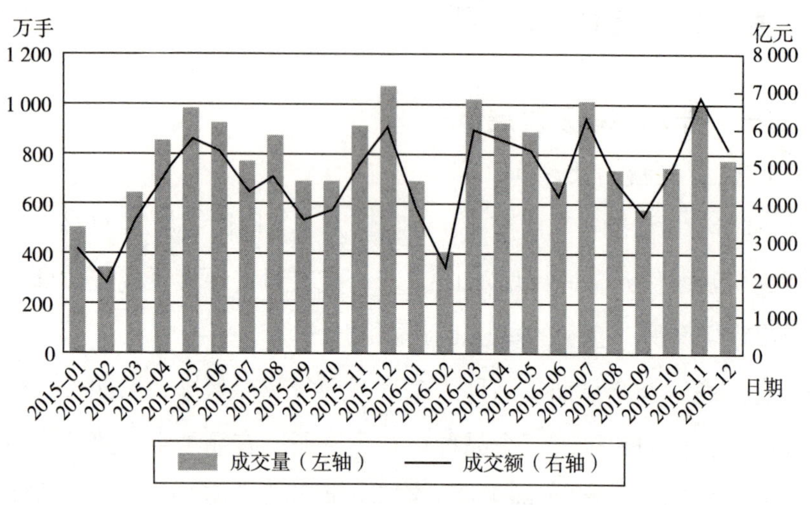

图 7-1　2015—2016 年豆油期货成交情况

2. 持仓规模快速增长

2016年，豆油期货的月末持仓量均值为51.44万手，同比上升9.74%，远高于棕榈油的39.12万手和菜籽油的16.58万手。月末持仓额均值为322.15亿元，同比上升23.63%。与2015年相比，持仓规模呈现快速增长。从月度情况看，3月和10月末持仓量最大，分别为59.12万手和58.43万手；对应的持仓金额为355.21亿元和394.35亿元，同比均有增加。因这两个月的期货价格均处于上升通道，尤其是10月市场套保资金非常活跃。其余月份的持仓量为43万~56万手，持仓金额维持在250亿~380亿元（见图7-2）。

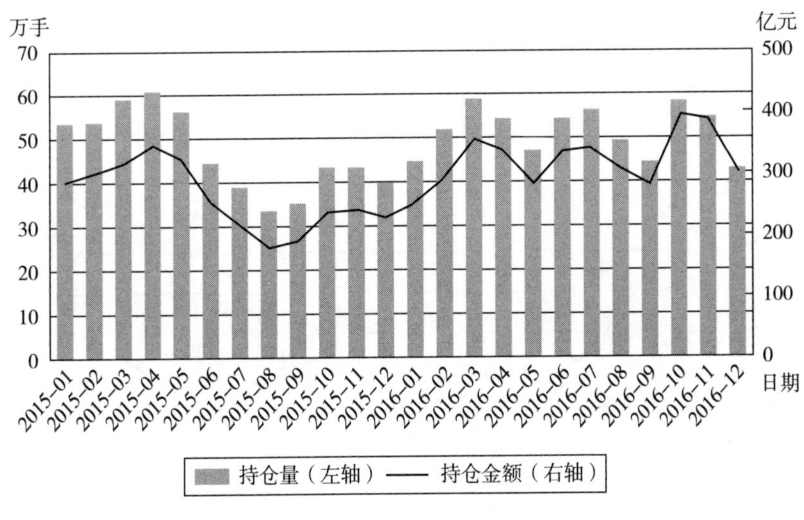

图 7-2　2015—2016 年豆油期货持仓情况

3. 成交量、持仓量占大商所的比例均下滑

从市场成交量的占比看，2016年豆油期货的成交量占大商所总成交的比例为6.16%，同比回落2.12%。2016年豆油期货月末平均持仓量占大商所总持仓的比例为8.42%，同比回落1.08%。因2016年工业品和化工行情更吸引眼球，豆油成交持仓均出现小幅分流，但下滑幅度不大，整体来看仍维持较为稳定的势头（见图7-3、图7-4）。

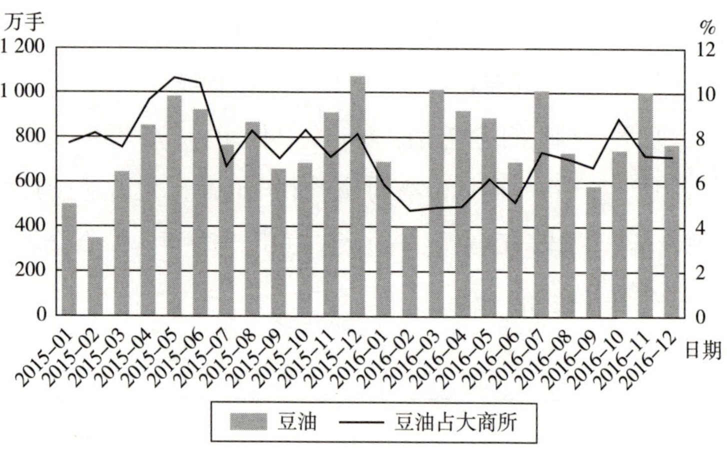

图 7-3　2015—2016 年豆油期货成交量在大商所占比情况

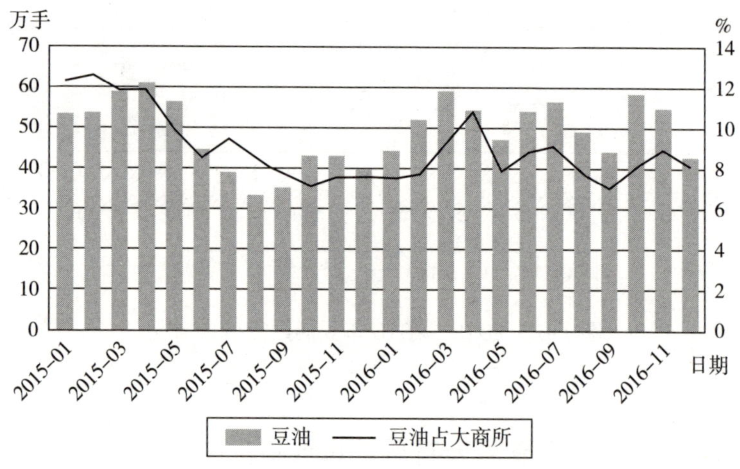

图 7-4　2015—2016 年豆油期货持仓量在大商所占比情况

（二）期现货市场价格走势

1. 价格稳步攀升

豆油2016年全年走势为震荡上涨。上半年走势先扬后抑，第一季度因厄尔尼诺引发的棕榈油减产担忧对油脂市场的提振不言而喻，豆油“借力使力”反弹了16.23%，之后天气升水在第二季度回吐大半，价格逐级回落。第三季度初豆油创出年内阶段性高点6 800元/吨一线，但不久后被USDA季度报告的利空打压转为回调。8月后马来西亚调减毛棕油关税刺激出口，加上国内油脂库存第三季度后持续下滑使得利好加码，10月开始菜籽油的抛储为春风得意的油脂价格再添柴，豆油价格一路走高并在10月下旬成功突破震荡区间，成交量价不断创出新高，再一次夯实了牛市的根基。到了11月下旬美国EPA宣布调高生物柴油中植物油的掺兑量，这一政策对于豆油而言，使之在12月将价格推升至年内高点7 348元/吨，全年上涨幅度为22.83%（见图7-5）。

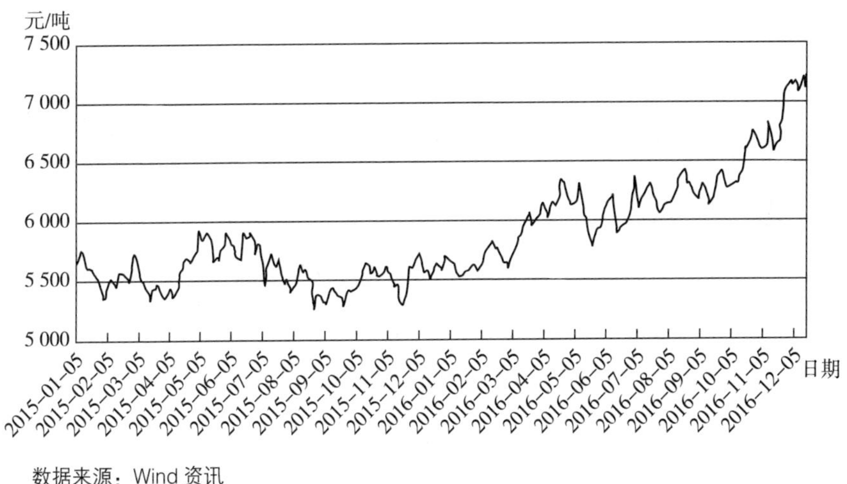

数据来源：Wind 资讯

图 7-5　2015—2016 年豆油活跃合约结算价走势

2. 受国际市场价格影响减弱

2016年豆油期价与外盘价格联动性增强，尤其是原油和CBOT豆油。与原油的相关性由2015年的0.569上升至0.745，与CBOT豆油的相关性由2015年的0.716增长至0.875。豆油与内盘棕榈油、菜油的相关性也在明显增强，分别由0.774增至0.933、由0.765升到0.98（见表7-1）。

表 7-1　　2015—2016 年国内外油脂油料价格相关性

	NYMEX 原油	CBOT 大豆	CBOT 豆粕	CBOT 豆油	DCE 大豆	DCE 豆粕	DCE 豆油	DCE 棕榈油	CZCE 菜油
周期：日线 2016-01-01—2016-12-31									
DCE 豆油	0.745	0.437	0.182	0.875	0.755	0.472	1	0.933	0.98
DCE 棕榈油	0.66	0.32	0.043	0.938	0.607	0.266	0.933	1	0.873
CZCE 菜油	0.759	0.498	0.266	0.812	0.82	0.552	0.98	0.873	1
周期：日线 2016-01-01—2016-12-31									
DCE 豆油	0.569	0.324	0.005	0.716	0.26	-0.103	1	0.774	0.765
DCE 棕榈油	0.688	0.685	0.36	0.933	0.549	0.25	0.774	1	0.867
CZCE 菜油	0.769	0.762	0.509	0.842	0.628	0.4	0.765	0.867	1

豆油与原油以及CBOT豆油的联动性比2015年增强，说明内外盘的相互带动走高促进了市场之间的联系，内盘方面2016年豆油跟菜籽油的相关性高于棕榈油。2016年国内食用油去库存成效明显，尤其是菜籽油的拍卖明显在中期来看减轻了油脂整体的库存压力，油脂间的套利资金进场也在不断增强合约间的关联性。受未来国际市场供需格局发生变化及全球金融环境的不确定性等因素影响，国内外食用油市场波动的加剧将进一步促进联系。

（三）期货交割情况分析

2016年豆油期货交割量与交割金额同步增加，且交割金额增幅较大。交割量达2.49万手，即24.88万吨，同比增幅达14.15%，交割总金额为29.88亿元，同比增加23.37%。豆油期货的交割业务主要特点包括：

1. 交割量较2015年有所增加

2016年豆油交割总量有所增加，交割集中度与往年基本一致，主要在1月、5月、9月三个月中。2016年9月交割量最大为13 150手，其次是1月的6 964手，最后为5月的4 760手，除此之外，8月有1手交割。2016年的交割集中度更高，与第一季度和第四季度的行情较好也有一定的相关性（见图7-6）。

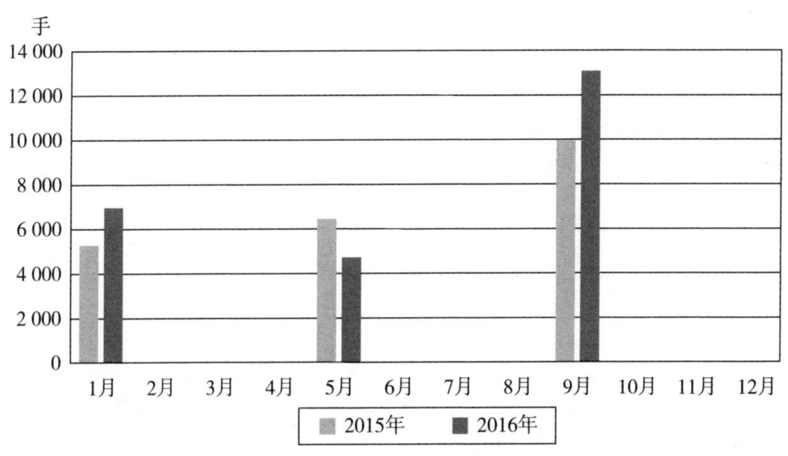

图 7-6　2015—2016 年豆油期货交割量对比图

2. 华北地区交割量增速明显

2016年豆油主要交割客户分布区域除了华东地区的江苏省和山东省等主要地区，华北地区客户交割量大幅增加较为抢眼。华北地区2016年交割量共9 208手，同比增长116.47%。其中，河北地区交割量为392手，同比增加783%；北京地区交割量为6 835手，同比增加245.11%。华北地区交割量增加从侧面反映了这一地区企业运用期货工具来规避市场风险的意识有明显增强。

（四）期货市场结构分析

1. 法人客户参与交易数量有所上升

从法人客户参与交易客户数方面看，2016年全年法人客户月均数量为2 594户，同比上升52.9%。分月来看，2016年参与交易数量最多的为11月和12月两个月，参与的交易客户数均超过3 000户，11月达到3 287户的峰值。

从个人客户数方面看，2016年全年个人客户月均数量为6.3万户，同比减少2.56%。从月度的参与情况看，7月和11月参与的客户数最高，均超过了7.5万户，7月参与客户数为75 333户，创下年内之最（见图7-7）。

无论是法人客户还是个人客户数，2016年的1月和2月数量均为最少，因处于年关附近，市场交易氛围相对清淡。整体上看，2016年年末参与交易的客户总数为7.12万户，相较于2015年的7.44万户下滑了4.27%。个人客户虽略有下滑，但整体而言变化不大，参与交易的法人客户数量增加说明企业风险意识仍在提高。

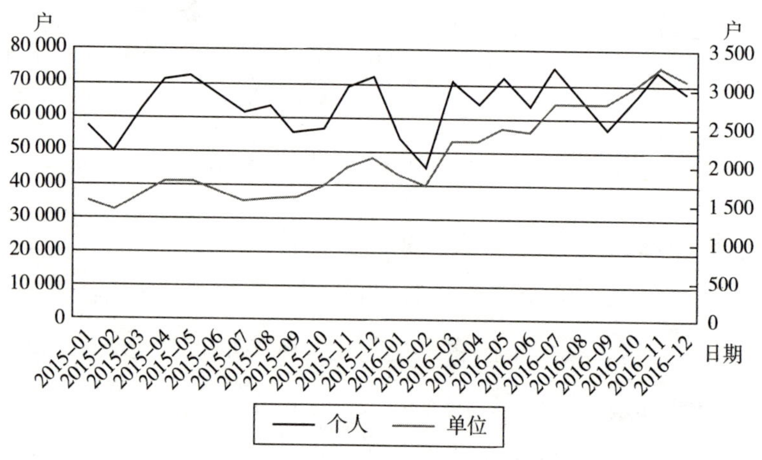

图 7-7 2015—2016 年豆油期货交易客户数情况

2. 持仓集中度略有上升

2016年豆油期货持仓集中度小幅增加，持仓排名前100名客户的持仓量之和与总持仓量的比例均值达60.47%，同比上升2.53%。整体而言，豆油期货2016年全年持仓集中度与2015年相比变化不大，品种运行较为平稳（见图7-8）。

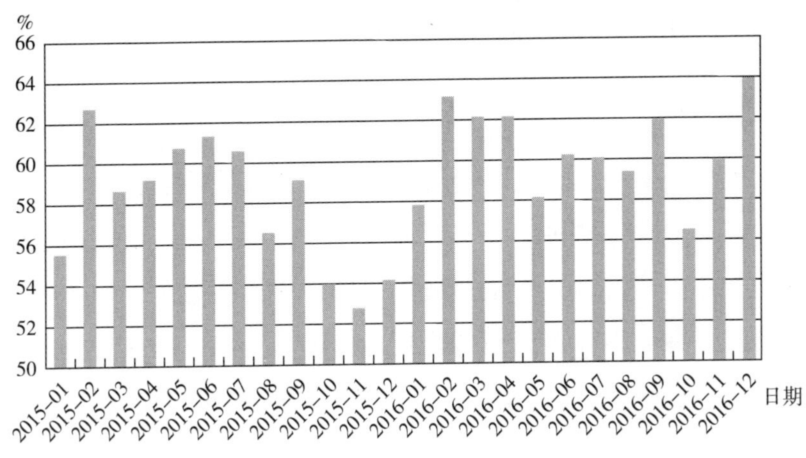

图 7-8　2015—2016 年豆油期货持仓集中度情况

3. 空头占比仍高

2016年豆油买方前100名持仓集中度低于卖方前100名持仓集中度，持仓集中度差值的均值为-33.54%，同比增加0.21%（见图7-9）。2016年空头力量占据优势，且空头趋势有攀升的态势，表明尽管在2016年全球油脂去库存化，期货市场空头抛压仍不小。

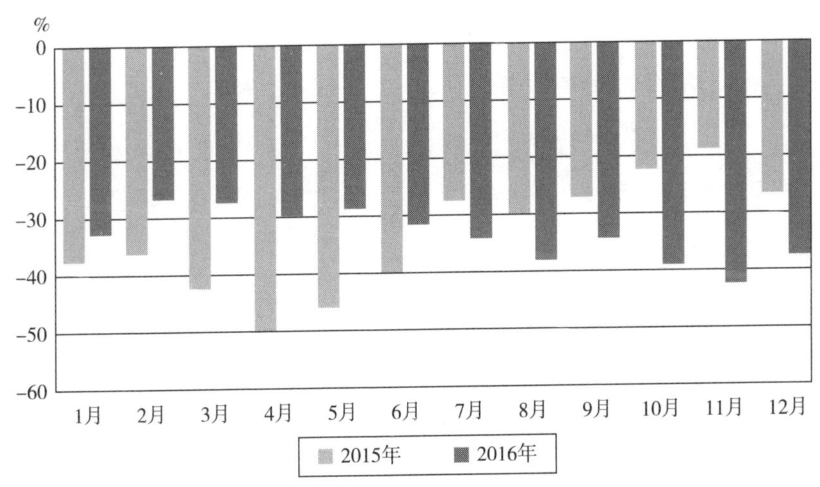

图 7-9　2015—2016 年豆油期货多空持仓集中度差值情况

二、豆油期货市场功能发挥情况

（一）价格发现功能发挥情况

期现价格相关性较高且引导关系显著。2016年豆油的期现货相关系数为0.95，虽然该相关系数与2015年相比出现微幅下降，但是相关性还是维持在较高的水平上。期现价格相关性维持较好，原因在于：整体而言豆油2016年全年走势偏强，全年涨幅为21.94%，尤其在第四季度油脂需求旺季到来之时，豆油消费增速加快的预期使得期现走势基本趋同。

2016年豆油跟内盘和外盘的联动性均有增加，同涨同跌的属性决定了期货市场对现货市场价格发现的敏感度也在日益攀升，因此就形成了豆油期货引导现货市场的格局（见表7-2）。

表 7-2　　2015—2016 年豆油期现价格相关性

检验项 \ 年份		2015	2016
期现价格的相关性	系数	0.97	0.95
	显著性检验	通过检验	通过检验
期现价格是否存在协整关系		存在	不存在
期现价格引导关系		期货引导	期货引导

注：现货价格为江苏张家港国标四级豆油出厂价，期货价格为活跃合约结算价。

（二）套期保值功能发挥情况

1. 基差维持稳定，但到期价格收敛性略微放大

2016年，豆油期货的基差均值维持稳定运行的态势，均值为91.78，比2015年略有减少。2016年基差主要运行区间在（-256，316），而2015年基差的主要运行区间在（-182，374）。与2015年相比，基差整体波幅有序，这和豆油期货市场、现货市场平稳运行，

且相关性较高有很大的关系。

虽然基差稳定运行，但是到期价格的收敛性出现略微放大，2015年到期日基差为66，2016年到期日基差为135。两者基差呈现小幅放大的趋势，但是幅度有限，整体维持良好。

2. 套期保值有效性大幅提升

套期保值效率是衡量参与套期保值后收益风险的降低程度。如表7-3所示，2016年豆油期货的套期保值效率91.72%，比2015年的57.68%提升34.04%。油厂对现货后市向好的预估反映在期价走势上，套保积极性增加，这与豆油期货市场完善和产业客户利用期货市场成熟度提高有很大关系。

表 7-3　　2015—2016 年豆油套保有效性

项目 \ 年份			2015	2016
基差	均值	元	110.88	91.78
	标准差	元	126.48	133.99
	变异系数		1.14	0.06
	最大	元	374	316
	最小	元	-182	-256
到期价格收敛性	到期日基差	元	66	135
	期现价差率	%	1.12	2.155
套期保值效率	周（当年）	%	57.68	91.72

注：表中所用期货价格为豆油活跃合约结算价，现货价格为江苏张家港国标四级豆油出厂价。

（三）套利功能发挥情况

大商所上市交易的豆油和棕榈油期货，同为国内食用油消费的主力，品种走势相关度较高。一般来讲，棕榈油第一、第四季度是传统减产期，也是消费的淡季；第二、第三季度为增产期，也是消费旺季。豆棕价差因为棕榈油的季节性生产规律导致二者价差亦呈现季节规律性。

每年9月、10月后，美豆成为全球大豆市场供给的主要力量，国内港口库存快速攀升，对豆油形成了较大的压力，而此时马来西亚棕榈油会在11月进入减产期，对应国内港口的库存会呈现出相对低位徘徊的态势，期货盘面明显提前在10月反映出来，因此棕榈油期价好于豆油不言而喻。到了第二年上半年5月南美大豆上市之前，2月、3月是南美大豆播种季节，市场关注天气状况，4月收获季节迎来罢工、货运延迟的节点，此时豆油的基本面明显强于棕榈油，在这样的格局下，豆棕价差上半年豆油期价走势明显好于棕榈油，价差逐级攀高也就是顺理成章了。

2016年第一季度马来西亚棕榈油减产因素被市场吸收后，豆棕价差扩大明显，从低位的468反弹至7月中旬年内最高点1342。之后棕榈油库存持续维持在30万吨左右的低位，现货较期货升水幅度大，随着1609合约时间的临近，空头交割压力显现，棕榈油也成为7月中旬之后油脂类领涨的品种；豆油尽管未执行合同持续增加，油厂挺油卖粕的思路也很清晰，但库存下滑幅度明显略慢，第三季度市场逐渐开始反向做空豆棕套利，价差回到500之下。到了年末油脂普涨，整体而言，豆棕价差套利成为投资者青睐的投资方式，这得益于两个品种的活跃度高，同时也因为豆油的群众基础更好（见图7-10）。

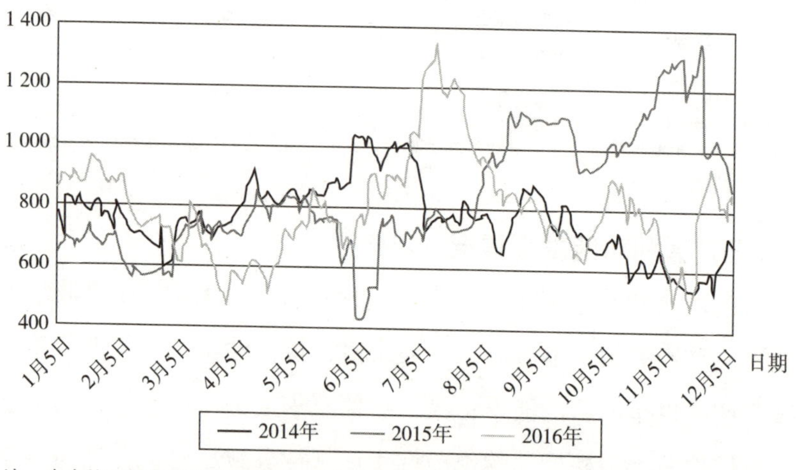

注：表中使用的期货价格为豆油、棕榈油活跃合约收盘价。

图7-10 2014—2016年期货豆棕价差走势

（四）期货市场功能发挥实践

1. 市场发展促使企业利用期货市场需求不断升级

油脂油料系列品种作为国内期货市场上发展最早、最为成熟的产业链品种体系之一，近几年每年我国加工大豆7 000万~8 000万吨，国内大型国有企业和部分民营企业风险管理能力提升，对期货市场认识出现质变，开始主动寻求期市豆粕、豆油等品种利用之路，且简单的套期保值已经不能满足企业需求，内外盘价差、外汇变化、宏观经济情况以及市场价格的涨跌幅度、速度都成为企业市场参与交易的策略因素，国内大豆压榨行业对期货市场的使用开始进入精细化操作阶段。市场出现了一些基差交易等新的期现结合模式，为企业提供了更加完善的避险方案。

大商所先后推出棕榈油、豆粕、豆油等品种夜盘交易，为缓解价格隔夜跳空风险起到突出作用，并且也使得豆油与外盘联动性更加紧密。特别是近几年来，基差定价、库存管理、压榨利润避险等在产业中得到普遍运用，看盘经营、参与期货经营已经成为企业的必修课，油脂油料期货在助力相关产业发展上，发挥了积极的作用。2016年参与大连豆油交易的法人客户月均数量为2 594户，同比上升52.9%，国内日压榨能力1 000吨以上的油厂90%以上参与，现货套保比例达70%以上，成为国内期货品种的典范。

2. 基差定价有利于企业灵活安排生产经营

基差贸易是一种新兴的交易模式。由传统的“一口价”定价方式，转变为“基差+期货”的基差贸易方式，这是对过去几十年的“一口价”定价方式的革命性突破。基差销售合同仅约定提货月份、基差水平和点价期限，客户可以在规定的点价期限之前，参考期货市场交易价格，选中自己想要的价位进行委托点价。下游饲料加工企业和贸易企业已经普遍接受了基差定价模式，并大规模参与大商所油脂油料品种的交易和锁定采购成本。

现货企业参与期货市场，通过市场套期保值和基差定价，可以使企业的采购成本接近行业平均水平甚至更低。因为企业一定要备有一定的库存，而且库存还不能太小，库存太小很容易就会断货，影响生产。当企业拥有了一定的库存之后就开始担忧价格会出现大跌，因此该模式一是为客户提供更大的选择空间和更多的作价机会，二是既有利于油厂提前锁定头寸，也能够为客户带来更多选择，三是方便客户利用期货市场进行风险管理，实现油厂和客户的双赢。

三、豆油期货合约相关规则调整

（一）合约及交割制度修改

1. 开展油粕品种仓单串换试点的新规

继2015年的油粕仓单串换试点后，2016年再度完善了这一制度。2016年9月9日，大商所发布了《关于开展新一期油粕品种仓单串换试点的通知》。

2016年试点推广涉及豆油的文件有《豆油、棕榈油集团内仓单串换试点业务流程》《参与豆油、棕榈油串换试点集团及下属串换库（工厂）的串换限额》《豆油、棕榈油串换试点集团提供的串换价差计算方式》《豆油、棕榈油仓单串换协议参考文本》等多个文件。主要内容如下：（1）豆油仓单串换企业为中国粮油控股有限公司、嘉吉投资（中国）有限公司、中纺粮油进出口有限责任公司、中储粮油脂有限公司和益海嘉里投资有限公司5大集团。（2）客户或非期货公司会员申请串换为一级豆油需向串换库支付精炼费，精炼费实行最高限价，按照该合约交割前月的最后一个交易日结算价计算处理，上限为串换前月最后一个交易日结算价的千分之三十五/吨。（3）仓单串换生产计划调整费实行最高限价。串换当月的生产计划调整费按照该合约交割前月的最后一个交易日结算价计算处理，豆油、棕榈油仓单串现货的生产计划调整费上限为串换前月最后一个交易日结算价的千分之五/吨，豆油仓单串仓单的生产计划调整费上限为串换前月最后一个交易日结算价的千分之十五/吨。（4）仓单串换试点有效期从通知发布之日起至2017年8月31日结束。

新一期试点在总结前期经验的基础上，进一步增加了串换企业数量，丰富了油粕品种报价体系。一是生产计划调整费和豆油精炼费的上限值由原先的固定值改为比例值，有效平衡串换各方利益，促使串换模式与期货结合更加灵活紧密；二是增加了参与报价的第三方信息机构，串换价差的代表性、公平性均有进一步提高。仓单串换制度不仅使大型集团仓储、物流的优势得以充分发挥，还降低了中小企业的交割成本，满足了其个性化需求。

2. 修改风险管理办法相关规则

为了防范市场风险，警惕交易过热，大商所8月22日发布《关于修改风险管理办法相关规则的通知》，对上市品种接连涨跌停的保证金和手续费的规则做出修改。主要内容有：（1）合约上市某一交易日（该交易日记为第N个交易日）出现涨跌停板单边无连续报价的情况，将连续同方向停板下的交易保证金标准和涨跌停板幅度与合约实行的涨跌停板幅度相关联。（2）第二个同方向停板的涨跌停板幅度是在第一个停板的涨跌停板幅度的基础上增加3%，交易保证金标准在涨跌停板幅度的基础上增加2%。而第三个同方向停板的涨跌停板幅度是在第二个同方向停板的涨跌停板幅度的基础上增加2%，交易保证金标准在涨跌停板幅度的基础上增加2%。（3）当第N+1个及以后交易日未出现涨跌停板单边无连续报价的情况，则该交易日结算时交易保证金恢复到正常水平，下一交易日的涨跌停板幅度恢复到正常水平。

此次风险管理办法的调整本质上是将以前的固定涨跌停板与保证

金制度改为浮动制度，是针对市场交易过热时的适当举措，方便了市场参与者理解，顺应了期货市场现阶段的新变化与发展趋势，为市场价格发现提供更大空间，增加了市场风险释放的广度。修改后的规则也有助于保障市场交易的连贯性和市场功能的有效发挥，体现了交易所做好市场服务的态度与决心。

（二）其他规则调整

1. 保证金调整

2016年大商所在节假日期间除了对豆油的涨跌停板和保证金的调整之外，鉴于内外盘联动性较高，对于夜盘时间的交易也作出了适当的调整。保证金方面，国庆节长假的9%明显要比中秋节小长假的7%调高了2个百分点，以避免极端行情的发生（见表7-4）。

表 7-4　　2016 年节假日豆油合约交易保证金调整

时间	通知名称	调整措施
2016/9/6	关于 2016 年中秋节放假期间调整各品种最低交易保证金标准和涨跌停板幅度及夜盘交易时间的通知	自 2016 年 9 月 13 日（星期二）结算时起，最低交易保证金标准调整至 7%；2016 年 9 月 19 日（星期一）恢复交易后，自持仓量最大的两个合约未同时出现涨跌停板单边无连续报价的第一个交易日结算时起，最低交易保证金标准恢复至 5%。
2016/9/22	关于 2016 年国庆节放假期间调整各品种最低交易保证金标准和涨跌停板幅度及夜盘交易时间的通知	自 2016 年 9 月 29 日（星期四）结算时起，最低交易保证金标准调整至 9%；2016 年 10 月 10 日（星期一）恢复交易后，自持仓量最大的两个合约未同时出现涨跌停板单边无连续报价的第一个交易日结算时起，最低交易保证金标准调整至 7%。

2. 涨跌停板幅度调整

2016年，根据风险管理需要，豆油期货的涨跌停板幅度先后经过两次调整（见表7-5）。

表 7-5　　2016 年节假日豆油合约涨跌停板幅度调整

时间	通知名称	调整措施
2016/9/6	关于 2016 年中秋节放假期间调整各品种最低交易保证金标准和涨跌停板幅度及夜盘交易时间的通知	自 2016 年 9 月 13 日（星期二）结算时起，涨跌停板幅度调整至 5%；2016 年 9 月 19 日（星期一）恢复交易后，自持仓量最大的两个合约未同时出现涨跌停板单边无连续报价的第一个交易日结算时起，将涨跌停板幅度恢复至 4%。
2016/9/22	关于 2016 年国庆节放假期间调整各品种最低交易保证金标准和涨跌停板幅度及夜盘交易时间的通知	自 2016 年 9 月 29 日（星期四）结算时起，涨跌停板幅度调整至 7%；2016 年 10 月 10 日（星期一）恢复交易后，自持仓量最大的两个合约未同时出现涨跌停板单边无连续报价的第一个交易日结算时起，涨跌停板幅度调整至 5%。

3. 夜盘交易时间调整

2016年，夜盘时间调整更加合理，在长假前的最后一个交易日当天没有夜盘交易，而在长假后第一个交易日恢复夜盘交易，交易所仍在不断优化夜盘交易机制，为产业客户避险提供完善的工具，豆油期货的夜盘时间有五次调整通知（见表7-6）。

表 7-6　　2016 年节假日豆油合约夜盘时间调整

时间	通知名称	调整措施
2016/3/24	关于 2016 年清明节期间调整各品种最低交易保证金标准和涨跌停板幅度及夜盘交易时间的通知	4 月 1 日（星期五）当晚不进行夜盘交易；4 月 5 日所有期货品种集合竞价时间为 08:55—09:00；4 月 5 日当晚恢复夜盘交易。
2016/4/27	关于提示 2016 年劳动节期间夜盘交易时间的通知	4 月 29 日（星期五）当晚不进行夜盘交易；5 月 3 日（星期二）所有期货品种集合竞价时间为 08:55—09:00；5 月 3 日（星期二）当晚恢复夜盘交易。
2016/5/31	关于 2016 年端午节期间调整各品种最低交易保证金标准和涨跌停板幅度及夜盘交易时间的通知	6 月 8 日（星期三）当晚不进行夜盘交易；6 月 13 日（星期一）所有期货品种集合竞价时间为 08:55—09:00；6 月 13 日当晚恢复夜盘交易。
2016/9/6	关于 2016 年中秋节放假期间调整各品种最低交易保证金标准和涨跌停板幅度及夜盘交易时间的通知	9 月 14 日（星期三）当晚不进行夜盘交易；9 月 19 日所有期货品种集合竞价时间为 08:55—09:00；9 月 19 日当晚恢复夜盘交易。
2016/9/22	关于 2016 年国庆节放假期间调整各品种最低交易保证金标准和涨跌停板幅度及夜盘交易时间的通知	9 月 30 日（星期五）当晚不进行夜盘交易；10 月 10 日所有期货品种集合竞价时间为 08:55—09:00；10 月 10 日当晚恢复夜盘交易。

4. 指定交割仓库的调整

2016年7月15日，大商所发布《关于调整指定交割仓库的通知》，恢复泰州市过船港务有限公司豆油、棕榈油交割业务。泰州市享有优越的地理条件，广阔的内陆，繁荣的经济和方便的水上交通，能为江苏省及周边提供转运服务。近两年在江苏地区豆油交割量稳居前三位，大商所此举促进了当地油脂企业交割的便利性，为华东、华中各省市参与期货市场提供了更为便捷的通道。

5. 关于取消合约交易手续费限制条款的规定

2016年9月30日，为统一合约条款，优化手续费规则体系，满足市场需求，大商所发布了《关于取消相关品种合约交易手续费条款的通知》，取消了部分上市品种的手续费限制，将豆油期货交易手续费"不超过6元/手"这一规则删除。大商所取消手续费限制，与之前风险管理办法相呼应，较为灵活地完善了合约制度的变更，促进了期货市场功能进一步有效发挥，合乎市场各个主体的利益。

四、豆油期货市场存在问题与发展建议

（一）存在问题

1. 华南地区无交割库

2014年起，我国大豆临时收储政策退出市场，大豆开始实行目标价格直补政策，大豆市场化程度进一步提高，间接影响了豆油市场，豆油期货在2016年与外盘原油和美豆油的相关性提升，与内盘油脂的价格关系也在显著增强。随着豆油交割制度不断完善，国内各中小企业参与套保和交割来规避风险的意识也趋于增强，因此厂库和交割库的增设是面临的问题。

2. 交易主体过于单一

近几年，以生物柴油为代表的新能源的发展拓展了豆油消费的想

象空间。在生物柴油发展较快的美国，豆油占生物柴油加工的比重达到50%~60%，目前国内以豆油为原料生产的生物柴油数量并不很大，若国内能够推广生物柴油的新能源概念，或能拉动现货消费量，同时能够扩大市场交易主体，进一步提升套保活跃度。

（二）发展建议

1. 华南地区增设交割库

华南地区豆油的库存占到全国的三分之一左右，因靠近港口交通便利，每月大豆到港量以及压榨数量在全国也占据一席之地，因此为满足更多产业客户的套保需求，应尽快研究增设华南地区豆油交割库。

2. 完善基差报价平台

大豆系品种价格波动剧烈，在油脂油料价格大幅波动背景下，基差交易已经发展成为整个行业的普适交易模式，豆油基差报价仍在逐步拓展中，这是油厂销售模式所致，一般在豆粕走货较快时，豆油销售基本随行就市；而在豆粕滞销时节，豆油方能显出其身价。2016年豆油价格不断攀升，一定程度上促进了基差报价的发展，但完善报价体制，提升报价透明度是完善上下游交易体系的好手段。

专栏

2016年豆油期货大事记

3月11日，据加拿大农业部长Lawrence MacAulay表示，加拿大敦促中国政府在作出贸易决定时以科学事实为准绳。中国政府计划从4月1日起对加拿大油菜籽船货实施严格的质检措施。中国质检总局2月通知加拿大食品质检总局，从4月1日起规定加拿大油菜籽船货中的杂质含量不能超过1%。由于豆油对菜籽油有替代需求，受此消息提振，豆油价格从底部缓步攀升，一路上行至4月下旬，涨幅达7.9%。

5月12日，大商所发布《关于调整豆粕等品种交易手续费收取标准的通知》中规定豆油品种同一合约当日先开仓后平仓交易不再减半收取手续费，手续费标准恢复至2.5元/手。这一制度变相限制了日内炒单频率，有效防治风险，也促进了投资者日趋成熟。

7月5日，美国天气持续良好，干旱炒作偃旗息鼓，美豆系全线下滑，内盘油脂集体联手跌停，豆油从涨停到跌停经历了过山车般的"倒V"反转，进入短暂回调期。

7月8日，黑龙江省政府批准，省物价监督管理局、省财政厅、省统计局联合下发了《关于做好2015年大豆目标价格补贴资金发放工作的通知》，明确2015年黑龙江大豆目标价格补贴标准为每亩130.87元，尽管补贴高于2014年的60.5元/亩，但这一消息基本符合市场预期，因此未对大豆和豆油价格有太多的利好作用。

7月15日，我国国储大豆开始拍卖，截至9月30日结束，在此期间由于市场原料供给增加，豆油期价表现不温不火，处于6 050—6 500的震荡区间，其间8月下旬有向上突破的冲力，但政策性压力一直限制其上行高度。

8月22日，大商所发布《关于修改风险管理办法相关规则的通知》，将以前的固定涨跌停板与保证金制度改为浮动制度，是针对市场交易过热时的适当举措，促进了市场的理性回归。

9月9日，大商所发布《关于开展新一期油粕品种仓单串换试点的通知》，其中新一期试点在总结前期经验的基础上，进一步增加了串换企业数量，丰富了油粕品种报价体系。将串换制度中规定固定值改为比例值，增加了参与报价的第三方信息机构，降低了中小企业的交割成本，满足了市场中不同主体的个性化需求。

10月12日，临储菜籽油复拍，成交量价一路飙升，与此同时豆油期货价格也水涨船高，截至12月19日的年内高点上涨逾800点，本轮上涨也开启了油脂板块年内上涨的高潮。

11月9日，由大商所与马来西亚衍生产品交易所共同主办的“第十一届国际油脂油料大会”在广州隆重召开。大商所总经理王凤海在致辞时表示，经过11年的发展，国际油脂油料大会已成为“一带一路”沿线交易所合作的典范，中国油脂油料市场的期现货市场融合不断深化，期货市场服务产业能力明显提升。大商所愿与各方合作，推动期货市场更好地服务实体经济、国际贸易和国际经济新秩序。

11月24日，美国环保署（EPA）宣布将2017年生物柴油掺和标准从2016年的19亿加仑上调至20亿加仑，2018年上调至21亿加仑。将总再生燃油掺和量从2016年的181.1亿加仑，上调至2017年192.8亿加仑。这一消息等于变相增加了豆油需求量，拉动豆油期价持续上涨，为本就处于牛市的豆油上行再添动力。

报告八
棕榈油期货品种运行报告（2016）

2016年，受厄尔尼诺因素影响，棕榈油主产国印度尼西亚和马来西亚棕榈油均减产，国内棕榈油进口下降导致库存持续降低，棕榈油价格波动加大，为投资者提供交易机会，同时也增加产业客户的套保需求。大商所积极推动场外市场建设，优化仓单串换业务，并研究棕榈油国际化，提升棕榈油期货服务实体经济功能。

一、棕榈油期货市场运行情况

（一）市场规模及发展情况

1. 棕榈油期货成交活跃

我国棕榈油供应完全依赖于进口，东南亚棕榈油产量受季节性因素以及天气因素影响较大，因此价格波动较大，棕榈油期货市场交投活跃。2016年，棕榈油期货成交量为13 915.8万手，同比增加24.8%；在全国商品期货品种中，棕榈油期货成交占比为3.38%，在农产品中居于第三位；在大商所各品种中，棕榈油期货成交量占比为9.05%，名列第三位；棕榈油期货成交量在三大油脂期货中占比为53.27%，较2015年增长了2.49%，市场交投活跃（见图8-1）。

从月度成交变化情况看，2016年1月、2月，棕榈油成交量延续2015年底的下降趋势，随后经历“跳升—下降—回暖—下降”的变化。其中，1月棕榈油期货成交量为1 307.4万手，较2015年同期增长了864.8万手，增长幅度近200%；但受春节因素影响，环比2015年年底1 398.59万手的水平下降了6.52%。随着春节因素消退，3月，棕榈油期货成交量上升至1 678.63万手，为历史最大成交量，随后开始下降，6月，马来西亚棕榈油产量增加及马来西亚和印尼调整出口关税，吸引投资者交易，棕榈油期货成交再次呈现上升的过程，9月、10月交易量下降，11月成交量再次扩大，棕榈油期货成交量达1 425.33万手的高点（见图8-2）。

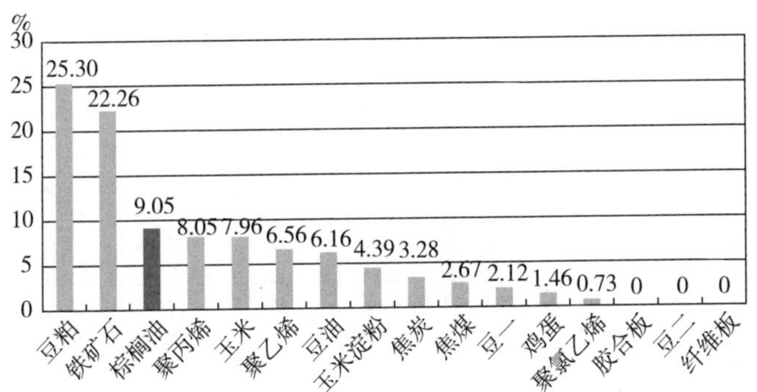

注：成交占比 = 单个品种全年成交量 / 大商所所有品种全年成交总量。

图 8-1　2016 年大商所所有品种成交量占比

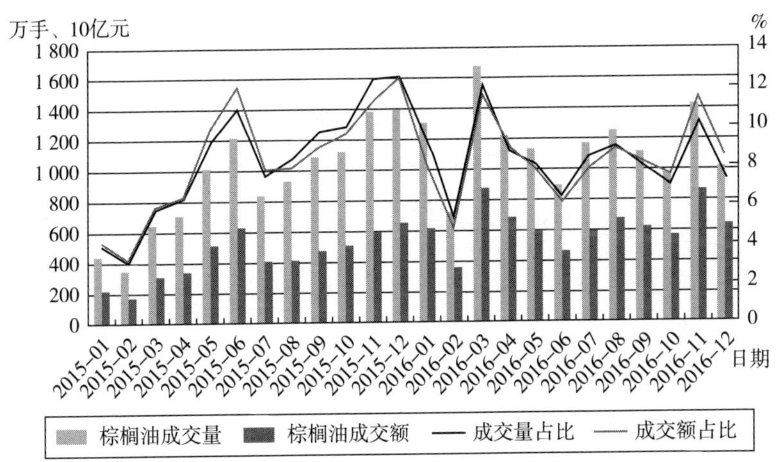

注：成交量 / 额为单边，成交占比 = 成交量 / 大商所成交量；成交额占比 = 成交额 / 大商所成交额。

图 8-2　2015—2016 年棕榈油期货成交情况

2. 棕榈油期货持仓量稳定

2016年，棕榈油期货持仓量与2015年基本持平。从月末持仓变化看，第一季度的3个月中，棕榈油持仓量稳步攀升；而后三个季度中，持仓量经过下挫，逐步回升，其中3月棕榈油持仓量突破50万手，其他月份，持仓量在27万手至52万手之间波动（见图8-3）。

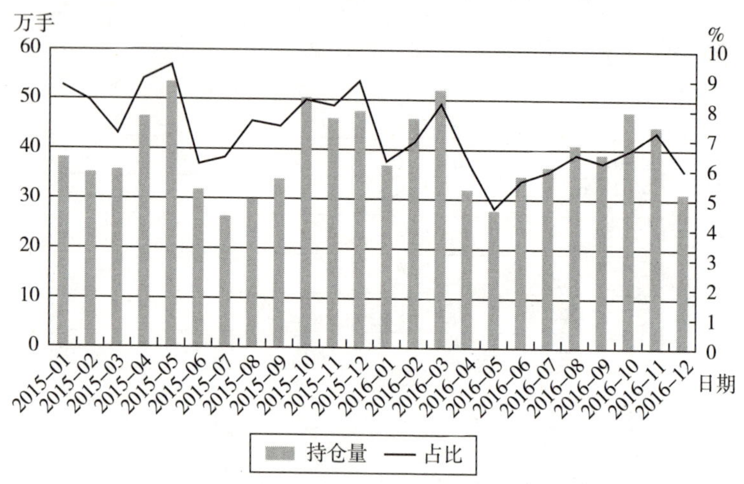

注：月末持仓占比 = 月末持仓量 / 大商所月末持仓量。

图 8-3　2015—2016 年棕榈油期货持仓情况

3. 棕榈油期现规模比继续提升

从期现规模比来看，我国棕榈油交易活跃度高。期现规模比是指期货品种的成交量与相应现货生产量、消费量比值。2016年我国（进口量）棕榈油期现规模比为310.76，较2015年的188.71提升了64.67%。而2016年豆油和菜籽油的期现规模比分别为56.72和24.79，这表明我国棕榈油交易的活跃程度明显高于其他油脂期货品种。

（二）期现货市场价格走势

1. 减产因素推动棕榈油价格呈现上涨趋势

2016年棕榈油价格整体呈现上涨趋势，其间出现阶段性下跌。具体来看，从1月开始，棕榈油价格经过短暂的调整后持续上涨，2016年4月棕榈油期货价格上升至5 816元/吨，从4月中旬开始下行震荡下降直到7月底，8月开始不断震荡上扬，12月达到了6 476元/吨的高点（见图8-4、图8-5）。

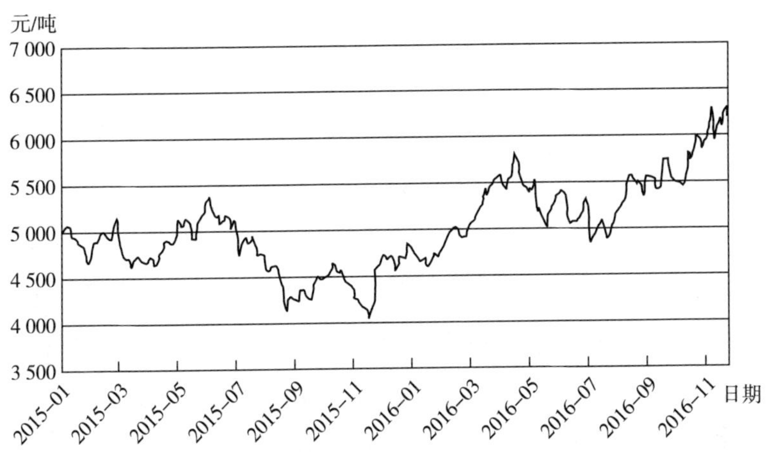

图 8-4 2016 年棕榈油期货活跃合约价格走势

数据来源：Wind 数据库

图 8-5 2012 年以来棕榈油现货价格走势

2016年东南亚棕榈油减产是推动棕榈油价格长期上涨的主要原

因。2016年第一季度东南亚棕榈油产量受厄尔尼诺以及季节性减产因素影响下降，推动棕榈油价格上涨，4月至7月，受马来西亚林吉特走强以及棕榈油产量季节性恢复影响，棕榈油价格阶段性下跌。随后厄尔尼诺对产量的滞后影响显现，棕榈油产量超预期下滑，棕榈油价格再度上涨。

2. 内外价差出现阶段性顺价

2016年棕榈油内外价差阶段性出现顺价，是近年来持续顺价时间最长的时期。2016年1—3月，棕榈油内外价差倒挂（国内销售价格低于进口成本），价差均值在-400元/吨左右，4—8月，内外价差均值上升至-200元/吨左右，甚至出现顺价（国内销售价格高于进口成本）。9月，内外价差均值再次降至-400元/吨左右。10月之后，内外价差开始顺价，其间甚至出现了600元/吨的顺价。全年来看，内外价差较2015年出现较大幅度的波动（见图8-6）。

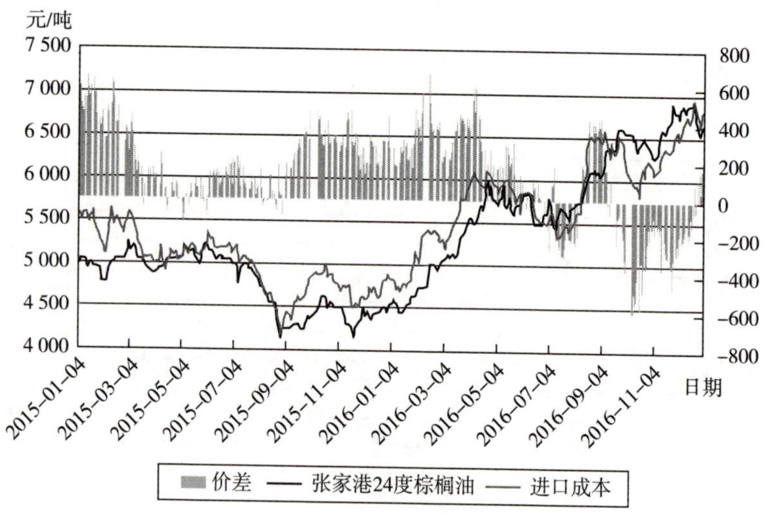

注：国内外价差 = 棕榈油进口价格 - 张家港 24 度棕榈油价格。

图 8-6 2015—2016 年棕榈油期现货及不同合约期价走势

棕榈油内外价差变化主要受国内棕榈油进口的影响。2016年上半年，由于国内棕榈油库存偏高，棕榈油内外价差保持倒挂，随着国内棕榈油贸易融资进口退出，国内棕榈油进口量下降，棕榈油库存逐渐降低，棕榈油内外价差倒挂幅度收窄，在10月以后出现阶段性顺差，棕榈油进口出现利润刺激进口增加，再次导致棕榈油内外价差倒挂。

（三）期货交割情况分析

1. 交割量处于历史高位

2016年，我国棕榈油期货交割量达到29 075手，同比增加6 207手，增幅为27.14%。棕榈油的交割量在大商所所有品种中排名第二位。自2015年，我国棕榈油期货交割量维持在2万手以上，2016年突破2.9万手，说明棕榈油合约制度设计合理，交割平稳顺畅，能够满足现阶段市场需求（见图8-7）。

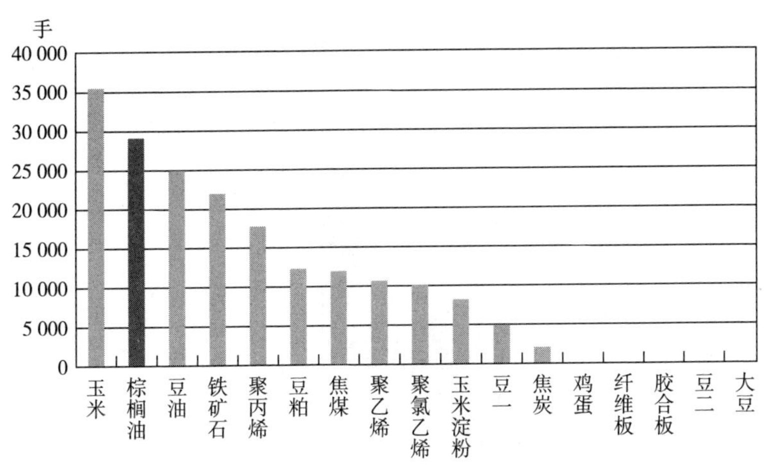

图 8-7　2016 年大商所所有品种交割量

2. 交割客户来源区域分布集中度提升

2016年，棕榈油期货交割客户来源区域分布集中度进一步提升，其中67.59%的交割客户来自华东地区；其次为华北地区，占比11.04%；东北地区以8.06%位居第三名。与2015年相比，交割客户来源占比提升的主要有：华北地区占比提升4.92%，华东地区占比提升0.77%，华中地区占比提升0.03%。客户占比下滑的有：东北地区占比下降4.53%，华南地区占比下降4.51%，西北地区占比下降0.23%（见图8-8、图8-9）。

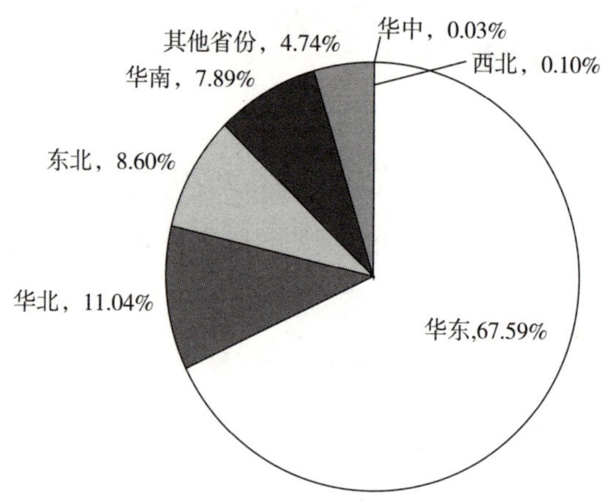

图 8-8　2016 年棕榈油期货交割区域分布图

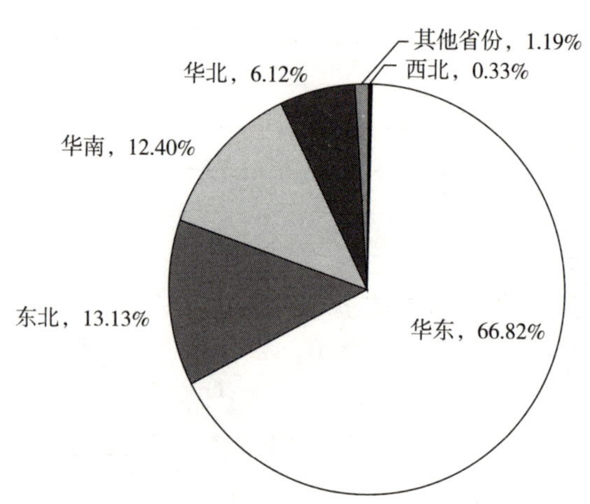

图 8-9　2015 年棕榈油期货交割区域分布图

3. 交割月份高度集中

自上市以来，棕榈油期货交割月份高度集中，这主要是由棕榈油期货交易特点决定的。2016年棕榈油交割月份主要集中于交易活跃的

1月、5月和9月合约，交割数分别为20 222手、5 727手、3 126手，其他月份没有交割，与往年交割时间分布特征一致。单次交割量方面，与过去两年相对平均的特点相比，2016年棕榈油单次交割量呈现“逐渐下降”的特点，这主要是由棕榈油库存下降所致（见图8-10）。

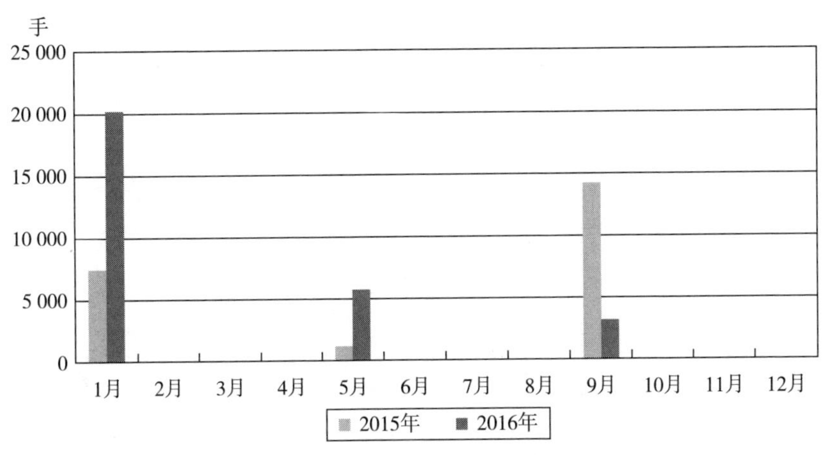

图 8-10　2015—2016 年棕榈油期货交割量

（四）期货市场结构分析

1. 法人客户参与度继续增加

2016年棕榈油期货交易主体仍然以个人客户为主，但法人客户参与度继续上升，且增幅较上年有所扩大，表明现货产业对棕榈油期货需求度明显增加。具体数据如下：2016年，棕榈油月均交易客户数为90 453户，较2015年增加15 925户，增幅21.36%；其中，月均法人交易客户数2 705户，同比增加1 090户，增幅67.5%，而2015年增幅为26%；月均个人交易客户数87 747户，同比增加14 835户，增幅20.35%（见图8-11）。

2. 分类客户交易数稳中有升

2016年，棕榈油期货参与交易客户数（月度）有所增加，成交客户数也略有上升。至12月，棕榈油参与交易客户累计为1 085 437

户，较2015年增加191 104户，增幅21.37%。其中短线客户数累计为877 303户，较2015年增加191 739户，增幅27.97%。近两年来，持仓客户数（月度）稳定在4万~6万户，截至2016年12月，持仓客户数（月度）为54 657户。这表明棕榈油期货交易主体在2016年有较为明显的增长（见图8-12）。

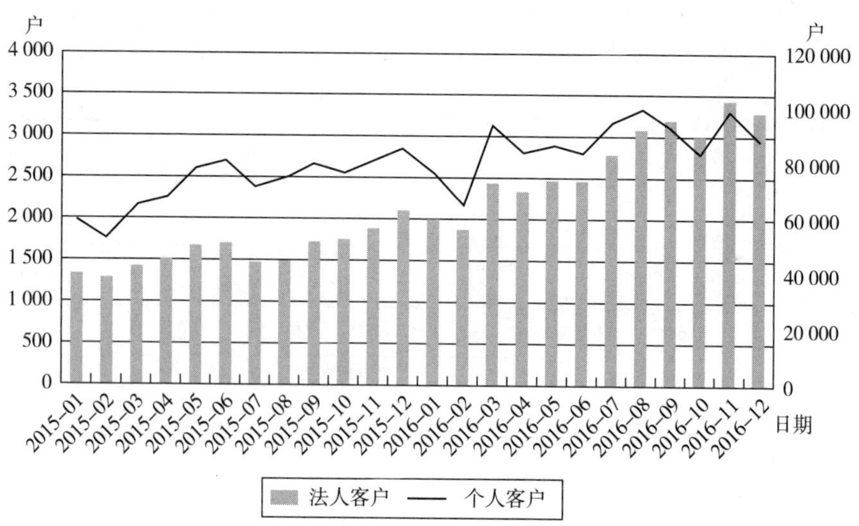

图 8-11　2015—2016 年棕榈油交易客户数量

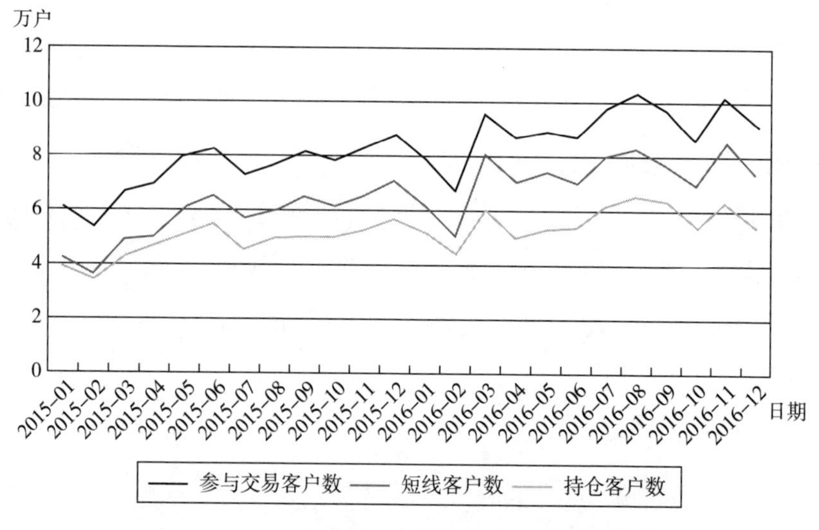

图 8-12　2015—2016 年棕榈油分类交易客户数

3. 市场集中度略有波动，基本维持在60%左右

2016年，棕榈油期货市场集中度（指持仓量前N名客户的持仓量/市场持仓量）在年初随着持仓量的缩小而有所下降。1月到3月，持仓量放大明显，市场集中度随之提高。第二季度开始，市场持仓量下挫明显，市场集中度也随之下降。6月起，随着持仓量的不断回升，市场集中度回到60%的水平（见图8-13）。

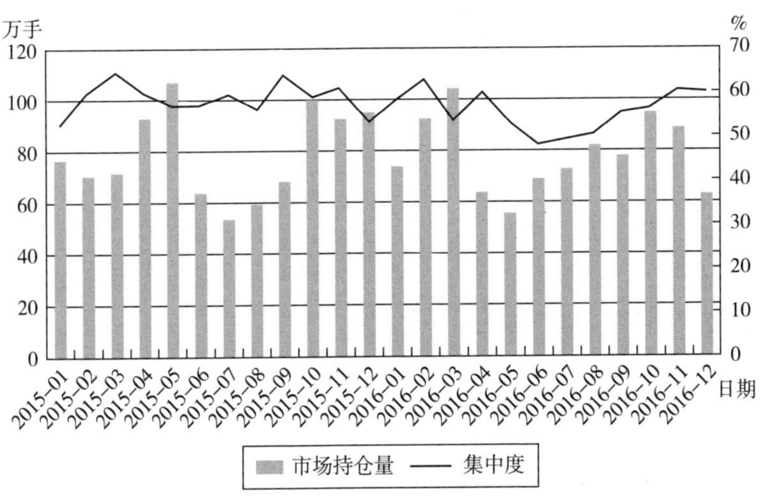

图 8-13　2015—2016 年棕榈油期货持仓量与持仓集中度

二、棕榈油期货市场功能发挥情况

（一）价格发现功能发挥情况

1. 期现货价格高度相关

2016年，我国棕榈油期现相关系数为0.92，较2015年有所提高。我国棕榈油完全依赖进口，国际棕榈油价格参考马来西亚衍生品交易所的棕榈油期货定价，国内棕榈油定价则参考大连商品交易所棕榈油期货定价，两者之间保持较高的联动性。从中长期看，我国棕榈油期现货价格走势趋于一致，相关度较高（见表8-1）。

表 8-1　　2015—2016 年棕榈油期现价格相关性

项目	年份	2015	2016
期现价格的相关性	系数	0.9	0.92
	显著性检验	通过检验	通过检验
期现价格引导关系		期货引导	无引导

注：现货价格为广东黄埔港 24 度棕油交货价，期货价格为活跃合约结算价，数据频度为日。

（二）套期保值功能发挥情况

1. 基差波动较大，套期保值难度加大

2016年棕榈油基差波动范围扩大。2016年1—4月，我国棕榈油库存维持在较高的水平，均在80万吨以上，表明棕榈油现货市场供应充裕，因此棕榈油基差呈现负值，棕榈油现货价格低于期货价格；进入5月份以后，国内棕榈油库存持续下降，棕榈油现货供应逐渐转紧，而当时国际棕榈油产量开始增加，给期货价格带来压力，因此棕榈油现货价格强于期货，棕榈油基差开始转正，即现货价格高于期货价格，8月底，正基差一度达到786元的最大值。随着现货市场供应紧张持续，棕榈油正基差一直保持至年底。棕榈油基差波动幅度加大，给企业套保操作带来一定难度，因此套保效率有所下降，但总体保持良好（见图8-14）。

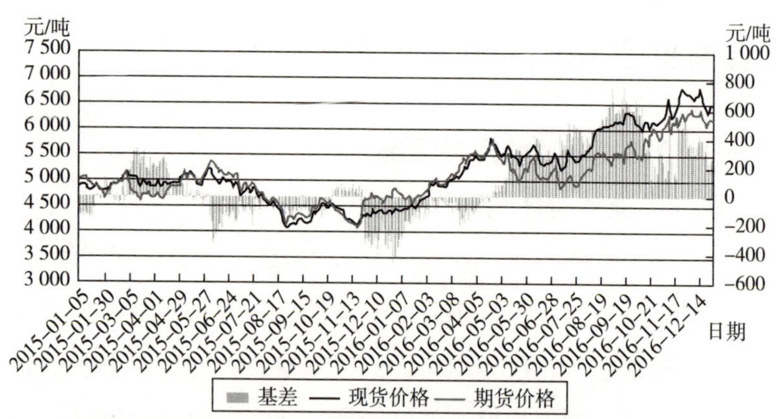

注：现货价格为广东黄埔港 24 度棕榈油交货价，期货价格为活跃合约结算价。

图 8-14　2015—2016 年棕榈油期现价格及基差变化

2. 套期保值效果略有下降

棕榈油基差波动范围扩大，企业套保难度加大，套保效率有所下降，但总体保持良好。2016年，由于国际国内棕榈油库存下降，棕榈油期货和现货价格波动加剧，基差变动幅度加大，由2015年的-348元/吨~326元/吨扩大至-370元/吨~760元/吨，企业套保操作难度加大，因此市场套期保值效果略有下降，2016年棕榈油套期保值率（周）为56.3%，同比下降了6.77个百分点，但处于较高水平，表明企业利用期货市场套保的实际效果良好（见表8-2）。

表 8-2　　2015—2016 年棕榈油套保有效性

项目 \ 年份			2015	2016
基差	均值	元	-18.97	171.79
	标准差	元	136.53	272.12
	变异系数	—	-7.19	0.11
	最大	元	326	760
	最小	元	-348	-370
到期价格收敛性	到期日基差	元	3	330.5
	期现价差率	%	0.07	6.27
套期保值效率	周价（当年）	%	60.39	56.3

注：现货价格为广东黄埔港 24 度棕榈油交货价，期货价格为活跃合约结算价，数据频度为日。

（三）期货市场功能发挥实践

1. 新一期仓单串换试点推出

为促进棕榈油期货市场功能有效发挥，为客户提供更加便利的交割服务，在总结前期仓单串换试点经验的基础上，2016年大商所与中国粮油控股有限公司、嘉吉投资（中国）有限公司、中储粮油脂有限公司和益海嘉里投资有限公司4大集团联合推出新一期仓单串换试点。本次试点进一步降低了串换成本，增加了交割月串换申请机会，扩大了试点集团数量，并完善了报价体系。

2. 构建全国性油脂品种现货价格体系

仓单串换催生了大型集团和下游中小企业均普遍认可的区域价差基准，为仓单串换双方提供了定价依据，也为市场提供了重要的定价参考，有效提高了市场谈判效率。在此过程中，企业可以通过串换平台建立全国性的油脂品种现货价格体系，提升期货市场对现货价格的引导作用，构建以期货价格为核心、串换平台地区性价差与品质价差为补充的完整价格体系。

3. 开展棕榈油国际化研究

为更好地为国内棕榈油相关产业发展服务，提高我国棕榈油期货的国际影响力，大商所相关部门开展棕榈油国际化的可行性研究，针对境内外合约互挂、境外设库、保税区交割等方式进行深入研究，探索进一步扩大我国棕榈油品种在国际市场价格体系中的影响力的方法。

三、棕榈油期货合约相关规则调整

为了防范棕榈油期货市场风险，抑制市场过度投机行为，使棕榈油期货更好地为实体企业服务，2016年大商所对棕榈油期货合约进行了相应修改，主要包括两方面的内容：调整手续费收取标准和合约手续费条款。

1. 调整手续费收取标准及合约手续费条款

2016年5月12日，大商所对部分期货交易手续费收取标准进行了调整，其中，从2016年5月16日交易时（即13日晚夜盘交易小节时）起，棕榈油品种同一合约当日先开仓后平仓交易不再减半收取手续费，手续费标准恢复至2.5元/手。2016年9月30日，大商所对部分品种合约进行了修改，取消了其中的交易手续费条款，现行交易手续费收取方式和标准不变。这些举措抑制了期货市场过度投机的行为，防范了棕榈油期货交易风险，提升了为实体企业服务的能力。

2. 节假日保证金及涨跌停板幅度调整

根据《大连商品交易所风险管理办法》第九条规定：如遇法定节假日休市时间较长，交易所可以根据市场情况在休市前调整合约交易保证金标准和涨跌停板幅度。2016年，因节假日影响大商所先后调整了3次棕榈油期货品种最低交易保证金标准。其中，春节期间，棕榈油期货最低交易保证金调整至8%；中秋节期间，棕榈油期货最低保证金调整至7%；而在国庆节期间，棕榈油期货最低交易保证金调整至10%（见表8-3）。

表 8-3　　2016 年节假日棕榈油合约交易保证金调整

时间	通知名称	调整措施
2016-01-28	关于 2016 年春节放假期间调整各品种最低交易保证金标准和涨跌停板幅度及夜盘交易时间的通知	自 2016 年 2 月 4 日（星期四）结算时起，将棕榈油最低交易保证金标准调整至 8%。
		2016 年 2 月 15 日（星期一）恢复交易后，自棕榈油持仓量最大的两个合约未同时出现涨跌停板单边无连续报价的第一个交易日结算时起，将最低交易保证金标准恢复至 5%。
2016-09-06	关于 2016 年中秋节放假期间调整各品种最低交易保证金标准和涨跌停板幅度及夜盘交易时间的通知	自 2016 年 9 月 13 日（星期二）结算时起，将棕榈油最低交易保证金标准调整至 7%。
		2016 年 9 月 19 日（星期一）恢复交易后，自棕榈油持仓量最大的两个合约未同时出现涨跌停板单边无连续报价的第一个交易日结算时起，将最低交易保证金标准恢复至 5%。
2016-09-22	关于 2016 年国庆节放假期间调整各品种最低交易保证金标准和涨跌停板幅度及夜盘交易时间的通知	自 2016 年 9 月 29 日（星期四）结算时起，将棕榈油最低交易保证金标准调整至 10%。
		2016 年 10 月 10 日（星期一）恢复交易后，自棕榈油持仓量最大的两个合约未同时出现涨跌停板单边无连续报价的第一个交易日结算时起，将最低交易保证金标准调整至 7%。

2016年，因节假日影响大商所先后调整了3次棕榈油期货涨跌停板幅度。其中春节期间，棕榈油期货调整至6%；中秋节期间，棕榈油期货调整至5%；而在国庆节期间，棕榈油期货涨跌停板幅度调整至8%。此外，在法定假日前一个交易日，均不进行夜盘交易（见表8-4、表8-5）。

表 8-4　　2016 年节假日棕榈油合约涨跌停板幅度调整

时间	通知名称	调整措施
2016-01-28	关于 2016 年春节放假期间调整各品种最低交易保证金标准和涨跌停板幅度及夜盘交易时间的通知	自 2016 年 2 月 4 日（星期四）结算时起，将棕榈油涨跌停板幅度调整至 6%。 2016 年 2 月 15 日（星期一）恢复交易后，自各品种持仓量最大的两个合约未同时出现涨跌停板单边无连续报价的第一个交易日结算时起，涨跌停板幅度恢复至 4%。
2016-09-06	关于 2016 年中秋节放假期间调整各品种最低交易保证金标准和涨跌停板幅度及夜盘交易时间的通知	自 2016 年 9 月 13 日（星期二）结算时起，将棕榈油涨跌停板幅度调整至 5%。 2016 年 9 月 19 日（星期一）恢复交易后，自棕榈油持仓量最大的两个合约未同时出现涨跌停板单边无连续报价的第一个交易日结算时起，将涨跌停板幅度恢复至 4%。
2016-09-22	关于 2016 年国庆节放假期间调整各品种最低交易保证金标准和涨跌停板幅度及夜盘交易时间的通知	自 2016 年 9 月 29 日（星期四）结算时起，将棕榈油涨跌停板幅度调整至 8%。 2016 年 10 月 10 日（星期一）恢复交易后，自棕榈油持仓量最大的两个合约未同时出现涨跌停板单边无连续报价的第一个交易日结算时起，将涨跌停板幅度调整至 5%。

表 8-5　　2016 年节假日棕榈油合约夜盘交易调整

时间	通知名称	调整措施
2015-12-28	关于 2016 年元旦期间夜盘交易时间提示的通知	2015 年 12 月 31 日（星期四）晚上不进行夜盘交易；1 月 4 日（星期一）所有期货品种集合竞价时间为 08:55—09:00；1 月 4 日（星期一）晚上恢复夜盘交易。
2016-01-28	关于 2016 年春节期间调整各品种最低交易保证金标准和涨跌停板幅度及夜盘交易时间的通知	2 月 5 日（星期五）当晚不进行夜盘交易；2 月 15 日（星期一）所有期货品种集合竞价时间为 08:55—09:00；2 月 15 日（星期一）当晚恢复夜盘交易。
2016-03-24	关于 2016 年清明节期间调整各品种最低交易保证金标准和涨跌停板幅度及夜盘交易时间的通知	4 月 1 日（星期五）当晚不进行夜盘交易；4 月 5 日（星期二）所有期货品种集合竞价时间为 08:55—09:00；4 月 5 日（星期二）当晚恢复夜盘交易。
2016-04-27	关于提示 2016 年劳动节期间夜盘交易时间的通知	4 月 29 日（星期五）当晚不进行夜盘交易；5 月 3 日（星期二）所有期货品种集合竞价时间为 08:55—09:00；5 月 3 日（星期二）当晚恢复夜盘交易。
2016-05-31	关于 2016 年端午节期间调整各品种最低交易保证金标准和涨跌停板幅度及夜盘交易时间的通知	6 月 8 日（星期三）当晚不进行夜盘交易；6 月 13 日（星期一）所有期货品种集合竞价时间为 08:55—09:00；6 月 13 日当晚恢复夜盘交易。
2016-09-06	关于 2016 年中秋节放假期间调整各品种最低交易保证金标准和涨跌停板幅度及夜盘交易时间的通知	9 月 14 日（星期三）当晚不进行夜盘交易；9 月 19 日所有期货品种集合竞价时间为 08:55—09:00；9 月 19 日当晚恢复夜盘交易。
2016-09-22	关于 2016 年国庆节放假期间调整各品种最低交易保证金标准和涨跌停板幅度及夜盘交易时间的通知	9 月 30 日（星期五）当晚不进行夜盘交易；10 月 10 日所有期货品种集合竞价时间为 08:55—09:00；10 月 10 日当晚恢复夜盘交易。

四、棕榈油期货市场发展前景、问题与建议

（一）发展前景

1. 国际棕榈油产量回升，国内棕榈油库存增加

受国际棕榈油减产以及国内棕榈油贸易融资企业退出影响，我国棕榈油进口下降，国内棕榈油库存持续下降，国内棕榈油供应阶段性紧张。不过随着厄尔尼诺对东南亚棕榈油产量的滞后影响消退，市场普遍预计2017年国际棕榈油产量将增加，将缓解国内棕榈油供应紧张的问题，国内棕榈油库存进入上升周期，棕榈油价格也自高位回落。

2. 融资贸易退出，国内棕榈油进口利润空间增加

受融资条件变化影响，我国棕榈油贸易融资企业逐渐退出市场，国内棕榈油进口主要由少数贸易企业和加工企业根据进口利润决定。2016年10月以后，国内棕榈油库存下降，棕榈油进口利润空间打开，且持续近两个月时间，是近年来持续最长周期。预计在2017年，国内棕榈油供需关系与国际市场供需趋于一致，棕榈油价格表现更为理性，利于优化企业生产经营和期货工具应用，提升投资者参与棕榈油期货的积极性。

（二）当前存在的问题

1. 企业套期保值效率略有下降

国内棕榈油进口下降，棕榈油基差波动幅度扩大，企业套保效率下降。由于贸易融资企业退出，2016年我国棕榈油进口下降导致库存持续降低，2016年下半年国内棕榈油库存维持在30万吨的水平，仅为往年平均水平的一半，现货企业基本以主力合约价格加上400~500元的基差进行报价，基差均值走高，期货可对冲现货波动的幅度下降，导致套保效率降低。

2. 棕榈油期货国际化程度不高

虽然产业内主要外资企业均参与国内棕榈油期货，但大商所棕榈

油期货主要代表国内供需市场，国际化程度不高。大商所棕榈油期货上市后在服务产业和实体经济发展方面发挥了积极作用，但市场相对封闭，参与者主要以国内投资者为主，虽然主要外资企业均参与国内棕榈油期货交易，但其价格形成具有明显的中国特色，对国际市场的辐射力和影响力还不够。

（三）发展建议

1. 推动场外市场发展

通过扩大仓单串换试点，构建棕榈油现货系统，形成棕榈油场外报价系统。仓单串换一方面增加了产业客户交割买卖双方地域选择的灵活性，同时也能发现不同地区现货与期货之间的基差关系以及地域之间的价差关系。因此在仓单串换的过程中形成一套系统的现货和基差报价系统，有助于企业进行基差分析，利于套保操作，减少基差风险，进而提升客户参与程度，提升套保效率。

2. 推动棕榈油国际化进程

推动棕榈油期货国际化，构建双向流通的期现货市场，使价格传递更为顺畅，扩大棕榈油期货国际影响力。通过棕榈油期货国际化，构建物流交割基础，吸纳国际市场参与者进入国内，将连通国内外棕榈油期现货市场，进一步扩大国内棕榈油企业的贸易领域，扩大国内棕榈油期货市场对应的现货规模，同时将扩大国内棕榈油期货价格的国际影响力。

专栏

2016年棕榈油期货大事记

厄尔尼诺通常会导致东南亚干旱，引发棕榈油产量下降，结束于2016年的厄尔尼诺共持续了21个月，这也使马来西亚和印度尼西亚的棕榈油产量预计较2015年减产10%左右，棕榈油库存一直在5年内的最低水平。

5月17日，马来西亚政府宣布6月将对毛棕榈油出口征收5.5%的出口税，高于5月的5%，6月的棕榈油参考价格定为每吨2 625.18令吉林特，合每吨654美元。

5月31日，据印度尼西亚贸易部称，印度尼西亚政府将维持毛棕榈油出口关税不变，仍为每吨3美元。

11月14日，美国首都华盛顿里根机场迎来了首架以生物航油为燃料的AS-4 商用飞机，该架飞机从西雅图起飞，经停俄勒冈、蒙大拿，顺利抵达首都华盛顿。这是美国首次将生物航油用作商用飞机燃料的尝试。在这次横跨美国大陆的飞行中，有20%的燃料是以农业木质残渣为原料生产的生物航油。

11月23日，美国环境保护署（EPA）将2017年再生燃料消费目标定为192.8亿加仑，高于2016年的181.1亿加仑，其中传统生物燃料（以玉米生产的乙醇）消费定为150亿加仑，先进生物燃料（包括以豆油为原料的生物燃料）消费定为42.8亿加仑。

12月15日，据德国汉堡的行业刊物《油世界》称，2016年全球生物柴油产量将创历史新高，达到3 280万吨，同比增11%。

12月20日，马来西亚财经日报*The Edge*发布的最新一期周刊称，据消息灵通人士透露，马来西亚联邦政府据信已经取消了在运输行业实施B10生物柴油强制掺混的计划。马来西亚政府最初计划在2016年6月实施该计划，但是随后推迟到了第四季度。

12月28日，李克强主持召开国务院常务会议，修订《外商投资产业指导目录》。取消燃料乙醇、油脂加工等制造业领域外资准入限制。

报告九
鸡蛋期货品种运行报告（2016）

2016年，大商所鸡蛋期货市场发展得到很大提升，市场认可度不断增强，品种日趋成熟。2016年鸡蛋期货运行情况进一步改善，期货活跃度增强，成交量和持仓量出现不同程度的增长，客户数量大幅提升，基差波动有序，期货市场价格发现功能和套期保值功能发挥较好，鸡蛋期货服务产业的能力得到进一步提升。

一、鸡蛋期货市场运行情况

（一）市场规模情况分析

1. 成交量、成交额大幅增长

2016年，鸡蛋期货市场成交量和成交金额出现大幅增长。鸡蛋期货全年成交量达2 247.47万手，同比上升52.69%；成交金额达8 072.88亿元，同比上升35.99%。从月度成交情况看，除2月、4月、5月、9月和10月成交量稍小，成交量分布在120万~150万手，其余月份的成交量都维持在200万手左右，最高成交量甚至达到了近260万手的水平。相对应的成交金额，除2月、4月、5月、9月和10月成交金额在500亿元左右的稍低水平外，其余月份的成交金额较高，最高成交金额达1 039亿元（见图9-1）。

2月、4—5月和9—10月成交规模偏低的主要原因是这些月份正值一些重大的节假日。2月春节，4—5月劳动节、端午节，9—10月中秋节、国庆节，而这些节日的旺季需求一般都提前1个多月启动，市场到了节日当月反而成交清淡。

其余大部分月份鸡蛋期货的成交量和成交金额都表现不俗，与2015年相比出现了大幅的提升，2016年鸡蛋期货市场成交稳中有升，活跃度增强。

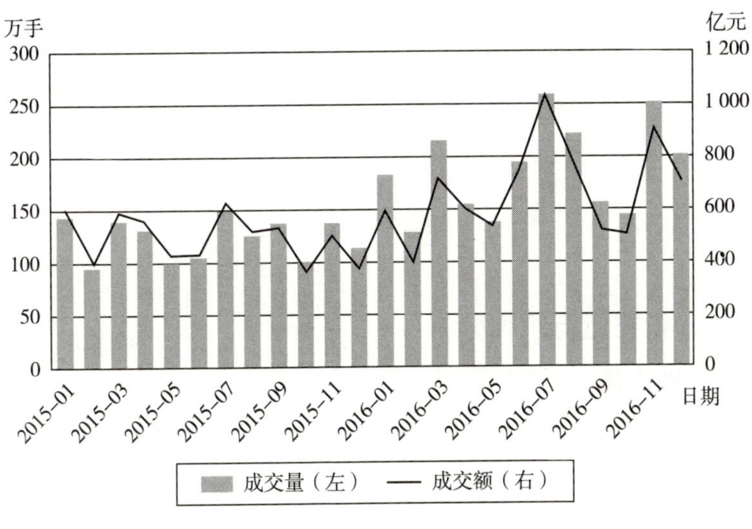

图 9-1　鸡蛋期货月度成交变化

2. 持仓量、持仓额小幅攀升

从持仓量看，2016年鸡蛋期货的月末持仓量为10.67万手，同比上升16.36%；月末持仓额为36.89亿元，同比上涨22.6%。2016年鸡蛋期货市场持仓情况出现稳步攀升。

从2016年全年的情况看，月度持仓量基本维持在10万手左右，持仓金额在30亿~40亿元。除了4月，持仓量6.53万手和持仓金额25.5亿元稍低；8月，持仓量18.24万手和持仓金额60.53亿元稍高外，其余月份持仓量和持仓金额分布较为稳定。2016年鸡蛋期货运行比较稳定，品种更加成熟与规范（见图9-2）。

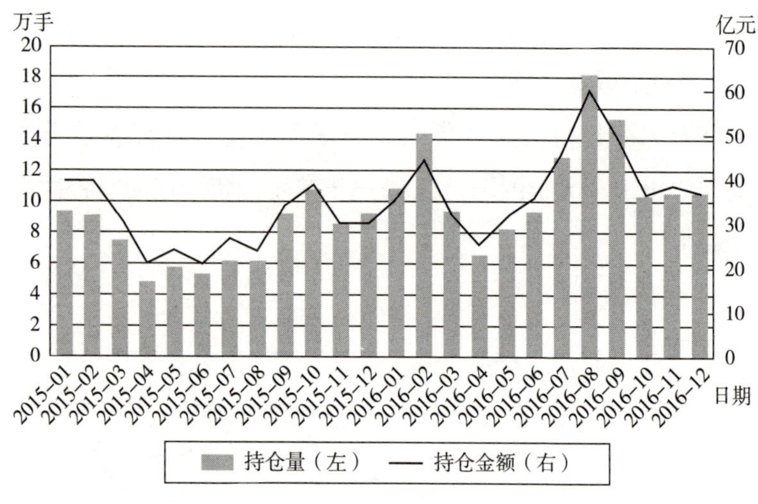

图 9-2　鸡蛋期货月度持仓变化

（二）价格运行规律分析

1. 期货价格"前高后低"

2016年鸡蛋期货市场呈现前高后低的走势。期货价格运行大概分为两个主要阶段。第一阶段（年初至7月初），期价震荡走高；第二阶段（7月中旬开始至年末），期价震荡回落。

第一阶段：春节过后期价在3 080元/500kg开始止跌企稳，期价处于持续快速拉升的过程中，至4月21日期价涨至4 138元/500kg。期价的短期快速上涨，除了受节日采购需求的提振外，更多的是受到资金的影响，宽松的货币政策是推升此轮行情的主要力量。之后这种高位震荡的格局一直维持到7月初。

第二阶段：7月中旬开始，期价开始出现震荡回落的走势。受制于巨大的供给压力，至9月末期价基本回落到年初的低点3 200元/500kg的价位上。10月初，伴随着淡季补栏积极性的降低和后备蛋鸡连续调降，市场担心后市供应不足，促使期价出现反弹，但是从反弹的力度看，远不及第一阶段的反弹，期价的下跌趋势延续中，而且这种弱势一直延续到年末。

从整体上看，2016年鸡蛋期货运行呈现冲高回落的态势，除了鸡蛋的自身基本面对于价格产生影响外，金融属性对于价格的影响也开始发挥作用。鸡蛋期货向着越来越成熟的方向发展（见图9-3）。

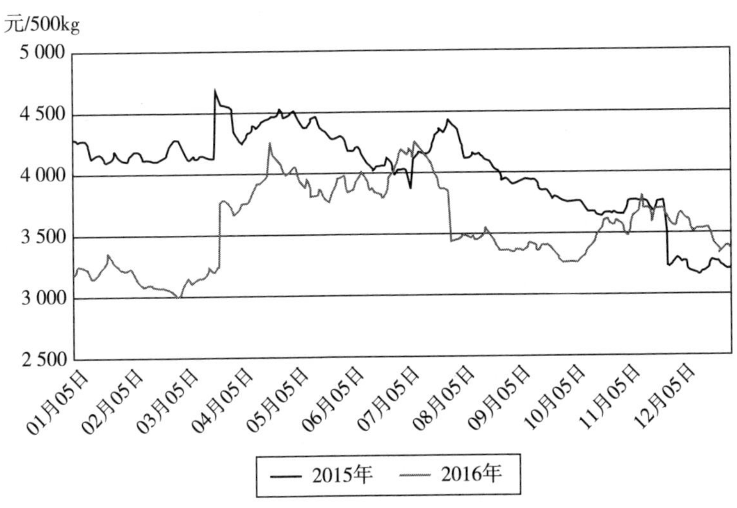

数据来源：Wind 数据库

图 9-3　2015—2016 年鸡蛋期货价格运行情况

2. 现货价格宽幅震荡

2016年鸡蛋现货市场价格基本维持宽幅震荡的走势，现货价格的运行区间在2 600~4 500元/500kg，波动幅度较大。

春节过后，受到现货市场鸡蛋供应充足的影响，鸡蛋现价出现大幅回落，河北邯郸地区的现货价格从4 500元/500kg一路跌至3 000元/500kg，不过由于大中专院校开学、工厂复工等需求端提振，期价出现止跌。之后因劳动节、端午节等需求提振的蛋价也因为再产蛋鸡存栏量处于历史高位而终结。这种弱势一直延续到8月初。

8月中旬受到中秋节、国庆节以及大中专院校将开学影响，市场采购积极性增加，鸡蛋现货价格出现大规模的反弹行情，最高涨至4 000元/500kg。需求旺季过后鸡蛋现货价格大幅回落，一度跌至3 000元/500kg。

从2016年鸡蛋现货市场的价格走势看，鸡蛋的季节性运行规律还是较为明显的，只不过劳动节、端午节这波的备货需求被历史高位的存栏量所掩盖。但是，中秋节、国庆节的旺季需求正常发挥。从整体来看，鸡蛋现货市场的季节性运行规律还是存在的（见图9-4）。

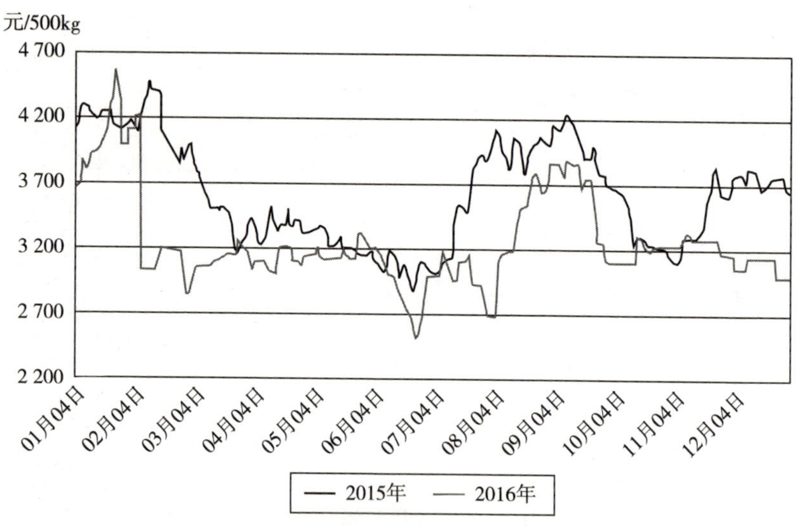

数据来源：Wind 数据库

图 9-4　2015—2016 年鸡蛋价格运行情况

（三）期货市场结构分析

1. 客户数量出现大幅提升

从参与鸡蛋期货的法人客户数方面看，2016年全年法人客户数量为18 412户，与2015年相比上涨85.87%。从单位月度参与的情况看，呈现平稳上升的态势，由年初的1 000~1 100户逐渐上升至年中的1 500~1 600户，再攀升至年末的1 900多户。全年单位参与鸡蛋期货的热情逐级上升，人气逐渐聚集，单位参与套期保值的意识也在逐渐增强中。

从个人客户数量方面看，2016年个人客户数量为66.6万户，与2015年相比上涨30.05%。从个人月度的参与情况看，数量也呈现上升的态势，由年初的四五万户逐渐上升到年末的五六万户。可见，个人参与鸡蛋期货的数量也稳步上升，对于该品种的稳定运行起到了重要的作用。

从整体上看，2016年交易客户总数为68.44万户，同比上升31.11%。鸡蛋期货参与客户的数量更加稳定，客户结构更趋合理（见图9–5）。

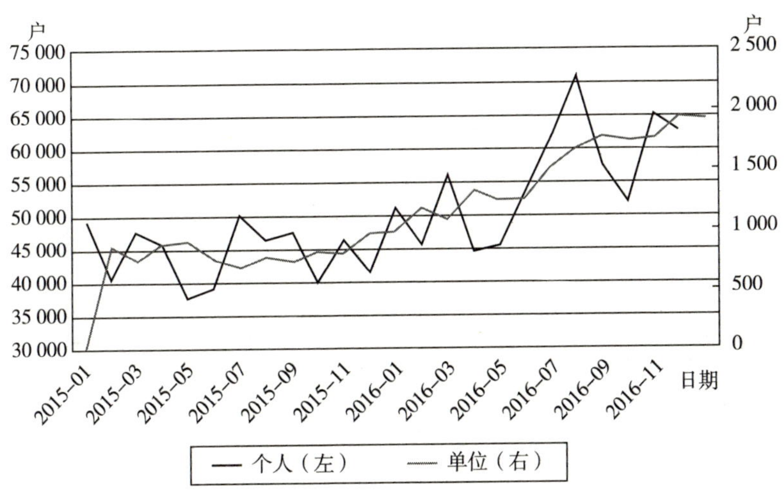

图 9–5　2015—2016 年鸡蛋期货市场交易客户数

2. 持仓集中度、成交集中度均小幅下滑

2016年鸡蛋期货持仓集中度（指持仓量前100名客户的持仓量/市场持仓量）小幅下滑。2016年持仓集中度的月度均值为19.28%，2015年持仓集中度的月度均值为21.36%，同比小幅下降9.74%，出现下滑的态势。特别是7月到年末有明显向下的走向，年初持仓集中度为21.99%，7月为14.89%，一直到年末维持在18%以下。

从鸡蛋期货的成交集中度看，2016年成交集中度的月度均值为18.39%，与2015年的成交集中度20.12%相比，小幅下滑8.61%。从成交集中度的月度分布情况看，各月成交集中度较为均匀，同样维持稳定。

从鸡蛋期货2016年全年的成交集中度和持仓集中度的情况看，月度分布较为均衡，品种运行非常稳定（见图9-6）。

期货持仓集中度差值，反映了期货市场多空强弱的对比，体现了投资者对未来价格的预期，与产业供求关系的变化以及期货价格走势有一定程度的关联。2016年买方前100名持仓集中度低于卖方前100名持仓集中度，表明在供给宽松的市场环境下，期货市场看空后市。

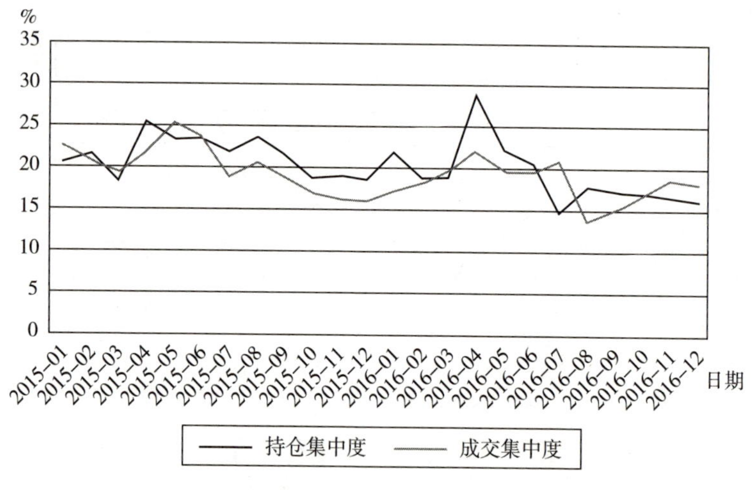

图 9-6　持仓集中度和成交集中度情况

从鸡蛋期货的持仓集中度差值看，1—3月差值维持在-7%左右，4月差值迅速扩大到-17.60%，差值的扩大反映了鸡蛋期价在连续两个月快速、大幅上涨后，市场已经累积了一定的风险，市场看空的情绪浓厚，导致该差值出现成倍的放大。随着期价在4月末筑顶后震荡回落，市场的风险也开始释放，致使持仓集中度差值开始收窄至-10%左右。到了年底11月、12月，随着风险的数月释放，差值进一步缩小至-7%左右。从全年的期货持仓集中度差值看，始终维持负数。鸡蛋市场偏松的供应格局将主导价格，后市不容乐观。因此，年初上涨阶段该差值也始终为负值。整体看来，持仓集中度差值为负体现了市场对于鸡蛋后市行情的偏空观点（见图9-7）。

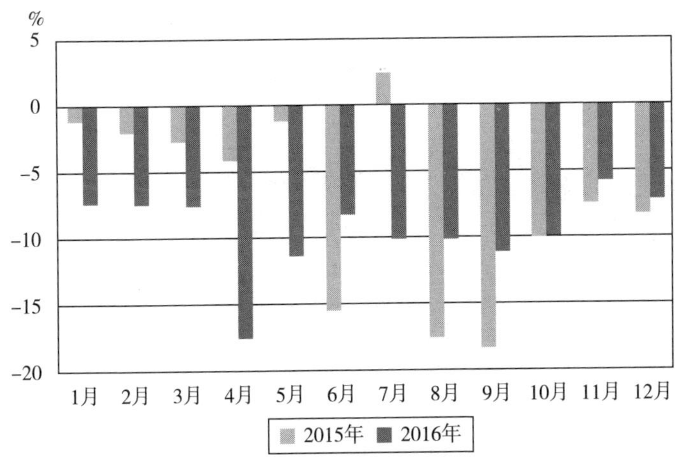

图 9-7　多空持仓集中度差值情况

（四）期货交割分析

1. 交割量、交割金额出现减少

2016年，鸡蛋期货交割量总计36手，同比下降44.62%。鸡蛋期货交割金额总计111.13万元，同比下降52.05%。2016年鸡蛋期货交割量和交割金额均出现大幅的减少。

从交割月份看，1月、2月、3月、4月、9月、10月和11月均有交割，交割的数量分别为1手、9手、4手、7手、2手、10手和3手。相对应的交割金额分别为3.58万元、26.13万元、11.08万元、21.07万元、7.03万元、32.3万元和9.93万元。整体看来，鸡蛋期货交割的数量十分有限。

2. 交割客户数出现下降

从交割客户的数量看，2016年总共有16户完成交割，同比下降33.33%。1月、2月、3月、4月、9月、10月和11月分别有2户、5户、6户、3户、3户、4户和2户完成交割，交割客户零星分散（见图9-8）。

2016年，鸡蛋交割数量、交割金额和交割户数呈现减少的态势。

一方面，和持仓限额严格有关；另一方面，鸡蛋主产区的湖北省、安徽省、河北省、河南省等地出现了连续的暴雨洪涝灾害，给蛋品产销带来一定影响，道路受损也影响了鸡蛋的运输，这也成为鸡蛋交割量小的主要制约因素。

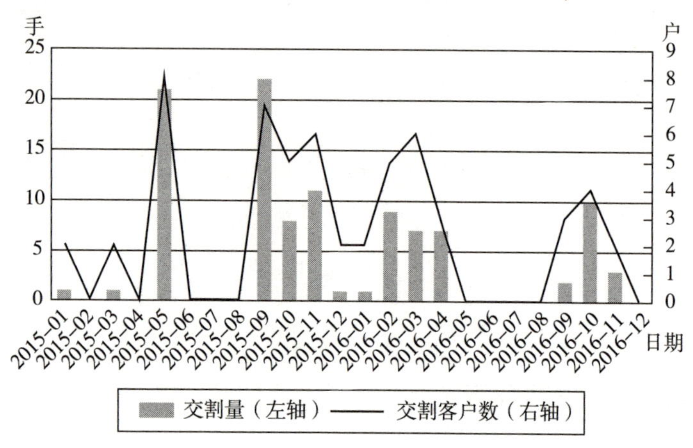

图 9-8　2015—2016 年鸡蛋期货月度交割量及交割户数

二、鸡蛋期货市场功能发挥情况

（一）价格发现功能发挥情况

期现价格相关性较弱且引导关系不显著。2016年，鸡蛋的期现货相关系数为-0.34，两者的相关性不及2015年，期现价格相关性进一步趋弱。从2016年鸡蛋价格的走势看，现货市场鸡蛋价格呈现宽幅震荡的走势。而期货市场鸡蛋期价呈现前高后低的走势，导致期现货市场的相关性较弱。究其原因，现货市场价格主要受供需关系的影响，鸡蛋的季节性规律还是存在的。而期货市场，上半年期价出现较大的涨幅，主要是受到上半年存栏增量不及预期以及宽松货币政策的影响，下半年由于鸡蛋供给压力的施压，期价震荡回落，即使旺季效应提振，期价也仅仅小幅反弹，整体呈现弱势下行的态势。本年度鸡蛋期现结合不紧密，两者的相关性较弱（见表9-1）。

表 9-1　　2015—2016 年鸡蛋期现价格相关性

项目 \ 年份		2015	2016
期现价格的相关性	系数	0.05	-0.34
	显著性检验	通过检验	通过检验
期现价格是否存在协整关系		不存在	不存在
期现价格引导关系		无引导	无引导

注：现货价格为河北邯郸鸡蛋收购价，期货价格为鸡蛋活跃合约结算价，数据为日度数据。
资料来源：Wind 数据库。

（二）套期保值功能发挥情况

1. 基差波幅放大，但到期价格收敛性增强

2016年，鸡蛋期货的基差呈现波幅扩大的态势。2016年基差主要运行区间在（-1 261，1 068），而2015年基差的主要运行区间在（-1 391，660）。2016年和2015年相比，基差波动幅度扩大278点。基差波幅的放大，和2016年鸡蛋期货暴涨暴跌有很大的关系。

虽然基差波幅扩大，但是到期价格的收敛性却出现增强，2015年到期日基差为-151.67，2016年到期日基差为117.95。两者的绝对值呈现收窄的趋势。

2. 套期保值效率大幅增长

2016年，鸡蛋期货套期保值效率为40.88%，较2015年的0.94%出现大幅度的上升。套期保值效率的提升一方面是因为大商所对于交割规则的修改便于交割，以及新增合约的连续性提升。另一方面，期现到期价格的收敛性增强，也提升了套保效率（见表9-2）。

表 9-2　　2015—2016 年鸡蛋套保有效性

指标 \ 年份			2015	2016
基差	均值	元	-452.44	-315.26
	标准差	元	534.14	658.4
	变异系数		-1.18	0.28
	最大	元	660	1068
	最小	元	-1 391	-1 261

续表

指标 \ 年份			2015	2016
到期价格收敛性	到期日基差	元	−151.67	117.95
	期现价差率	%	−4.34	3.29
套期保值效率	周（当年）	%	0.94	40.88

注：现货价格为河北邯郸鸡蛋收购价，期货价格为鸡蛋活跃合约结算价。

（三）期货功能发挥实践

1.现货企业生产规模扩大匹配期货工具避险

由于蛋鸡养殖是一个天然的风险敞口行业，湖北荷香水美生态农业有限公司（以下简称湖北荷香）从事的又是规模化、智能化的蛋鸡生产经营，因此现货体量就天然需要避险工具。期货市场尤其是鸡蛋期货成为企业规避风险的场所，为企业实现稳健经营搭建了“安全屋”。据数据显示，湖北荷香鸡蛋产量从2015年50万只到2016年底的200万只，产量逐年加大，而下游能规模化消费的主体不是很多，大多为分散的消费群体，因此成本端的利润锁定尤为重要。

企业“全员动员”都在不同程度参与期货市场，集团高层就十分重视期货市场的利用，并通过业务人员不断向市场学、在实践中学，陆续总结出了一套较为贴合自身经营实际的利用期货的途径，通过鸡蛋期货卖出保值，利用豆粕、玉米和鸡蛋开展全产业链套保等模式，为企业蛋鸡养殖产业搭建了稳定经营的“安全屋”。

湖北荷香参与期货市场的主要模式是以卖出鸡蛋期货合约头寸为主，另一种形式是根据市场情况，结合全产业链优势，进行全产业链套保，具体思路：买入豆粕、玉米期货合约，同时卖出鸡蛋期货合约。企业身处湖北鸡蛋主产区浠水，企业所处的行业地位、地理位置，在期货利用方面发挥的示范性作用也会促进周边类似企业参与期货市场，促进下游企业关注期货市场，推动行业企业使用期货价格作为现货贸易的基准模式的产生，届时鸡蛋期货参与的广度和深度也会增强。

2. “保险+期货”实惠送到鸡农家

“保险+期货”这种场外期权模式，为蛋鸡养殖企业带来了全新的规避市场风险方式。2016年6月底，湖北鸡蛋价格一度跌至2.3~2.4元/斤的低价，蛋价波动超预期。不按常理出牌的蛋价走势，加重了养殖和贸易企业的经营风险，产业链对于鸡蛋后市普遍悲观。而鸡蛋期货以及试点进行的“期货+保险”模式则成为深受产业链认可的有效避险工具。特别是“期货+保险”模式还可以以保单为抵押引入银行支持，持续推动保险和期货优势结合，推动期货更好地服务“三农”等实体经济领域，为养殖户了解和参与鸡蛋期货提供了便利条件。

浠水县不少养殖户就从“期货+保险”试点业务中获得了实实在在的收益。比如：一家养殖户2016年1万只蛋鸡参与了价格保险，最后的收益约为3.2万元。这一“期货+保险”新模式让普通的养殖户认识到期货工具的力量，利于养殖户间接参与期货市场，规避风险。“期货＋保险”模式受到当地养殖户的欢迎。“期货+保险”模式更贴近鸡蛋行业和市场需求，将吸引更多鸡蛋产业客户，做到切实服务实体经济发展。

三、鸡蛋期货合约相关规则调整

（一）关于征集鸡蛋交割库和车板交割场所的通知

为更好地发挥期货市场功能，服务鸡蛋现货产业发展，大商所公开征集鸡蛋期货指定交割仓库（厂库）和车板交割场所。具体要求如下：

1. 申请企业要求

地点要求：申请企业应位于辽宁省、河北省、河南省、山东省、山西省、陕西省、江苏省、安徽省、江西省、湖北省、北京市、上海市和广东省等交割区域内。

财务及库容（存栏数量）要求：（1）申请成为指定交割仓库的，其注册资本、净资产均不低于500万元，应具备0～5℃恒温库，可用交割库容不低于500吨。（2）申请成为指定交割厂库的，其注册资本、净资产均不低于500万元，蛋鸡养殖场养殖量在30万只以上，并具有鸡蛋分选设备。（3）申请成为车板交割场所的，应为鸡蛋集散地的批发市场，且具备良好的财务条件和一定规模的贸易集散规模。

2. 申请流程

交割库及车板交割场所的申请流程请参照大商所交易所《申请农业品交割仓库主要流程及相关标准文本》的相关规定（网页浏览路径：交易所首页→业务指引→交割业务指引→仓库管理），向大商所农业品事业部提交《关于申请鸡蛋品种交割仓库/厂库/车板交割场所的情况说明》，该情况说明包括但不仅限于以下内容：基本情况，运输条件及装卸能力，计量能力，是否获得企业管理相关资质认证，库容情况，主要管理人员从业经历等，周边区域相应品种的现货生产、消费、物流情况。

3. 申请时间

符合条件且愿意开展鸡蛋期货交割业务的企业，于2016年3月31日前将规定材料寄（送）至大商所，大商所将根据材料和考察情况，择优选用。

（二）调整鸡蛋交割库

2016年7月15日，大商所对鸡蛋指定交割库进行调整：取消南通汇益食品有限公司的鸡蛋交割仓库资格。

（三）新挂牌合约

2016年大商所共挂牌交易12个合约。根据2015年底公布的新合约规则，JD1703合约将实行全月每日选择交割以及车板交割制度，同时增加7月、8月合约。

表 9-3　　鸡蛋期货新合约上市交易情况

时间	通知名称	调整措施
2016/1/15	关于鸡蛋期货新合约上市交易的通知	从 2016 年 1 月 18 日起，可进行鸡蛋 1701 合约交易。合约挂盘基准价如下：JD1701 合约 3 520 元 /500kg。
2016/2/19	关于鸡蛋期货新合约上市交易的通知	从 2016 年 2 月 22 日起，可进行鸡蛋 1702 合约交易。合约挂盘基准价如下：JD1702 合约 3 282 元 /500kg。
2016/3/14	关于鸡蛋期货新合约上市交易的通知	从 2016 年 3 月 15 日起，可进行鸡蛋 1703 合约交易。合约挂盘基准价如下：JD1703 合约 3 323 元 /500kg。
2016/4/15	关于鸡蛋期货新合约上市交易的通知	从 2016 年 4 月 18 日起，可进行鸡蛋 1704 合约交易。合约挂盘基准价如下：JD1704 合约 3 458 元 /500kg。
2016/5/16	关于鸡蛋期货新合约上市交易的通知	从 2016 年 5 月 17 日起，可进行鸡蛋 1705 合约交易。合约挂盘基准价如下：JD1705 合约 3 352 元 /500kg。
2016/6/16	关于鸡蛋期货新合约上市交易的通知	从 2016 年 6 月 17 日起，可进行鸡蛋 1706 合约交易。合约挂盘基准价如下：JD1706 合约 3 396 元 /500kg。
2016/7/14	关于鸡蛋期货新合约上市交易的通知	从 2016 年 7 月 15 日起，可进行鸡蛋 1707 合约交易。合约挂盘基准价如下：JD1707 合约 3 486 元 /500kg。
2016/8/12	关于鸡蛋期货新合约上市交易的通知	从 2016 年 8 月 15 日起，可进行鸡蛋 1708 合约交易。合约挂盘基准价如下：JD1708 合约 3 282 元 /500kg。
2016/9/14	关于鸡蛋期货新合约上市交易的通知	从 2016 年 9 月 19 日起，可进行鸡蛋 1709 合约交易。合约挂盘基准价如下：JD1709 合约 3 401 元 /500kg。
2016/10/21	关于鸡蛋期货新合约上市交易的通知	从 2016 年 10 月 24 日起，可进行鸡蛋 1710 合约交易。合约挂盘基准价如下：JD1710 合约 3 857 元 /500kg。
2016/11/14	关于鸡蛋期货新合约上市交易的通知	从 2016 年 11 月 15 日起，可进行鸡蛋 1711 合约交易。合约挂盘基准价如下：JD1711 合约 4 089 元 /500kg。
2016/12/15	新合约上市不再发布通知	从 2016 年 12 月 15 日起，可进行鸡蛋 1712 合约交易。合约挂盘基准价如下：JD1712 合约 3 633 元 /500kg。

四、鸡蛋期货市场发展前景、问题与建议

（一）市场发展前景

1. 鸡蛋产业链探索转型

在鸡蛋产业积极的进行探索转型中，鸡蛋规模养殖企业“强强联手”，可以在不同区域建立鸡蛋品牌的统一认证，直接跟终端消费者对接，引导健康消费理念。这将是蛋鸡养殖企业的出路之一。与此同

时，还要联合其他省份的规模养殖企业成立养殖企业俱乐部，进入俱乐部的企业蛋鸡存栏规模至少为30万只，且每个省份仅限两家。除了技术交流之外，俱乐部也在积极参加世界蛋鸡养殖协会的活动，为中国蛋鸡养殖业代言，并争取相应的话语权。

2. 参与鸡蛋期货将成为趋势

2016年，从参与鸡蛋期货的法人客户数方面看，全年法人客户数量为18 412户，与2015年相比上涨85.87%。2016年参与鸡蛋期货法人客户数大幅提升，这与鸡蛋价格的巨幅波动有着很大的关系。面对鸡蛋价格的不利变动和“淡季不淡”“旺季不旺”的季节性规律的打破，养殖户、养殖企业及贸易商等市场主体的经营风险越来越大。为了规避风险，企业主动利用鸡蛋期货这一工具，积极参与到期货市场中避险。企业参与期货意识的提升，让鸡蛋期货法人客户数出现了大幅的增长。面对鸡蛋市场风险的不确定性，蛋鸡企业参与鸡蛋期货的积极性将进一步提升，参与期货将成为一种趋势，一种和现货经营密不可分的金融工具。

（二）当前存在的问题

1. 品牌化严重滞后

我国蛋鸡饲养规模与产能已多年保持世界第一位。我国鸡蛋产量从1985年起就已经是世界第一位，目前占全球市场的38%。但传统落后的生产方式与巨大产能形成鲜明反差，大多数鸡蛋还是在农村小散户的饲养条件下生产。据了解，目前全国鸡蛋行业拥有14亿只蛋鸡，年收入规模近3 000亿元，但整个行业水平高度分散。

我国鸡蛋产能过剩，经营模式以小农经济、分散生产为主，品牌化严重滞后，按照前十位合计年销售收入50亿元的规模计算，市场份额不到6%。随着产能升级和人们对食品安全的重视，原来以小农养殖为主的鸡蛋产业将迎来产业升级。一个行业共识是，规模化生产的公司将借助并购提升集中度，而小规模的农户则可能被整合。

2. 养殖企业抗风险能力差

蛋鸡产业主要面临市场风险和疫病风险，目前这两类风险中又交织着资本、技术、劳动、信息、食品安全、突发事件等诸多因素，使得产业风险更加复杂多变。在现有的饲养和管理技术下常规疫病风险相对容易控制，但突发性的重大疫病却往往使得从业者防不胜防、无力应对。此外，近几年在全国大市场开放、物流速度加快的背景下，蛋价波动频度和幅度加剧使得蛋鸡产业在曲折中跌宕发展，季节和节假日效应弱化使得蛋鸡养殖企业根据传统经验难以判断市场风险。目前，蛋鸡养殖主体仍是中小型规模养殖户，其抵抗产业风险能力非常有限，养殖利润空间将进一步收窄。面对市场风险的加剧，蛋鸡养殖企业也需要规避风险的工具。

3. 期货、现货波动节奏不完全同步

2016年鸡蛋期货和现货的相关性为-0.34，且期货和现货之间没有引导关系。从全年鸡蛋现货市场的走势看，全年价格基本维持宽幅震荡的走势，现货价格的运行区间在2 600~4 500元/500kg，波动幅度较大。而期货市场，期价呈现前高后低的走势。年初至7月初期价震荡走高，期价从3 080元/500kg涨至4 138元/500kg；7月中旬开始至年末期价震荡回落至3 200~3 700元/500kg附近的价位上。从整体看，期货市场和现货市场相关性较弱。

期现货市场波动节奏的不同步，主要在于鸡蛋是鲜销品种，不同月份鸡蛋价格难以相互影响。另外，鸡蛋现货本身波动就比较大。

（三）期货市场发展建议

1. 品牌鸡蛋渐成趋势

鸡蛋作为初级农产品，生产经营模式一直是小而散，小养殖户占比约80%，且集中度很低。无论是从备受关注的食品安全、环境保护还是抵抗风险能力来看，蛋鸡养殖小户逐渐退出都是大势所趋，与此同时，大型养殖企业的优势也将更加凸显。随着圣迪乐村、格润牧业、德青源、顺宝农业和荣达禽业陆续登录新三板，借助资本力量加速行业并购，品牌鸡蛋逐渐成为一股新生力，占领各大商所及电商平台近半壁江山。品牌鸡蛋目前已经逐渐成为一种趋势。随着鸡蛋品牌的深入，也将为后期品牌交割打下基础。

2. 培育鸡蛋期货市场新的参与主体

鸡蛋期货推出三年来，鸡蛋贸易商、养殖户和相关加工企业等，对其都有了较为纵深的认识和运用。目前看来，鸡蛋贸易商是产业链参与鸡蛋期货最多的群体，有一部分运用期货套保对冲现货价格波动风险，还有一部分利用期货和现货的价差进行期现套利。因为贸易商对鸡蛋价格非常敏感，销区订货量的多少与所报价格的涨跌，会直接影响到他们对短期鸡蛋现货价格变动的预判。而作为连接产区和销区的中枢，贸易商拥有信息上的优势，能通过需求方买鸡蛋和养殖户卖鸡蛋的积极性，来准确判断鸡蛋现货短期价格走势。

随着鸡蛋期货的逐渐深入，其影响也在逐渐加大。培育鸡蛋期货市场新的参与群体是后期的主要任务。这一新的群体就是鸡蛋养殖企业。养殖企业可以根据鸡蛋期货价格信号，及时了解鸡蛋价格走势，由此合理调整养殖规模和饲养周期，提前锁定销售价格，为养殖企业规避风险、稳健运营带来保证。对于鸡蛋期货的认知依然匮乏的养殖企业，要加强期货知识的普及，交易所、期货业协会和期货公司等期货经营机构可以引导更多的养殖户了解鸡蛋期货，对有意愿参与期货保值的企业给予实际操作指导，提升其利用期货的效果，再将龙头企业的成功实践经验传授给养殖户，让其充分认识到期货规避风险和调节价格的功能，助力整个蛋鸡养殖行业转型发展。

3. 积极利用新的交割制度服务产业

从鸡蛋1703合约开始将启用新的交割制度。新的交割制度，主要是抓住鸡蛋连续生产、连续销售、储存环节短的特点，创新性地推出全月每日选择交割制度，并增加车板交割方式，产业客户可以方便地随时提出交割，将大幅提升鸡蛋的可供交割量，降低鸡蛋交割成本。新制度实施后，交割流程更贴近鸡蛋生产和现货贸易特点，可供交割量大幅增加，交割成本显著降低，将更加利于实体企业参与期货和实物交割，进一步促进鸡蛋期货与现货的完美结合。有了政策扶持、制度的优化，2017年3月开始，鸡蛋产业客户可以利用这一契机融合现货和期货两个市场，抓住有利时机利用期货市场为现货经营增光添彩。

4. 尝试开展期权交易

期货市场在转移现货市场风险的同时，自身却承担了大量的风险。期权是对期货交易的保险，通过期权交易减少期货的风险，进而降低市场的整体风险。我国可借鉴美国农产品期权交易的经验和做法，引入期权交易机制，尝试在我国开展鸡蛋期权交易。应该通过鸡蛋期货和鸡蛋期权组合出灵活多样的交易策略，吸引更多的投资者，增加鸡蛋期货市场的交易量和持仓量，改善鸡蛋期货市场的运行质量，发挥鸡蛋期货市场的功能。

专栏

2016年鸡蛋期货大事记

2016年3月15日起，可进行鸡蛋1703合约交易。1703合约实行新交割制度。鸡蛋作为生鲜品种长时间保存的成本相对比较高，交割的卖方费用在200~300元/500kg。不过，随着新的交割制度的实行，高昂的卖方交割费用问题会得到解决，1703合约开始实行新的交割制度，其中最为重要的是加入了车板交割。这不仅可以极大降低交割费用，还更贴近鸡蛋生产和现货贸易特点，增加可供交割量，促进期现货市场进一步融合。

2016年4月21日，农产品期货品种资金净流入明显，豆粕、玉米等期货价格快速上行，虽然鸡蛋市场供需面相对宽松，但在原料价格上涨的带动下，鸡蛋期价强势涨停。鲜鸡蛋主力合约1 609开盘价4 190元/500kg，收盘价4 301元/500kg，结算价3 910元/500kg，上涨204元/500kg，涨幅4.98%，成交量154 052手，持仓量103 494手。

2016年7月6日，中国期货市场的疯狂又一次卷土重来。数据显示，在4月末见顶并呈90° 垂直下落之后，成交量7月出现快速回升。在英国退欧公投影响下，投机者疯狂涌向各类大宗商品。鸡蛋期货成交金额达到16亿美元，为2014年以来的峰值。

2016年7月15日，大商所对鸡蛋指定交割库进行调整：取消南通汇益食品有限公司的鸡蛋交割仓库资格。

2016年11月，亚洲多国爆发H5型禽流感疫情，各国均已开始加强防疫治理措施。韩国自11月起爆发大规模H5N6型禽流感，并迅速在全国范围内蔓延，韩国正在经历史上最严重的一次禽流感疫情，受灾规模和经济损失均创下历史纪录。每年冬春季是禽流感的高发期，我国上海等地也出现了H7N9型禽流感，由于范围小且疫情得到有效控制，对于鸡蛋价格的影响有限。

自12月16日起中东部地区出现雾霾，19日中东部地区的雾和霾程度明显加重，重度霾影响区域面积接近70万平方公里。此次重度霾覆盖的鸡蛋产销区主要为北京、天津、河北、河南、山东、山西、湖北。根据鸡蛋贸易流向及公路气象预报分析，此次雾霾主要对京津冀消费区、珠三角消费区及胶东半岛消费区鸡蛋贸易运输造成影响。对于蛋价的影响表现在：产区鸡蛋运输受阻，造成养殖户库存积压以及销区到货减少，对鸡蛋价格有一定的支撑，蛋价以稳为主。

报告十
胶合板期货品种运行报告（2016）

自2015年开始，受国家相关机构对人造板国标相关指标进行修改等因素影响，大商所提高胶合板和纤维板的交易保证金以给市场留出缓冲和应对空间，避免国家新国标修改对期货交易可能带来的冲击，提前防控风险，同时积极准备合约修改以对接新国标，确保市场稳健运行和发展。2016年，胶合板期货交易保证金继续维持在20%，全年胶合板期货市场成交量较少，市场整体运行平稳，基本没有出现不利于市场稳定的风险事件。

一、胶合板期货市场运行情况

（一）市场规模及发展情况

1. 成交持仓规模进一步减少

2016年，全年胶合板期货市场成交量和持仓量较2015年进一步减少。截至2016年12月，共计244个交易日，胶合板累计成交量为8 157手，合407.85万张细木工板，总成交金额为4.43亿元。日均成交量33手，日均持仓量不足30手。相对于2015年，2016年各项交投数据同比降幅超过95%，处于持续萎缩的状态（见图10-1）。随着人造板新国标的确立和交易所合约修改工作逐步推进，未来胶合板期货活跃局面将得以重现。

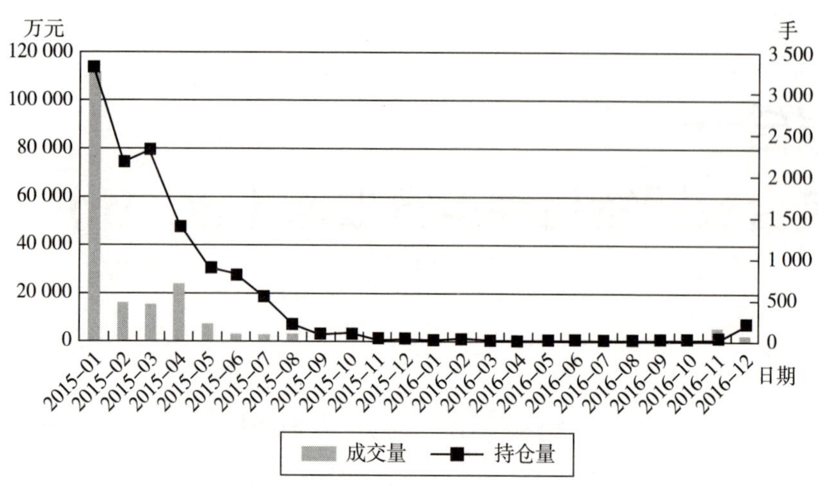

图 10-1　2015—2016 年胶合板期货成交持仓量情况统计

2. 期货市场份额持续降低

继2015年之后，2016年胶合板期货成交持仓进一步下滑，目前投资者对胶合板期货的关注度进一步降低。

截至2016年年底，胶合板期货成交量在2015年的基础上进一步下降，已不足大商所总成交量的0.000 2%，与豆二及纤维板同为市场上的不活跃品种（见图10-2）。

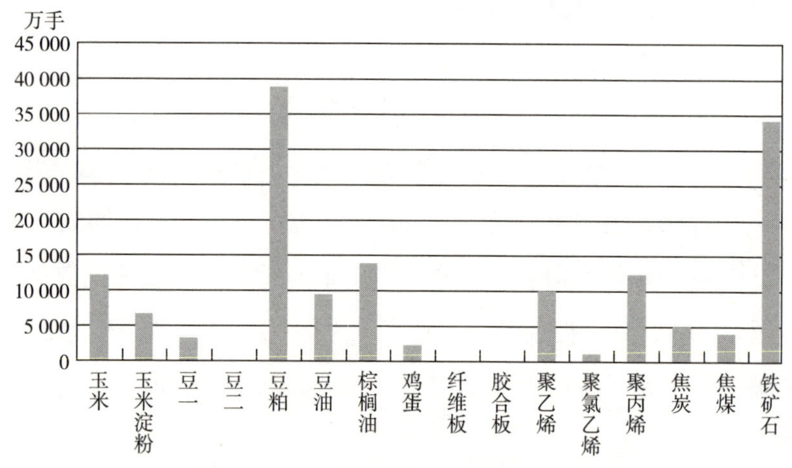

图 10-2　2016 年大商所各期货品种成交量情况统计

（二）期现货市场价格走势

1. 期货价格震荡下行

2016年，胶合板期货价格总体上冲高回落。具体来看，1—5月维持震荡状态，期货价格维持在80元/张以下；5—7月，在国内商品牛市的带动下，胶合板期货价格随即走高，攀升至100元/张左右；7—11月，维持在100元/张左右保持震荡；11—12月，胶合板期货价格迅速回落至80元/张的水平，重新回到年初水平（见图10-3）。

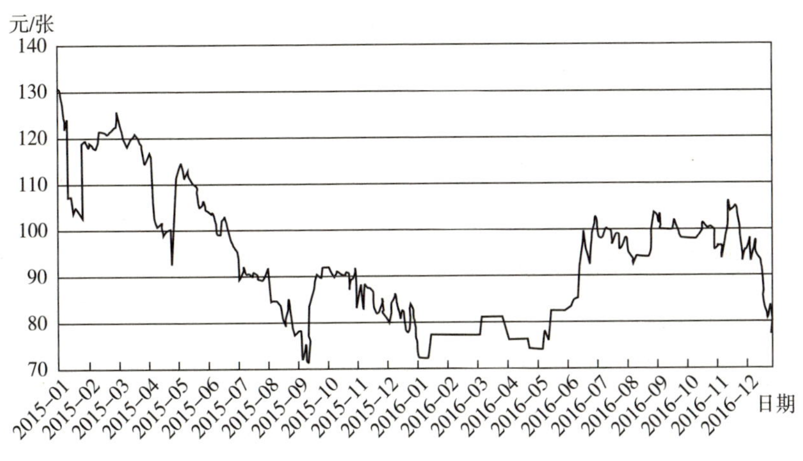

图 10-3　2015—2016 年胶合板活跃合约期货价格统计

2. 现货价格维持震荡

相比期货价格，现货细木工板的价格波动不大，走势也较为平稳。细木工板现货价格总体在100元/张至115元/张之间运行，平均价格在110元/张左右。现货价格在1—4月总体维持下跌走势，一度下探至100元/张；随着4—5月旺季来临，给现货价格带来一定的提振，在6月达到110元/张；在现货市场的淡季影响下，9月底又回落到105元/张的水平。不过10月价格迅速上涨，到12月反弹至115元/张，为年内最高（见图10-4）。

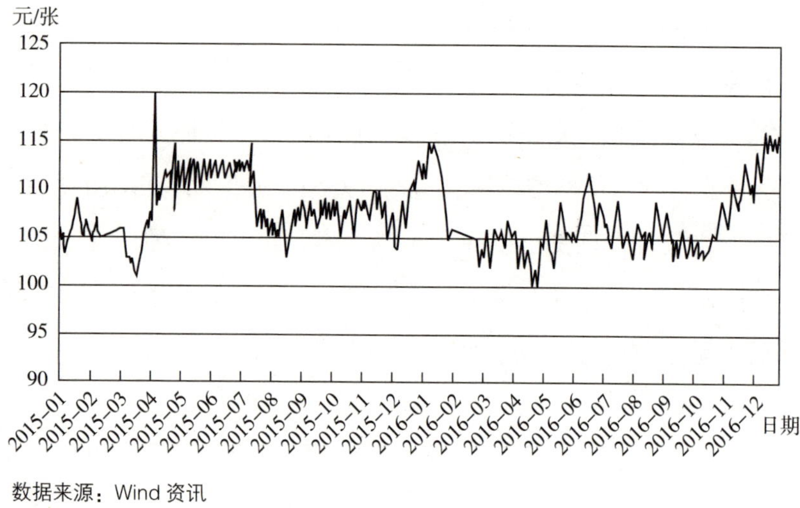

数据来源：Wind 资讯

图 10-4　2015—2016 年胶合板现货价格统计

（三）期货交割情况分析

1. 交割量显著减少

2016年，胶合板期货交割量显著减少。全年总交割量为18手，合计9 000张细木工板，较2015年的1 976手交割量萎缩了99%，并且全年总交割量集中在1月，其他月份很少发生交割（见图10-5）。

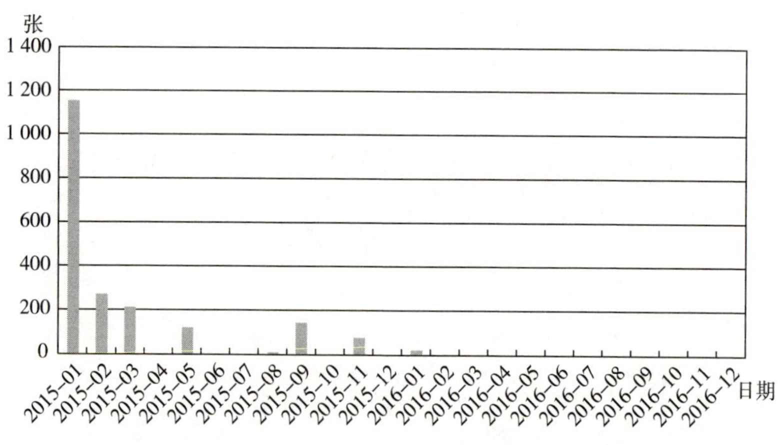

图 10-5　2015—2016 年胶合板期货交割量统计

2. 交割地仅限粤鲁沪浙

2015年交割量的攀升主要是源于厂库交割对原有的交割库的一个补充，2016年市场中的厂库企业因为期货市场的成交持仓低迷较难找到交易对手，因此2016年全年，只有广东省、山东省、上海市和浙江省有总共不足20手的交割量。

（四）期货市场结构分析

1. 持仓集中度高度集中

由于胶合板期货市场成交量和持仓量进一步减少，目前总持仓量高度集中。截至2016年底，前100名交易客户全年平均持仓量为57手，平均市场集中度达到100%（见图10-6）。

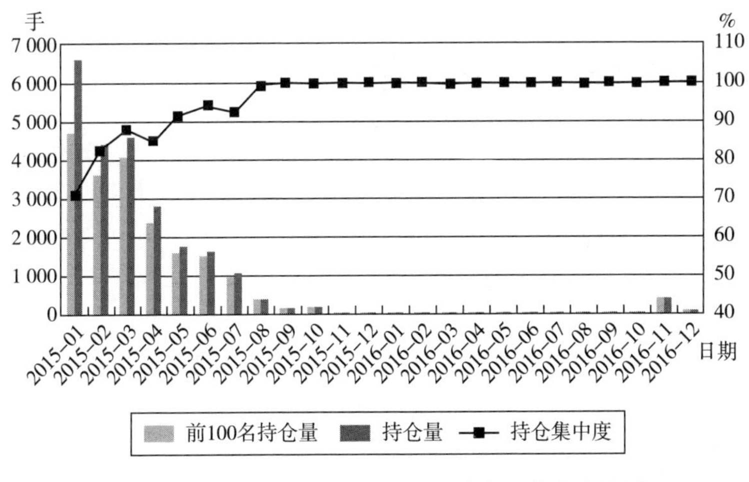

图 10-6　2015—2016 年胶合板持仓量集中度统计

2. 个人与法人成交量悉数走低

2016年，胶合板期货成交量持续低迷，个人客户和法人客户在绝对数量上呈现双降态势。2016年全年个人客户数量为1 649个，而法人客户为49个，法人客户占比维持在4%左右，与2015年相比进一步下降（见图10-7）。

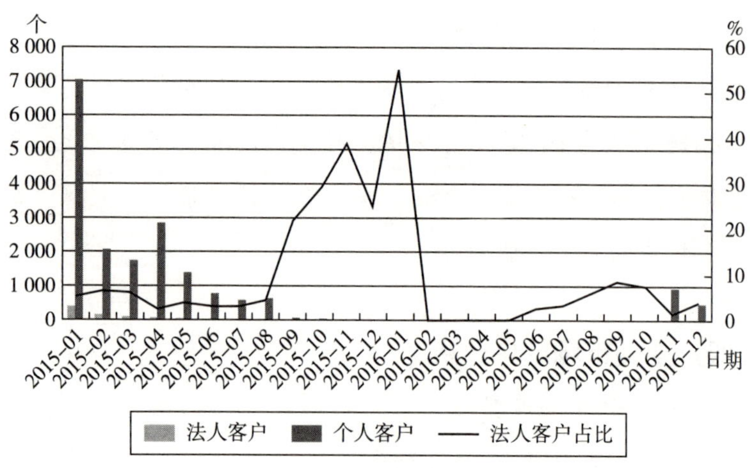

图 10-7　2015—2016 年胶合板期货市场客户结构统计

二、胶合板期货市场功能发挥情况

（一）价格发现功能发挥情况

1. 期现价格相关性由负转正

国际上成熟期货市场经验表明，期货市场和现货市场价格存在很强的相关性，期货价格引导现货价格走势，这是期货市场发挥价格发现功能的良好体现。根据实证分析，通过选取大商所胶合板活跃合约结算价和鱼珠市场15mm细木工板现货价格，计算胶合板期现价格相关性、协整检验和期现货引导系数来评估期货市场的价格发现功能，计算结果见表10-1。

表 10-1　　2015—2016 年胶合板期现价格相关性

项目 \ 年份		2015	2016
期现价格的相关性	系数	-0.10	0.055
	显著性检验	通过检验	通过检验
期现价格是否存在协整关系		不存在	不存在
期现价格引导关系		无引导	无引导

注：现货价格为鱼珠市场 15mm 细木工板报价，期货价格为主力合约结算价，数据为日度数据

2016年胶合板的期货价格与现货价格相关系数为0.055，重新回归正相关。不过需要指出的是，目前胶合板期货市场交投低迷，成交量大幅走低，期货价格不能很好地反映现货市场状况，因而正相关性很低。从引导关系上看，现货价格和期货价格继续呈现相互不引导的状态。

2. 期货市场流动性明显减少

流动性是衡量期货市场价格发现功能的辅助性指标，也体现出交易者参与期货市场交易的成本，在本报告中主要通过短线量成交占比来衡量胶合板期货市场流动性走势。2016年，胶合板期货市场流动性大幅减少，个人投资者和机构投资者参与短线交易的意愿较弱，导致产业客户参与胶合板期货市场的成本上升，流动性进一步下降（见图10-8）。

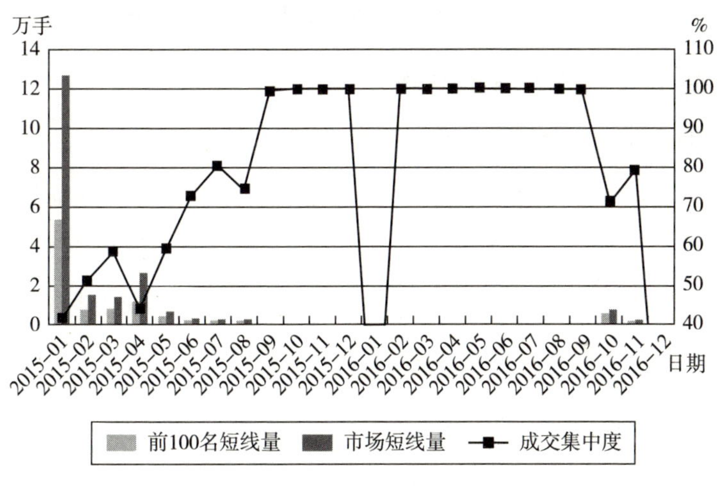

图 10-8　胶合板短线量成交占比走势统计

（二）套期保值功能发挥情况

1. 基差上下波动较大

基差是商品现货价格与期货价格之差，对期货市场的套期保值功能的发挥具有重要的影响。如图10-9所示，2016年细木工板期现市场基差全年为正，且波动较大，年初最高逼近45元/张，不过在7—10月显著回落，不足10元/张左右，到年底12月，又回升至30元/张的水平。

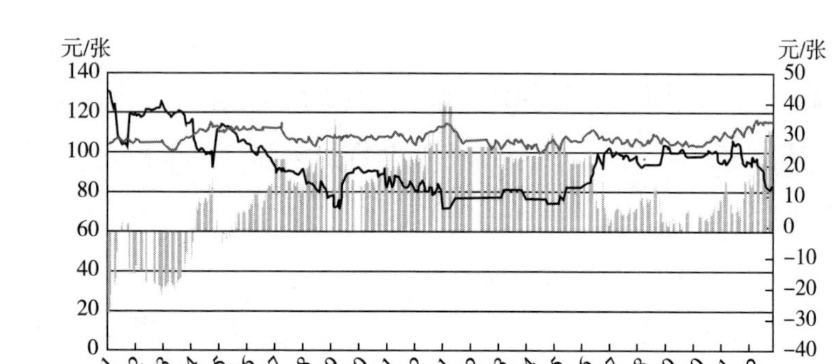

注：现货价格为鱼珠市场 15mm 细木工板报价，期货价格为大连胶合板活跃合约结算价，数据为日度数据

数据来源：Wind 资讯

图 10–9　2015—2016 年胶合板期现价格及基差变化

2. 套期保值有效性有所降低

套期保值效率反映市场以最优套保比率参与套保交易后风险的降低程度，套期保值效率越高，说明期货市场套期保值功能发挥得越好。从胶合板期货的周度数据来看，2016年套期保值效率为29.5%，较2015年有明显回升。不过由于市场流动性不足，导致期现价格走势相关性不强，到期价格收敛性也较差（见表10–2）。

表 10–2　2015—2016 年胶合板套保有效性

指标 \ 年份			2015	2016
基差	均值	元	0.88	21.12
	标准差	元	9.63	16.23
	变异系数		10.99	0.01
	最大	元	19.6	116
	最小	元	−19.05	1.3
到期价格收敛性	到期日基差	元	−6.45	62.34
	期现价差率	%	−1.38	44.53
套期保值效率	周价（当年）	%	5.14	29.5

数据来源：Wind 资讯

三、胶合板期货合约相关规则调整

大商所公布了最新的《大连商品交易所风险管理办法》修正案，重点对保证金规则和涨跌停板规则作了调整，胶合板期货品种相关风险管理办法按以下规定执行：

当交易所上市合约在某个交易日（记为N日）出现涨跌停板单边无连续报价的情况，则该合约第N+1个交易日涨跌停板幅度在第N个交易日涨跌停板幅度的基础上增加3个百分点；第N+2个交易日涨跌停板幅度在第N+1个交易日涨跌停板幅度的基础上增加3个百分点。若该合约调整后的交易保证金标准低于第N个交易日前一交易日结算时的交易保证金标准，则按第N个交易日前一交易日结算时该合约交易保证金标准收取；若第N个交易日为该合约上市挂盘后第1个交易日，则该合约上市挂盘当日交易保证金标准视为该合约第N个交易日前一交易日结算时的交易保证金标准。若第N+2个及以后交易日出现与第N+1个交易日同方向涨跌停板单边无连续报价情况，则从第N+3个交易日开始，涨跌停板幅度和交易保证金标准与第N+2个交易日一致，直至合约不再出现同方向涨跌停板单边无连续报价的情况。

四、胶合板期货市场存在问题与发展建议

（一）当前存在的问题

1. 期货标的与市场主流品种脱节

胶合板期货的交割标的与细木工板质量存在脱节，有待继续优化。一是交割标的板芯要求宽厚比不大于3.5，目前市场中主流产品都不满足这个条件，细木工板若要交割必须特别定制，增加了卖方交割的成本，对买方来说也不存在必要性。二是国标中对外观质量的要求

较高，但是目前细木工板在向生态板基板的方向靠拢，活结和半活结等外观缺陷对生态板的外观质量影响较小。三是厚度问题，期货交割品要求的18mm的细木工板几乎都是订制品，现货市场主要是17mm细工木板，存在一定的差别，不利于现货企业的交割。

2. 区域升贴水不合理

目前胶合板期货以浙江省、江苏为基准交割地，山东省、河北省、天津市和广东省为非基准交割地。从实际情况来看，目前山东是国内最大的细木工板生产基地，产量占比超过全国的50%，可供交割量也非常大。目前山东企业生产的细木工板成本相对较低，但是按现有的交割区域升贴水，山东地区要贴水20元/张，从产品的质量、运输成本等的分析来看，这个贴水幅度过大，在一定程度上会打击卖方在山东省的交割积极性，转而运输到江浙来交割，造成不必要的浪费。

（二）发展建议

1. 优化交割标的标准

针对板芯宽厚比的问题，可以通过扩大板芯宽厚比区间（不大于4.5）来提高产品合格率，另外在新修订的国标中，不再把宽厚比作为一个检验指标，而是作为组批来对待。对细木工板的外观中存在活结、半活结的问题，降低相应的检验要求，允许存在活结和半活结，在数量上不加以限制。对交割细木工板的厚度标准也做一定的调整，由原来的18mm调整为17mm，相应的厚度公差和偏差可参照国标（±0.6mm），使期货交割品和现货主流市场相衔接。另外，扩大品种，使科技木皮参与交割，科技木皮可以解决细木工板的产品缺陷，与普通质量的天然木皮成本相差也不大。

2. 调整地区间交割升贴水规定

针对不同地区交割升贴水的问题，由于山东地区是国内细木工板的最大生产基地，产量占比超过全国的50%，因此可以在维持原来的交割区域基础上，以长三角、山东省为主交割地，同时发挥天津市、河北省、广东省的补充交割作用。

从生产成本的角度来测算，山东省、河北省与当前主交割地江浙地区的价差较小。若以进口马六甲板芯计算生产成本，并就近主销地计算运输成本，结果如表10-3所示。

表 10-3　　胶合板交割库以及相应升贴水

地区	马六甲芯板	中板 + 表板	就近主销地运费	备注
浙江省	基准价	基准价	—	—
山东省	高 1~2 元 / 张	低 1 元 / 张	到浙江市约 3 元 / 张	山东目前为产量最大省份，中板价格略有优势
天津市	—	—	到临沂市约 2 元 / 张	几乎没有规模生产企业
河北省	高 2 元 / 张	低 1 元 / 张	到天津市 1 元 / 张	定位低端产品，以废旧料为主，不使用马六甲
广东省	低 3~5 元 / 张	低 3~5 元 / 张	—	距离原料产区最近，规模企业较少，就地消化

若以市场价格较低的桐木（主产地在河南、山东、河北、江苏、安徽等地，产量较小）作为基础测算山东和浙江的价差，并以山东为基准地，结果如表10-4所示。

表 10-4　　胶合板交割库以及相应升贴水

地区	马六甲芯板	中板 + 表板	备注
浙江省	高 1~2 元 / 张	高 1 元 / 张	浙江省从安徽省、江苏省获取原料，板芯成本略高
山东省	基准价	基准价	山东省为桐木生产省份之一，同时中板价格略有优势

由此可见，江浙地区与山东地区的成本差距不大，而高质量产品价格差异就更小了。因此，对国内胶合板期货交割库的升贴水有必要做一些适当调整。

2016年胶合板期货大事记

2015年12月17日，国家环保部发布了《关于提供环境保护综合名录（2015 年版）的函》，新版名录把人造板产品（纤维板、刨花板、胶合板）由整体列为“高污染、高环境风险”产品，调整为“凡符合指定国标和环境标志的人造板产品标准的刨花板和胶合板产品”不再列入“高污染、高环境风险”产品名录。

1月15日，韩国贸易委员会通报中方，称已对针叶木胶合板反倾销案作出终裁，建议韩国企划财政部向中国出口企业征收4.22%~7.15%的反倾销税。韩国已于2015年年初启动正式调查指控中国软木胶合板的价格倾销案件。

3月5日，《实木地板通用要求》国际标准制定工作总结会在南浔举行。《实木地板通用要求》是全球林业行业的第一个国际标准，国际标准化组织（ISO）决定由中国牵头制定这一标准，完全是基于中国企业在全球木地板加工领域的领先地位。

6月23日，银行间外汇市场人民币汇率中间价为：1美元对人民币6.575 8元。针对人民币持续贬值所带来的影响，最直接的体现便是木材进货成本的攀升。

9月21日起，全国将统一执行货运车辆装载强制性国家新标准《汽车、挂车与汽车列车外廓尺寸、轴荷及质量限值》（GB 1589）最大总质量限值，各地交通运输、公安部门将严格按照新标准予以检查、执法。该标准在一定程度上增加了木材的运输成本。

11月29日，国家濒管办发布《中华人民共和国濒危物种进出口管理办公室文件濒办字〔2016〕99 号 》。根据新列入附录的野生植物物种进出口贸易特点和履约工作实际，决定将部分物种的允许进出口证明书行政许可实施工作委托给相关办事处。

12月9日，美国商务部决定对中国某些硬木胶合板产品进行反倾销税和反贴补税调查。美国国际贸易委员会（ITC）在一份声明中称，将在2017年1月3日或之前进行初步伤害认定。

报告十一
纤维板期货品种运行报告（2016）

2016年，国内大宗商品市场迎来久违的牛市，不过两板市场继续沉寂。全年纤维板期货市场交投低迷，投资者参与度较低。

一、纤维板期货市场运行情况

（一）市场规模及发展情况

1. 市场交投明显萎缩

2016年初，纤维板期货市场交投继续大幅萎缩。截至2016年底，共计244个交易日，累计成交量710手，合35.5万张纤维板，总成交金额2 074.4万元。日均成交量不足3手，日均持仓量为7手。对比2015年，2016年各项交投数据继续显著萎缩（见图11-1）。

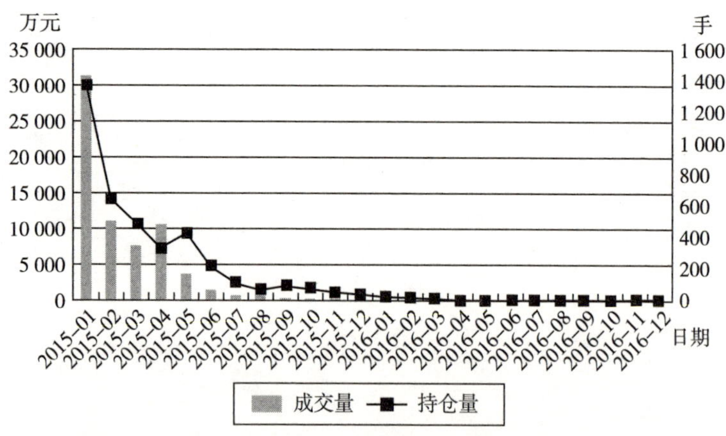

图 11-1　2015—2016 年纤维板期货成交持仓量情况统计

2. 期货市场占比大幅下滑

继2015年之后，2016年的商品牛市并没有给两板市场带来外部的重要利好，纤维板期货成交持仓进一步下滑，流动性的枯竭使得目前很难引起投资者的关注（见图11-2）。

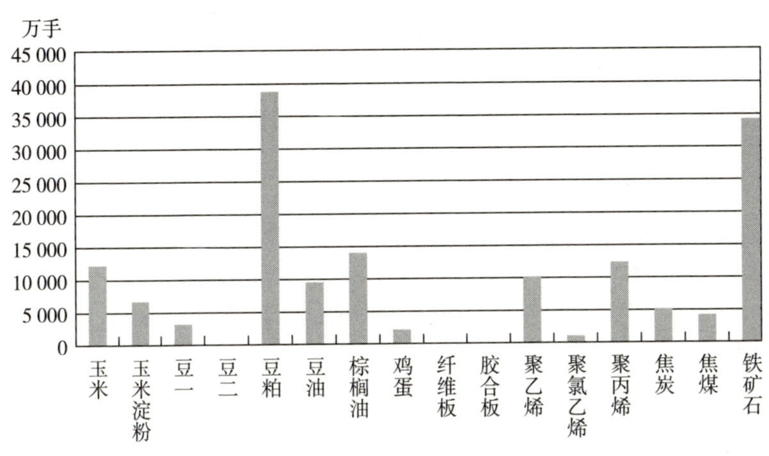

图 11-2 2016 年大商所各期货品种成交量情况统计

（二）期现货市场价格走势

1. 流动性枯竭导致期价波动加剧

2016年，纤维板期货由于成交持仓量非常小，导致整个市场的流动性明显枯竭，期货价格要么波动很大，要么横盘整理。1—3月处于淡季，期价维持震荡整理，价格区间在50~60元/张；4—5月迎来旺季，但是市场交投惨淡，期价冲高昙花一现，冲击到80元/张左右，但期价没有持续上涨的动力；5—11月持续维持震荡，价格区间在50元/张左右，以震荡整理为主；12月期价逆势上涨，回升至70元/吨的阶段性高位，不过周期没有与下游市场的淡旺季相匹配（见图11-3）。

2. 现货价格维持震荡

相比期货价格的大幅波动，现货价格的波动显然较为平稳。总体在70~80元/张区间运行，平均价格在75元/张左右，由于期货市场流动性较低，因此纤维板期价大起大落，与现货市场价格脱节（见图11-4）。

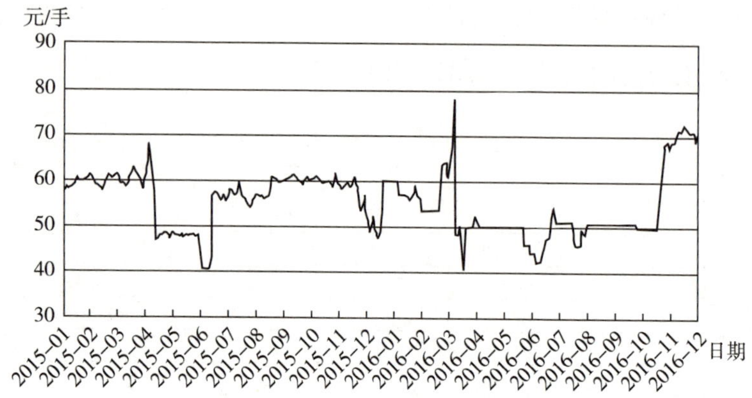

图 11-3　2015—2016 年纤维板活跃合约期货价格统计

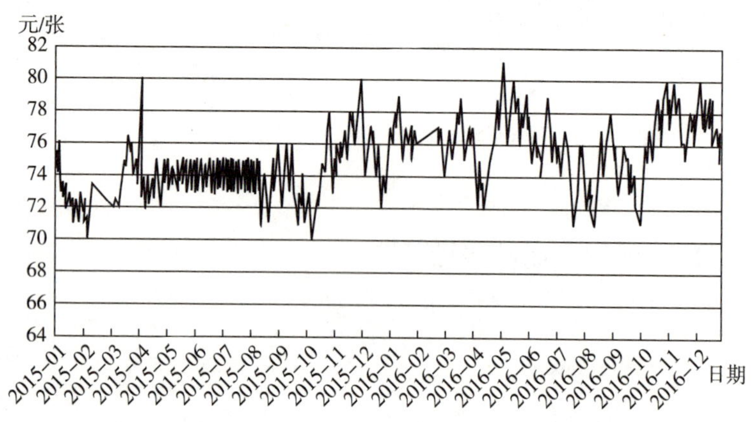

数据来源：Wind 资讯

图 11-4　2015—2016 年纤维板现货价格统计

（三）期货交割情况分析

1. 期货交割量显著减少

2016年，在流动性接近枯竭的背景下，纤维板的交割量继续萎缩。2016年全年交割量（单边）为30手，相比2015年的464手，萎缩了将近95%，交割金额降至69.06万元，较2015年下降了94.34%，交割所有指标明显走弱（见图11-5）。

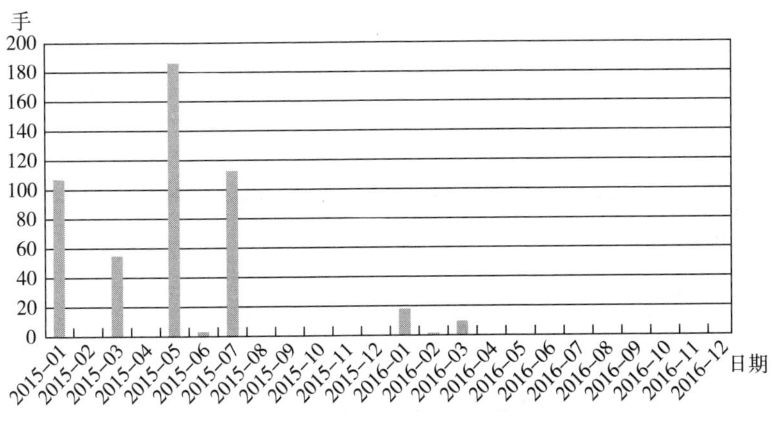

图 11–5　2015—2016 年纤维板交割量统计

2. 交割客户区域集中在京津沪豫

尽管目前大商所指定交割库分布在长三角和珠三角这两个主要区域，涵盖江苏省、浙江省、天津市和广东省，共计7家物流企业9个交割仓库，但在纤维板流动性较低的情况下，全年只有30手的交割量，并且只有北京市、天津市、上海市和河南地区的客户还剩余零星的交割量，其余的交割仓库已经没有企业愿意拿现货去交割（见图11–6）。

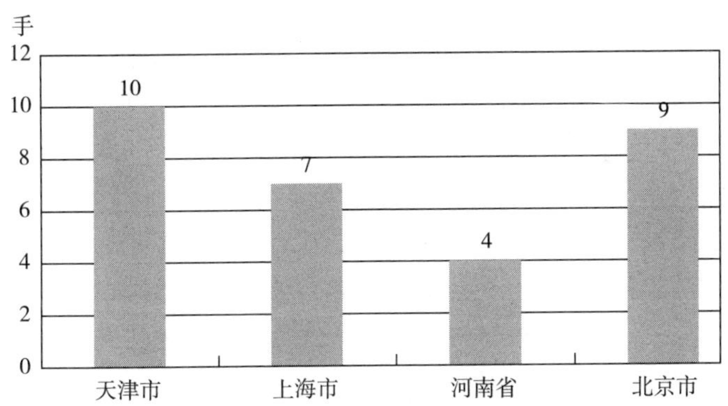

图 11–6　2016 年纤维板期货交割区域统计

（四）期货市场结构分析

1. 持仓集中度上升

随着纤维板期货市场交投的低迷，持仓量继续走低，持仓量集中明显。截至2016年底，前100名总持仓量为18手，甚至在4—5月，整个市场没有持仓，市场低迷情况可见一斑（见图11-7）。

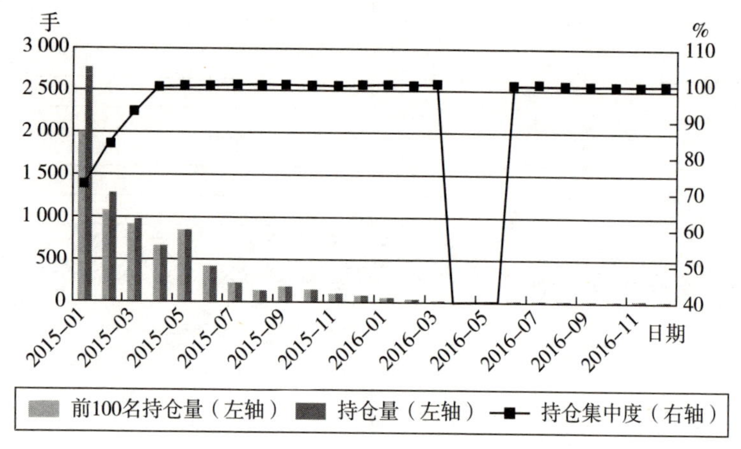

图 11-7　2015—2016 年纤维板持仓量集中度统计

2. 个人法人客户参与量双降

2016年，纤维板个人客户和法人客户在绝对数量上呈现双降态势。法人客户全年只剩下27个，个人客户全年只剩下310个，尽管法人客户总体参与率从数值上有所回升，但是绝对量都大幅下滑，市场流动性枯竭，机构投资者也由于缺乏交易对手，导致期货交易成本升高，逐步退出市场（见图11-8）。

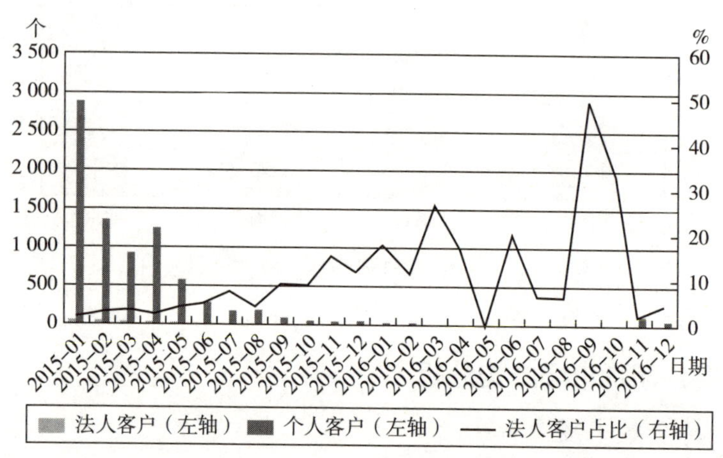

图 11-8　2015—2016 年纤维板期货市场客户结构统计

二、纤维板期货市场功能发挥情况

（一）价格发现功能发挥情况

1. 期现价格相关性较差

在分析期现价格相关性时，选取大商所纤维板活跃合约结算价和鱼珠市场15mm中密度纤维板现货价格，计算期现价格的相关性、协整检验和计算期现货引导系数来评估期货市场的价格发现功能，结果如表11-1所示。

表 11-1　　2015—2016 年纤维板期现价格相关性

项目 \ 年份		2015	2016
期现价格的相关性	系数	0.04	0.196
	通过检验	通过检验	通过检验
期现价格协整关系		不存在	不存在
期现价格引导关系		无引导	无引导

注：现货价格为鱼珠市场 15mm 中纤板，期货价格为主力合约结算价，数据为日度数据。

从表11-1可以看出，尽管2016年期货与现货价格的相关系数较2015年有明显的上升，达到0.196，但是总体来看，相关性依然较弱。主要原因是成交量低迷，期现相关性较差，这也反过来降低了现货企业参与期货市场避险的积极性，使得期货价格和现货价格之间难以构成明确的引导关系。

2. 期货市场流动性锐减

流动性是衡量期货市场价格发现功能的辅助性指标，也体现出交易者参与期货市场交易的成本，可通过短线量成交占比来衡量纤维板期货市场流动性走势。

2016年，纤维板短线成交量和总成交量大幅下挫，3—10月的平均成交量不足10手，期货市场流动性大幅减少，到11月、12月才有所反弹，单月成交量分别为444手和154手（见图11-9）。

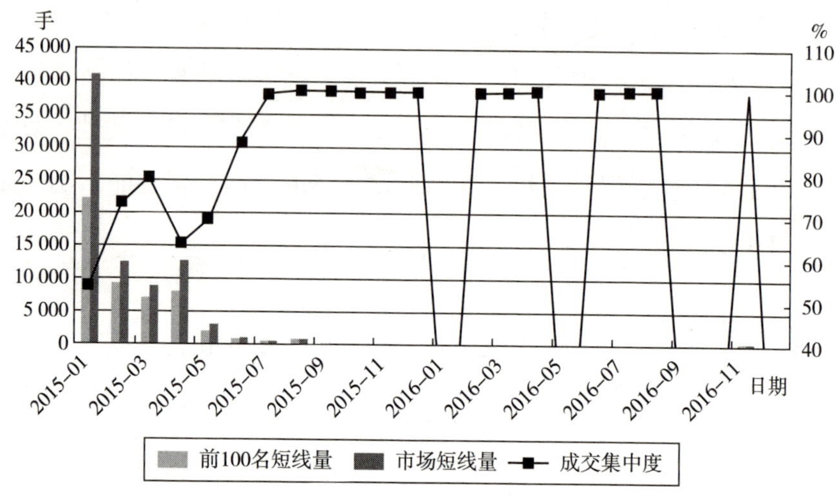

图 11-9 2015—2016 年纤维板短线量成交占比走势统计

（二）套期保值功能发挥情况

1. 基差保持高位

基差是商品现货价格与期货价格之差，对期货市场的套期保值功能的发挥具有重要的影响。基差维持在20元/张左右，4—10月一度攀升至35元/张，成交量低迷是主要原因（见图11-10）。

2. 套期保值有效性有待提高

套期保值效率反映市场以最优套保比率参与套保交易后风险的降低程度，套期保值效率越高，说明期货市场套期保值功能发挥越好。从纤维板期货的周度数据来看，2016年套期保值效率为29.6%，较2015年有较为明显的上升。尽管如此，市场流动性锐减使得期现价格之间的联动性失效，导致期现价格走势相关性不强，到期价格的收敛性也较差，套期保值有效性降低，产业客户和机构投资者参与市场的积极性大幅减弱（见表11-2）。

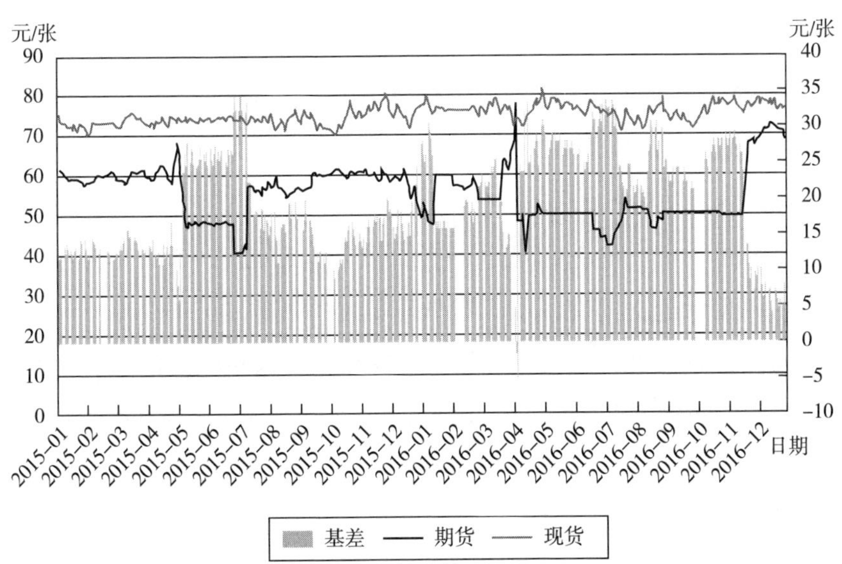

注：现货为鱼珠市场 15mm 中纤板，期货价格为 C1 连续价，数据为日度数据。

图 11-10　2015—2016 年纤维板期现价格及基差变化

表 11-2　2015—2016 年纤维板套保有效性

指标 \ 年份			2015	2016
基差	均值	元	14.51	25.88
	标准差	元	3.57	12.89
	变异系数		0.25	0.01
	最大	元	24	116
	最小	元	4.5	–5
到期价格收敛性	到期日基差	元	15.3	12.19
	期现价差率	%	20.8	17.92
套期保值效率	周价（当年）	%	0.06	29.6

注：现货为鱼珠市场 15mm 中纤板，期货价格为 C1 连续价，数据为日度数据。

三、纤维板期货合约相关规则调整

大商所公布了最新的《大连商品交易所风险管理办法》修正案，

重点对保证金规则和涨跌停板规则做了调整：

当交易所上市合约在某个交易日（记为N日）出现涨跌停板单边无连续报价的情况，则该合约第N+1个交易日涨跌停板幅度在第N个交易日涨跌停板幅度的基础上增加3个百分点；第N+2个交易日涨跌停板幅度在第N+1个交易日涨跌停板幅度的基础上增加3个百分点。若该合约调整后的交易保证金标准低于第N个交易日前一交易日结算时的交易保证金标准，则按第N个交易日前一交易日结算时该合约交易保证金标准收取；若第N个交易日为该合约上市挂盘后第1个交易日，则该合约上市挂盘当日交易保证金标准视为该合约第N个交易日前一交易日结算时的交易保证金标准。若第N+2个及以后交易日出现与第N+1个交易日同方向涨跌停板单边无连续报价情况，则从第N+3个交易日开始，涨跌停板幅度和交易保证金标准与第N+2个交易日一致，直至合约不再出现同方向涨跌停板单边无连续报价的情况。

四、纤维板期货市场存在问题与发展建议

（一）当前存在的问题

1. 交割标的品级设计不合理

纤维板交割标的品级主要存在三个问题。一是密度问题，在纤维板合约设计之初，为了扩大交割范围，防止市场上可交割纤维板较少，因此可交割的密度范围很宽，导致下游家具企业交割到的纤维板存在质量疑虑。二是厚度升水问题，无论是按成本计算方法还是价格市场调研，15mm与18mm的厚度升水要显著高于当前6元/张的标准，使得18mm的中纤板失去了成为交割替代品的作用。三是甲醛释放量贴水的问题，无论是按成本计算方法还是价格市场调研，E1与E2的甲醛释放量贴水要显著低于当前30元/张的标准，使得E2的中纤板失去了成为交割替代品的作用。交割标的的品级问题在一定程度上

给上下游企业的交割造成困扰，需要在纤维板的交割品级设计上有所优化。

2. 交割区域和方式不足

目前，纤维板期货市场的交割区域还是仅限于天津市、长三角和珠三角三大区域。但随着国内人造板市场的发展以及国内制造业布局的内迁，国内现货区域正在逐步发生改变：拥有丰富木材资源的广西壮族自治区和四川省发展迅速，广西壮族自治区已经成为全国最大的纤维板生产基地，四川省则取代广东成为国内最大的纤维板需求地区；而现有区域的交割却不是很流畅，95%的交割品产自河南省和安徽省等地区，买方接货后也没法就地销售，只能大幅折价或者运往其他地区销售，增加了运输成本，这对像纤维板这样的低价值大宗商品来说影响很大，从而影响现货企业的交割意愿。另外，纤维板期货市场的交割制度仅限于仓库交割，厂库交割尚未实施，也降低了企业参与期货市场交割的热情。

（二）发展建议

1. 交割标的品级优化

针对上述交割标的存在的问题，主要通过以下三个方面进行优化。一是缩小密度范围。根据对广西壮族自治区、广东省、江苏省、山东省、安徽省等地中纤板的抽样调研来看，抽检的42个样本中，密度均值为719kg/m^3，其中密度大于700kg/m^{3}的有36个，占样本总量的85.7%。目前主流市场的密度主要集中在700~800kg/m^3，因此将当前交割标准的650~800kg/m^{3}调整为700~800kg/m^3，符合下游企业的使用习惯。二是调整厚度升水。根据成本计算法：P（18mm）=1.17×P（15mm），假如15mm的中纤板价格为60元/张，那么18mm的中纤板的价格为70元/张。这与市场调研价格（18mm与15mm的价差普遍在10~15元/张）相符。因此，将现有的18mm厚度升水6元/张调整为10元/张，符合市场实际。目前15mm和18mm仍然是现货中最大宗的规格产品，尤其是方便下游家具企业根据自身需求灵活使用。三是调整甲醛释放量的贴水。根据成本计算法，中纤板的施胶量在150kg/m^3，E1级胶黏剂的市场售价为2 000元/吨，而E2级胶黏剂的市场售价为1 650元/吨，折合价差到纤维板的成本为5~6元/张，也与目前市场上E1与E2售价相符，因此，将现有的甲醛释放量贴水30元/张调整为6元/张，符合市场实际。E1是未来市场的发展方向，但是目前主流市场上E2仍然占据较大比重，贴水的优化有助于改善不同交割品级的纤维板参与交割。因此，根据市场需要和成本核算，有必要对当前纤维板的交割标的进行优化。

2. 扩大交割区域

针对目前国内人造板产业的迁移状况，有必要及时调整交割库的布局，以适应产业发展的需要。从国内纤维板的发展情况来看，广东省依旧是中纤板传统产销的大省，贸易集中价格具有代表性，是纤维板期货的基准交割地。而近几年中纤板产业发展迅速的四川省，目前是第三大产地和最大的消费地，生产、消费和贸易企业规模较大且相对集中，而价格与广东省相近，建议广东省平水一起作为主要交割区域。与广东省相近的广西壮族自治区，产量大本地消费少，虽然成本较低，但是运输到广东省需要约6元/张的运输成本，可考虑设置贴水。而原本的非基准交割地江苏省、浙江省和天津地区作为补充交割区域使用，从升水改为贴水，以利于平抑价格大幅波动，化解交割风险。

3. 增加厂库交割形式

除了扩大交割区域以外，也有必要设立纤维板的厂库交割制度。目前现货市场上都为订单生产，工厂提货，库存低，并且交割库交割还存在检验成本高，效率低下等问题，影响产业客户参与期货市场的积极性。实施厂库和交割库并行交割的制度，有利于减少交割库交割中的运输环节，降低买卖双方的交割成本，与现货贸易相适应。

专栏

2016年纤维板期货大事记

2015年12月17日，国家环保部发布了《关于提供环境保护综合名录（2015 年版）的函》，新版名录把人造板产品（纤维板、刨花板、胶合板）由整体列为“高污染、高环境风险”产品，调整为“凡符合指定国标和环境标志的人造板产品标准的刨花板和胶合板产品”不再列入“高污染、高环境风险”产品名录。

3月5日，《实木地板通用要求》国际标准制定工作总结会在南浔举行。《实木地板通用要求》是全球林业行业的第一个国际标准，国际标准化组织（ISO）决定由中国牵头制定这一标准，完全是基于中国企业在全球木地板加工领域的领先地位。

6月23日，银行间外汇市场人民币汇率中间价为：1美元对人民币6.5758元。针对人民币持续贬值所带来的影响，最直接的体现便是木材进货成本的攀升。

9月21日起，全国将统一执行货运车辆装载强制性国家新标准《汽车、挂车与汽车列车外廓尺寸、轴荷及质量限值》（GB 1589）最大总质量限值，各地交通运输、公安部门将严格按照新标准予以检查、执法。该标准在一定程度上增加了木材的运输成本。

10月20日，截至2015年底，全国关闭、拆除或停产纤维板生产线累计近320条，淘汰落后纤维板生产能力约1 150万立方米/年；全国关闭、拆除或停产刨花板生产线累计900余条，淘汰落后刨花板生产能力超过1 400万立方米/年。

11月29日，国家濒管办发布《中华人民共和国濒危物种进出口管理办公室文件濒办字〔2016〕99 号 》。根据新列入附录的野生植物物种进出口贸易特点和履约工作实际，决定将部分物种的允许进出口证明书行政许可实施工作委托给相关办事处。

报告十二
铁矿石期货品种运行报告（2016）

2016年铁矿石价格在钢材和煤炭价格的带动下先后经历两轮上涨行情，价格中枢呈阶梯状上移，并于年底重新站上80美元一线。从全年看，大商所铁矿石期货运行情况良好，市场规模整体保持平稳，客户结构改善，市场功能发挥水平显著提高，国际影响力进一步提升。2017年是供给侧改革的深化之年，钢铁行业去产能的进程仍将对铁矿石价格产生直接且深远的影响。大商所将继续通过加快推进铁矿石期货引入境外交易者、推进仓单服务商业务配套措施和做深产业客户培育工作等方式做好品种维护和创新工作，更好地服务实体经济。

一、铁矿石期货市场运行情况

（一）市场规模情况分析

1. 铁矿石期货成交量（额）前高后低，整体保持平稳

2016年，大商所铁矿石期货累计成交3.42亿手，同比大幅增长31.86%，交投进一步活跃。受益于供需格局好转，期货价格触底反弹，总成交额达到14.48万亿元，同比增长50%，较成交量增幅高出近20%。

从2016年的月度成交情况来看，第一季度，受春节假期因素影响，铁矿石期货市场交投活跃度环比降低，但仍约增至2015年同期的五倍。1—2月成交量分别为2 901.26万手和2 711.00万手，表现为以春

节为节点先减少后增加。进入3月，宏观数据向好，在低库存的助推下现货市场短期出现供需错配，市场积蓄已久的做多热情被激发，铁矿石价格连续大幅上扬，期货成交量达到7 621.44万手，为年内高点，且这种交投活跃的氛围一直延续至4月下旬，之后交易所为抑制投机活动，防范市场运行风险，及时采取提高保证金和交易手续费等一系列措施，成交量自高位回落，5—6月成交量分别降至2 287.80万手和1 515.82万手。下半年，虽然铁矿石期货在煤炭供给收缩明显，价格暴涨的带动下再次走出一波强势上涨行情，但在严厉的监管措施之下，市场整体情绪保持平稳，月度成交量一直稳定在1 402.75万~2 544.18万手。

2016年大商所期货总成交量为15.37亿手，其中铁矿石占22.26%，同比微降，但仍位列大连市场第二位。从整个国内商品期货市场看，2016年国内商品期货总成交量为41.19亿手，铁矿石期货占8.31%，较2015年小幅增长0.28%。成交量占比数据表明铁矿石期货与大商所和国内商品期货总成交规模变化基本保持一致（见图12-1、图12-2）。

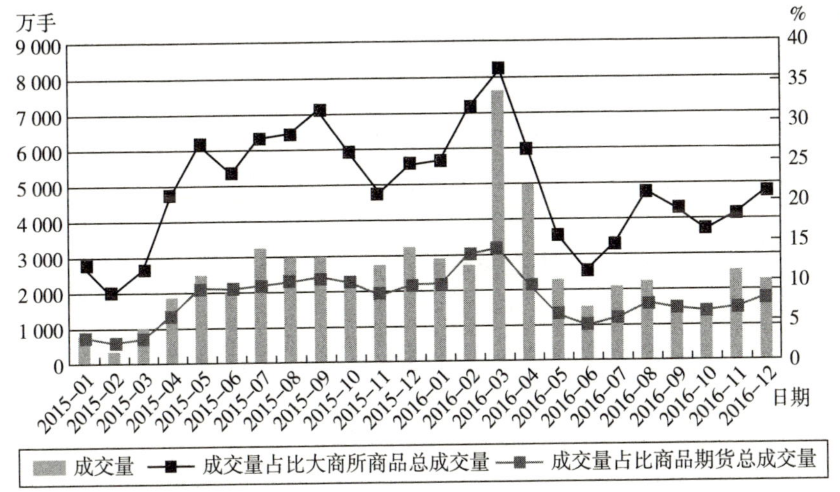

图 12-1　2015—2016 年铁矿石期货成交量和占比

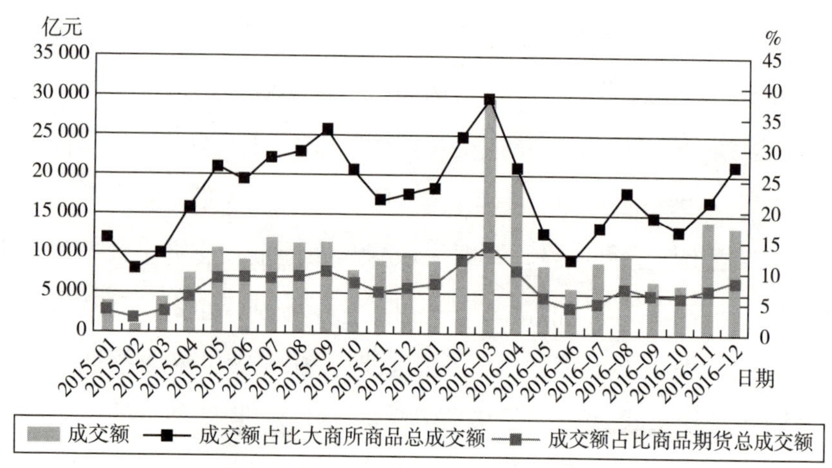

图 12-2 2015—2016 年铁矿石期货成交额和占比

2. 铁矿石期货持仓规模基本与2015年持平

2016年，铁矿石期货月均持仓量84.86万手，年末持仓量为55.07万手，较2015年分别同比增加9.44万手和减少38.84万手，持仓水平整体变化不大。从持仓金额看，由于价格全年呈上涨态势，2016年铁矿石期货月均持仓金额同比增加24.30%至351.88亿元。

从2016年月度持仓情况看，1—2月，持仓量在节日因素的影响下先减后增，分别为102.61万手和112.55万手。进入3月，持仓量开始环比下降，于4月达到年内低点49.14万手，持仓金额也由年初的324.95亿元降至221.83亿元，之后持仓量一直维持在较为稳定的水平，5—10月，持仓量在89.25万手至99.09万手之间变动，持仓规模随着价格重心的上移有所增加。11月之后，持仓量和持仓金额环比小幅下滑，年底月均持仓量为55.07万手，与2015年年初水平基本相当；月均持仓金额为301.67亿元，同比基本持平。

2016年大商所铁矿石期货月均持仓量占大商所商品月均总持仓量的13.89%，较2015年下降1.34%，月均持仓金额占大商所商品月均总持仓金额的16.13%，同比下降0.27%；从国内商品期货市场看，2016年，大商所铁矿石期货月均持仓量占商品期货月均总持仓量的

6.30%，较2015年下降0.70%，持仓金额占6.56%，同比下降0.12%，表明铁矿石期货持仓规模在大商所和国内商品期货市场中的占比同比均出现小幅下滑（见图12-3、图12-4）。

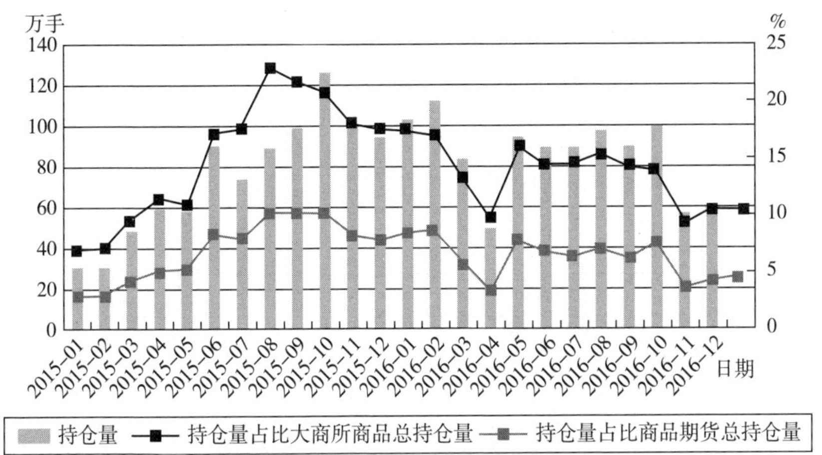

图 12-3　2015—2016 年铁矿石期货持仓量和占比

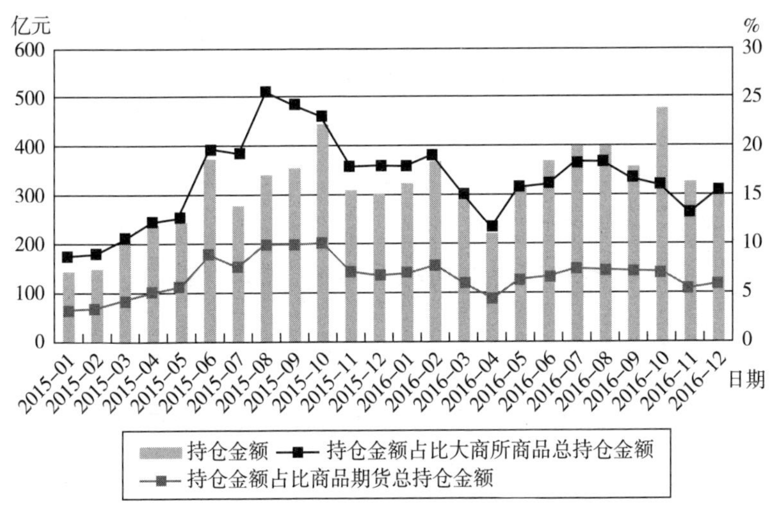

图 12-4　2015—2016 年铁矿石期货持仓金额和占比

（二）期现货市场价格运行规律分析

1. 期现货价格呈阶梯型上移

与2015年的单边下跌行情不同，2016年，国内外铁矿石价格先后经历两轮上涨行情，重心呈阶梯状向上抬升。大商所活跃合约结算价自年初的323.5元/吨上涨至年底的554.5元/吨，累计上涨231元/吨，涨幅71.41%；青岛港纽曼粉（62.5%）车板价从年初的330元/湿吨涨至645元/湿吨，涨幅高于期货，达到95.45%。从国外期现货价格看，新交所铁矿石期货（近一月合约）结算价从年初的39.94美元/吨上涨至75.30美元/吨，跌幅88.53%；普氏指数从年初的42.70美元/吨上涨至79.65美元/吨，涨幅86.53%（见图12-5）。

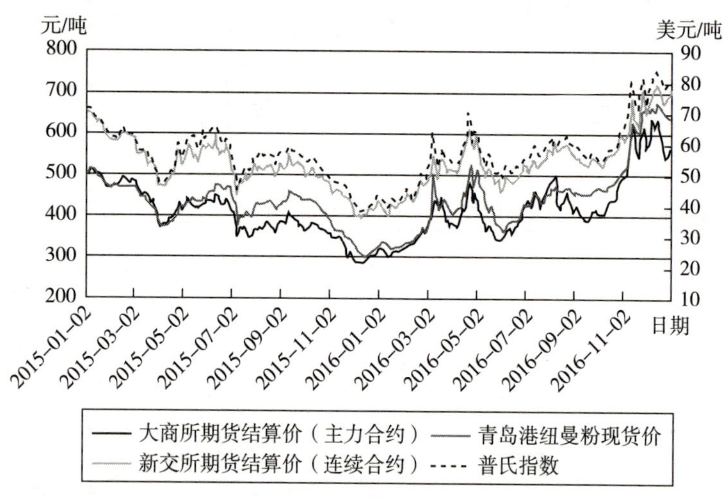

数据来源：大连商品交易所、Wind 数据库

图 12-5 国内外铁矿石期、现货价格

分阶段看，第一季度，铁矿石期货价格在经历了2015年12月的潜伏期，1—2月的探涨期以及3月的启动期之后，活跃合约结算价自1月初的330.0元/吨涨至季度末的378.5元/吨，季度涨幅14.70%。主要原因是：房地产市场回暖，新屋开工率和销售面积增速大幅反弹，建材需求明显放量，在高利润的驱动下，钢厂复产积极性高，产能利用率和开工率上升，铁矿石需求增加；与此同时，第一季度国际矿石巨头产量以及中国发货量较2016年第四季度小幅下滑，供给有所减少（见图12-6）。

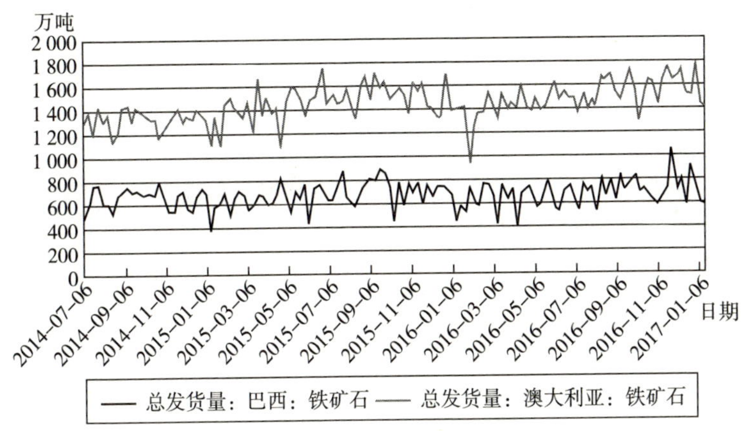

数据来源：Wind 资讯

图 12-6　澳洲、巴西铁矿石中国发货量

第二季度，铁矿石期货价格先涨后跌，季度上涨12.02%。4月，钢厂复产速度不及消费旺季需求的增长，短期供需错配推动钢价大幅上涨，钢厂利润迅速好转从而带动铁矿石需求增加，同时，钢厂进口铁矿石可用天数从过去的一个半月左右降至24天，库存处于低位进一步推升价格上涨幅度，铁矿石期货活跃合约结算价较3月底大涨20.48%至456元/吨。进入5月，钢厂逐步复产，现货市场建材供应增加，下游需求降温，供需格局逆转，悲观情绪蔓延，铁矿石期货价格开始高位回落，6月传统淡季需求表现不俗，叠加全国范围内的环保督查、G20峰会和唐山限产等因素，价格有所反弹，至6月底，活跃合约结算价降至424元/吨（见图12-7）。

第三季度，铁矿石期货价格处于390元/吨至503元/吨区间震荡，季度始末活跃合约结算价基本持平。具体来看，7—8月，去产能活动在各省份不断开展，钢铁产业链各产品库存仍处于低位，钢厂利润维持高位，生产积极性强，铁矿石需求较好，且供应压力不大，价格继续上涨，随后，由于旺季需求未如期启动，价格小幅走弱，但9月下旬钢材市场旺季来临，高炉开工率上升，铁矿石期货价格重启涨势（见图12-8）。

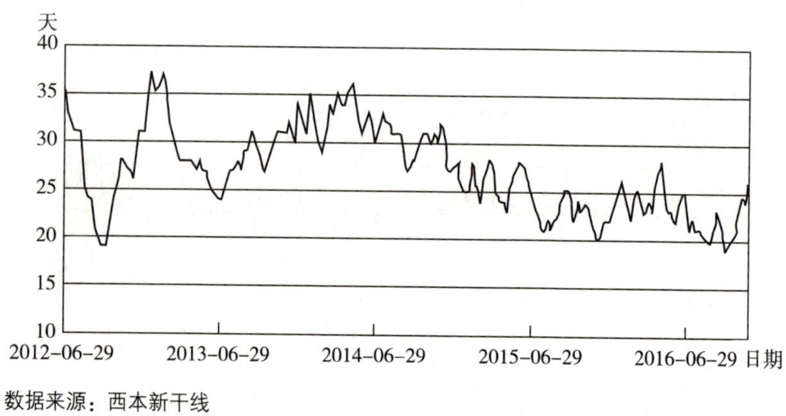

数据来源：西本新干线

图 12-7　大中型钢厂进口铁矿石库存

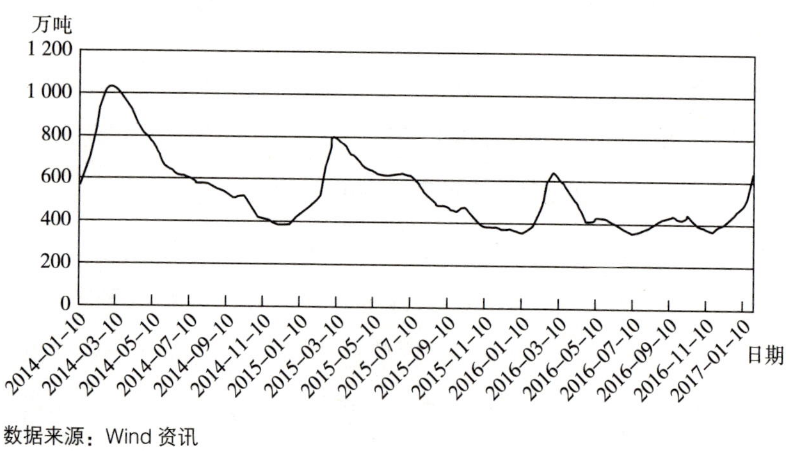

数据来源：Wind 资讯

图 12-8　螺纹钢社会库存

第四季度，煤炭行业上半年实施的“276个工作日”制度导致供给紧张的矛盾全面爆发，加上运力紧张，物流成本上升等因素推动，焦炭价格暴涨，铁矿石市场的主要矛盾转变为与焦炭之间的矛盾，钢厂加大对高品位铁矿石的采购以降低焦比，同时由于钢厂整体利润较好，倾向于提高入炉品位，将产量最大化，铁矿石市场出现结构性供应紧张的局面，价格跟随上行，期货活跃合约结算价于11月中旬涨至年度高点628.5元/吨，随后钢厂出现减产，铁矿石需求支撑减弱，价格有所回调，第四季度累计上涨36.07%（见图12-9）。

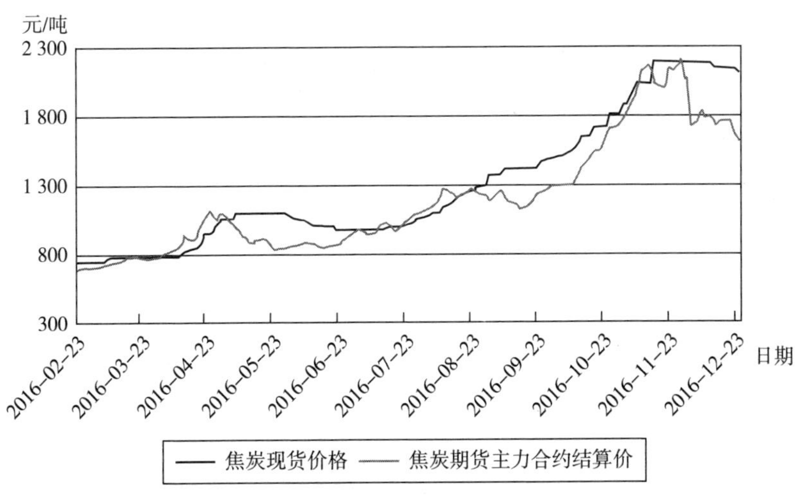

数据来源：Wind 资讯

图 12-9　焦炭期现货价格走势

2. 铁矿石期货与国内黑色金属产业链其他期货品种关联性

2016年，大商所铁矿石期货合约与上期所螺纹钢和热轧卷板期货合约价格的相关性进一步上升，与焦煤、焦炭期货合约价格的相关性小幅下降，但仍保持在较高水平。具体来看，2016年，四大矿山生产步伐较为稳定，铁矿石自身供给矛盾并不突出，需求受钢厂生产利润的变动影响较大，价格总体跟随下游钢材变动，因此，螺纹钢期货与热轧卷板期货和铁矿石期货价格的相关性均出现0.91的提升。但是，同属炉料的焦煤和焦炭期货与铁矿石期货价格的相关性有所降低，主要因煤炭行业实行“276个工作日”制度使得焦煤现货供给出现明显收缩，下半年，尤其是9月之后叠加运力紧张等因素刺激，焦煤、焦炭短期供应紧缺，同期价格变动节奏异于铁矿石，上涨幅度也明显高于铁矿石。但因同属黑色金属产业链期货品种，加上铁矿石期货功能发挥较好，三者之间的价格相关性仍然维持在较高水平（见表12-1、图12-10）。

表 12-1 2015—2016 年铁矿石期货与国内黑色金属产业链其他期货品种相关性

	螺纹钢期货	热轧卷板期货	焦煤期货	焦炭期货
2015 年	0.91	0.91	0.93	0.95
2016 年	0.97	0.96	0.84	0.86
变动幅度	0.06	0.05	-0.09	-0.09

注：期货价格为活跃合约结算价，数据为日度数据。

数据来源：Wind 数据库

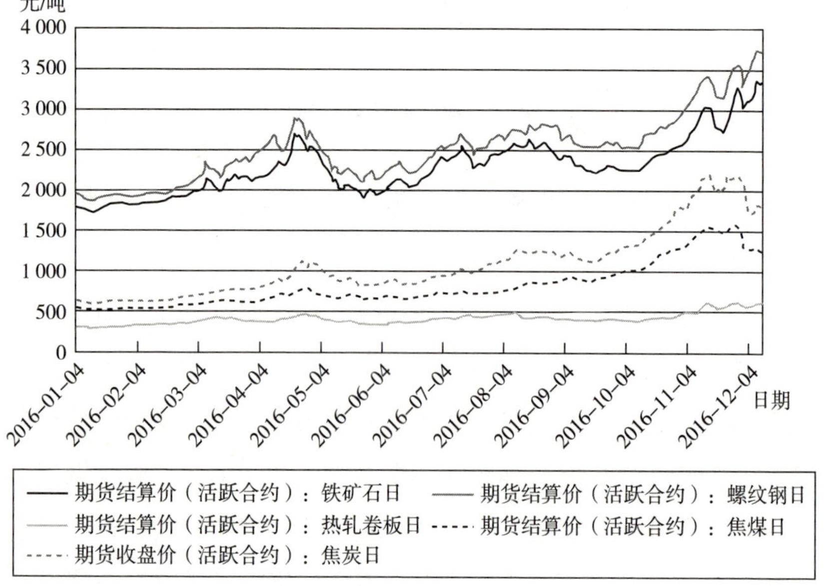

数据来源：Wind 资讯

图 12-10 黑色金属产业链期货价格走势

3. 铁矿石期货与相关期货、现货品种关联性

2016年，铁矿石期货合约与新交所掉期、普氏指数、青岛港纽曼粉现货价格等重要价格指标的相关性均有所上升，分别为0.97、0.97和0.96，较2015年提高4%、4%和6%，说明国内外铁矿石期现货价格间的关联度增加，联动机制良好运行（见表12-2、图12-11）。

表 12-2 2015—2016 年铁矿石期货与相关期货、现货品种相关性

	新交所期货	普氏指数	青岛港纽曼粉
2015 年	0.93	0.93	0.90
2016 年	0.97	0.97	0.96
变动幅度	0.04	0.04	0.06

数据来源：Wind 资讯

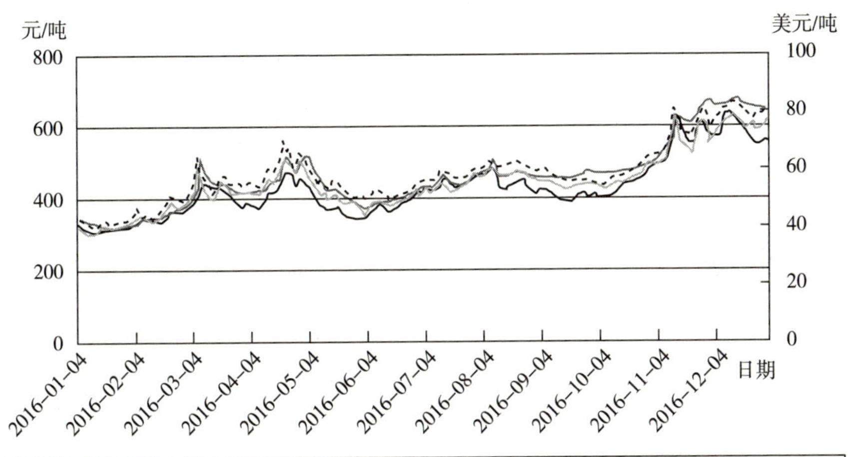

数据来源：Wind 资讯

图 12-11 国内外铁矿石期、现货价格走势

（三）期货市场结构分析

1. 客户数量稳步增长，参与者结构趋于多元化

2016年，经过连续两年的下跌，钢铁产业链各类产品库存处于低位，铁矿石价格波动率增加，交易活跃，吸引了越来越多的客户参与期货市场。铁矿石期货2016年年均参与交易客户数为122 493户，较2015年增加41 943户，增幅52.07%。

从参与者结构看，随着越来越多的矿山、钢铁企业、铁矿石贸

易商等产业客户与基金、私募和期货资管等机构投资者的参与，期货市场法人户数量继续增加，2016年铁矿石年均交易的法人客户数量较2015年增加1 428户至3 245户，增幅78.59%，在总参与交易客户数中的占比提升。另外，交投活跃也使得个人投资者踊跃参与铁矿石期货交易，2016年，年均交易个人客户为119 248户，较2015年增加39 225户，增长49.02%（见图12-12）。

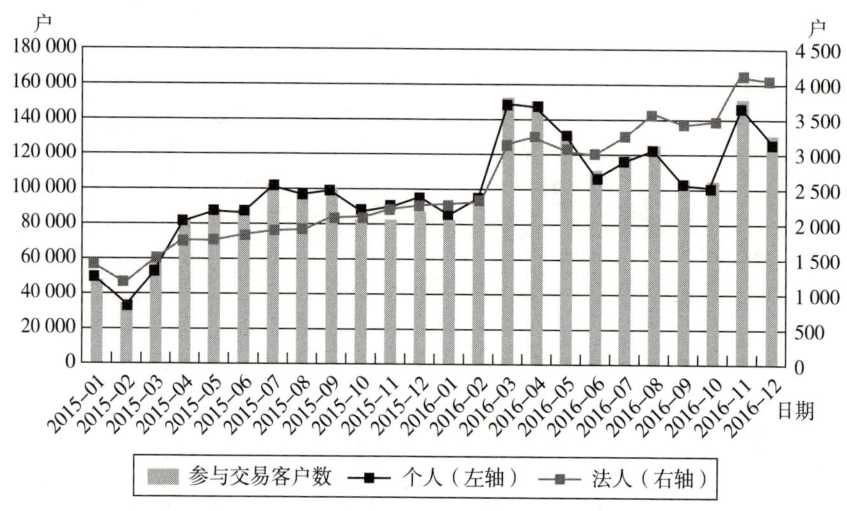

图 12-12　2015—2016 年铁矿石期货市场客户变动情况

2. 短线客户参与度分析

2016年钢厂铁矿石可用天数降至低位，库存对于价格的调节作用减弱，铁矿石价格波动性增大，吸引了更多的短线客户进行交易，年均短线客户数量为95 991户，较2015年的59 107户增加了36 884户，增长率为62.40%，为期货市场提供了充沛的流动性。2016年短线客户占比年度均值为79.16%，较2015年的71.78%上升7.38%，铁矿石期货市场的活跃度进一步提升（见图12-13）。

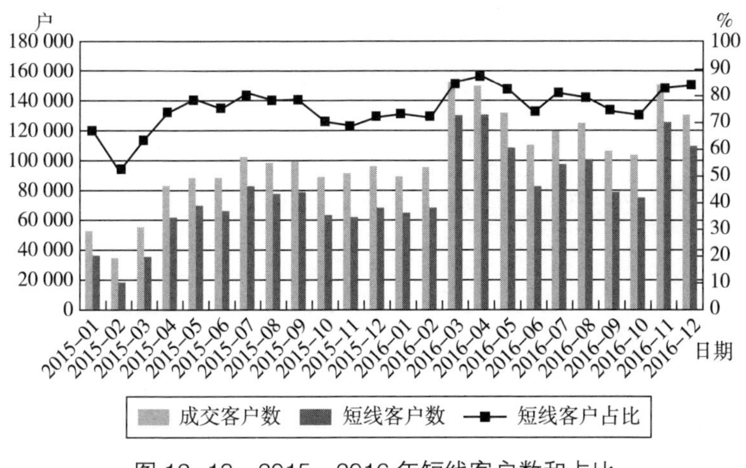

图 12-13　2015—2016 年短线客户数和占比

（四）交割情况分析

1. 交割量同比增长四倍

2016年铁矿石期货总交割量大幅上升，达到22 100手（以单边计），跃至大商所全部品种第四位，折合210万吨，是2015年交割量的5倍有余。从具体交割月份看，仍然集中在活跃合约月份，即1月、5月和9月，分别交割16 100手、3 200手和2 400手，4月和6月也分别有300手和100手交割量。另外，2016年共有30名客户参与交割，较2015年增加16名，交割客户数同比增长53.33%（见图12-14）。

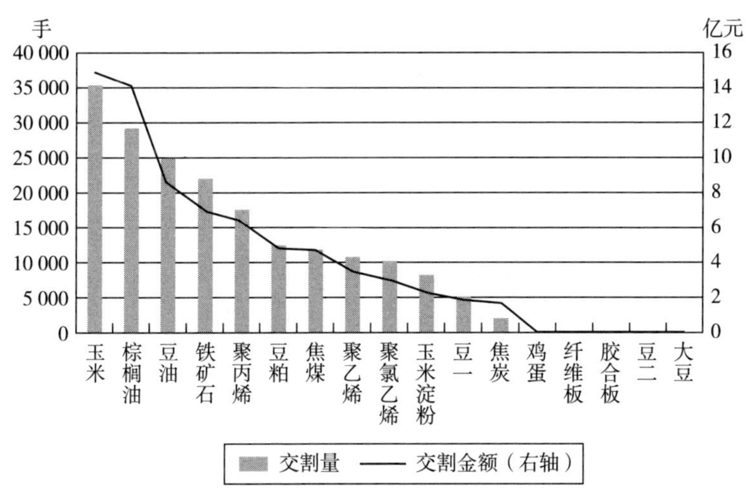

图 12-14　2016 年大商所期货各品种交割量和交割金额

2. 交割客户高度集中在华东和华北地区

华东和华北地区是我国最主要的铁矿石进口集散地和交割库所在地，铁矿石期货的交割客户高度集中在这两个地区，2016年97.96%的交割客户来自华东和华北地区，其他地区仅占2.04%（见图12-16）。

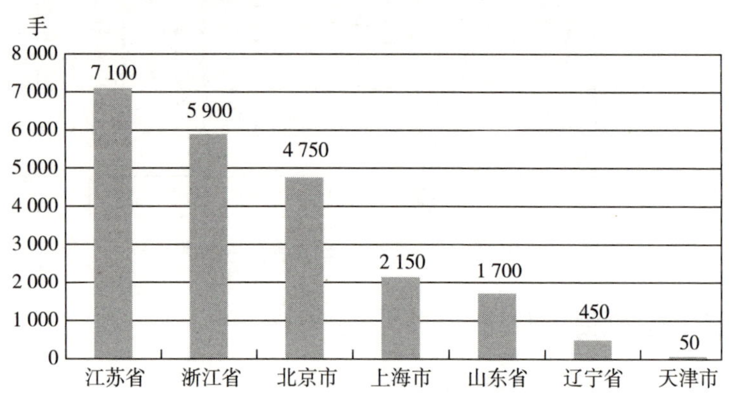

图 12-15　2016 年铁矿石主要省市交割量

从铁矿石参与交割客户的具体分布省市来看，2016年，江苏省和浙江省两省客户的交割活跃度仍然是最高的，2016年共交割13 000万手，折合130万吨，占全国总交割量的一半以上。与此同时，北京市和上海市客户的交割活跃度出现明显提升，交割量均从2015年的350手分别大幅增至4 750手和2 150手（见图12-15）。

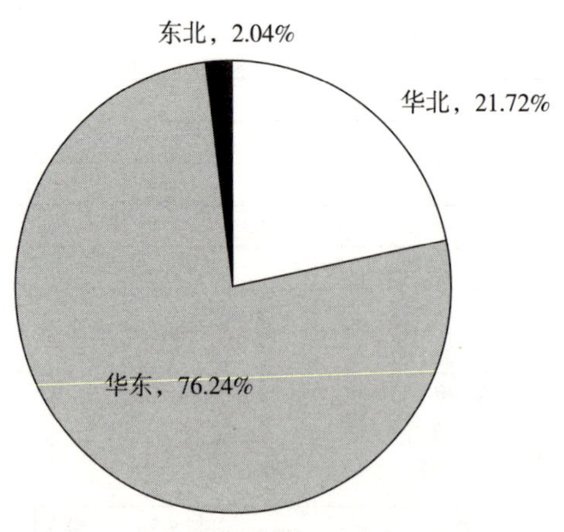

图 12-16　2016 年铁矿石交割区域分布

二、铁矿石期货市场功能发挥情况

（一）价格发现功能发挥情况

2016年，铁矿石期现价格相关性上升且存在稳定的引导关系。从具体数据看，2016年，铁矿石期现货价格的相关性为0.97，通过显著性检验，较2015年提升7个百分点，引导关系表现为期货引导现货。上市三年多以来，铁矿石期现货价格一直保持较强的相关性，期货价格长期对现货价格存在引导作用，说明大商所铁矿石期货价格发现功能发挥良好（见表12-3）。

表 12-3　　2015—2016 年铁矿石期现价格相关性

检验项 \ 年份		2015	2016
期现价格的相关性	系数	0.90	0.97
	显著性检验	通过检验	通过检验
期现价格是否存在协整关系		存在	存在
期现价格引导关系		期货引导	期货引导

注：现货价格为青岛港铁矿石价格，期货价格为活跃合约结算价，数据为日度数据。

（二）套期保值功能发挥情况

1. 基差走势前低后高，均值同比缩小

铁矿石期现货基差的2016年均值为21.61，最小和最大基差为-33和90.5，分别出现在3月7日和8月9日。大部分时间为现货升水于期货，与2015年表现一致，但现货升水的幅度有所下降，主要原因是供给侧改革下，各项去产能政策频出，加上下游需求稳定，钢铁产业供需格局好转，期货市场的悲观氛围明显减弱。

分阶段看，第一季度，期货整体呈现小幅贴水于现货的状态，其间，由于下游需求回暖，但钢企开工率长时间处于低位，出现了供需错配的现象，铁矿石市场供应矛盾短期内被迅速激发，现货价格上涨

幅度高于期货，基差随之扩大至年度高位，之后期货市场看多情绪被激发，基差恢复至合理水平。4月，铁矿石期现货价格继续保持上涨态势，但现货价格领涨，基差有所扩大。进入5月，随着钢厂逐步复产，供应增加，现货市场降温，基差开始缩小，于7月下旬降至负值，期货短期呈现升水现货的状态。第四季度，煤炭供应量在“276个工作日”制度的实施下出现明显收缩，价格步入快速上涨通道，并带动铁矿石现货市场出现结构性供给短缺的现象，看多情绪蔓延，期现货价格齐涨，但现货涨幅较高，基差呈现扩大趋势，并一直延续至年底（见图12-17）。

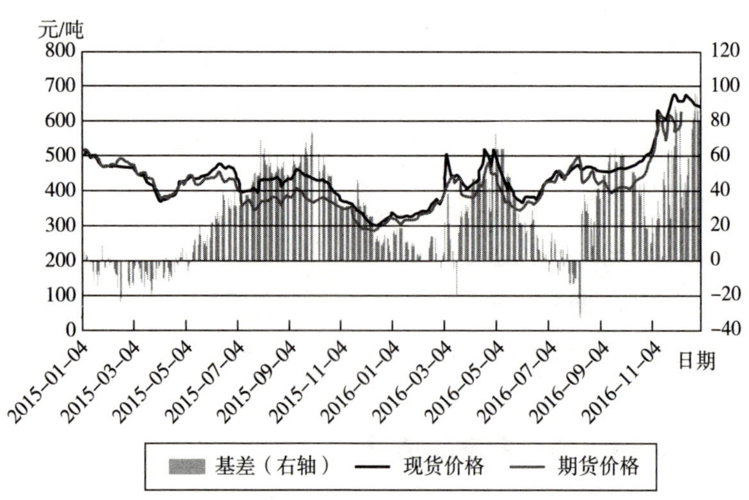

注：现货价格为青岛港铁矿石价格，期货价格为活跃合约结算价，数据为日度数据。

图 12-17　2015—2016 年铁矿石期现价格及基差变化

2. 套期保值效率显著提升

2016年大商所铁矿石期货到期日基差为39.06元，较2015年降低7.51元，期现价差率7.24%，较2015年降低2.94%，到期价格收敛性提高。同时，2016年，整个钢铁产业链的供需格局有所好转，价格在低库存的推动下波动幅度加大，企业参与套期保值的热情增加，产业客户数量逐步提升，表现为铁矿石期货的交易和交割均比较活跃。铁矿石周套保效率高达95.08%，同比大幅增加40.35%，套期保值效率显著提升，跃居大商所所有品种第一名（见表12-4）。

表 12-4　　2015—2016 年铁矿石套保有效性

指标			2015	2016
基差	均值	元	58.76	21.61
	标准差	元	25.18	21.42
	变异系数		0.15	0.01
	最大	元	112.76	90.5
	最小	元	15.61	-33
到期价格收敛性	到期日基差	元	46.57	39.06
	期现价差率	%	10.18	7.24
套期保值效率	周（当年）	%	54.73	95.08

注：现货价格为青岛港铁矿石价格，期货价格为活跃合约结算价，数据为日度数据。

（三）期货市场功能发挥实践

1. 成为现货企业定价的重要参考依据

随着铁矿石年度长协定价机制的瓦解，铁矿石市场进入指数定价阶段。大商所铁矿石期货上市之后，市场运行和功能发挥情况良好，得到了越来越多来自国内外的大型矿企、钢厂和贸易商的关注，一定程度上改变了普氏指数“快涨慢跌”的特点，并且能够有效地指导现货价格，对现货价格起到良好的引导作用。据统计，目前国内有85%的现货企业会参考大商所铁矿石期货定价。因此，虽然期货定价模式尚未在铁矿石国际贸易中广泛采用，但目前大商所铁矿石期货与国内外现货和衍生品市场的价格形成良好互动，国际影响力不断增加，我国铁矿石进口企业的定价话语权也得到了明显的提升。

2. 利用铁矿石期货建立虚拟钢厂锁定利润

2016年上半年，我国钢铁行业各类产品普遍呈现“低库存”的特点，螺纹钢社会库存降至不足400万吨，钢厂进口铁矿石可用天数降至20天左右[①]，库存的调节作用减弱，无论是上游原材料还是产成品的价格波动幅度均明显增大，钢铁企业经营难度和面临的风险加大。面对这一情况，4月中旬高炉开工率高企，预计后续供应充裕、利润下滑，部分钢厂选择在期货市场买矿石、焦炭等原材料，抛螺纹、热轧等产品的手段，以锁定经营利润。6月初，现货市场每吨钢利润由4月中旬的750元/吨降至200元/吨，但由于这部分企业已经通过期货市场进行套期保值，最终成功对冲了现货利润下滑带来的风险，达到了锁定生产经营利润的目的。

三、铁矿石期货合约相关规则调整

（一）合约及交割流程修改

1. 调整铁矿石品种指定交割库

2016年，为方便投资者参与交割，更好地发挥期货市场的作用，大商所先后对铁矿石品种制定交割仓（厂）库进行了三次调整，具体调整情况如下：

3月8日，设立唐山曹妃甸实业港务有限公司为铁矿石基准指定交割仓库、设立瑞钢联集团有限公司为铁矿石基准指定交割厂库、设立山西明迈特实业贸易有限公司为铁矿石基准指定交割厂库、设立中钢德远矿产品有限公司为铁矿石基准指定交割厂库、取消中钢股份有限公司基准指定交割厂库资格。

4月8日，设立日照钢铁控股集团有限公司为铁矿石基准指定交割厂库、设立杭州热联集团股份有限公司为铁矿石基准指定交割厂库、设立山东华信工贸有限公司为铁矿石基准指定交割厂库、设立鞍钢股份有限公司为铁矿石非基准指定交割厂库，与基准指定交割仓库贴水

① 螺纹钢社会库存和进口铁矿石可用天数数据分别来自 Wind 资讯和西本新干线。

10元/吨。

9月2日，设立中建材供应链管理有限公司、嘉吉迈拓金属贸易（上海）有限公司、河钢集团北京国际贸易有限公司为铁矿石品种指定交割厂库、调整杭州热联集团股份有限公司的铁矿石品种指定交割厂库存货地点为青岛港、曹妃甸港和日照港。

2. 公布施行铁矿石保税交割相关规则制度，设立制定保税交割仓库

为推进铁矿石期货国际化，促进市场功能发挥，经理事会审议通过，并报告中国证监会，大商所在铁矿石期货品种上实施保税交割制度，并修改《大连商品交易所保税交割实施细则（试行）》《大连商品交易所交割细则》《大连商品交易所标准仓单管理办法》《大连商品交易所结算细则》等相关规则。规则修正案于2月5日正式发布，修改后的规则自I1606合约起开始施行。

铁矿石期货保税交割结算价等公式中的“相关费用”，即商品进口报关、报检及代理服务费，暂定为1元/吨。

另外，经研究决定，自2月5日起，设立大连港散货物流中心有限公司为铁矿石指定保税交割仓库，与基准指定交割仓库的升贴水为-10元/吨。指定保税交割仓库自2016年5月20日起接受并办理铁矿石保税交割相关业务。

3. 修改涨跌停板幅度和最低交易保证金标准

为防范市场运行风险，大商所在2016年先后三次调整涨跌停板幅度和最低交易保证金标准。具体调整如下：

3月9日，根据《大连商品交易所风险管理办法》，经研究决定，自结算时起，将铁矿石品种涨跌停板幅度调整至6%，最低交易保证金标准调整至7%。

4月25日，根据《大连商品交易所风险管理办法》，经研究决定，自结算时起，将铁矿石品种最低交易保证金标准调整至8%。

11月28日，根据《大连商品交易所风险管理办法》，经研究决定，自结算时起，将铁矿石品种涨跌停板幅度调整至8%，最低交易保证金标准调整至10%。

4. 手续费收取标准修改

2016年，为保证期货市场平稳运行，大商所先后四次修改了手续费修改标准，具体修改如下：

自3月14日起，铁矿石品种同一合约当日先开仓后平仓交易不再减半收取手续费，手续费标准恢复至成交金额的万分之0.6。

自4月25日起，铁矿石品种手续费标准调整为成交金额的万分之0.9。

自4月26日起，铁矿石品种手续费标准由成交金额的万分之0.9调整为成交金额的万分之1.8。

自11月11日交易时（即11月10日晚夜盘交易小节时）起，铁矿石品种非日内交易手续费标准由成交金额的万分之0.6调整为成交金额的万分之1.2，日内交易手续费标准维持成交金额的万分之3不变。

（二）其他规则调整

2016年，铁矿石期货合约总体运行良好，风控规则方面，大商所根据节假日、成交量变化、持仓量变化等情况，对铁矿石的风控参数（涨跌停板、交易保证金幅度以及手续费）进行了调整（见表12-5）。

表 12-5　铁矿石期货涨跌停板和交易保证金幅度调整情况

时间	通知名称	调整措施
2016/2/4	关于2016年春节期间调整各品种最低交易保证金标准和涨跌停板幅度及夜盘交易时间的通知	自2016年2月4日（星期四）结算时起，将铁矿石品种涨跌停板幅度和最低交易保证金标准调整至7%和9%。
2016/3/9	关于调整铁矿石品种涨跌停板幅度和最低交易保证金标准的通知	根据《大连商品交易所风险管理办法》，经研究决定，自3月9日结算时起，将铁矿石品种涨跌停板幅度调整至6%，最低交易保证金标准调整至7%。

续表

时间	通知名称	调整措施
2016/3/10	关于调整铁矿石品种交易手续费收取标准的通知	自2016年3月14日起，铁矿石品种同一合约当日先开仓后平仓交易不再减半收取手续费，手续费标准恢复至成交金额的万分之0.6。
2016/3/31	关于2016年清明节期间调整各品种最低交易保证金标准和涨跌停板幅度及夜盘交易时间的通知	自2016年3月31日（星期四）结算时起，将铁矿石涨跌停板幅度和最低交易保证金标准分别调整至7%、9%。
2016/4/21	关于调整铁矿石和聚丙烯品种交易手续费收取标准的通知	自2016年4月25日起铁矿石和聚丙烯品种手续费标准调整为成交金额的万分之0.9。
2016/4/21	关于调整豆一、豆粕、玉米、聚乙烯、玉米淀粉、聚丙烯、聚氯乙烯、铁矿石品种涨跌停板幅度和最低交易保证金标准的通知	根据《大连商品交易所风险管理办法》，经研究决定，2016年4月25日（星期一）结算时起，将铁矿石品种最低交易保证金标准调整至8%。 对同时满足《大连商品交易所风险管理办法》有关调整涨跌停板幅度和交易保证金标准规定的合约，其涨跌停板幅度和交易保证金标准按照规定涨跌停板幅度和交易保证金数值中的较大值收取。
2016/4/25	关于调整铁矿石等品种交易手续费收取标准的通知	自2016年4月26日起，将铁矿石和聚丙烯品种手续费标准由成交金额的万分之0.9调整为成交金额的万分之1.8。
2016/6/7	关于2016年端午节期间调整各品种最低交易保证金标准和涨跌停板幅度及夜盘交易时间的通知	自2016年6月7日（星期二）结算时起，将铁矿石涨跌停板幅度调整至7%，最低交易保证金标准调整至9%。 2016年6月13日（星期一）恢复交易后，自铁矿石持仓量最大的两个合约未同时出现涨跌停板单边无连续报价的第一个交易日结算时起，将铁矿石品种涨跌停板幅度和最低交易保证金标准分别调整至6%和8%。
2016/9/22	关于2016年国庆节放假期间调整各品种最低交易保证金标准和涨跌停板幅度及夜盘交易时间的通知	自2016年9月29日（星期四）结算时起，将铁矿石涨跌停板幅度和最低交易保证金标准分别调整至7%和9%。 2016年10月10日（星期一）恢复交易后，自各品种持仓量最大的两个合约未同时出现涨跌停板单边无连续报价的第一个交易日结算时起，将铁矿石品种涨跌停板幅度和最低交易保证金标准分别恢复至9月29日结算前标准。
2016/11/9	关于调整焦炭、焦煤品种保证金和铁矿石交易手续费收取标准的通知	自2016年11月11日交易时（即11月10日晚夜盘交易小节时）起，铁矿石品种非日内交易手续费标准由成交金额的万分之0.6调整为成交金额的万分之1.2，日内交易手续费标准维持成交金额的万分之3不变。
2016/11/28	关于调整铁矿石品种涨跌停板幅度和最低交易保证金标准的通知	根据《大连商品交易所风险管理办法》，经研究决定，2016年11月28日（星期一）结算时起，将铁矿石品种涨跌停板幅度调整至8%，最低交易保证金标准调整至10%。

四、铁矿石期货市场发展前景、问题及建议

（一）发展前景

1. 供给侧改革下，钢厂利润持续好转

2016年是我国供给侧结构性改革的开局之年，2016 年2月，国务院发布《关于钢铁行业化解过剩产能实现脱困发展的意见》，提出工作目标：从2016年开始，用5年时间再压减粗钢产能1亿~1.5亿吨，严禁新增产能。随着煤炭和钢铁行业各项化解产能工作的开展，钢铁产业链供需格局明显好转，钢材价格触底回升，钢厂盈利水平不断提高，高炉开工率自低位回升。高需求同样带动铁矿石价格上涨，利润自下而上向全行业传导。根据中国钢铁工业协会统计，2016年，会员钢铁企业实现总销售收入28 022亿元，利润总额为303.78亿元，同比实现扭亏为盈，企业的亏损面和亏损额均大幅下降。

2. 钢铁行业仍处于转型升级的关键时期

在供给侧改革的推动下，钢铁行业利润好转，但市场供大于求的局面没有根本性改变。据统计，2016年我国粗钢和钢材产量为8.08亿吨和11.38亿吨，同比分别增长1.24%和2.30%，其中粗钢产量占全球总产量的49.60%，同比提高0.2个百分点。粗钢产量同比增长说明有效产能的去除效果并不理想。全国25个省份、宝钢、武钢两大央企及新疆建设兵团公开数据显示，2016年实际退出量为炼铁产能3 881万吨和炼钢8 616万吨，从具体结构看，退出中频炉产能1 180万吨，转炉产能2 789万吨，电炉产能2 414万吨，主要集中在冀鲁苏地区。据Mysteel调研，2016年退出的产能主要是前期已经停产的产能或僵尸产能，有效产能占比较低，仅占10%左右，去产能还未转化到实质的去产量层面。2017年，我国经济面临下行压力，全球贸易摩擦不断增加，钢材出口难度进一步加大，钢铁行业仍处于转型升级的关键时期，去产能之路任重而道远。

3. 铁矿石期货工具利用程度不断加深

大商所铁矿石期货上市三年多以来，法人客户数量逐年增加，包括钢厂、贸易商和国外大型矿企在内的产业客户对铁矿石期货的关注度和参与度不断提升。在国内铁矿石期货上市之前，部分产业客户选择在新加坡市场参与掉期交易对现货进行套期保值，而目前，根据调研结果显示，得益于大商所铁矿石期货功能的良好发挥，部分企业开始逐步转向内外盘同时操作，甚至完全利用国内铁矿石期货避险。对于期货这一金融工具的使用，也从最初的跨期、跨市场套利等向较为复杂的方式转变。比如，2016年在钢铁产业链相关产品价格波动幅度较大的背景下，在期货市场上买入原料（铁矿石、焦炭）期货合约，同时卖出下游产成品（螺纹钢）期货合约，逐步成为钢厂普遍采用的一种锁定生产利润的手段，说明产业客户对于期货工具的利用程度不断加深。

（二）存在的问题

1. 国产矿生产成本高企，铁矿石进口依赖度高

我国铁矿石生产平均成本远远高于澳洲和巴西，也高于世界平均水平，过去两年，随着铁矿石价格的下跌，大量矿山开工率降至50%以下，中型矿山不足两成，小型矿山几乎全部关停，国内矿企数量不断萎缩，原矿产量下滑使得国内钢企外矿使用比例大幅提升，部分钢厂外矿使用比例甚至达到100%，铁矿石进口依赖度从2014年的78.5%升至2015年的84%。虽然2016年随着价格的回升，国内矿企利润状况有所好转，但在成本劣势之下，我国铁矿石的进口依赖度仍保持在较高水平，而且进口来源国呈现愈发集中的特点，从澳洲和巴西进口的铁矿石占进口总量的85%左右，这两个国家又以四大矿山为主，进而引发行业对于供应稳定性以及定价话语权降低的担忧。

2. 行业利润分配不均，铁矿石定价话语权有待提高

大商所铁矿石期货上市以来，被国内外现货企业广泛作为定价参

考依据，一定程度上提升了我国在铁矿石进口贸易中的定价话语权，但是由于铁矿石供给高度集中于四大矿山，上游企业的垄断性质使得国外大型矿山在定价中仍然拥有绝对的话语权优势。以2016年第四季度为例，煤炭行业在“276工作日”制度的实施下出现供应短缺的局面，焦煤、焦炭价格的暴涨带动了铁矿石和下游钢材价格的强势上涨，但是综观整个钢铁产业链，在此轮价格上涨过程中，钢材的涨幅远远不及包括焦炭和铁矿石在内的原材料，利润的分配极不均衡，除了煤炭企业分得了少量的“一杯羹”之外，大多数利润被国外大型矿山获得。铁矿石价格经历了前两年的下跌，国内钢厂的定价话语权有所提升，但经过第四季度的强势上涨，铁矿石价格再度回到80美元/吨左右，国外大型矿山凭借绝对的成本优势，以及有意无意地通过下调产量预期影响价格走势，获得了超高的利润，但国内钢厂只能被动接受价格，即期吨钢利润十分有限甚至徘徊在亏损边缘，定价能力再次被削弱。

3. 铁矿石结构性短缺增加交割风险

2016年，尤其是第四季度，随着焦炭价格的上涨，钢厂通过提高铁矿石入炉品位降低焦比，高品位铁矿石对焦炭形成替代；同时，由于利润一直保持在较好水平，钢厂倾向于使用高品位铁矿石使产量最大化，铁矿石现货市场结构性供应短缺问题突出，高品位矿石溢价升至历史高位，以日照港的澳大利亚产PB粉（61.5%）和超特粉（56.5%）为例，9月起，PB粉的溢价自430元/吨左右一路攀升，截至年底增至700元/吨左右，溢价增加幅度高达62.79%。考虑到高品位铁矿石（62%）是大商所铁矿石期货的标准交割品，而品位60%以下的铁矿石并不在可接受的交割范围之内，可交割品短期内出现供应偏紧的问题，一定程度上增加了交割的风险，不利于期货市场的稳定运行。

（三）下一步的建议

为了更好地服务实体经济，提升铁矿石期货的国际影响力，进而增强我国企业在铁矿石国际贸易中的定价话语权，大商所正积极从以下几个方面完善铁矿石期货市场：

1. 加快推进铁矿石期货引入境外交易者

为引进境外投资者，完善参与者结构，并进一步增强我国铁矿石期货的国际影响力，积极推进铁矿石期货国际化，目前大商所已经于2016年2月对外正式发布通知，开始在I1606合约上执行保税交割业务，标志着铁矿石期货保税交割业务顺利落地，解决了境外参与者的实物交割问题。系统建设方面，大商所已经上线运行相关系统，并联合部分会员、银行、监控中间、境外经纪机构进行了测试。除此之外，国际市场推广工作也在有序地开展。2017年，大商所将继续通过加紧推进将铁矿石确定为特定品种、积极推动外管和税务等便利化措施落地实施、继续夯实技术系统基础等工作，加快推进铁矿石期货引入境外交易者工作。

2. 推进仓单服务商业务的配套措施

为改善客户交割能力，防范交割风险，同时解决近月合约不活跃、价格形成机制不完善的问题，大商所正积极推进铁矿石仓单服务商制度：在各交割地设置现货企业，根据交易所规定的价格和流程，向客户提供买卖仓单的服务，以疏通投机客户与铁矿石现货之间的渠道，使客户在可预期的成本下买卖仓单，消除投资者因没有处理仓单能力而无法参加近月合约交易的顾虑。目前，大商所已经在全国指定了12家仓单服务商，制定了仓单服务商业务指引，2017年将推进相关配套措施的落地，届时也将面向铁矿石服务商、重点会员以及重点客户开展全面的推广和培训工作。

3. 评估修改交割质量标准的可行性

2016年，高品位铁矿石溢价在结构性短缺的影响下升至高位，铁矿石可交割品短时间内出现供应紧缺的局面，为进一步降低铁矿石期货交割风险，使市场运行更加平稳，大商所将对现行的铁矿石期货交割质量标准进行综合评估，研究将低于60%品位的铁矿石纳入交割范围的可行性，并在此基础上根据研究结果对交割质量标准进行适时调整。

4. 做深对产业客户的培育工作

大商所铁矿石期货上市以来，市场规模稳定增长，交割运行顺畅，价格发现和套期保值功能发挥良好，国际影响力和服务实体经济的能力不断提升，但是受企业观念转变困难、缺乏研究团队等因素的阻碍，产业客户在期货市场上的参与度还远远不足，针对这一情况，大商所将继续通过实地调研了解现状和问题并开展更具针对性的培训等方式，做深对产业客户的培育工作，完善期货市场参与者结构，帮助实体企业，尤其是钢铁产业链相关企业度过转型升级的关键时期。

专栏

2016年铁矿石期货大事记

1月1日，中物联钢铁物流专业委员会发布指数报告，2015年12月国内钢铁行业PMI指数为40.6%，较上个月回升了3.6个百分点，脱离了2015年11月创下的近7年来的低点。在主要的分项指数中，产成品库存指数大幅收缩至近28个月以来的最低，新订单指数、新出口订单指数明显回升。这些数据反映出国内钢铁行业低迷形势有所改善。

2月4日，《国务院关于钢铁行业化解过剩产能实现脱困发展的意见》正式发布，令深处寒冬的钢铁业感受到春天的气息。《意见》明确规定，在近年来淘汰落后钢铁产能的基础上，从2016年开始，用5年时间再压减粗钢产能1亿~1.5亿吨，行业兼并重组取得实质性进展，产业结构得到优化，资源利用效率明显提高，产能利用率趋于合理，产品质量和高端产品供给能力显著提升，企业经济效益好转，市场预期明显向好。

2月5日，大商所发布通知，对《大连商品交易所保税交割实施细则（试行）》等细则进行修改，明确了铁矿石期货保税交割规则制度。此举意味着铁矿石期货品种保税交割业务落地，铁矿石期货国际化过程中“人”“钱”“物”三要素里“物”这一要素的问题得到解决。

2月5日，据中国钢铁工业协会铁矿石进口预警监测报告统计：2016年1月，铁矿石进口许可证发证数量14 493.62万吨，环比上涨99.8%，金额63.54亿美元，平均价格43.84美元/吨；清关数量4 633.10万吨、金额19.86亿美元；平均海运费价格11.0721美元/吨，环比下降0.5979美元/吨。

3月8日，经研究决定，自即日起，大商所对铁矿石品种指定交割库进行调整：设立唐山曹妃甸实业港务有限公司为铁矿石基准指定交割仓库；设立瑞钢联集团有限公司为铁矿石基准指定交割厂库；设立山西明迈特实业贸易有限公司为铁矿石基准指定交割厂库；设立中钢德远矿产品有限公司为铁矿石基准指定交割厂库。取消中钢股份有限公司基准指定交割厂库资格。

3月28日，唐山市委办公厅召开唐山市环保工作会议，公布了《2016唐山世界园艺博览会等重大活动空气质量保障方案》，详细说明了世园会期间六大限产方案。

4月6日，首供山钢第一船澳大利亚新兴矿山罗伊山公司矿粉顺利抵达青岛港，山钢国贸工作人员与该公司有关销售人员在港口进行了接洽，及时办理到港卸货手续，保障了资源及时入厂。罗伊山公司是澳大利亚新兴的铁矿山Roy Hill的西澳项目，位于澳洲皮尔巴拉地区，计划年产量5 500万吨，矿山产品中40%是块矿，60%为粉矿，磷含量较低，比澳大利亚现有的主流中级粉矿更有优势。山钢国贸与罗伊山公司一直保持着密切联系，2015年6月，双方正式签署长期矿石购销协议，并达成紧密、双赢合作的意愿。

4月8日，经研究决定，自即日起，大商所对铁矿石品种指定交割库进行调整：设立日照钢铁控股集团有限公司为铁矿石基准指定交割厂库；设立杭州热联集团股份有限公司为铁矿石基准指定交割厂库；设立山东华信工贸有限公司为铁矿石基准指定交割厂库；设立鞍钢股份有限公司为铁矿石非基准指定交割厂库，与基准指定交割仓库贴水10元/吨。

4月12日，印度商工部反倾销局发布公告：称应其国内产业申请，决定对自中国进口的不锈钢板发起反倾销调查，主要涉及印度海关7219和7220税号项下产品，加工方式包括热轧和冷轧。

5月6日，大商所发布通知，为抑制相关品种过于频繁的短线交易、防范过度投机风险同时，避免对正常的非日内交易造成冲击，确保市场运行效率，保障期货市场价格发现和避险功能的发挥，自5月10日起铁矿石品种非日内交易手续费标准恢复至原成交金额的万分之0.6，同一合约当日先开仓后平仓交易手续费标准继续维持万分之3的现有水平不变。

5月26日，河北省召开了全省钢铁煤炭去产能攻坚战动员会，对全省去产能工作进行再动员、再部署，把钢铁、煤炭去产能作为统筹“三去一降一补”的“当头炮”，强调以勇于担当的精神打好去产能这场硬仗，在化解过剩产能中加快转型升级步伐。

6月2日，欧洲委员会终裁，对中国冷轧板卷征收19.8%~22.1%反倾销税，明显高于2月开征的13.8%~16%临时反倾销税率。

7月8日，印度塔塔钢铁（Tata Steel）表示，有鉴于脱欧效应，已暂缓出售英国主要业务。塔塔目前有意与德国工业集团蒂森克虏伯（Thyssenkrupp AG）组成欧洲钢铁业务的合资企业，不过塔塔在英规模较小的特殊钢材业务仍将出售。根据投行杰富瑞（Jefferies），塔塔与蒂森的结合将成为欧洲第2大的钢铁生产者，次于安塞乐米塔尔（Arcelor Mittal）。

7月25日，全球最大铁矿石生产商淡水河谷公司公布，第二季度铁矿石产量为8 682万吨（不包含Samarco产量但包括第三方采购），环比增12%，主要是季节性因素及北部系统生产率提升。不过，与2015年同期相比产量下降了2.8%，归因于削减低利润项目产量的策略决定及Samarco矿停产。

8月30日，巴西淡水河谷公司（Vale）投资者关系执行官在一次会议上透露：期望在2017年年中重启与必和必拓公司（BHP Billiton）运营的Samarco矿业公司，该矿场因发生事故造成巴西历史上最严重的环境灾难而关闭，缩减运送铁矿石到中国的capesize贸易量。

9月2日，经研究决定，自即日起，大商所对铁矿石品种指定交割厂库进行调整：设立中建材供应链管理有限公司、嘉吉迈拓金属贸易（上海）有限公司、河钢集团北京国际贸易有限公司为铁矿石品种指定交割厂库；调整杭州热联集团股份有限公司的铁矿石品种指定交割厂库存货地点为青岛港、曹妃甸港和日照港。

9月21日，交通部正式开始施行《超限运输车辆行驶公路管理规定》，并联合公安部下发了关于《整治公路货车违法超限超载行为专项行动方案》以及《车辆运输车治理工作方案》，开始为期1年的专项整治。在严厉超载查处环境下，钢材物流运输环境发生了明显变化，短期整体物流运输成本上升30%~50%，各地因运输环境及运距会有所差异。

11月14日，工业和信息化部正式公布《钢铁工业调整升级规划（2016—2020年）》。规划提出，到2020年，钢铁工业供给侧结构性改革取得重大进展，实现全行业根本性脱困。产能过剩矛盾得到有效缓解，粗钢产能净减少1亿~1.5亿吨。力争到2025年，钢铁工业供给侧结构性改革取得显著成效。另外，规划预测，国内粗钢消费量在2013年达到7.6亿吨峰值基础上，预计2020年将下降至6.5亿~7亿吨，粗钢产量7.5亿~8亿吨。

11月28日，根据《大连商品交易所风险管理办法》，经研究决定，28日（星期一）结算时起，将铁矿石品种涨跌停板幅度调整至8%，最低交易保证金标准调整至10%。

11月23日，国务院召开常务会议，决定派出国务院调查组严查个别企业违法违规行为。李克强总理在当天的会上明确表示：“煤炭钢铁去产能工作总体顺利，应充分肯定。但也确实存在个别不守规矩、偷奸耍滑的企业，国务院要派调查组坚决查处、严肃追责。”

11月27日，工信部领导联合江苏苏北各市领导开会商讨中频炉产能的处理办法，决定从11月29日开始，相关中频炉要全部停产拆除，30日企业所在市政府负责检查拆除工作，涉及产能4 000万吨，占江苏省建材产量的25%~30%。

12月1日，中国宝武钢铁集团揭牌成立，标志着全球第二大、中国第一大钢铁集团正式组建。这是国内两家排名前列的钢铁巨头联合重组，也是业内首个集团重组与上市公司合并同步推进的央企联合重组案例。重组后，员工人数22.8万人，资产总额7 300亿元，营业收入将达3 300亿元。宝武集团年产粗钢规模将位居中国第一位、全球第二位，成为中国乃至全球钢铁行业最具影响力的企业之一。

12月6日，河北省钢铁产业结构调整领导小组办公室下发《关于进一步排查非法生产地条钢的紧急通知》。据此，唐山市钢铁煤炭行业化解过剩产能领导小组办公室下达通知：认真清理以废钢为原料，采用感应炉（中频炉、工频炉）熔化，生产建筑用钢材及生产建筑用钢材钢坯的装备。若发现上述非法生产行为，必须勒令其停产，依法依规对其实施停水、停电等措施，并立即上报。通知要求，12月12日17时之前，上报排查情况，涉及产能2 000万吨，影响唐山地区2万吨/日的产量。

12月18日，唐山市政府办公厅下发紧急通知，为应对重污染天气，18时起在确保安全的前提下，全市所有钢铁企业烧结机（含竖炉）停止生产，50%的高炉焖炉（只有一座高炉的企业全部焖炉）；承担居民供热任务的钢铁企业相应的烧结机（含竖炉）、高炉可以不停产、焖炉，但是要确保污染物达标排放。

12月20日，全球最大的铁矿石和球团矿生产商淡水河谷宣布，已于巴西时间17日正式启用了采矿行业有史以来最大的S11D项目，并将于2017年1月开始商业运营。据了解，S11D项目拥有三条生产线，每条生产线的年处理能力为3 000万吨，其矿山的开采寿命预计为30年，逐步达产后，2020 年，淡水河谷总年产能将在4亿吨至4.5亿吨。

报告十三
焦煤期货品种运行报告（2016）

2016年是煤炭供给侧改革的元年，炼焦煤产量大幅下降，供需出现刚性缺口，价格大幅上涨，煤炭生产企业财务指标好转，行业利润增速由负转正，煤炭行业整体较好。焦煤期货市场全年成交量大幅增长，持仓规模也出现一定幅度的扩张，价格波动剧烈，重心大幅上移。在黑色系期货品种价格剧烈波动中，大商所风控能力得到检验，不但保证了焦煤期货市场顺利运行，同时在客户培植上也取得了很大进展，客户数量大幅上升，单位客户占比进一步提高，交割量逐步增大，交割更加顺畅。焦煤期现货价格引导关系也出现转换，期货价格开始引导现货价格，焦煤期货的价格发现功能更加完善，期货价格的参照性也更强，市场进一步成熟。展望2017年，煤炭去产能仍将继续，在钢铁供给侧改革的影响下，焦煤价格剧烈波动的概率加大，企业套期保值需求将进一步提升。

一、焦煤期货市场运行情况

（一）市场规模情况分析

1. 成交量大幅增长，全年呈“M”形走势

2016年，焦煤期货成交规模大幅扩张，成交量及成交额均出现大幅增长。2016年，焦煤期货成交量逾4 100万手，同比增加161.5%，成交金额逾2.2万亿元，由于焦煤期货价格爆发式反弹，成交金额更是

同比增加271.6%。

从月度成交规模来看，焦煤期货全年呈“M”形走势，成交量和成交金额的“M”形略有不同，即从时间上看，成交量的第一个高点高于第二个高点，而成交金额第一个高点矮于第二个高点，全年成交量于4月达到年内的高点，当月成交量将近919万手，并于11月达到年内的次高点，当月成交量将近564万手；而成交金额于4月达到年内的次高点，当月成交金额逾4 000亿元，并于11月达到年内的最高点，当月成交金额逾4 900亿元。

从焦煤期货成交规模占比情况来看，2016年较2015年也出现了较大的增长。2016年，焦煤期货成交量占比大商所商品期货成交量为2.67%，相比于2015年的1.41%提升了1.26个百分点，焦煤期货成交量占比中国上市期货成交量为1%，较2015年的0.49%提升了0.51个百分点；而成交金额占比的扩充幅度就更为明显，2016年焦煤期货成交金额占比大商所商品期货成交金额为3.59%，较2015年的1.41%上升了2.18个百分点，焦煤期货成交金额占比中国商品期货成交金额为1.24%，较2015年的0.43%提升了0.81个百分点（见图13-1、图13-2）。

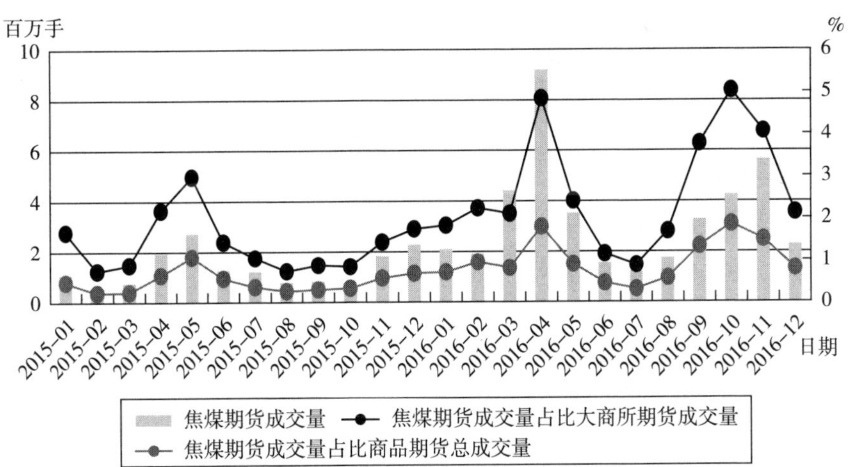

图13-1　2015—2016年焦煤期货月度成交量及占比

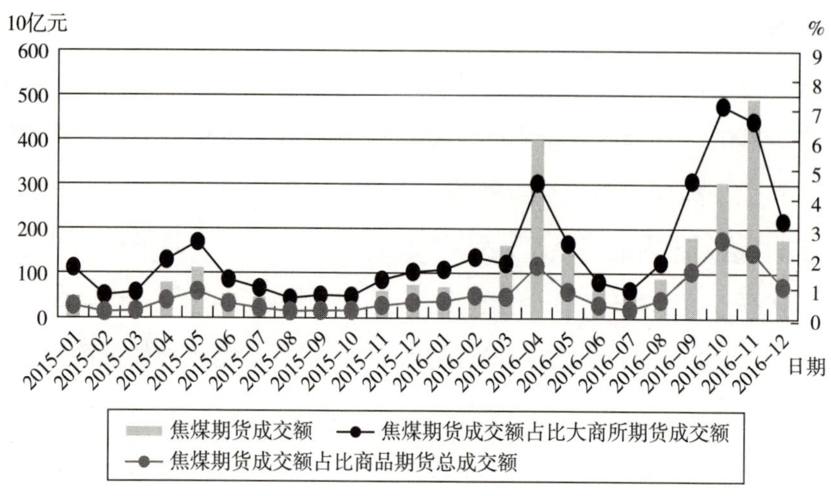

图 13-2 2015—2016 年焦煤期货月度成交额及占比

2. 持仓规模重心上移，全年波动较大

同成交规模的变化相一致，2016年焦煤期货持仓规模也大幅扩张，平均持仓量及平均持仓金额均大幅上涨。2016年，焦煤期货月度平均持仓量将近12.5万手，较2015年同比增加59.35%，焦煤期货月度平均持仓金额将近70亿元，较2015年同比大增132.57%，增幅是持仓量增幅的2倍有余。

从月度持仓规模来看，焦煤期货全年呈“过山车”走势，月度持仓金额“过山车”走势更为明显。2016年伊始，焦煤期货持仓规模稳步上升，并于4月达到年内的第一个高点，当月持仓量逾15.8万手，持仓金额将近72亿元。之后持仓规模连续小幅回落。7月开始，焦煤期货持仓规模再度上升，且速度和幅度均较大，至10月，焦煤期货持仓规模达到年内的最高点，当月持仓量逾26万手，较4月增加65.43%，较年内的最低点增加255.22%；持仓金额将近200亿元，较4月增加178.41%，较年内的最低点增加720%。10月之后，焦煤期货持仓规模快速下降，截至年底，焦煤期货持仓量和持仓金额分别为8.9万手和63亿元，仅为10月的三分之一左右。

焦煤期货持仓规模占比也出现了一定的增长。2016年，焦煤期货平均持仓量占比大商所期货平均持仓量为2.05%，较2015年的1.59%提升了0.46个百分点，焦煤期货平均持仓量占比中国商品期货平均持仓量为0.93%，较2015年的0.73%提升了0.2个百分点；2016年，焦煤期货平均持仓金额占比大商所期货平均持仓金额为3.19%，较2015年的1.73%提升了1.46个百分点，焦煤期货平均持仓金额占比中国商品期货平均持仓金额为1.3%，较2015年的0.71%提升了0.59个百分点（见图13-3、图13-4）。

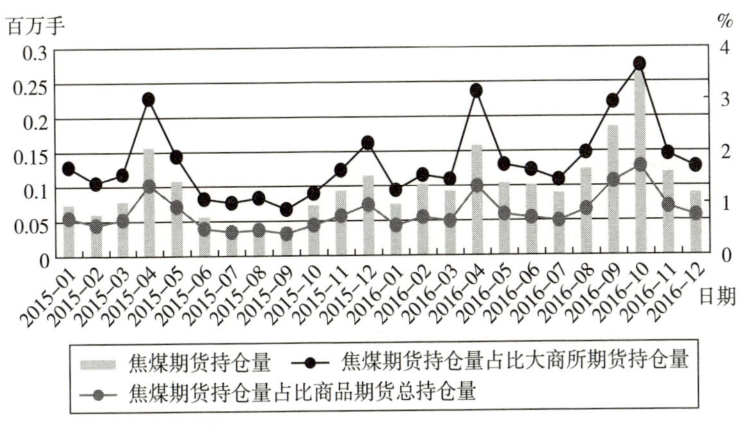

图 13-3　2015—2016 年焦煤期货月度持仓量及占比

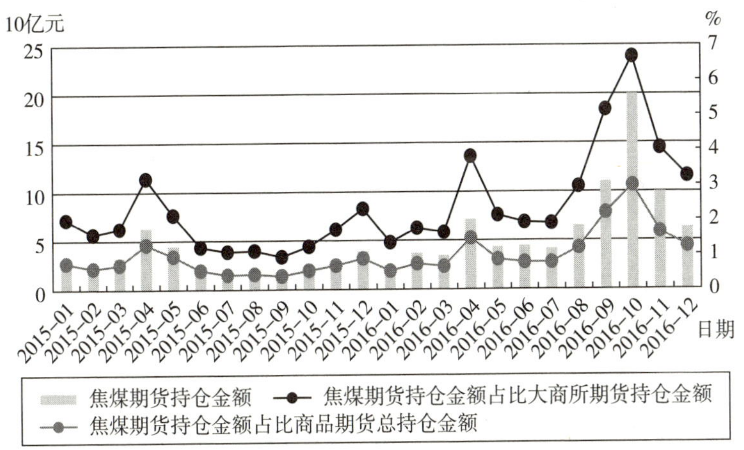

图 13-4　2015—2016 年焦煤期货月度持仓金额及占比

3. 成交、持仓集中度重心下移，第四季度买方、卖方持仓集中度剪刀差大幅拉大

2016年，焦煤期货成交集中度为30.37%，较2015年的44.80%下降了14.43个百分点，持仓集中度[①]为48.19%，较2015年的62.69%下降了14.5个百分点，成交、持仓集中度均出现较大幅度的下降。从月度的走势来看，焦煤期货成交、持仓集中度呈明显的下行趋势，重心下移（见图13-5）。成交、持仓集中度的下降，表明市场参与者分散性的加强，同时也表明焦煤期货在经济中的渗透性增强，有利于焦煤期货价格的合理形成，更好地发挥期货市场的价格发现功能。

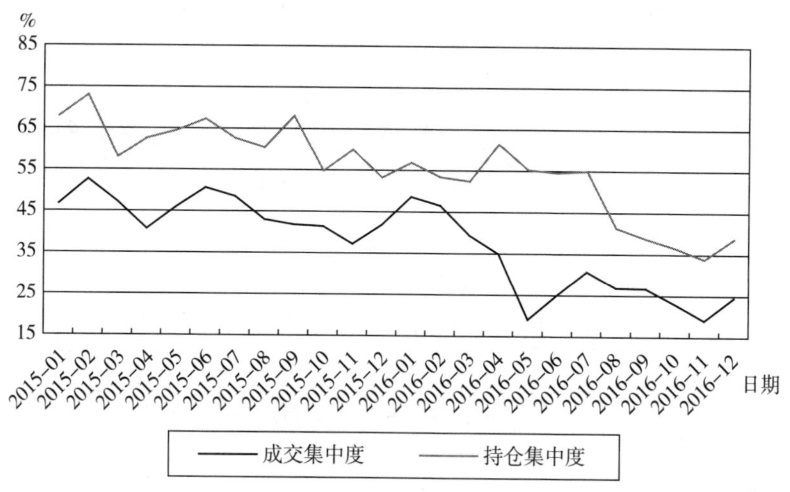

图 13-5　2015—2016 年焦煤期货月度成交、持仓集中度

值得注意的是，焦煤期货买方、卖方持仓集中度剪刀差在2016年第四季度逐步拉大，此时也是焦煤期货价格大幅上涨的时期，买卖双方持仓集中力量的对比在一定程度上能反映市场对于价格变化的预期程度（见图13-6）。

① 本文采用的焦煤期货持仓集中度的计算方法为，持仓前 100 名客户持仓总和除以焦煤期货总持仓量。

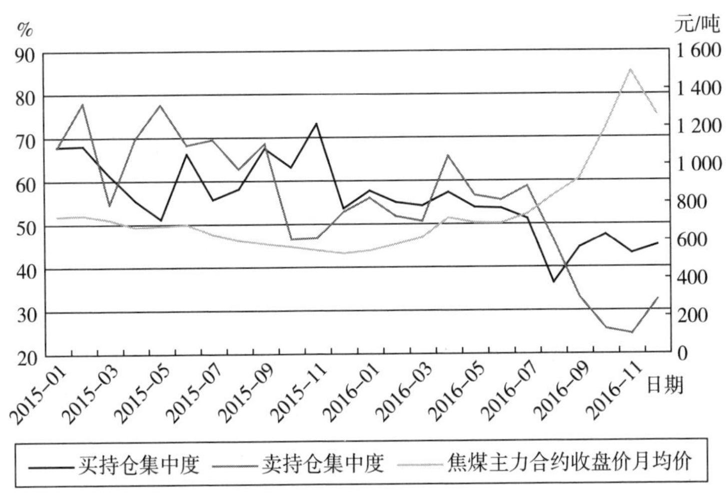

图 13-6　2015—2016 年焦煤期货买方、卖方持仓集中度以及焦煤期货价格

（二）价格运行规律分析

1. 期现货价格爆发式反弹，期货涨幅超一倍，现货涨幅超两倍

2016年，随着基建投资的发力以及房地产市场改善性需求的刺激，黑色产业链相关产品价格均大幅上涨，尤其是煤炭相关品种，在煤炭供给侧改革强有力的推动下，价格更是出现爆发式反弹。2016年年底，京唐港澳产主焦煤含税库提价为1 990元/吨，较2015年年底的660元/吨上涨了1 330元/吨，涨幅201.52%，而2016年年底焦煤期货主力合约结算价为1 182元/吨，较2015年年底的562元/吨上涨了110.32%；2016年，焦煤期货主力合约结算价最高价为1 604.5元/吨，最低价为526.50元/吨，最高价是最低价的3倍有余。

分阶段看，年初至4月25日，焦煤现货价格以稳为主，而焦煤主力合约价格出现大幅上涨。2016年初钢厂的深亏损、低库存、低开工使得钢材供给处于极低的水平，而2016年第一季度的基建投资发力使得钢材需求大幅转好，钢材供需出现较大矛盾，价格大幅上涨。但是由于黑色产业链内利润传导需要时间，同时钢厂复产缓慢，此时焦煤现货端并未出现明显变化，而期货方面已有预期，价格大幅上涨，盘面由贴水转为升水。4月26日至6月14日，焦煤现货价格出现补涨，期货价格大跌。在暴利的驱使下，有能力复产的钢厂基本复产，在原料补库的带动下，黑色产业链利润传导至煤矿端，焦煤现货价格补涨。但是此阶段钢材产量逐步大幅提高，供需矛盾得到一定的缓解，焦煤期货价格回落。5月9日权威人士讲话之后，钢材价格继续下跌，焦煤期货价格则表现为区间震荡。6月15日至9月18日，焦煤期货、现货价格均温和上涨，期货在后期有所回落。9月19日至11月11日，现货价格推动期货价格大幅上涨。煤炭供给侧改革导致炼焦煤产量大幅下降，较高的钢铁产量对需求有较强支撑，炼焦煤供需出现钢性缺口。同时运力问题使得钢厂补库周期延长，焦煤现货价格推动期货价格暴涨。11月15日至年底，期货价格大幅回落，现货以持稳为主，盘面出现深度贴水。此阶段炼焦煤政策拐点已经形成，库存拐点基本确认，运力也有所缓解，前期支撑焦煤价格大幅上涨的因素不复存在，期货市场给出预期，价格大幅下跌，但煤矿挺价情绪极为浓厚，现货价格以稳为主，部分煤种价格出现一定幅度的下跌。最终，炼焦煤价格在2017年第一季度大幅下跌，焦煤期货价格发现功能准确实现（见图13-7）。

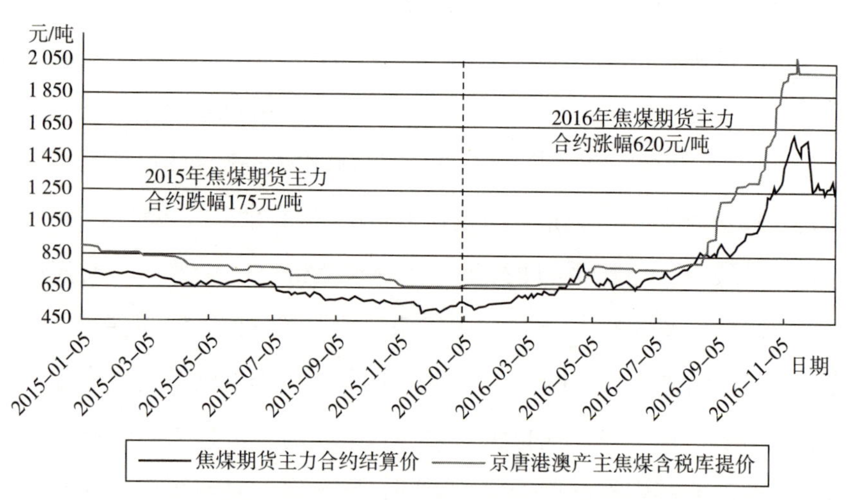

资料来源：大连商品交易所、Wind 资讯

图 13-7　2015—2016 年焦煤期货现货价格走势

2. 焦煤焦炭期货价格引导关系出现转换

通常来讲，黑色产业链中利润传导主要是由下游传导至上游。在煤焦产业中，焦炭是焦煤的下游产品，因此若利润传导为主逻辑，则焦炭价格应领先于焦煤价格。从数据上看，2016年焦煤、焦炭期货价格的相关性为98.86%，且在1%的置信区间内表现为焦煤期货价格引导焦炭期货价格，但焦炭期货价格不引导焦煤期货价格。因此，2016年焦煤、焦炭盘面的主逻辑应为煤炭供给侧改革带来的上游对下游的推动效应，利润传导逻辑相对次要。

从引导系数的分段数据来看，年初至4月25日，数据上显示，在1%的置信区间内表现为焦炭期货价格引导焦煤期货价格，而焦煤期货价格并未引导焦炭期货价格。此阶段，利润传导导致的下游推动上游为主逻辑。4月26日至9月18日，数据显示，没有足够的证据证明焦炭期货价格引导焦煤期货价格，同时也没有足够的证据证明焦煤期货价格引导焦炭期货价格，此时，煤焦产业链内上下游之间的逻辑较为混乱。9月19日至年底，数据显示，在1%的置信区间内表现为焦煤价格引导焦炭价格，而焦炭价格并未引导焦煤价格，此阶段的主逻辑为煤炭供给侧改革带来的上游对下游的推动效应（见图13-8）。

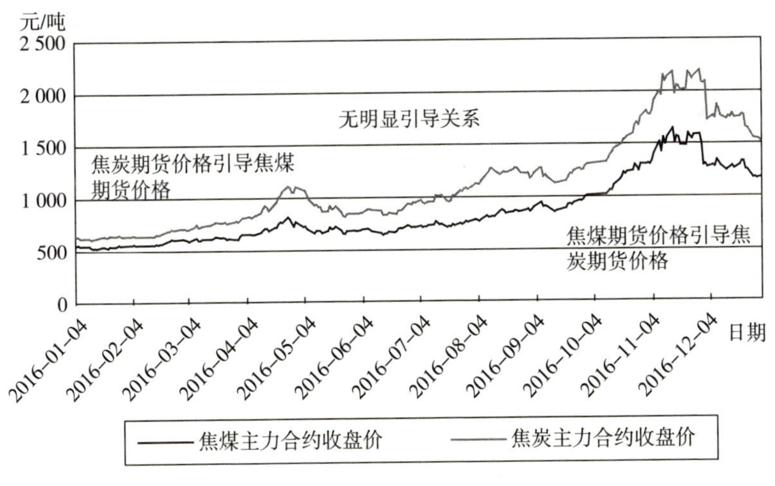

图 13-8 2016 年焦煤、焦炭期货价格走势

3. 焦煤期货价格波动幅度加大

2016年，焦煤期货价格出现两次明显的剧烈波动，两次剧烈波动分别出现在整个4月加上5月上旬以及9月下旬加上整个第四季度，伴随着焦煤价格大涨的是较高的波动率。2015年焦煤期货主力合约日度价格波动率为21.7%，而2016年的同口径波动率却达到了44.33%，翻了1倍有余。如果按照期货价格指数[①]来看，2015年焦煤期货日度价格波动率仅为17.11%，2016年同口径波动率达到了40.22%。焦煤期货价格两次剧烈波动的原因不尽相同，第一次主要由于钢材的供需矛盾导致产业链内价格联动引起的，焦煤价格剧烈波动更多的体现在预期上，实际上现货价格并未出现明显的波动。第二次主要是由于炼焦煤自身的供需矛盾引起的，期现货同时大幅上涨，期现联动。虽然11月中旬开始由于煤矿挺价，期现货出现分歧，但从2017年第一季度的走势上可看出，现货价格最终向期货价格回归（见图13-9）。

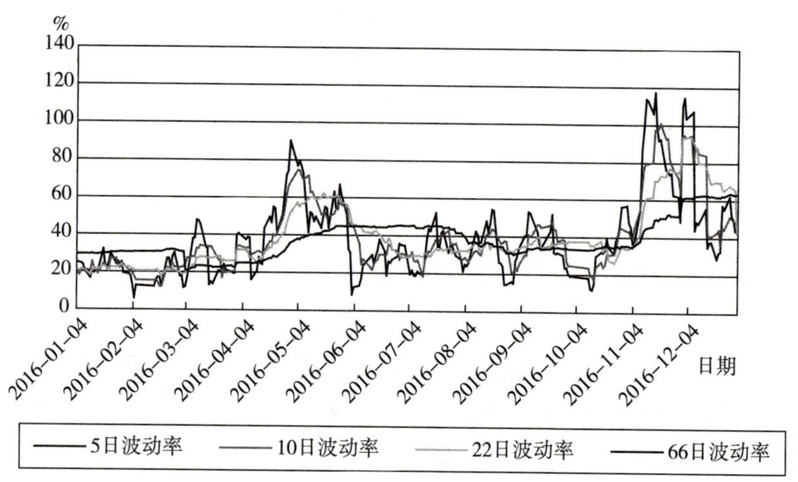

图 13-9　2016 年焦煤期货价格波动率

① 焦煤期货价格指数是焦煤期货 12 个合约价格的加权平均值，权值为各个合约的成交量。

（三）期货市场结构分析

1. 客户数量大幅上升，单位客户占比进一步提高

2016年，焦煤期货价格的高波动性吸引了一大批交易客户，交易客户数量大幅上升。截至2016年年底，参与交易的客户总数为65 506户，较2015年年底上升116.18%，其中单位客户数为2 801户，较2015年年底上升166.51%，个人客户数为62 075户，较2015年年底上升114.37%。从平均数来看，2016年，全年月度平均交易客户数为54 675户，较2015年上升138.32%，其中，月度平均单位客户数1 963户，较2015年上升163.93%，月度平均个人客户数52 712户，较2015年上升137.46%。焦煤期货价格的高波动性，同时吸引了投机者的投机意愿和企业的套保需求，第四季度焦煤价格大幅上涨的时间段，也是交易客户数增长最快的时间段（见图13-10）。

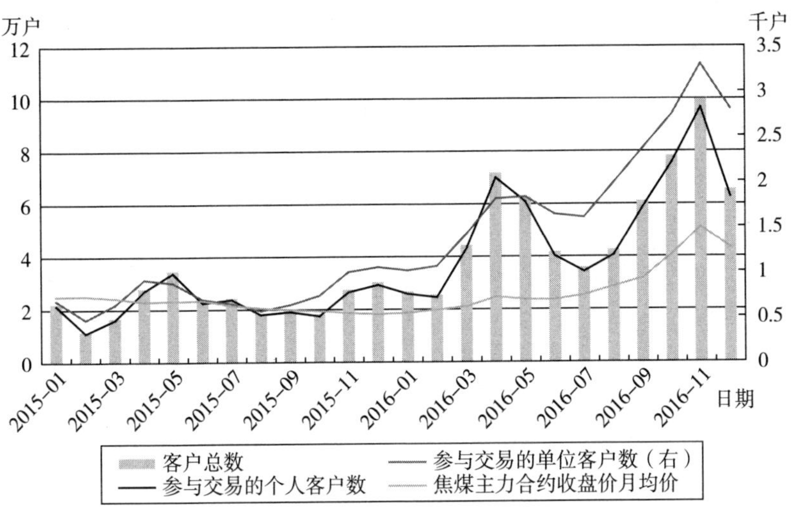

图 13-10　2015—2016 年焦煤期货月度交易客户数

从焦煤期货交易客户的结构上看，2016年单位客户占比进一步提高。截至2016年年底，单位客户数占比为4.28%，较2015年年底的3.47%提高了0.81个百分点，而2016年平均单位客户占比为3.71%，较

2015年的3.32%提升了0.39个百分点。单位客户占比的进一步提高，说明焦煤期货一直在完善，市场在逐步成熟（见图13-11）。

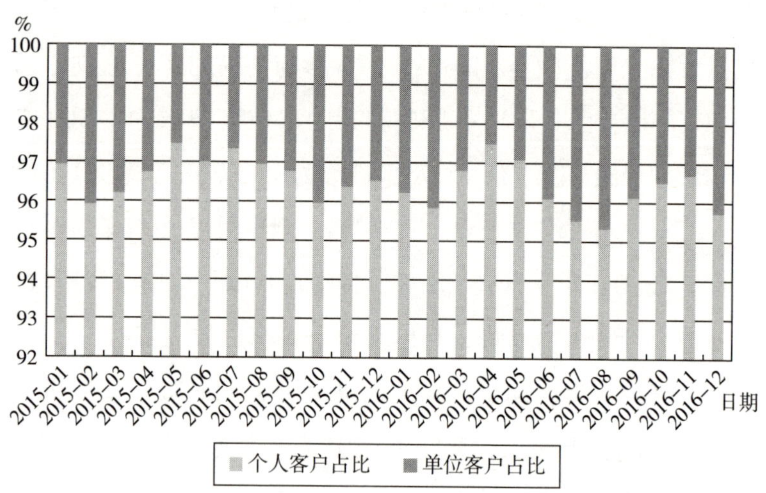

图 13-11　2015—2016 年焦煤期货交易客户结构

2. 短线客户占比提升，持仓客户占比下降

截至2016年年底，短线客户占比为72.74%，较2015年年底的71.01%提高1.73个百分点，持仓客户占比65.56%，较2015年年底的66.62%下降1.06个百分点，从年底数据来看，短线及持仓客户占比变化不大。2016年，短线客户月度平均占比为76.58%，较2015年的63.55%大幅提高了13.03个百分点，而持仓客户月度平均占比为61.68%，较2015年的67.51%大幅下降了5.83个百分点，从月度平均占比来看，短线客户占比大幅提升，而持仓客户占比大幅下降。

从月度走势来看，2016年第一季度和第二季度前半段，焦煤期货大涨大跌，双向波动，此时持仓客户占比大幅下降，而短线客户持仓占比大幅上升，此状况至第二季度后半段开始修复，之后随着焦煤期货价格涨势的确立，虽然波动率依然较大，但波动主要为单向波动，短线和持仓客户占比均逐步提高。由于前面短线客户占比抬升幅度以及持仓客户占比下降幅度过大，因此月度平均占比同年底占比存在较

大差异（见图13-12）。

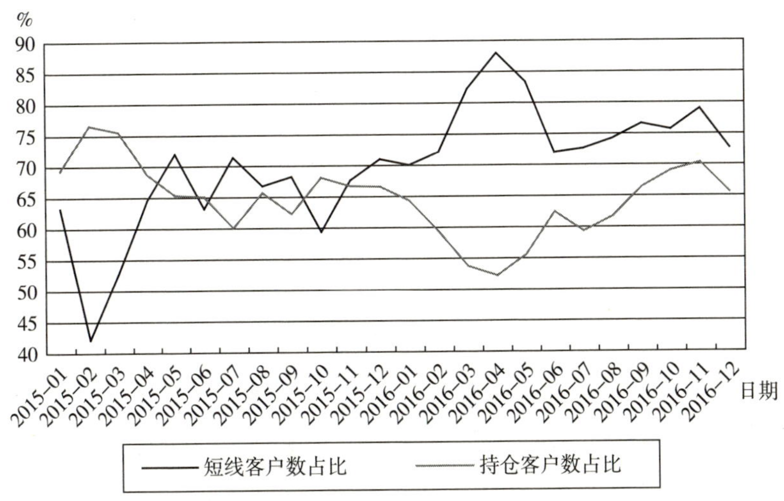

图 13-12　2015—2016 年焦煤期货短线客户和持仓客户占比

（四）交割情况分析

1. 交割量继续增大，各主要月份分布较为均匀

焦煤期货交割继续保持顺畅的特点，2016年焦煤期货全年交割1.19万手，折合71.4万吨，较2015年增加21.4%，按交割手数计算，焦煤期货交割量在大商所商品期货交割量中排第7位，处于中游位置，若按照交割吨数计算，焦煤期货排第6位。按交割月分布来看，焦煤期货交割依旧只发生在1月、5月、9月三个月份，其交割量分别为0.34万手、0.46万手和0.39万手，各次交割规模差距不大，交割月份分布较为均匀（见图13-13、图13-14）。

2. 参与交割的客户主要集中在华北和华东地区

2016年，参与焦煤交割的客户主要分布在河北、浙江、北京、上海、山东、江苏、新疆、山西和重庆等省（市或自治区），交割量排在前三位的省份分别为河北省、浙江省和北京市，其占比分别为25.63%、22.27%和18.91%，其次为上海市和山东省，占比分别为16.39%和5.46%，上述5个省（市）的客户交割量占比之和达到88.66%，接近全部交割量的九成（见图13-15）。

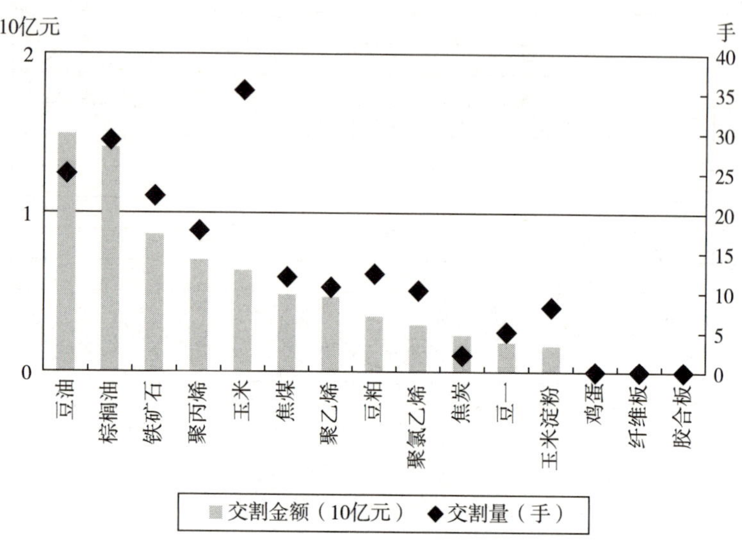

图 13-13　2016 年大连商品交易所期货品种交割量

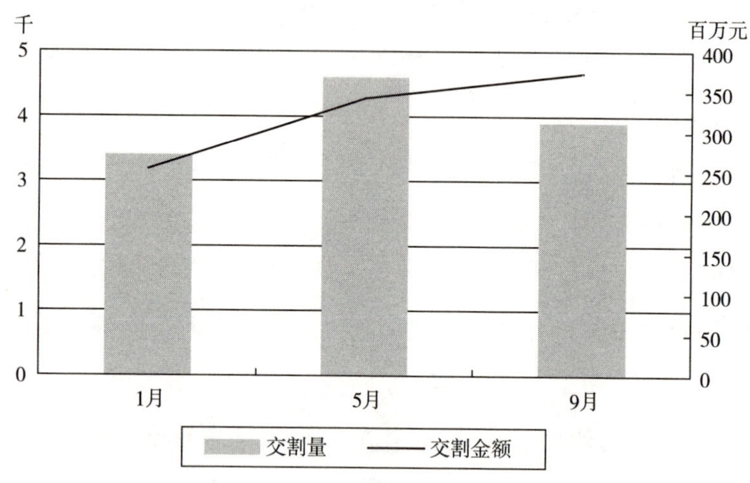

图 13-14　2016 年焦煤交割量按月份分布

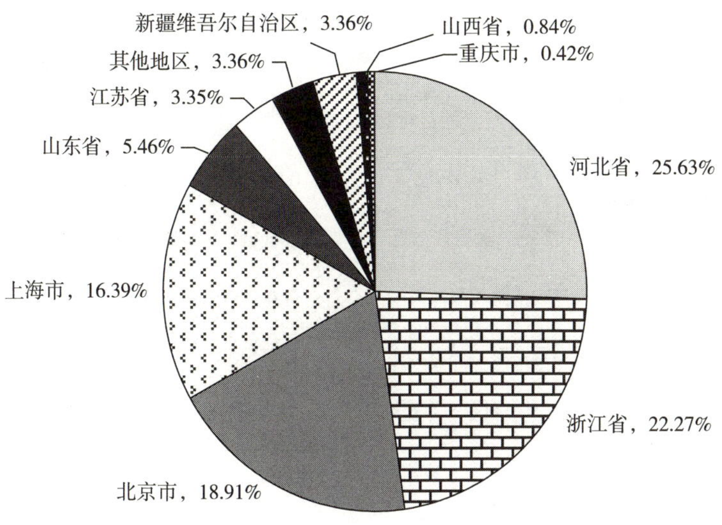

图 13-15　2016 年焦煤期货交割来源分布

二、焦煤期货市场功能发挥情况

（一）价格发现功能发挥情况

期现货价格相关性维持在90%以上，期货价格引导现货价格。近三年来，焦煤期货和现货价格相关性一直维持在90%以上，且近两年一直维持在95%左右，期现货市场联动性较好。值得关注的是，2014年、2015年，均表现为现货价格引导期货价格，2016年则表现为期货价格引导现货价格，从2016年开始，焦煤期货真正开始引导现货价格，为企业的正常生产经营提供价格变化方面的参考。而2016年是煤炭供给侧改革集中发力的一年，煤炭价格大幅上涨且剧烈波动，期货价格的提前反映使得许多煤炭需求型企业提前预警，合理安排正常生产经营，降低了企业面临的价格风险（见表13-1）。

表 13-1　　2014—2016 年焦煤期现价格相关性

项目 \ 年份		2014	2015	2016
期现价格的相关性	系数	0.92	0.96	0.95
	显著性检验	通过检验	通过检验	通过检验
期现价格是否存在协整关系		存在	存在	存在
期现价格引导关系		现货引导	现货引导	期货引导

注：现货价格为京唐港澳大利亚产主焦煤库提价，期货价格为焦煤活跃合约收盘价，数据为日度数据。

数据来源：Wind 数据库

（二）套期保值功能发挥情况

基差继续收窄，套期保值效率大幅提高。随着焦煤期货市场的日趋成熟，基差收窄是必然趋势。2016年，焦煤期货基差均值为-9.52，期货现货基本上在一个水平，若按照此值计算，期货现货基本上不存在套利空间。从绝对值上来看，该值较2015年的93.74下降了89.8%；从到期日基差来看，2016年期货到期日基差为56.81，较2015年的115.82下降了50.95%，交割套利空间也大大缩小。虽然基差均值大幅下降，但是2016年焦煤价格的高波动率使得焦煤基差的离散程度也较高。2016年，焦煤基差标准差为123.36元/吨，是2015年的6倍有余，此外，基差的波动区间也较2015年有较大的放宽。焦煤价格的高波动率以及期货价格领先现货价格的特点，使得焦煤基差波动放大是必然的，当焦煤基差过大时，市场必然存在套利空间。较低的基差均值说明，套利空间存在的时间较短，即套利者会迅速采取行动，使得套利空间消失，焦煤期货市场内部自我调节机制高速运转，焦煤期货进一步成熟。2016年，焦煤期货周度套期保值效率进一步提高至34.47%，进一步说明了上述情况（见表13-2）。

表 13-2 2015—2016 年焦煤套保有效性

指标			2015	2016
基差	均值	元	93.74	-9.52
	标准差	元	19.46	123.36
	变异系数		0.21	0.05
	最大	元	150	172
	最小	元	35.5	-290.5
到期价格收敛性	到期日基差	元	115.82	56.81
	期现价差率①	%	12.81	6.41
套期保值效率	周（当年）	%	4.27	34.47

注：现货价格为京唐港澳大利亚产主焦煤库提价，期货价格为焦煤活跃合约收盘价。

数据来源：Wind 数据库

（三）期货市场功能发挥实践

1. 期货价格引导现货价格，指引企业生产决策

2016年焦煤期货市场的一个十分重要的变化是，价格引导方式由之前的现货引导转换为期货引导，这样带来的好处是，企业可以根据期货价格走势提前预判现货价格走势，合理安排生产节奏。2016年9月中下旬，焦煤期货价格结束了短暂的阶段性下跌，煤炭供给侧改革的效果逐步显现，虽然按当时的情况来看，焦煤价格偏高，但现货偏紧的态势逐步加强，某焦化企业果断预判焦煤价格即将上涨，抓紧安排原料煤采购，并同时在期货市场中买入焦煤，该企业通过期货市场给出的信号，合理地安排自身生产，规避了一部分焦煤价格上涨带来的风险。

① 期现价差率：每年每月到期合约最后交易日现货价格与当月到期合约交割结算价之差，再计算各个月合约月份的均值，得到每年的到期日价差；每年的每月到期合约最后交易日现货价格与该合约交割结算价之差与最后交易日现货价格之比，再计算各个月合约月份的均值，得到当年的期现价差率。在现实中，由于存在出库、运输等费用，期现价格可能存在较小的价差。

2. 有效发挥套期保值功能

整体上来看，2016年黑色产业链相关品种主要以涨势为主，相关企业经营情况得到改善，但由于价格的剧烈波动，部分企业生产风险加大，迫切需要运用期货工具来对冲价格剧烈波动的风险。在实践过程中，套保成熟企业也确实实现了有效甚至是超效套保，而部分新入套保企业，也实现了较好的套保效果。

2016年9月下旬，某大型焦化企业结合对煤炭供给侧改革效果的预判，以及9月21日后运输供给侧改革后，运力紧张，原料煤进场缓慢，而同时企业利润又较好，企业也迫切需要补库原料的现状，该企业于9月22日在焦煤期货市场上分批买入1 000手焦煤期货合约进行买保，买入均价大约950元/吨。此后，焦煤期现货均大幅上涨。11月以后，焦煤供应紧缺状况缓解，该企业原料库存也处于较高水平，于是该企业于11月中旬陆续平仓买保头寸，平仓均价大约1 530元/吨。该企业通过精确的市场判断，结合自身的需求情况，合理地进行了买入套期保值，取得了较好的套保效果。

2016年12月中下旬，焦煤现货价格依然维持在较高位置，但前期紧缺情况已经大大缓解，后面面临将近3个月的需求淡季。某焦煤生产企业，决定在焦煤期货市场套保，且决定做焦煤卖出交割。当时近月盘面大幅贴水其现货价格，但结合其生产销售以及库存情况，果断卖出焦煤期货套保。从2017年的价格走势来看，目前其焦煤价格已经跌至当时的开仓价之下，套保现货较为显著。

三、焦煤期货合约相关规则调整

（一）风控措施

1. 调整涨跌停板

焦煤期货最初上市时，涨跌停板幅度为上一交易日结算价的4%。

2016年4月14日，大商所发布的《关于调整焦炭、焦煤品种涨跌停板幅度和最低交易保证金标准的通知》规定，根据《大连商品交易所风险管理办法》，经研究决定，自2016年4月18日结算时起，大商所将焦煤期货涨跌停板幅度调整为6%。2016年11月8日，大商所发布的《关于调整焦炭、焦煤品种涨跌停板、保证金和交易手续费收取标准的通知》规定，自2016年11月8日结算时起，焦煤期货涨跌停板幅度调整至9%。

2. 调整最低交易保证金标准

2016年4月14日，大商所发布的《关于调整焦炭、焦煤品种涨跌停板幅度和最低交易保证金标准的通知》规定，自2016年4月18日结算时起，焦煤期货最低交易保证金标准调整为8%。2016年11月8日，大商所将焦煤期货最低交易保证金标准进一步提高至11%，并于次日发布的《关于调整焦炭、焦煤品种保证金和铁矿石交易手续费收取标准的通知》规定，自2016年11月10日结算时起，焦煤期货最低交易保证金标准提高至13%，2016年11月11日结算时起，最低交易保证金标准提高至15%。

（二）规则调整

表 13-3　　大连商品交易所焦煤合约规则调整情况

时间	通知名称	调整事项
2016/1/28	关于 2016 年春节期间调整各品种最低交易保证金标准和涨跌停板幅度及夜盘交易时间的通知	自 2016 年 2 月 4 日（星期四）结算时起，将焦煤期货涨跌停板幅度和最低交易保证金标准分别调整至 6% 和 8%；2016 年 2 月 15 日（星期一）恢复交易后，自持仓量最大的两个合约未同时出现涨跌停板单边无连续报价的第一个交易日结算时起，焦煤期货涨跌停板幅度和最低交易保证金标准恢复至 4% 和 5%。对同时满足《大连商品交易所风险管理办法》有关调整交易保证金标准和涨跌停板幅度的合约，其最低交易保证金标准和涨跌停板幅度按照规定数值中较大值执行。另外，2016 年春节期间夜盘交易时间提示如下：2 月 5 日（星期五）当晚不进行夜盘交易；2 月 15 日（星期一）所有期货品种集合竞价时间为 08:55—09:00；2 月 15 日（星期一）当晚恢复夜盘交易。

续表

时间	通知名称	调整事项
2016/3/24	关于2016年清明节期间调整各品种最低交易保证金标准和涨跌停板幅度及夜盘交易时间的通知	2016年清明期间夜盘交易的时间如下：4月1日（星期五）当晚不进行夜盘交易；4月5日所有期货品种集合竞价时间为08:55—09:00；4月5日当晚恢复夜盘交易。
2016/4/20	关于调整焦炭、焦煤品种交易手续费收取标准的通知	自2016年4月22日起，焦煤同一合约当日先开仓后平仓交易不再减半收取手续费，手续费标准恢复至成交金额的万分之0.6。
2016/4/22	关于调整焦炭、焦煤品种交易手续费收取标准的通知	自2016年4月26日起，焦煤手续费标准由成交金额的万分之0.6调整为成交金额的万分之1.8。
2016/4/26	关于调整焦炭等品种交易手续费收取标准的通知	自2016年4月27日起，焦煤手续费标准由成交金额的万分之1.8调整为成交金额的万分之3.6。
2016/4/27	关于提示2016年劳动节期间夜盘交易时间的通知	2016年劳动节期间夜盘交易时间如下：4月29日（星期五）当晚不进行夜盘交易；5月3日（星期二）所有期货品种集合竞价时间为08:55—09:00；5月3日（星期二）当晚恢复夜盘交易。
2016/4/27	关于调整焦炭、焦煤品种交易手续费收取标准的通知	自2016年4月28日起，焦煤手续费标准由成交金额的万分之3.6调整为成交金额的万分之7.2。
2016/4/27	关于调整焦炭、焦煤品种涨跌停板幅度和最低交易保证金标准的通知	自2016年4月29日结算时起，将焦煤涨跌停板幅度调整至7%，最低交易保证金标准调整至9%。
2016/5/6	关于调整焦炭等品种交易手续费收取标准的通知	自2016年5月10日起，焦煤非日内交易手续费标准调整为成交金额的万分之0.6，同一合约当日先开仓后平仓交易手续费标准维持不变。
2016/5/31	关于2016年端午节期间调整各品种最低交易保证金标准和涨跌停板幅度及夜盘交易时间的通知	2016年端午节期间夜盘交易的时间如下：6月8日（星期三）当晚不进行夜盘交易；6月13日（星期一）所有期货品种集合竞价时间为08:55—09:00；6月13日当晚恢复夜盘交易。
2016/9/6	关于2016年中秋节放假期间调整各品种最低交易保证金标准和涨跌停板幅度及夜盘交易时间的通知	2016年中秋节放假期间夜盘交易时间如下：9月14日（星期三）当晚不进行夜盘交易；9月19日所有期货品种集合竞价时间为08:55—09:00；9月19日当晚恢复夜盘交易。
2016/9/22	关于2016年国庆节放假期间调整各品种最低交易保证金标准和涨跌停板幅度及夜盘交易时间的通知	2016年国庆节放假期间夜盘交易的时间如下：9月30日（星期五）当晚不进行夜盘交易；10月10日所有期货品种集合竞价时间为08:55—09:00；10月10日当晚恢复夜盘交易。
2016/11/8	关于调整焦炭、焦煤品种涨跌停板、保证金和交易手续费收取标准的通知	自2016年11月9日交易时（即8日晚夜盘交易小节时）起，焦煤非日内交易手续费标准由成交金额的万分之0.6提高至万分之1.2，日内交易手续费标准维持成交金额的万分之7.2不变。

续表

时间	通知名称	调整事项
2016/11/9	关于焦炭、焦煤品种实施交易限额制度的通知	自 2016 年 11 月 11 日收盘后，非期货公司会员或者客户在焦煤品种，单个品种、单日开仓量不得超过 1 000 手。该单日开仓量是指非期货公司会员或者客户某个交易日在某个品种所有合约上的买开仓数量与卖开仓数量之和。套期保值交易开仓数量不受限制。具有实际控制关系的账户按照一个账户管理。非期货公司会员或者客户某个交易日超过交易限额的，交易所将暂停其该品种当日开仓交易；累计 2 个交易日（含 2 个）以上超过交易限额的，自下一交易日起交易所将暂停其该品种开仓交易 3 个交易日；情节严重的，按照《大连商品交易违规处理办法》处理。
2016/12/26	关于 2017 年元旦期间夜盘交易时间提示的通知	2017 年元旦期间夜盘交易的时间如下：2016 年 12 月 30 日（星期五）当晚不进行夜盘交易；2017 年 1 月 3 日（星期二）所有期货品种集合竞价时间为 08:55—09:00；2017 年 1 月 3 日（星期二）当晚恢复夜盘交易。

四、焦煤期货市场展望及下一步工作设想

（一）行业发展展望

1. 煤炭去产能任重而道远

2016年，根据中央经济工作会议中“去产能、去库存、去杆杠、降成本、补短板”的政策纲领，煤炭行业率先实施了煤炭供给侧改革政策，在淘汰落后产能的同时，实施“276生产日”制度，从根本上改变了炼焦煤的供需格局，炼焦煤出现阶段性紧缺，价格大幅上涨。煤炭价格的上涨为煤炭企业提供了稳定的现金流，为煤炭行业“去产能、去杠杆、降成本、补短板”提供了良好的资金支持，为去产能赢得了时间和空间，保证了供给侧改革的顺利进行。但是其中也暴露出了一系列问题。供给侧改革初期，由于配套措施的不健全，煤炭产量“一刀切”的结果是，价格出现暴涨，下游生产企业生产成本大幅提升。随着配套政策的实施，煤炭供应虽然逐步恢复，但价格也出现暴跌，煤炭价格的剧烈波动不利于企业的生产决策，也干扰了企业的正常生产经营。

虽然从目前来看，煤炭供给侧改革相关政策措施已经较为齐全，特别是稳供应稳价格的政策使得煤炭供给和价格都回归合理区间，但是随着供给侧改革的深入进行，新的问题也将浮现，煤炭去产能任重而道远。从统计数据来看，2016年退出产能中实际在产的产能不足1 500万吨，关停难度较小。自2017年起，去产能计划将更多地涉及有效产能关停，而目前的高煤矿利润将成为去产能的阻碍。

煤炭供给侧改革是一项长期的任务，虽然煤矿“276生产日”制度不是彻底的去产能手段，但其对煤炭供给侧改革的作用却至关重要，2016年的“276生产日”制度取得了良好的效果，为煤炭去产能提供了良好的经济环境，在一定程度上为后续的煤炭供给侧改革铺平了道路。煤炭“276生产日”制度在一定程度上完成了其使命，鉴于此，煤矿“276生产日”制度是否继续实施、如何实施仍有待确定。

2. 炼焦煤供需面临再平衡，焦煤价格合理回归

2016年第二、第三季度的煤炭供给侧改革使得炼焦煤出现明显的供需缺口，根据汾渭能源的统计，2016年第二、第三季度平均月度供需缺口516万吨。2016年全年，炼焦煤供应短缺3 096万吨。2016年第四季度，满足要求的煤矿产能放开“276工作日”制度后，炼焦煤产量出现明显提升，截至12月，炼焦煤供给已过剩116万吨，炼焦煤供需实现了再平衡。

2016年，钢铁供给侧改革政策将集中发力，炼焦煤需求将受影响，同时随着煤炭供给侧改革配套措施的完善，产量调节能力也将大大提高，基本上不会出现2016年炼焦煤供需出现刚性缺口的情况，炼焦煤供需面临再平衡，焦煤价格会在2016年的基础上合理回归，稳定在合理区间之内。

3. 集中度提高是行业发展的必然趋势

我国炼焦煤行业集中度仍然偏低。国内最大的炼焦煤生产企业——山西焦煤集团的炼焦煤产量大约占到国内的10%，而产量排名

第二、第三位的企业，其产量占比均在5%以下，考虑到进口煤的情况，炼焦煤行业集中度偏低。对于某些行业来讲，行业集中度偏低更利于行业内部的充分竞争，有利于国民经济发展。但是，煤炭行业是我国经济的支柱产业，在产能过剩的前提下，偏低的行业集中度带来的是粗放式生产、生产成本偏高、政策执行混乱以及环境污染加剧等。为了充分发挥煤炭行业的经济支柱作用，行业整顿，提升集中度，方便统一规划管理是必然趋势。2016年，煤炭供给侧改革中关闭小煤矿、淘汰落后产能等措施在一定程度上提升了煤炭行业的集中度，但这只是开端，钢铁行业通过兼并重组来达到提升行业集中度的手段也有望在煤炭行业中出现。

4. 炼焦煤价格仍将维持高波动率，企业套保面临挑战

2016年的煤炭供给侧改革使得炼焦煤现货价格大幅上涨，期货价格波动剧烈，2017年将是钢铁供给侧改革攻坚的元年。如果说2016年是煤炭供给的大幅变化导致了炼焦煤价格的剧烈波动，那么2017年的不确定性更多地体现在炼焦煤的需求端。不确定性导致了市场预期的不一致性，价格更容易剧烈波动，炼焦煤价格仍将维持较高的波动率。在价格波动率较高的情况下，企业套保将面临挑战，传统的经典的套保方式将难以适应新的环境，而基差逐利套保以及趋势套保将大有可为。

（二）面临的问题

随着焦煤铁矿石期货的上市，黑色产业链期货品种形成闭环，从上游到下游，各重要链条环节上均有期货品种上市。虽然部分品种发展较为迅速，且焦煤品种在2016年煤炭供需格局变局中发挥了较为重要的作用，但是我国黑色期货品种运行时间都比较短，市场总体处于初级阶段，市场的成熟与功能的发挥还需要一个发育过程，焦煤期货仍面临一些问题。

1. 黑色系列期货品种及相关风险管理工具还很不齐全

对于钢铁产业链来讲，目前还有一些钢铁相关期货品种没有上市，同时，国内市场还没有期权和互换工具，企业套保只能采用线性的期货工具套保，企业套保同样面临较大的风险。因此，在实践中，企业对非线性的期权工具需求较大。目前，黑色相关期权品种仅存在于场外，且较为昂贵，难以满足企业个性化的套保需求。因此对于炼焦煤相关企业甚至钢铁产业链相关企业来讲，还存在着期货市场的场内标准化和市场需求个性化之间的矛盾。

2. 炼焦煤相关企业期货市场参度仍较低

从实践来看，目前贸易商环节焦煤期货参与度较高，其主要以套保和期现套利为主。而不少产业客户尤其是大型国有企业、生产加工企业参与度仍较低，特别是大型国有炼焦煤企业，目前参与度基本为零。而由于焦煤期货体量较小，大型机构投资者的参与程度也不高。

（三）下一步工作设想

1. 进一步深入研究国内外主流焦煤品质及供应情况，焦煤各指标的分布

炼焦煤是煤炭中的一类，主要用处是炼制焦炭，大商所上市的焦煤期货定位于炼焦煤中的主焦煤品种。焦煤现货指标分布较为宽泛，标准化程度较低，在实际生产过程中，不同企业对不同品质的焦煤需求不一致，这就造成了焦煤交割品标准设置的难题。目前，大连商品交易所正通过课题合作和市场调研，进一步深入研究国内外主流焦煤品质及供应情况，及焦煤各指标的分布，通过调整标准品部分指标和升贴水，使焦煤指标更准确反映主流焦煤品质。焦煤交割环节有望进一步优化。

2. 推动焦煤无仓单交割制度实施落地

目前，大连商品交易所焦煤交割主要以仓库仓单交割为主，交割

过程中不但杂费较高，有时也会浪费交通运力资源。针对上述情况，目前大连商品交易所正推动焦煤无仓单交割制度实施落地，在交割月规定时间内，由持有单向卖持仓的卖方客户主动申请，经交易所组织配对并监督，买卖双方按照规定程序直接进行货物交收。该制度能进一步降低交割成本，买卖双方直接对接将更贴近现货实际，也能节省部分运力资源。

专栏

2016年焦煤期货大事记

1月8日，国务院决定，三年内对煤炭、钢铁新上项目一律不得核准、备案，要严把土地供应关口，切实做到守土有责。与此同时，要综合考虑房地产去库存和加快农民工市民化进程，实施有保有压的用地政策。

1月21日，中国煤炭工业协会副会长姜智敏透露，煤矿制度工作日将做调整，将原来的330天下井工作日调整到276天。可压缩现有煤炭产能的16%，进一步缓解煤炭行业供求矛盾，也能让煤矿工人在假日真正得到休息。

2月1日，国务院以国发〔2016〕7号印发《关于煤炭行业化解过剩产能实现脱困发展的意见》。《意见》明确，从2016年开始，用3年至5年的时间，煤炭行业再退出产能5亿吨左右、减量重组5亿吨左右，较大幅度压缩煤炭产能，适度减少煤矿数量，实现煤炭行业过剩产能得到有效化解、市场供需基本平衡、产业结构得到优化、转型升级取得实质性进展。

2月16日，人民银行等八部委印发《关于金融支持工业稳增长调结构增效益的若干意见》。《意见》明确，加大金融对工业供给侧结构性改革和工业稳增长、调结构、增效益的支持力度，推动工业去产能、去库存、去杠杆、降成本、补短板，加快工业转型升级。

2月25日，中新网2月25日电“中央政府决定设立工业企业结构调整专项奖补资金，资金的规模是两年1 000亿元，就是用于解决职工安置问题，解决好安置，解决好职工的转岗、技能培训等方面的问题。在结构调整当中还会涉及资产的处置问题，主要还是采取市场化的办法来处置不良资产”。

3月18日，中国铁路总公司向其下属各路局和各专业运输公司下发“铁总运发〔2016〕54号”通知，要求以煤炭、冶炼物资为重点，通过扩大铁路局运价调整自主权限，坚决实现货运量止跌回升。一是直通运输运价自主下浮幅度由现在的15%调整为30%，下浮幅度不超过30%时由始发局自主确定，超过30%报总公司审批;管内和邻局运价仍执行既有政策。二是煤炭运价下浮不超过20%，由铁路局自主确定（包括管内和直通），已经实行管内下浮的铁路局仍执行原管内政策。

3月21日，国家发展改革委、人力资源社会保障部、国家能源局、国家煤矿安监局联合印发《关于进一步规范和改善煤炭生产经营秩序的通知》，要求引导煤炭企业减量生产。通知明确，从2016年开始，全国所有煤矿按照276个工作日规定组织生产，即直接将现有合规产能乘以0.84（276天除以原规定工作日330天）的系数后取整，作为新的合规生产能力。

3月30日，国土资源部印发《国土资源部关于支持钢铁煤炭行业化解过剩产能实现脱困发展的意见》，要求进一步落实产能过剩行业项目目录，根据禁止投资、用地的产能过剩行业项目目录，及时修订《禁止用地项目目录》，对目录内的新建、改扩建项目，禁止供应土地；严把土地供应关口。继续严把钢铁、煤炭等新增产能项目建设用地供应闸门，对新建项目、新增产能的技术改造项目和产能核增项目，一律不予受理用地预审。对未按国家规定核准、备案的产能严重过剩行业新增产能项目，不得安排建设用地计划，不得通过农用地转用、土地征收审查和办理供地手续；严格矿业权审批；严格国土资源执法监管等。

3月30日，山西省人民政府办公厅下发《关于加强全省煤矿依法合规安全生产的紧急通知》，要求山西省全省严格执行276个工作日生产规定，以及省属五大煤炭集团公司所属重组整合煤矿一律停产停建整顿。

4月7日，人社部、发改委、工信部、财政部、民政部、国资委、全国总工会联合印发《关于在化解钢铁煤炭行业过剩产能实现脱困发展过程中做好职工安置工作的意见》，对多渠道分流安置职工作出安排。政策实施期限暂定为2016年至2020年。据人社部初步统计，化解过剩产能需分流职工，煤炭系统涉及约130万人，钢铁系统涉及约50万人。

5月10日，财政部印发《工业企业结构调整专项奖补资金管理办法》，明确专项奖补资金规模为1 000亿元，基础奖补资金占80%，按因素法分配，其中化解产能任务量占50%；安置职工人数占30%；困难程度占20%；梯级奖补资金占20%。

7月13日，煤炭大省——山西省副省长王一新带领同煤集团等省属七大煤炭集团董事长以及两家大型民营煤炭企业负责人在北京金融街进行路演，路演介绍了山西省煤炭供给侧结构改革措施、煤炭企业科技创新、清洁绿色发展以及主要煤炭企业融资等情况。

8月18日，交通运输部、工业和信息化部、公安部、工商总局、质检总局联合召开全国货车非法改装和超限超载治理工作电视电话会，将在全国范围内重点开展三个“专项行动”，即开展为期一年的整治货车非法改装专项行动和整治公路货车违法超限超载行为专项行动，开展为期两年的车辆运输车联合执法行动。其中重点整治阶段为2016年9月21日至2017年7月31日。

9月29日，为尽快改善当前部分用煤企业存煤偏低的状况，满足冬储煤的实际需要，有效保障冬季供暖、供气和发电生产用煤，国家发展改革委、国家能源局、国家煤矿安监局联合要求，在遵循市场经济规律和发挥企业市场主体作用的前提下，适当增加安全高效先进产能释放。

11月11日，神华集团、中煤能源与中国华能、中国国电、大唐集团在北京签订了电煤中长期协议。协议对长协量和长协价格做出了明确要求。合同规定，将以2014—2016年协议双方长协实际供需数量作为2017年双方长协合同量的依据。下水合同量为沿海地区2014—2016年双方长协实际供需数量的三年平均数加2016年海进江双方长协实际供需量；直达长协合同量为2014—2016年双方长协实际供需量的三年平均数。合同还规定，2017年5 500大卡动力煤年度长协合同基准价格为535元/吨，并按月对合同价格进行调整，调整依据为上月最后一期BSPI指数和其他上月最后一期现货价格指数的算数平均值，调整幅度为上述平均值与计算基价的差额的50%，其他煤种价格依据与5 500大卡煤种单卡价格一致的原则确定。

11月23日，山西焦煤与宝钢、鞍钢、河钢、首钢、华菱、马钢六家大型钢铁企业在京签订了炼焦煤购销中长期合作协议。会议确定以2014—2016年双方的实际供货数量为基数，按照3：3：4的比例确定双方长协合同量，同时制定长协合同基准价格为双方2016年11月底执行的价格。

11月30日，国家发改委、国资委下发通知称，为认真贯彻落实党中央、国务院关于供给侧结构性改革决策部署，促进煤炭及相关行业平稳健康发展，积极推进煤炭中长期购销合同的签订和履行，国家发改委、国资委同交通部、国家能源局、中国铁路总公司、国家电网公司、南方电网公司研究制定了《关于加强市场监管和公共服务保障煤炭中长期合同履行的意见》。

12月16日，银监会、发展改革委、工业和信息化部三部门发文称，支持钢铁煤炭企业合理资金需求，加大对兼并重组钢铁煤炭企业的金融支持力度，同时严控违规新增钢铁煤炭产能的信贷投放。

12月27日，《山西省"十三五"综合能源发展规划》出台，"十三五"期间，山西省将重点推进煤炭基地、煤电基地、现代煤化工及煤层气、新能源等基地建设。研究探索分基地、分煤种组建世界一流、国内引领的特大型煤炭集团公司，到2020年，全省煤矿数量控制在900座以内，平均单井规模力争达到180万吨/年，建150座现代化矿井。

报告十四
焦炭期货品种运行报告（2016）

在2016年煤炭供给侧改革背景下，焦炭成本端炼焦煤出现较大供需缺口，煤炭系价格大幅上涨，焦炭成本支撑加强，加之下游房地产、基建、汽车等需求恢复性增长，焦炭价格大幅上涨，焦化企业盈利能力显著改善。从期货市场来看，2016年焦炭期货市场成交活跃度大增，个人及单位客户成交量均明显攀升，持仓规模亦大幅增长；焦炭期现货价格大涨，基差有所收窄，期现相关性提升，套保有效性提高；交割量回归历史常态水平，交割频次增加，参与交割客户数量也有所增加，整体运行平稳，市场成熟度进一步提升。

一、焦炭期货市场运行情况

（一）市场规模情况分析

1. 成交活跃度大增，占比由降转升

2016年，焦炭期货成交量及成交额均出现明显攀升，占大商所和国内商品期货交易规模比重由降转增。2016年，焦炭期货成交量5 046万手、成交额56 347亿元，分别较2015年大增3 480万手、43 184亿元，增幅为222%、328%。焦炭成交量、成交额分别占大商所的3.28%、9.18%，较2015年分别上升1.88个百分点、6.04个百分点，焦炭成交量、成交额占商品期货总量（额）的1.22%、3.18%，较2015年分别增加0.74个百分点和2.21个百分点（见图14-1、图14-2）。

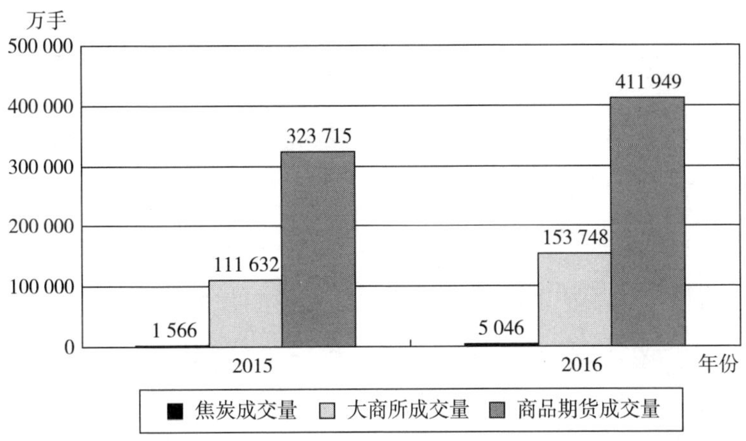

图 14-1　2016 年焦炭期货成交量、大商所成交量、商品期货成交量

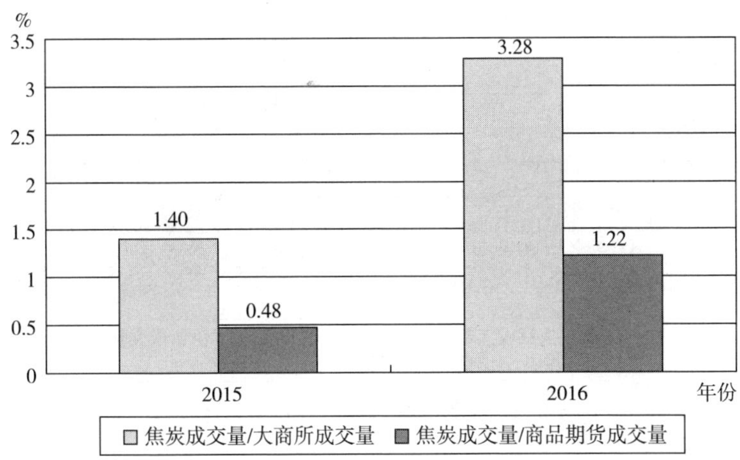

图 14-2　2016 年焦炭期货占大商所成交量及商品期货成交量比重

2016年焦炭期货成交量呈现“M”形走势，年内高点出现在4月、11月，1月、6月、12月为年内低点。2016年黑色产业链品种成为期货市场焦点，受到量化、公募等各路场外资金青睐，全年各月成交量均比2015年有明显增加。分月来看，1月、2月受到2015年下跌惯性影响，成交活跃度较低，焦炭成交量分别为177万手、190万手，环比增速分别为-4.04%、7.40%；进入春季，随着进入黑色产业链的需求旺季，供需矛盾发酵，市场资金参与热情大幅增加，3月、4月成交量

分别增加至672万手、1 469万手，环比增长252%、118%，4月也创出了全年的成交量峰值，该月成交量接近2015年全年成交量，达到1 566万手，市场参与热情达到顶点；进入5月，随着市场情绪逐渐回归常态，成交量开始下滑，至6月下降至156万手；经历了6月、7月的淡季之后，汽运限载政策的推出及钢厂补库需求增加，焦炭于9月又掀起一波暴涨行情，市场活跃度上升，成交量逐步回升至11月的479万手，至此全年两个成交量高点出现；12月在价格及春节因素影响下，成交活跃度再度下降至低位（见图14-3、图14-4）。

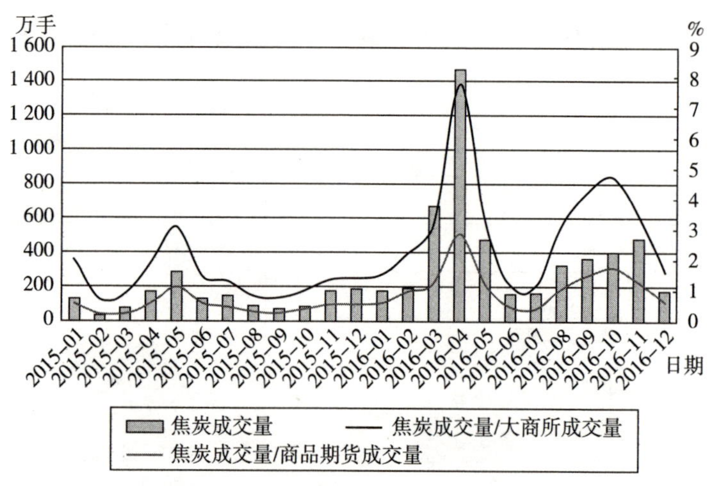

图 14-3　焦炭期货月度成交量及占比变化

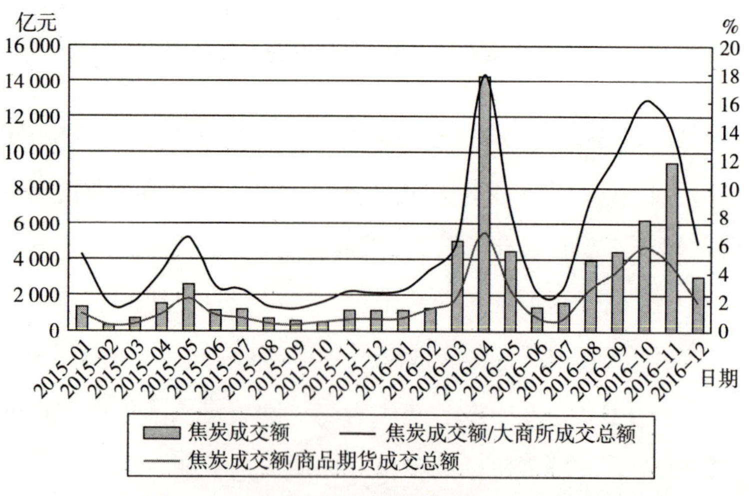

图 14-4　焦炭期货月度成交额及占比变化

2. 持仓规模明显增加，量价占比有所分化

2016年，焦炭期货月均持仓量12万手、持仓金额150亿元，分别较2015年增加5万手、92亿元，增幅为71%、156%。焦炭持仓量月均值、持仓额月均值分别占大商所月均持仓量（额）的2.02%、6.88%，较2015年分别上升0.56个百分点、3.49个百分点，焦炭持仓量月均值、持仓额月均值占商品期货月均持仓量（额）的0.92%、2.80%，较2015年分别增加0.25个百分点和1.42个百分点（见图14-5、图14-6）。

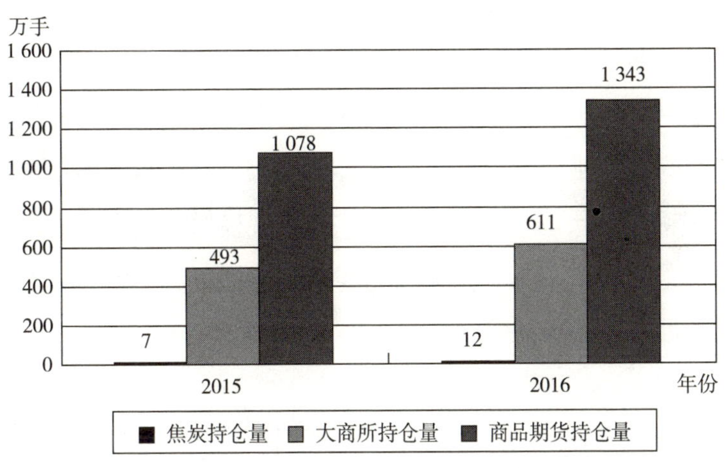

图 14-5 2016 年焦炭期货、大商所、商品期货持仓量月度均值

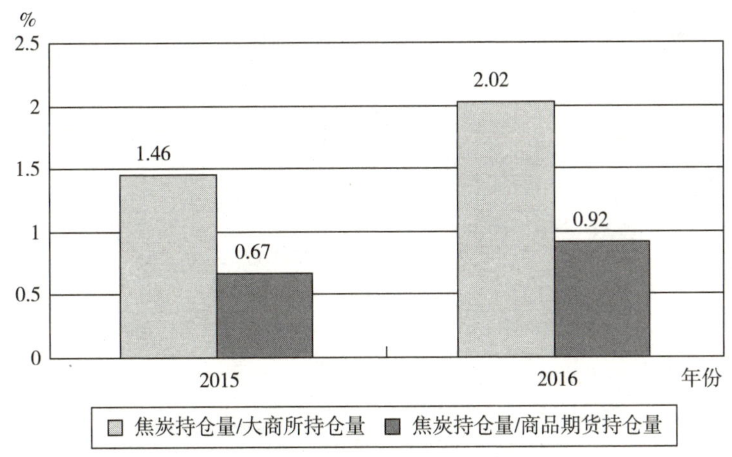

图 14-6 2016 年持仓量月均值占大商所及商品期货持仓量月均值比重

焦炭期货全年持仓量呈现"M"形波动，走势类似于成交量，不同之处在于持仓量及持仓金额的年内高点出现在下半年，为10月，6月、12月为年内低点。与成交量类似，1月受春节假期影响，持仓量快速萎缩至8万手，持仓金额萎缩至52亿元，4月持仓量和持仓金额分别达到18万手和197亿元，6月持仓量再次萎缩至8万手，持仓金额随之减少至76亿元，10月持仓量再次回升至25万手，持仓金额回升至430亿元，并创出年内高点，12月持仓量再次萎缩至8万手（见图14-7、图14-8）。

焦炭期货持仓规模增加主要受到以下因素影响：一是黑色产业链全年价格演绎小牛市，价格波动幅度大幅提升，资金回报变大；二是量化、公募等场外"新贵"资金进入期货市场，市场整体存量增大，焦炭作为黑色产业链之一，持仓量分流也较大；三是下半年焦炭连续上涨行情吸引了市场足够的注意力，持仓规模增量更为明显；四是市场对冲、套利盘的涌入，焦炭作为与矿石、钢材、焦煤相关性较强的品种，对冲配置需求增加。

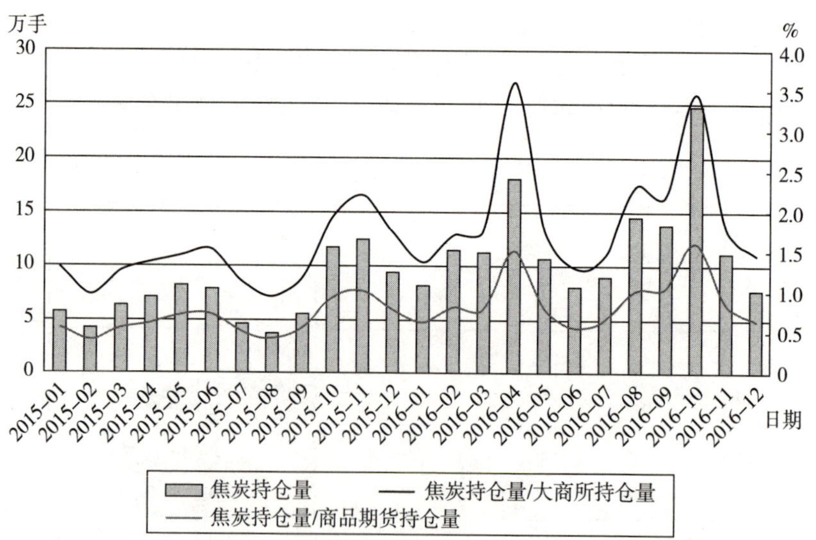

图 14-7　焦炭期货月度持仓量及占比变化

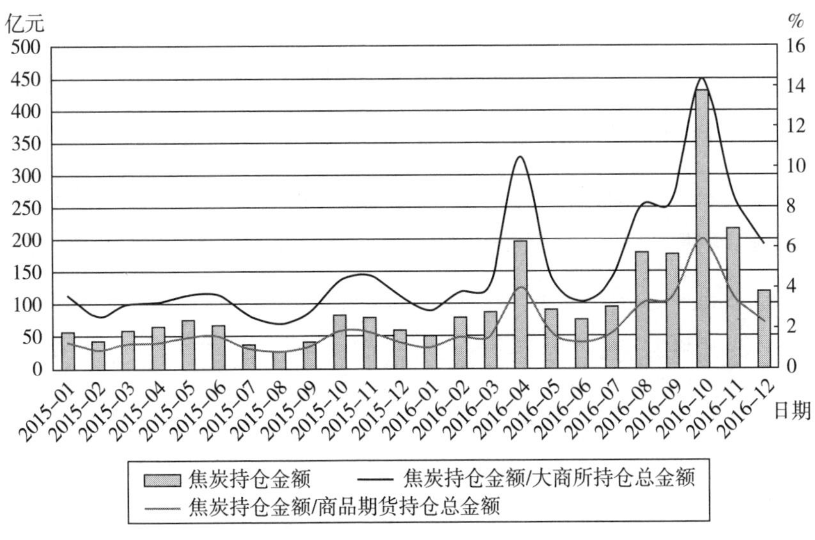

图 14-8　焦炭期货月度持仓额及占比变化

（二）期货价格运行规律分析

1. 期现货价格全年大幅上涨

从期货价格来看，截至12月30日，焦炭主力合约结算为1 538元/吨，较年初上涨896元，涨幅达139%。从现货价格来看，截至12月31日，天津港准一级冶金焦平仓价2 130元/吨，较年初上涨1 355元，涨幅达174%。

2016年对焦炭价格而言是极为动荡的一年，煤炭供给侧改革叠加财政刺激和房地产改善性需求，加之产业低库存使得焦炭价格大幅上涨。年初至4月25日，供给收缩、需求端好转叠加产业低库存，钢铁价格迎来报复式反弹，而此时资金较为紧张以及对钢材价格持续性上涨存疑使得钢厂复产较为缓慢，此时焦炭价格的上涨更多地体现在利润传导下的预期上涨；4月下旬，钢厂集中复产，前期供应偏紧的局面得到缓解，黑色品种价格均大幅下跌，5月9日权威人士讲话之后，钢材价格仍继续下跌，焦炭现货价格反而温和上涨，期货价格更多的表现为区间震荡，煤炭供给侧改革带来的影响开始逐步发挥作用；6月15日至9月7日，黑色产业间上下游利润传导机制、洪水导致的运输问题加之“276生产日”制度使得煤炭产量出现实质性下降，焦炭价格上涨开始加速；9月19日到11月11日，煤炭供给侧改革导致炼焦煤产量大幅下降，钢厂较高的粗钢产量对需求有较强支撑，同时运力问题使得钢厂补库周期延长，焦炭涨价时间延长；11月15日以后，政策拐点已现，库存拐点基本形成，运力紧张的问题也有所缓解，焦炭库存开始上升，供需双弱格局下，期货市场给出预期，焦炭期货价格大幅回调（见图14-9）。

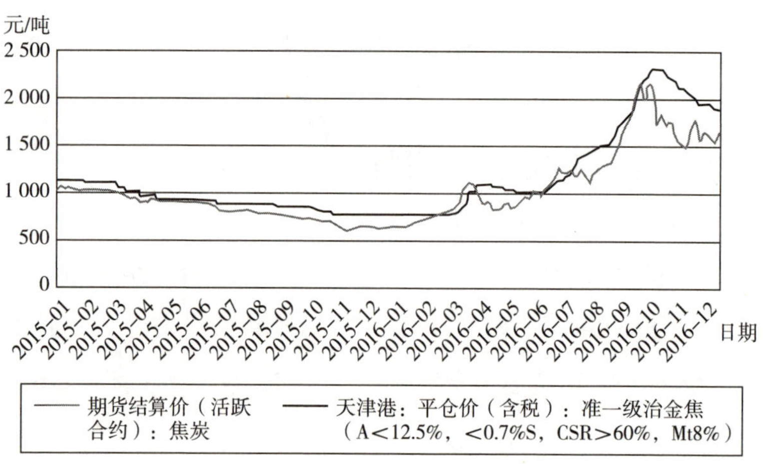

图 14-9 焦炭期现货价格

2. 焦炭期货价格波动率剧烈波动

2016年焦炭期货价格大幅上涨，波动率跟随价格剧烈波动，整体呈震荡扩大趋势。从全产业链来看，2016年螺纹、矿石、焦煤波动率均大幅提升，整体呈现“W”形走势。按照主力合约波动来看，截至2016年12月30日，焦炭主力合约30日年化波动率为75.01%，2015年底仅为14.98%，波动率大幅攀升，5月、12月创出年内波动率高点（见图14-10）。

焦炭期货价格波动扩大，主要受以下因素影响：其一，2015年底经历连续4年持续下跌，焦化厂绝对价格走至历史低位，随着2016年整体供需情况好转，上涨空间打开，波动区间扩大。其二，不同于螺纹钢和铁矿石，焦炭中间贸易商环节薄弱，供需矛盾积累至一定阶段后，焦炭价格无中游环节可调节，容易出现暴涨暴跌，此特性在9月份汽运限载政策颁布之后表现尤为明显，阶段性波动率大幅提升。其三，2016年初天量信贷、房地产销售增速激增带动市场信心转向乐观，然后随着黑色产业相关产品价格持续上涨，对未来乐观预期进一步强化，期货价格作为对未来预期的反映，整体波动性也有所提高。

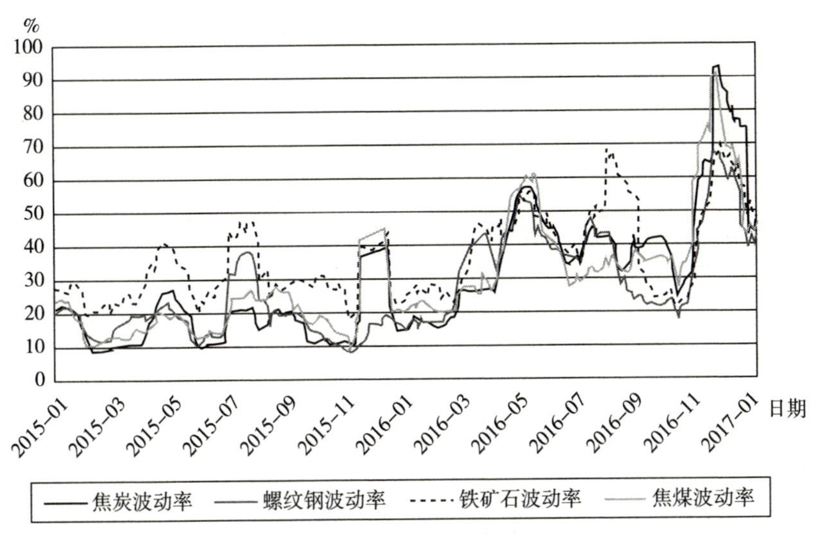

图 14-10　黑色期货品种 30 日年化波动率

3. 焦炭与焦煤维持高度正相关性

2016年，焦炭期货与焦煤期货价格维持高度的正相关性，相关系数达到0.99，焦炭期货与螺纹钢期货、热轧卷板期货、铁矿石期货相关性下降，分别为0.86、0.91和0.85，2015年分别为0.98、0.96和0.95（见表14-1）。

表 14-1 焦炭期货与黑色其他品种相关性

2016	螺纹	矿石	热卷	焦煤	焦炭
螺纹	1	—	—	—	—
矿石	0.93	1	—	—	—
热卷	0.98	0.92	1	—	—
焦煤	0.79	0.8	0.86	1	—
焦炭	0.86	0.85	0.91	0.99	1

（三）期货市场结构分析

1. 总客户数翻番，单月同比增量明显

2016年焦炭期货月均交易客户数为60 301户，较2015年26 022户激增34 279户，增幅达132%。从单月来看，交易客户数与成交量波动较为一致，全年呈“M”形走势，环比波动较为剧烈，同比平均增幅达到140%（见图14-11）。

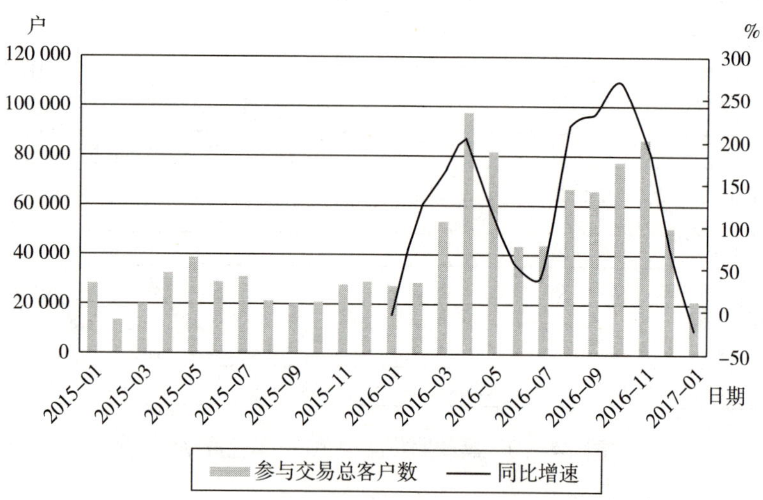

图 14-11 焦炭期货月度交易总客户数及同比变化

2. 个人及单位交易客户数均成倍增长

从市场参与者结构来看，2016年焦炭期货月均交易单位客户2 563户，2015年为992户，同比增加1 571户，增幅达158%，月均交易个人客户57 738户，较2015年增加32 708户，增幅达131%，单位与个人客

户数均出现大幅增长，或因为焦炭价格全年波动性提高，趋势性行情较为明显，市场参与热情提升（见图14-12）。

从占比来看，2016年焦炭期货月均交易单位客户占总交易客户数的4.45%，较2015年增加0.5个百分点，个人客户占总交易客户数的95.55%，较2015年下降0.5个百分点，个人客户在焦炭期货市场仍占主流，但单位客户占比有所提升，这也说明企业利用焦炭期货进行套期保值的比例在提升，焦炭期货的价格发现和套期保值功能在服务实体经济上得到进一步发挥（见图14-13）。

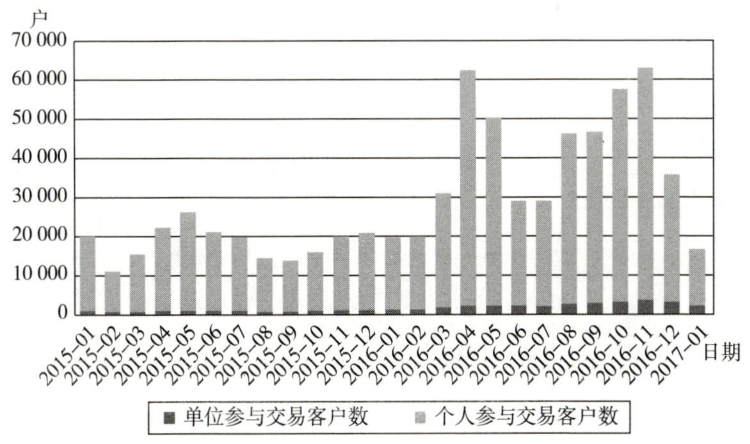

图 14-12　焦炭期货月度交易法人客户及个人客户数

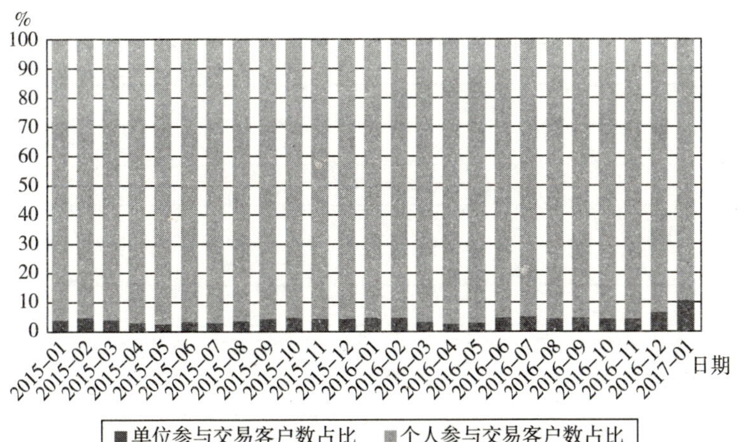

图 14-13　焦炭期货月度交易单位客户及个人客户占比

3. 短线客户及持仓客户数均大幅增长

2016年，焦炭期货参与交易总客户数大幅攀升，短线客户与持仓客户数均有增长，其中短线客户增长更为明显。具体来看，月均短线客户数46 410户，较2015年增加29 917户，增幅达181%；月均持仓客户40 721户，较2015年增加22 475户，增幅达123%。从占比来看，2016年月均短线客户占总参与交易客户数的75%，较2015年增加13个百分点；持仓客户占总交易客户数的68%，较2015年下降3个百分点（见图14-14、图14-15）。

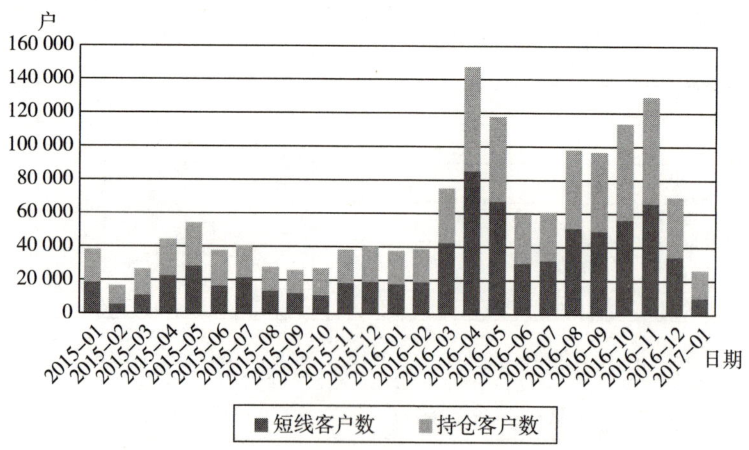

图 14-14　焦炭期货短线客户与持仓客户数

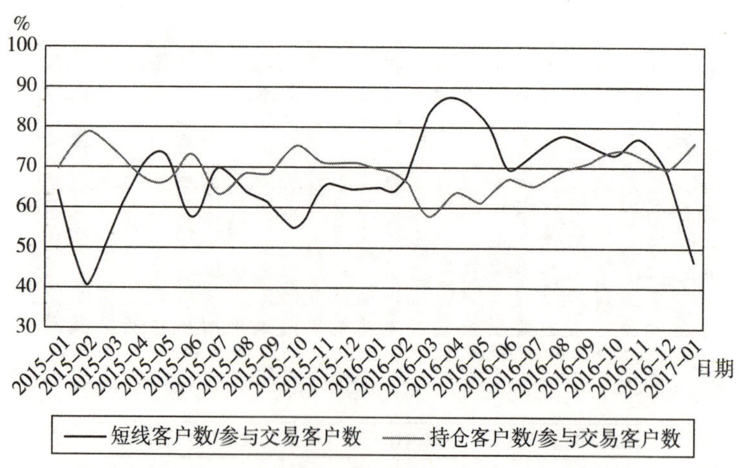

图 14-15　焦炭期货短线客户数及持仓客户数占比

（四）期货市场交割情况分析

1. 交割量及交割金额回归常态

在不考虑2015年天量交割的前提下，焦炭期货交割量自上市以来整体呈稳步上升态势。2016年，焦炭期货交割量2 100手（折合21万吨）、交割金额2.34亿元，较2015年下降7.38亿元，较2014年增加0.18亿元，除去2015年，2011—2016的年平均交割量为2 698手，年平均交割金额为3.20亿元（见图14-16、图14-17）。

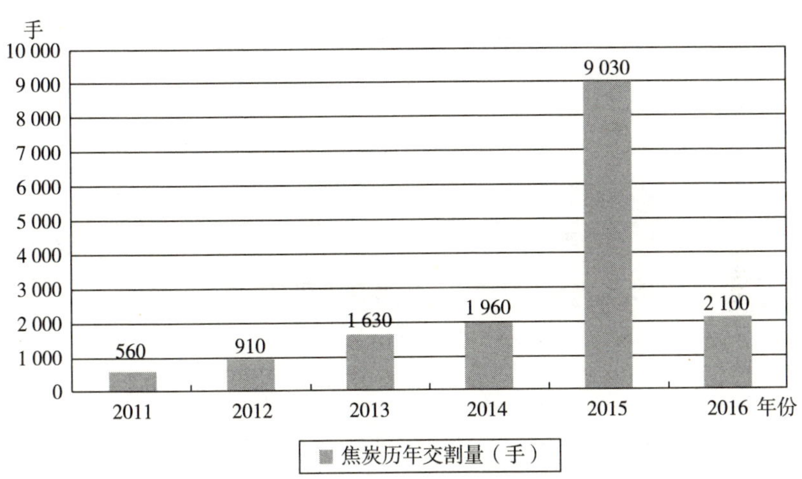

图 14-16 2011—2016 年焦炭期货交割量

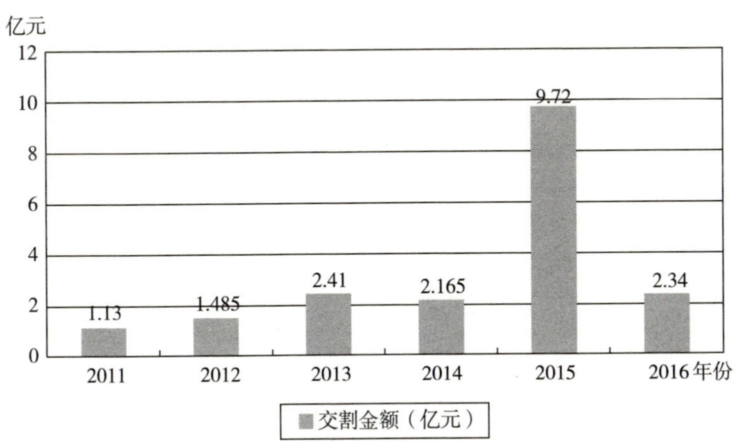

图 14-17 2011—2016 年焦炭期货交割金额

2. 交割客户数明显下降

2016年，焦炭期货交割客户数26家，较2015年减少43家。从月度来看，2016年焦炭期货交割客户数集中在1月、5月和9月，交割客户数分别达到7家、7家和13家，其余月份也有少量交割（见图14-18、图14-19）。

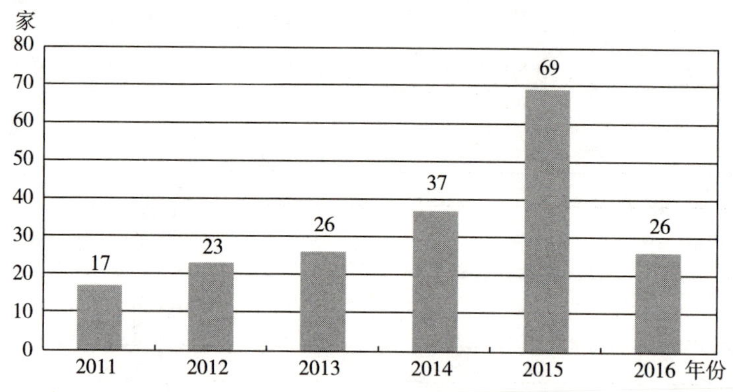

图 14-18　2011—2016 年焦炭期货交割客户数

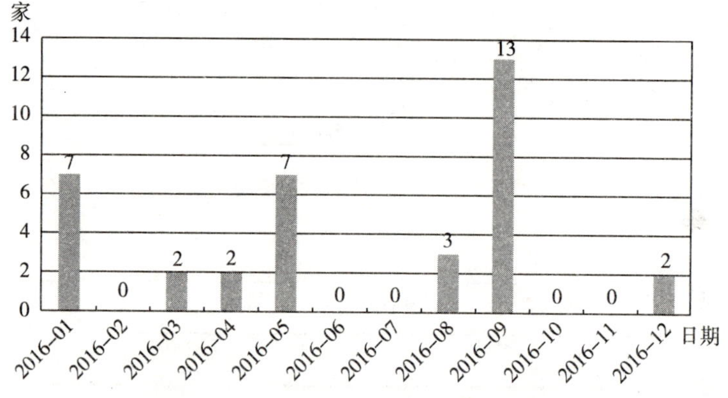

图 14-19　2016 年月度焦炭期货交割客户数

3. 交割区域数小幅下降，主流交割地占比稳定

2016年，焦炭期货交割企业分布遍及10个地区，总量较2015年减少3个地区，其中减少区域为广西、辽宁、内蒙古和四川，增加区域为山西，2015年与2016年均有交割的地区为北京、广东、江苏、河北、山东、上海、天津和浙江，参与焦炭期货交割的企业主要分布在上

海、江苏、浙江和天津（见图14-20）。

从占比来看，主流交割区域占比保持稳定，2016年上海、江苏等四个地区交割总量为2 700手，占总交割区域的64%，其中江苏、上海交割占比下降，浙江及天津交割占比提升。总体来看，沿海地区企业仍是焦炭交割的主要来源，焦炭交割仓库主要分布在天津港等靠海港口，且沿海地区钢厂等用焦企业及出口贸易企业分布集中，均为沿海企业参与交割提供了契机（见图14-21）。

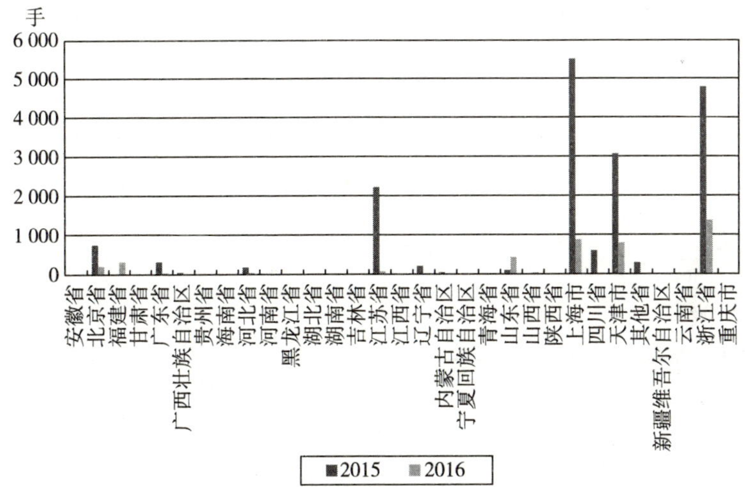

图 14-20　2015—2016 年焦炭期货交割地区分布

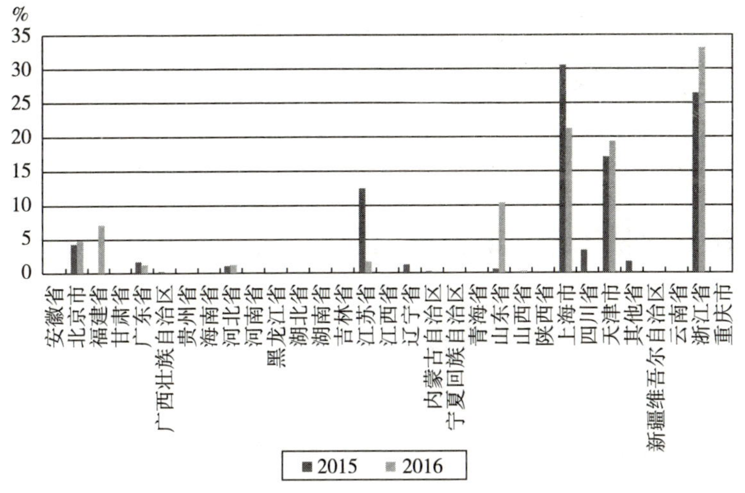

图 14-21　2015—2016 年焦炭期货交割地区占比

4. 交割季节性明显，交割频率增加

2016年焦炭期货交割量继续呈现出明显的季节性特征，且交割频次有所增加。2016年焦炭期货交割仍主要集中在1月、5月和9月，这三个月的交割量达到41万吨，占总交割量的97.6%，其中5月和9月交割占主导，5月交割12万吨，9月交割20万吨。1月、5月和9月正值钢厂冬季备货以及下游消费旺季，对焦炭的需求在全年中处于较高水平，一定程度上使得交割向这三个月份集中（见图14-22）。

交割频次上，2016年的交割次数有所增加，共交割7次，除常规交割的1月、5月和9月，3月、4月、8月和12月也有交割发生，在2015年，有5个月发生交割，交割频次增加反映出企业客户参与热情的提升。

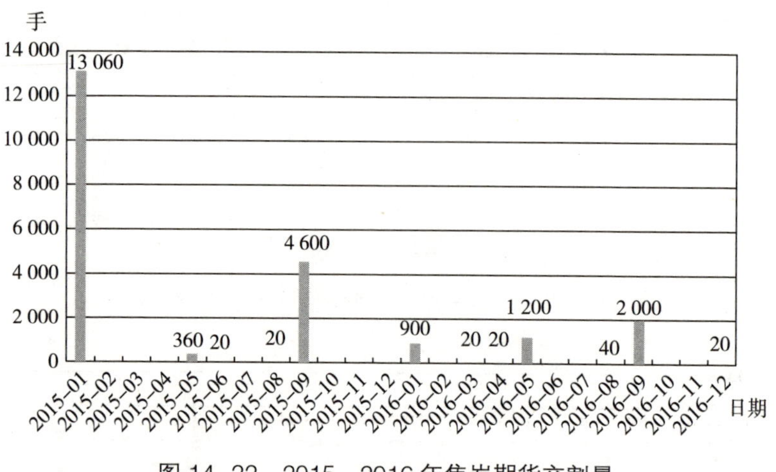

图 14-22　2015—2016 年焦炭期货交割量

二、焦炭期货市场功能发挥情况

（一）价格发现功能发挥情况

期现相关性仍紧密，市场呈现良性互动。2016年，焦炭期货大幅上涨，主力合约较年初上涨896元，涨幅达139%，现货价格涨幅为174%。虽然期货价格与现货价格的涨幅有差异，但从表14-2可以看出，焦炭期现价格的相关性仍维持0.95的高位水平，焦炭期货价格引导现货价格走势，这说明焦炭期货价格与现货价格的相关性紧密，期现市场呈现良性互动。

表 14-2　　2015—2016 年焦炭期现价格相关性

项目		2015	2016
期现价格的相关性	系数	0.96	0.95
	显著性检验	通过检验	通过检验
期现价格是否存在协整关系		不存在	存在
期现价格引导关系		现货引导	期货引导

（二）套期保值功能发挥情况

1. 套期保值功能大幅提升

从套期保值各项指标来看，2016年焦炭基差较2015年明显缩小，期现价差率较2015年也明显下降，但套保效率显著上升。这主要由于2016年焦炭现货价格大幅反弹，随着预期逐步改善，远期悲观心态有所改变，价格上涨时期货积极跟涨，价格下跌时期货跌幅也较为有限，最终使得期现价差表现相对平稳（见表14-3）。

表 14-3　　2015—2016 年焦炭套保有效性

			2015	2016
基差	均值	元	100.07	−9.52
	标准差	元	33.06	123.36
	变异系数		0.33	0.05
	最大	元	177.5	172
	最小	元	27	−290.5
到期价格收敛性	到期日基差	元	127.92	56.81
	期现价差率	%	20.38	6.41
套期保值效率	周价（当年）	%	0.02	34.47

注：期货价格为焦炭 Wind 连续合约结算价，现货价格为天津港一级冶金焦平仓价，数据为日度数据。

2. 期现价差剧烈波动

2016年焦炭期货近月合约对于现货价格波动区间扩大，贴水幅度在（-621，385）元/吨范围内，2016年平均贴水31.49元/吨，而2015年平均贴水102元/吨。2016年，焦炭产业客户对于现货价格上涨预期偏弱，但期货价格在供给侧改革、需求复苏预期指引下已率先企稳走强，期货对于远月价格预期性反应增强，表现出来的特征就是，价格下跌时期货跌幅小于现货价格，价格上涨时期货涨幅较大，基差较2015年整体缩小（见图14-23）。

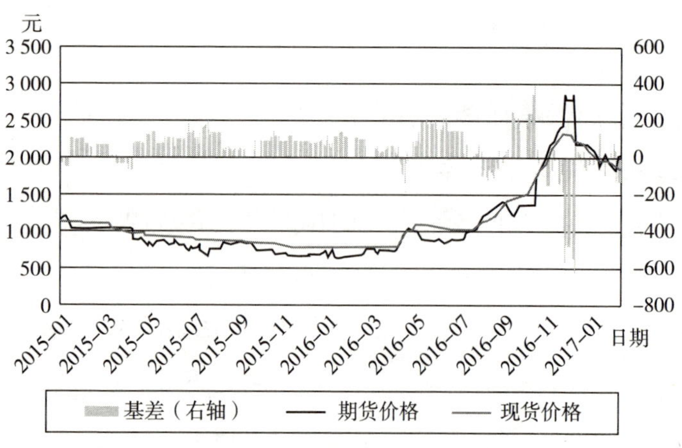

图 14-23　2015—2016 年焦炭期现价格及基差变化

（三）期货市场功能发挥实践

1. 运用期货进行企业战略管理

2016年以来，在供给侧结构性改革的背景下，企业可以利用期货市场进行战略管理，比如通过对期货价格趋势性波动的研究，帮助其决定库存管理、原材料定价管理，以及扩产、减产等一些中长期发展战略。

以华北地区某焦化企业为例，该企业既有焦煤进口业务，也有焦炭销售业务。首先，焦煤业务中可能出现货物贬值风险，年初该企业以77美元/吨订购一船16万吨的进口焦煤，折合盘面价格600元/吨，当时盘面的价格在610~620元/吨波动，企业在615元/吨的均价做了卖出保值，锁定了15元/吨的利润，而后煤炭价格上涨，现货和期货价格出现了错位，进口煤从77美元/吨涨到了近100美元/吨，进口煤实现了50~160元/吨的利润，现货上共实现了1 000多万元的利润，期货盘面价格最终稳定在了620元/吨，也给到企业615元/吨以下的平仓机会，期货基本盈亏平衡。其次，焦炭销售中存在价格下跌风险，2016年6月27日至7月1日，焦炭价格在930~987元/吨波动，该价格已升水仓单价格，企业于是进行了卖出期货储存现货的操作，在期货上涨的这段时间现货价格曾出现了20元/吨的下跌行情，期货价格在987元/吨，企业期货的空单成本在960元/吨，现货销售价格转换成仓单价格是910元/吨，这样就锁定了50元/吨的交割利润。

2. 期现结合博取行业超额收益

焦炭期货上市以来，部分焦化企业开始逐步认识、熟悉并使用期货这一风险管理工具为企业服务。在市场价格上行的过程中，焦化企业可以利用焦煤期货进行买入套期保值，实现对原料成本的锁定，在价格下行的过程中，焦化企业可以利用焦炭期货提前锁定销售利润，因此无论价格处于上涨还是下行走势，企业均可以充分利用期货工具规避价格波动的风险。另外，也可以利用焦炭期货价差变化，根据自身采购和销售的情况，进行相应操作获得额外的利润。通过对期货工具的运用，博取额外效益，在2014—2015年市场持续低迷的背景下，也有部分企业获得了远高于行业平均水平的利润，原因就在于其对于期货工具的熟练运用。

三、焦炭期货合约相关规则调整

（一）合约及交割流程修改

2016年7月22日，大商所对焦炭指定交割仓库进行调整，具体调整如下：（1）设立唐钢美锦（唐山）煤化工有限公司为焦炭基准指定交割厂库。（2）取消唐山佳华煤化工有限公司焦炭指定交割厂库资格。

2016年9月1日，大商所再次调整焦炭期货指定交割仓库，具体调整如下：设立河北华丰煤化电力有限公司为焦炭港口交收指定交割厂库，交收港口为天津港；设立山东兖矿国际焦化有限公司为焦炭港口交收指定交割厂库，交收港口为日照港；设立山西亚鑫能源集团有限公司为焦炭港口交收指定交割厂库，交收港口为天津南港工业区。

（二）其他规则调整

焦炭期货合约在2016年进行了细微调整，主要包括：（1）关于调整焦炭品种部分交割厂库标准仓单最大量：河北旭阳焦化有限公司标准仓单最大量由54 000吨调整至90 000吨，日发货速度由3 600吨调整至6 000吨；山东铁雄冶金科技有限公司标准仓单最大量由45 000吨调整至90 000吨，日发货速度由3 000吨调整至6 000吨；迁安市宏奥工贸有限公司标准仓单最大量由30 000吨调整至45 000吨，日发货速度由2 000吨调整至3 000吨。（2）2016年11月9日，大商所发布关于焦炭、焦煤品种实施交易限额制度的通知：自2016年11月11日收盘后（星期五夜盘交易时段起），非期货公司会员或者客户在焦炭和焦煤品种，单个品种、单日开仓量不得超过1 000手；该单日开仓量是指非期货公司会员或者客户某个交易日在某个品种所有合约上的买开仓数量与卖开仓数量之和；套期保值交易开仓数量不受限制。具有实际控制关系的账户按照一个账户管理；非期货公司会员或者客户某个交易日超过交易限额的，交易所将暂停其该品种当日开仓交易；累计2个交易日（含2个）以上超过交易限额的，自下一交易日起交易所将暂停其该品种开仓交易3个交易日；情节严重的，按照《大连商品交易违规处理办法》处理。

表 14-4　　大连商品交易所焦炭期货合约

交易品种	冶金焦炭
交易单位	100 吨 / 手
报价单位	元（人民币）/ 吨
最小变动价位	0.5 元 / 吨
涨跌停板幅度	上一交易日结算价的 4%
合约月份	1 月，2 月，3 月，4 月，5 月，6 月，7 月，8 月，9 月，10 月，11 月，12 月
交易时间	每星期一至星期五上午 9:00 ~ 11:30，下午 13:30 ~ 15:00，以及交易所公布的其他时间
最后交易日	合约月份第 10 个交易日
最后交割日	最后交易日后第 3 个交易日
交割等级	大连商品交易所焦炭交割质量标准
交割地点	大连商品交易所焦炭指定交割仓库
最低交易保证金	合约价值的 5%
交割方式	实物交割
交易代码	J
上市交易所	大连商品交易所

表 14-5　　2016 年节假日焦炭合约交易保证金、涨跌幅、夜盘交易时间调整

日期	通知名称	调整措施
2016/1/28	关于 2016 年春节期间调整各品种最低交易保证金标准和涨跌停板幅度及夜盘交易时间的通知	自 2016 年 2 月 4 日（星期四）结算时起，将黄大豆 1 号、黄大豆 2 号、豆油、棕榈油、豆粕、玉米、玉米淀粉、焦煤、焦炭、聚乙烯、聚氯乙烯和聚丙烯品种涨跌停板幅度和最低交易保证金标准分别调整至 6% 和 8%；将铁矿石品种涨跌停板幅度和最低交易保证金标准调整至 7% 和 9%；鸡蛋、胶合板和纤维板品种涨跌停板幅度和最低交易保证金标准维持不变。 2 月 5 日（星期五）当晚不进行夜盘交易；2 月 15 日（星期一）所有期货品种集合竞价时间为 08:55—09:00；2 月 15 日（星期一）当晚恢复夜盘交易。
2016/3/24	关于 2016 年清明节期间调整各品种最低交易保证金标准和涨跌停板幅度及夜盘交易时间的通知	自 2016 年 3 月 31 日（星期四）结算时起，将铁矿石、聚乙烯、聚丙烯和聚氯乙烯涨跌停板幅度和最低交易保证金标准分别调整至 7%、9%；其他品种涨跌停板幅度和最低交易保证金标准维持不变。 为了使会员单位更明确 2016 年清明节期间夜盘交易的时间，现提示如下：4 月 1 日（星期五）当晚不进行夜盘交易；4 月 5 日所有期货品种集合竞价时间为 08:55—09:00；4 月 5 日当晚恢复夜盘交易。

续表

日期	通知名称	调整措施
2016/4/27	关于提示2016年劳动节期间夜盘交易时间的通知	根据我所夜盘交易有关规定，4月29日（星期五）当晚不进行夜盘交易；5月3日（星期二）所有期货品种集合竞价时间为08:55—09:00；5月3日（星期二）当晚恢复夜盘交易。
2016/5/31	关于2016年端午节期间调整各品种最低交易保证金标准和涨跌停板幅度及夜盘交易时间的通知	自2016年6月7日（星期二）结算时起，将豆粕和铁矿石涨跌停板幅度调整至7%，最低交易保证金标准调整至9%；其他品种涨跌停板幅度和最低交易保证金标准维持不变。 2016年6月13日（星期一）恢复交易后，自豆粕和铁矿石持仓量最大的两个合约未同时出现涨跌停板单边无连续报价的第一个交易日结算时起，将豆粕和铁矿石品种涨跌停板幅度和最低交易保证金标准分别调整至6%和8%。 6月8日（星期三）当晚不进行夜盘交易；6月13日（星期一）所有期货品种集合竞价时间为08:55—09:00；6月13日当晚恢复夜盘交易。
2016/9/6	关于2016年中秋节放假期间调整各品种最低交易保证金标准和涨跌停板幅度及夜盘交易时间的通知	自2016年9月13日（星期二）结算时起，将豆油和棕榈油涨跌停板幅度调整至5%，最低交易保证金标准调整至7%；其他品种涨跌停板幅度和最低交易保证金标准维持不变。 2016年9月19日（星期一）恢复交易后，自豆油和棕榈油持仓量最大的两个合约未同时出现涨跌停板单边无连续报价的第一个交易日结算时起，将上述两个品种涨跌停板幅度和最低交易保证金标准分别恢复至4%和5%。 9月14日（星期三）当晚不进行夜盘交易；9月19日所有期货品种集合竞价时间为08:55—09:00；9月19日当晚恢复夜盘交易。
2016/9/22	关于2016年国庆节放假期间调整各品种最低交易保证金标准和涨跌停板幅度及夜盘交易时间的通知	自2016年9月29日（星期四）结算时起，将棕榈油涨跌停板幅度和最低交易保证金标准分别调整至8%和10%；其余各品种（鸡蛋、胶合板和纤维板除外）涨跌停板幅度和最低交易保证金标准分别调整至7%和9%，焦煤、焦炭维持现行水平不变。 2016年10月10日（星期一）恢复交易后，自各品种持仓量最大的两个合约未同时出现涨跌停板单边无连续报价的第一个交易日结算时起，将豆油、豆粕、棕榈油涨跌停板幅度和最低交易保证金标准分别调整至5%和7%，其余各品种涨跌停板幅度和最低交易保证金标准分别恢复至9月29日结算前标准。 9月30日（星期五）当晚不进行夜盘交易；10月10日所有期货品种集合竞价时间为08:55—09:00；10月10日当晚恢复夜盘交易。
2016/12/22	关于2017年元旦期间调整相关品种最低交易保证金标准和涨跌停板幅度的通知	自2016年12月29日（星期四）结算时起，将铁矿石品种涨跌停板幅度和最低交易保证金标准分别调整至11%和13%；将聚丙烯品种涨跌停板幅度和最低交易保证金标准分别调整至7%和9%；其他品种涨跌停板幅度和最低交易保证金标准维持不变。 2017年1月3日（星期二）恢复交易后，自各品种持仓量最大的两个合约未同时出现涨跌停板单边无连续报价的第一个交易日结算时起，铁矿石品种涨跌停板幅度和最低交易保证金标准分别恢复至8%和10%；聚丙烯品种涨跌停板幅度和最低交易保证金标准分别恢复至5%和7%。

表 14-6　2016 年调整部分品种交易手续费、保证金调整的通知

日期	通知名称	调整措施
2016/4/14	关于调整焦炭、焦煤品种涨跌停板幅度和最低交易保证金标准的通知	根据《大连商品交易所风险管理办法》，经研究决定，自 2016 年 4 月 18 日结算时起，我所将焦炭、焦煤品种涨跌停板幅度调整为 6%，最低交易保证金标准调整为 8%。
2016/4/20	关于调整焦炭、焦煤品种交易手续费收取标准的通知	自 2016 年 4 月 22 日起，焦炭、焦煤品种同一合约当日先开仓后平仓交易不再减半收取手续费，手续费标准恢复至成交金额的万分之 0.6。
2016/4/22	关于调整焦炭、焦煤品种交易手续费收取标准的通知	经研究决定，自 2016 年 4 月 26 日起我所焦炭和焦煤品种手续费标准由成交金额的万分之 0.6 调整为成交金额的万分之 1.8。
2016/4/26	关于调整焦炭等品种交易手续费收取标准的通知	自 2016 年 4 月 27 日起：1. 焦炭和焦煤品种手续费标准由成交金额的万分之 1.8 调整为成交金额的万分之 3.6。2. 铁矿石品种手续费标准由成交金额的万分之 1.8 调整为成交金额的万分之 3。3. 聚丙烯品种手续费标准由成交金额的万分之 1.8 调整为成交金额的万分之 2.4。
2016/4/27	关于调整焦炭、焦煤品种交易手续费收取标准的通知	经研究决定，自 2016 年 4 月 28 日起，焦炭和焦煤品种手续费标准由成交金额的万分之 3.6 调整为成交金额的万分之 7.2。
2016/4/27	关于调整焦炭、焦煤品种涨跌停板幅度和最低交易保证金标准的通知	经研究决定，自 2016 年 4 月 29 日结算时起，我所将焦炭、焦煤品种涨跌停板幅度调整至 7%，最低交易保证金标准调整至 9%。
2016/5/6	关于调整焦炭等品种交易手续费收取标准的通知	自 2016 年 5 月 10 日起，焦炭、焦煤、铁矿石和聚丙烯品种非日内交易手续费标准调整为成交金额的万分之 0.6，同一合约当日先开仓后平仓交易手续费标准维持不变。
2016/11/8	关于调整焦炭、焦煤品种涨跌停板、保证金和交易手续费收取标准的通知	自 2016 年 11 月 8 日结算时起，焦炭、焦煤品种最低交易保证金标准提高至 11%，涨跌停板幅度调整至 9%。自 2016 年 11 月 9 日交易时（即 8 日晚夜盘交易小节时）起，焦炭和焦煤品种非日内交易手续费标准由成交金额的万分之 0.6 提高至万分之 1.2，日内交易手续费标准维持成交金额的万分之 7.2 不变。
2016/11/9	关于调整焦炭、焦煤品种保证金和铁矿石交易手续费收取标准的通知	一、焦炭、焦煤品种自 2016 年 11 月 10 日结算时起，最低交易保证金标准提高至 13%；自 2016 年 11 月 11 日结算时起，最低交易保证金标准提高至 15%。 二、自 2016 年 11 月 11 日交易时（即 11 月 10 日晚夜盘交易小节时）起，铁矿石品种非日内交易手续费标准由成交金额的万分之 0.6 调整为成交金额的万分之 1.2，日内交易手续费标准维持成交金额的万分之 3 不变。

续表

日期	通知名称	调整措施
2016/12/26	关于2017年元旦期间夜盘交易时间提示的通知	2016年12月30日（星期五）当晚不进行夜盘交易；2017年1月3日（星期二）所有期货品种集合竞价时间为08:55—09:00；2017年1月3日（星期二）当晚恢复夜盘交易。

四、焦炭期货市场发展前景、问题与工作设想

（一）发展前景

1. 总量仍然过剩，产能利用率较低

2000 年以来，国内焦炭产能迅速扩张，产能利用率较低。2003年以来年均新增产能超过5 800万吨/年，截至2015年国内焦炭总产能已经达到6.5亿吨左右。产能的迅速扩张使得我国成为全球最大的焦炭生产国，占到世界焦炭总产量的60%以上，处于世界绝对领先地位，但也使得我国焦炭面临产能过剩的局面，2015年我国焦炭市场产量达4.48亿吨，同比下降6.5%，行业平均产能利用率仅为68.9%左右，产能利用率较低。

2. 行业集中度水平偏低

目前焦炭行业也面临着集中度较低的问题，使得过剩产能化解面临着多方面利益的调整。在我国798家生产焦炭企业中，200万吨以上焦炭规模焦化企业只有48家，产能达1.58亿吨，50万~100万吨焦炭规模143家，50万吨以下规模549家。从集约经营的角度看，行业仍处于多、小、散的状况。受行业集中度较低的限制，焦化行业与上游焦煤和下游钢铁的集中度相比过于分散，议价能力较差，也在一定程度上影响了行业的盈利水平。

3. 行业议价能力有待提升

从黑色产业链定价及盈利能力来看，焦炭环节表现较为弱势，主要受到以下因素的影响：（1）由我国长期资源、能源供应紧张决定，

煤炭行业将继续保持其较高的利润空间，作为国民经济各行业源头之一的煤炭行业，将长期处于强势地位；（2）由于钢铁行业在上下游产业链中具有相对集中的资金、技术、规模和人才密集等行业属性，相比焦炭行业能够保持相对较高的议价能力，获取相对较大的盈利空间；（3）由相对较低的资金和规模壁垒等因素决定，焦炭行业的利润空间最小，处于两头受气的境地。焦炭行业严格意义上来说是一个中间行业，甚至不能称其为一个独立的行业，原因在于焦炭消费严重依赖于钢铁行业的需求，而原料来源又受制于煤炭行业，因此从长远发展来看，焦炭行业整体议价能力有待提升。

（二）当前存在的问题

1. 中西部地区风险管理能力有待加强

随着焦煤、焦炭和铁矿石等黑色系期货品种功能发挥得日益成熟，西部地区实体企业利用期市管理风险的潜力较大、意愿较强，但长期现金流紧张、对期货工具认识有所不足是制约该地区企业熟练使用期货工具的原因之一，西部地区相关企业表示，企业认为非常有必要使用期货工具来规避价格波动风险，但企业对期货工具认识有所欠缺、懂期货的人才有所不足，2016年由于焦煤货源紧缺和现货价格的上涨，毁约现象时有发生，如果企业意识到这种情况并在期货上做买入焦煤套保，或许能解决这种困境。

2. 基差定价参考基价待统一

2014年8月29日，国内首单焦炭基差贸易合同签订，标志着焦炭期货在发挥定价功能和创新经营模式方面又迈出实质性的一步，距今已有两年时间。基差贸易发展下，卖方锁定了商品的销售量，调动了下游的积极性，促进了商品的销售流通，买方通过自己对市场的前瞻把握，取得博弈价格的话语权，并使双方能够方便地利用期货市场进行风险管理，可以给买卖双方带来双赢结果。但在焦炭基差贸易具体实施过程中，合理基价的选择并不容易，焦炭现货价格分出口价和国内价，国内价格又分厂库价格和港口价格，区域上又分山东省、山西省和河北省价格，报价较为繁多，具体贸易商并没有一个统一的定价标准，这也使得基差定价的推进变得困难，建议大商所可以在焦炭期货成交逐步活跃的基础上，适时通过交割仓库等引导市场形成一个相对共识通用的报价。

3. 现有地点升贴水设置不适应当前的情况

近年焦炭现货市场受供给侧改革、汽运限载等因素影响，交割区域内主要交割地点之间的物流流向、流量及运输成本较上市初期发生不同程度的变化，现有地点升贴水设置不适应当前的情况。

（三）下一步工作设想

考虑到未来焦炭产业在定价模式、产业链延伸及产业结构调整等方面可能对期货市场带来较为深远的影响，下一步工作设想如下：

1. 延伸产业链服务广度

近年来国家对期货的重视程度越来越高，中央“一号文件”多次提到发挥期货市场作用。2016年，大商所也加大了“保险+期货”服务“三农”和“场外期权”服务产业链的支持力度，当前西南地区煤焦钢企业利用期货的潜力较大，可以进一步挖掘。交易所可以继续推进期货理念、工具使用的普及推广，同时在稳步扩大已有农产品“场外期权”试点、“保险+期货”试点的同时，支持扩大黑色系列品种试点，帮助相关生产、流通企业管理经营风险。

2. 继续加强对产业客户的培训力度

服务实体经济是期货市场的立足之本，受制于理念和教育普及的不同，当前期货市场参与者专业普及仍待进行。目前国内很多钢企期货部的操作人员是从生产、采购等部门调任，对于期货工具的理解还有所欠缺，大商所可以同中钢协配合，搭建长期的合作平台，建立由中钢协、交易所、期货公司、钢铁企业共同参与的常态化期货业务交流机制，同时，适时面向钢铁企业主要领导开展期货市场的培训，此外，为更好地服务产业企业，大商所专门成立了产业拓展部，希望与钢铁企业加强沟通，推动企业掌握和利用好期货工具，促进企业稳定运营。

3. 推进厂库异地交收制度

厂库异地交收制度下，异地厂库负责将货物运输到港口，会吸引更广泛区域的产业客户参与，并兼顾仓单实物与金融属性，降低交割成本，尤其是便利内陆焦化企业参与市场，提升期货市场参与积极性。

4. 进行地点升贴水调整的研究

为贴近现实情况，更好地发挥期货市场功能，大商所将结合市场的最新变化，对焦炭地点升贴水的调整问题展开研究，适时调整部分地点的交割升贴水幅度，增强期货价格对于交割客户的参考性。

专栏

2016年焦炭期货大事记

2月6日，国务院发布了6号文和7号文，分别确定了“十三五”期间钢铁煤炭去产能的量化目标：用5年时间再压减粗钢产能1亿~1.5亿吨，用3年至5年的时间再退出煤炭产能5亿吨左右、减量重组5亿吨左右。虽说去产能没有直接涉及焦炭，但是焦炭作为二者中间环节，上游焦煤产量骤降，下游钢铁由于产能压缩，价格不断上涨，增加了对焦炭的采购积极性。在上游资源紧缺，下游需求旺盛的情况之下，焦炭价格突飞猛进。

3月15日，唐山地区下达《2016唐山世界园艺博览会等重大活动空气质量保障方案》，文件中称唐山将在重点控制时段，采取强制性减排措施。通过采取停产、检修或降低生产负荷、燃用低硫优质煤、加强污染治理设施运行管理等措施减排。

自4月18日结算时起，大商所将焦炭、焦煤品种涨跌停板幅度调整为6%，最低交易保证金标准调整为8%。

5月10日起，焦炭等品种非日内交易手续费标准恢复至原成交金额的万分之0.6，焦炭品种同一合约当日先开仓后平仓交易手续费标准继续维持万分之7.2。

5月27日0时至31日24时河北启动空气质量强化措施，焦企结焦时间延长至48小时。

6月8日0时至19日24时，唐山市政府要求：（1）全区露天矿山停止一切生产作业；（2）各类工地停止一切施工作业；（3）混凝土搅拌站全面停止生产，水泥粉磨站企业全部停产，使用燃煤窑炉的轧钢、铸（锻）造企业全部停产，产生VOCs的企业工序全部停止生产。

7月11日，唐山市政府办公厅印发《唐山市七月份环境空气质量改善强化措施》。《措施》规定，从7月12日到31日，对全市采矿企业、建筑工地、轧钢厂、钢铁厂和焦化厂等企业实施限产、减排或停产措施。

8月16日至31日，唐山地区为改善空气质量限产方案出台，烧结限30%~50%，出焦延长36—48小时，所有燃煤轧企停产；华东区域环保措施升级。

9月10日0时至24日24时，唐山市将限产50%。具体内容包括：（1）钢铁企业未完成治理的烧结机减少排放污染物50%，完成的可正常生产；（2）焦化企业未完成治理任务的出焦时间全部延长到48小时，完成的可正常生产。

9月21日起，交通运输部门和公安交警部门将执行统一的超限超载认定标准，其中，2轴载货汽车的车货总质量限值为18吨，3轴车不得超过27吨，6轴及以上车辆不得超过49吨。

11月4日15点起，唐山全市钢企烧结停产，焦化厂出焦时间延长至48小时；18点起，禁止五轴以上车辆通行，解除时间由市政府另行通知。

11月8日0时起，丰润区所有钢铁、水泥、化工等重点排污企业采取限（减）产、停产措施，减少不低于30%的大气污染排放量，轧钢企业每日8时至16时停止生产。

自11月10日结算时起，最低交易保证金标准提高至13%；自11月11日结算时起，最低交易保证金标准提高至15%。

11月11日，河北省唐山市再出限产令。《唐山市人民政府办公厅关于启动重污染天气应急减排措施的紧急通知》显示，自2016年11月11日15时起，在确保安全生产的前提下，全市所有焦化企业立即停止出焦、装煤，并将出焦时间延长至48小时；全市所有钢铁企业烧结机停止生产，高炉焖炉；全市所有水泥（含熟料生产线、水泥磨）、轧钢、铸造、玻璃企业停止生产；全市所有涉挥发性有机物排放的企业工序停止生产。

11月25日，印度国家财政部发布通知，未来5年内将对中国、澳大利亚进口的焦炭征收反倾销税。

12月6日，河北省钢铁产业结构调整领导小组办公室下发《关于进一步排查非法生产地条钢的紧急通知》，唐山通知清理中频炉。

12月18日18时起，在确保安全的前提下，唐山市所有烧结（竖炉）停产，50%高炉焖炉（只有一座高炉的全部焖炉），承担居民供热任务的钢铁企业可以不停，但要确保污染物达标排放。

报告十五
塑料期货品种运行报告（2016）

2016年，随着国内经济形势的好转，供需基本面推动化工品市场价格出现了一轮上涨，经历了全年行业去产能和调结构的国家政策调整之后，市场的规范性和专业性都得到了很大提升，更多的化工品市场参与主体认识到运用期货工具可以创新贸易模式，规避企业经营风险。从市场参与塑料期货线形低密度聚乙烯（以下采用英文缩写“LLDPE”）的情况来看，虽然全年持仓量和成交量都有所下降，但是市场基本维持稳定，期货客户结构更加优化。随着国内期货市场制度完善和功能发挥水平的提高，LLDPE期货将会继续为服务实体经济发挥更好的作用。

一、LLDPE期货市场运行基本情况

2016年国内LLDPE期货成交总量和月度成交量比年初有明显回落，持仓量也出现了下降，但仍然能维持稳定的活跃度。

（一）市场规模情况分析

1. 全年总成交出现回落

2016年LLDPE期货成交量从全年来看呈现收缩特征，第一季度成交处于年度高位，此后成交情况逐步缩减。从全年成交数据看，LLDPE期货全年共成交10 093万手，同比下降15.8%，成交额44 404

亿元，同比下降15.9%，且下半年市场成交额萎缩较为明显。2016年10月成交量为年内低点，仅424.08万手，环比下跌14.64%，同比下跌22.34%。其中3月成交量是年内最高值为1 676万手，环比上涨102.61%，同比上涨15.85%。综合全年来看，3月、7月和11月这3个月成交情况是其所在季度中最为活跃的月份，这一特征反映出活跃合约交割前市场成交情况会有相对提升。

4月中国证监会要求期货交易所采取稳妥措施，抑制过度投机，在交易所实施相关措施之后，期货市场的交易量出现了明显下降，投机氛围大为降低，这也是全年LLDPE期货成交情况减弱的一个原因。

2016年第一季度LLDPE库存达到年度低点，贸易商预计春节后市场会出现季节性开工旺季，所以节前1月至2月在市场库存偏低的情况下积极采取补库行为，带动第一季度市场成交好转。但是从4月开始，农膜消费旺季结束，市场需求回落，加上交易所采取防止过度投机行为的措施，使得期货市场成交情况快速回落。5月、6月化工装置检修引起供应端出现明显紧缩，LLDPE产量同比增速回落，市场货源增加受到抑制，其对应期货市场成交在6月下降到上半年低点。下半年LLDPE现货市场受下游需求持续好转和原油市场价格维持高位影响，整体市场看多，多空交易分歧度降低，成交有所下降（见图15-1）。

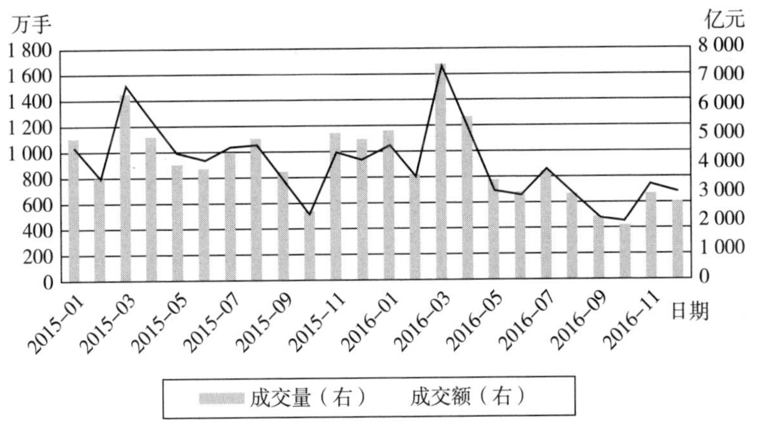

图 15-1　LLDPE 期货月度成交变化情况

2. 持仓量连续下降

2016年LLDPE期货持仓量出现较大幅度的下降。全年LLDPE期货从第一季度的平均持仓48万手下降到第四季度的平均持仓21.7万手，第一季度的持仓是近两年持仓量的高峰期，之后各季度持仓量逐渐下降。根据统计结果显示，全年持仓中有三个波动的高点，分别出现在2月、5月和10月，持仓量为49.5万手、34.9万手和29.8万手，相比2015年同期增长了36.9%、22%和-6.2%。最低点出现在12月，持仓量为14.7万手，同比下降55.5%，也是近两年来的历史持仓低点。

1月LLDPE期货价格整体上涨4.6%，此时聚乙烯市场的供需矛盾较为明显，资金大量进入市场，加快了市场价格的上涨速度， 2月持仓量大幅攀升至49.5万手的年度最高点，3月LLDPE持仓量有所回落但仍然处于高位，4月面对市场的过度波动，交易所警示了市场风险，并相应提升了最低交易保证金比例，期货市场持仓量出现下降，一直持续到年底，LLDPE期货市场的持仓都呈下降的态势，最后12月持仓量比1月持仓量下降69.1%（见图15-2）。

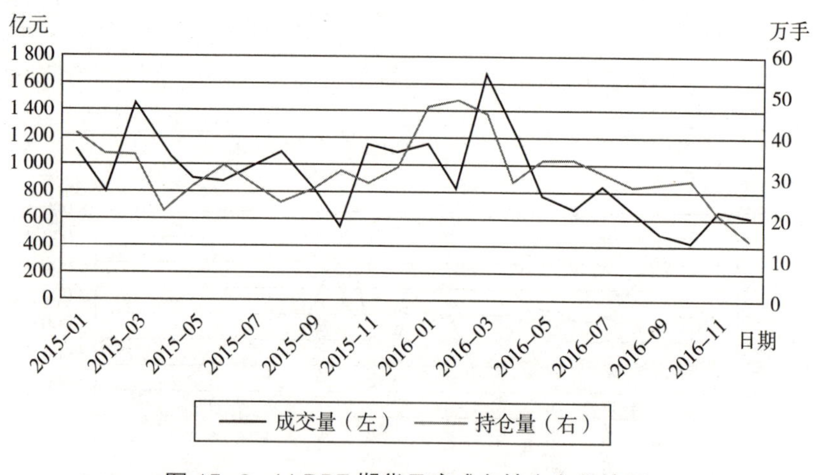

图 15-2 LLDPE 期货月度成交持仓变化情况

3. 在化工品种期货中成交排名居于第五位

目前，我国期货市场共上市运行7个化工品种，分别为精对苯二甲酸（PTA）、LLDPE、聚氯乙烯（PVC）、甲醇、沥青、聚丙烯和燃料油。近年来LLDPE期货成交基本稳定，持仓情况2016年有所下降，但是整体市场仍然保持良好运行态势。2016年LLDPE期货成交量在全国化工期货品种中居于第五位，成交排名下降，但是成交量变化不大，主要是因为其他品种像沥青和聚丙烯市场的成交量均出现了上升，特别是沥青期货的成交情况上升明显。PVC和燃料油成交比较不活跃，与排名靠前的品种相比差距较大。主要化工品期货品种中PTA和PVC的持仓量均比上一年度有所上升，其他化工品期货持仓量出现下降（见图15-3、图15-4）。

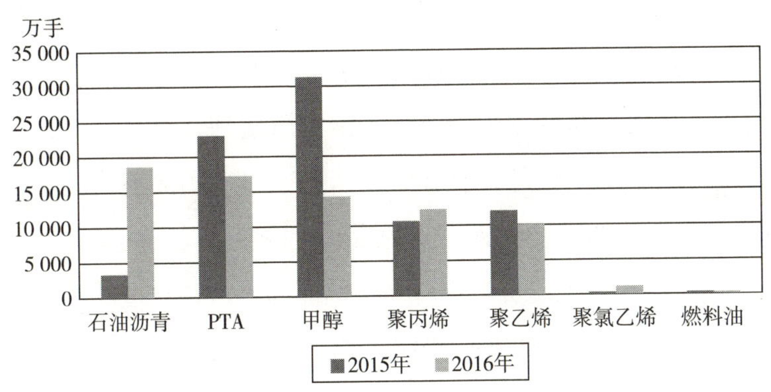

数据来源：Wind 数据库

图 15-3　2015—2016 年我国化工品期货成交情况

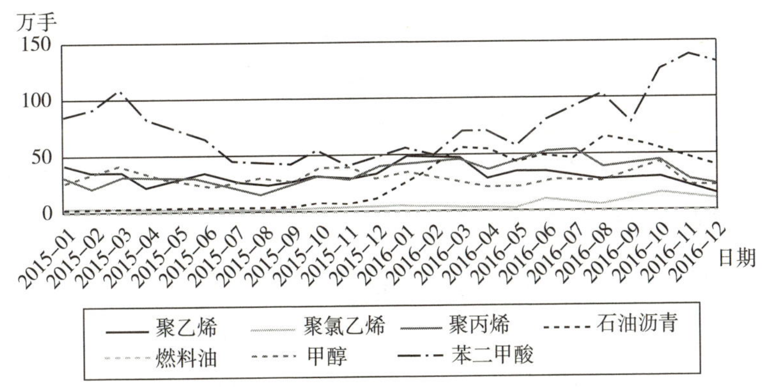

数据来源：Wind 数据库

图 15-4　2015—2016 年我国化工品期货持仓情况

（二）价格运行规律分析

1. 全年价格呈现震荡上涨趋势

聚乙烯市场基本面中供应、需求和库存是影响2016年LLDPE期货市场价格变动的主要逻辑因素。2015年12月中旬LLDPE期货主力合约下探到7 080元/吨之后快速回升，一直到2016年3月出现近3个多月的上涨期，其主要原因是年底企业库存非常低，同时面临第二年下游市场开工的旺季，在经济预期偏好的情况下，市场开启一轮补库周期，从而推动了价格出现连续上涨，到3月上涨到9 630元/吨。4月到5月随着农膜消费旺季的结束，LLDPE期货价格失去了主要支撑，出现了较大幅度的回调。下半年影响市场的主要因素转变为供应侧的变动，6月到7月市场检修情况开始增加，损失产能超出预期，市场开始出现供应短缺，在这段时间期货市场价格上涨幅度达到19.5%。2016年最后一波持续的上涨主要来自需求增加，其中10月市场的消费旺季是推动LLDPE市场上涨的主要因素，主力合约上涨到年度最高点10 710元/吨。第四季度LLDPE期货市场价格仍然能够维持在年度的高位，来自成本端原油市场的支撑也起到了主要作用。

回顾国际原油市场走势，2016年上半年布伦特原油从最低点28.83美元/桶涨至年底的54.9美元/桶，全年原油价格呈现上涨趋势，过低的原油价格使得美国页岩油产量大幅降低再加上国内成品油市场的40美元/桶以下不下调成品油价格的规定推动了原油价格上半年54.5%的涨幅，下半年产油国OPEC达成了限产协议，避免了原油市场通过低价来争夺市场份额的恶性竞争，原油市场进入了供需平衡阶段，原油市场的稳定为整体化工市场价格的稳定也提供了支撑（见图15-5）。

2. 期货市场远月贴水幅度收缩

比较2016年内L1705—L1701合约价差和L1709—L1705合约价差，可以看出LLDPE远月合约在11月之前一直贴水近月，表明市场在这一段时期对线形低密度聚乙烯行情比较悲观，但是从10月开始市场的贴水结构开始改变，L1705—L1701的价差从远月贴水逐步缩小，到11月底变为远月升水结构，从最高L1705贴水L1701在600元/吨到邻近交割转为升水L1701达到200元/吨。这段时间市场的预期发生了变化，特别是来自原油成本端的因素起了主要作用，11月底OPEC产油国初步协议进行减产，市场对原油价格在未来进一步上涨产生了较强的预期，原油市场远期价格也有大幅上涨，对应到化工品市场远月受未来原油价格上升的影响更大，所以在LLDPE期货市场上出现了远月贴水迅速缩小的情况，也说明市场对未来预期比较乐观（见图15-6）。

数据来源：Wind 数据库

图 15-5　LLDPE 期货与布伦特原油价格走势

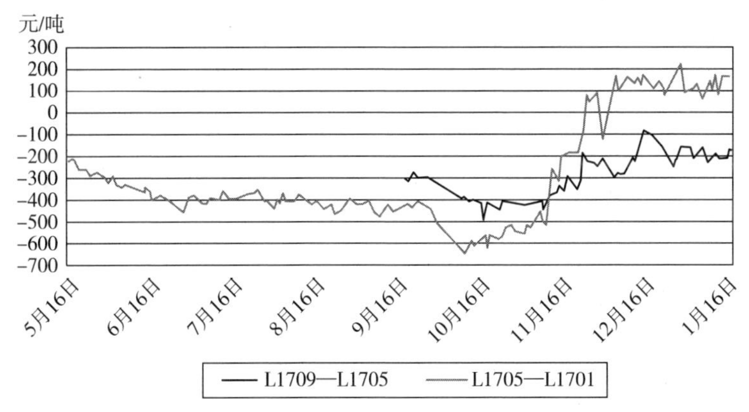

数据来源：Wind 数据库

图 15-6　2016 年聚乙烯合约间价差变动

3. 国内外价差年度波动幅度增加

2016年第一季度和第四季度内外价差波动较小，第二季度和第三季度基本处于国外价格高于国内价格的阶段。1月、2月，LLDPE进口利润表现较好，进口量也从1月的18.3万吨上升到3月的24.97万吨的高点，从4月到9月国外价格由于来自成本端原油价格的上升导致国外LLDPE价格一直高于国内价格，此外国内需求偏低也是造成这段时间内外价差偏高的原因。一直到“金九银十”的10月消费旺季带动需求上升，内外价差的结构才发生变化，国内价格上升到11月的10 000元/吨以上，春节前市场补库行为再次推升了年底LLDPE现货市场的价格，到12月国内价格比国外价格最高的高出351元/吨，12月由于进口利润的高起进口量也达到年度高点的33.03万吨，同比增加78.37%。综合来看，第一季度和第四季度是进口商盈利最大的时间段，而5月和9月是进口商亏损最大的阶段（见图15-7）。

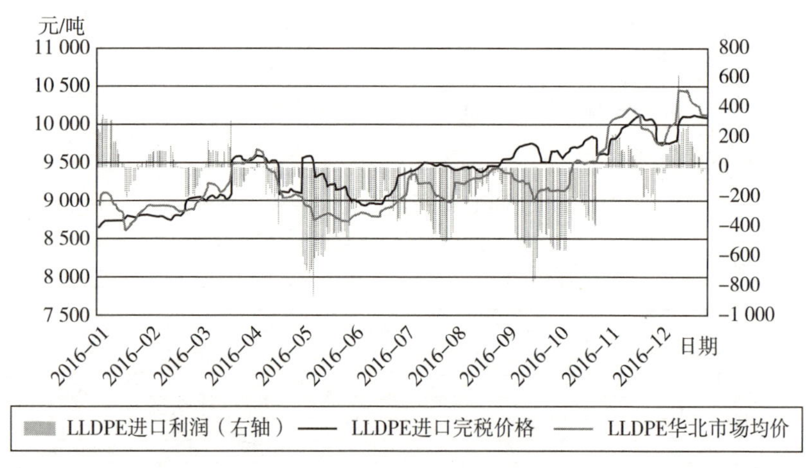

数据来源：Wind 数据库

图 15-7　2016 年 LLDPE 进口利润

4. 与化工期货主要品种间相关性减弱

如表15-1所示，LLDPE期货价格在2013年到2016年的四年中与其他主要化工品的相关性出现不同程度的降低，其中与聚丙烯价格表现出的相关性最强，其次是甲醇和PVC。2016年LLDPE期货市场价格与原油价格的相关性出现了大幅降低，从2015年的与NYMEX原油相关性系数0.913下降到2016年的0.452，成为相关性最低的一组品种。在相关性的分析表中，PVC与LLDPE的相关性虽然有所下降但是比起其他品种来说，从87.3%下降到84%，下降的程度较小，反而是除去聚丙烯以外相关性最高的一个品种。根据分析，我们认为这跟聚烯烃市场新增产能投产中煤化工的份额提升有关，聚烯烃的工艺路径以前占最大比重的石油化工路径的份额被煤化工路径代替了接近20%左右的比重，所以国内煤炭成本价格的变动开始影响聚烯烃市场价格变化，而PVC的价格变化也主要受国内煤炭价格的波动影响，因为煤炭是PVC的一个主要成本因素，这也是LLDPE期货市场价格在2016年出现与原油价格相关性大幅降低，而与PVC这一品种相关性没有出现明显波动的重要原因。

表 15-1　　LLDPE 与各化工品的相关性比较

年份	聚丙烯	NYMEX原油	IPE 布油	甲醇	沥青	PTA	PVC	燃油
2013—2016	0.9315	0.677	0.7055	0.86	0.7435	0.75	0.8735	0.7235
2016	0.911	0.452	0.491	0.83	0.577	0.703	0.84	0.733

数据来源：Wind 数据库

（三）期货市场结构分析

1. 国内商品交易所持仓额继续攀升

2016年大连商品交易所总持仓量最大，年末持仓量达到5 259 957手，但是比上一年同期下降1.24%，而郑州商品交易所和上海期货交易所比2015年均出现2.2%和4.94%的增幅，但是从持仓量的绝对数量的角度看，大连商品交易所的持仓数量还是高于郑商所和上期所的持仓量。大连商品交易所在10月持仓量上升到7 177 532手，达到近两年来的高位，当月同比增加73.3%（见图15-8）。

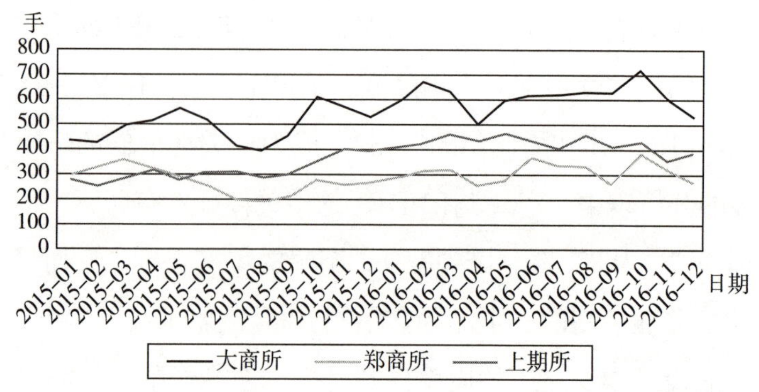

图 15-8　全国主要商品交易所持仓总量对比情况

2016年大商所持仓金额为1 947.8亿元，同比增加15.81%，郑商所和上期所持仓金额同比分别增加4.78%和28%，大商所持仓金额低于上期所但是高于郑商所。上期所持仓金额的增加主要来自石油沥青，热轧卷板，铅和镍等的较大增幅，其中石油沥青和热轧卷板的增幅分别达到了350%和420%。通过对大连商品交易所上市主要期货品种持仓额的增速和占比比较，其中豆粕、豆油、焦炭和聚氯乙烯对大商所持仓额的增长贡献最大，其中聚氯乙烯的增幅最大达到313%，而聚乙烯的增速为-44.5%，是活跃化工品种持仓金额同比下降幅度最大的品种，其在交易所总持仓金额中的占比也由2015年的7.84%下降到3.75%（见图15-9、图15-10）。

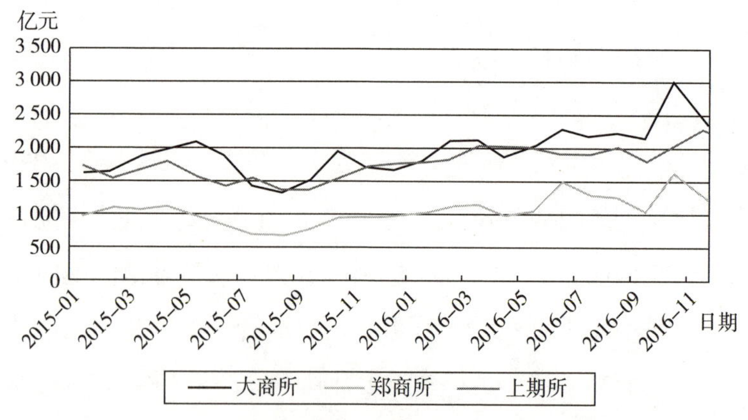

图 15-9　全国主要期货交易所持仓总金额对比情况

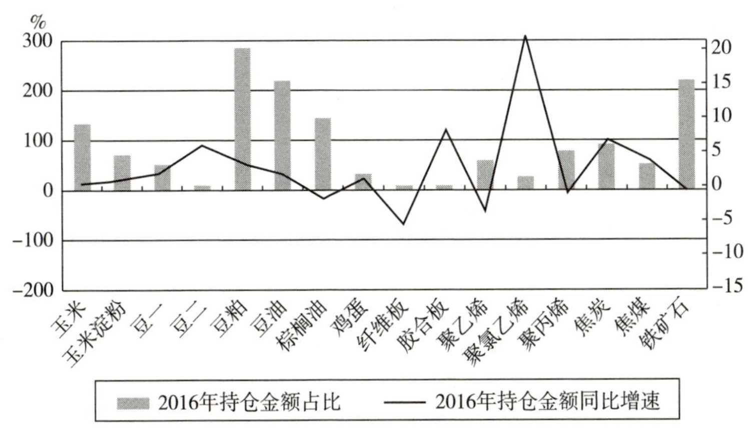

图 15-10　大连商品交易所主要上市期货品种持仓金额变化情况

2. 市场短线量占成交量比重趋于下降

2016年大商所统计数据显示，市场短线量月度均值在558.4万手，比2015年月均值减少30.6%，市场短线量占市场成交量的比例由2015年的年度均值76.6%下降到72.2%，短线成交情况对总成交的贡献情况明显减弱，与2015年较高的占比不同，短线成交占比下降说明市场交易结构逐步进入稳定期（见图15-11）。

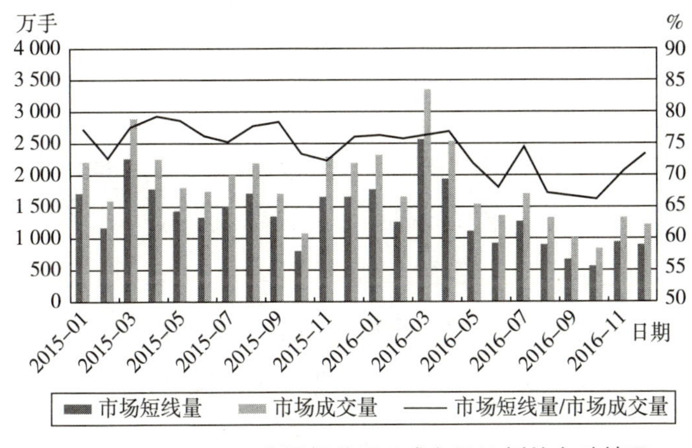

图 15-11　LLDPE 市场短线量 / 成交量比例的变动情况

3. 单位户快速上升个人户有所下降

2016年LLDPE期货交易客户情况显示，单位性质的交易客户数量

12月总计2 862户，同比增加45.35%，个人性质的交易客户数量12月总计54 735户，同比下降11.8%，交易中企业客户数量增幅较大，而个人性质客户交易出现下降，个人户中以短线交易和散户交易为主，现在这一比例下降，说明期货市场上这一品种的参与者正在向专业化和机构化转变，这种由单位性质主导的客户市场结构会更加稳定（见图15-12）。

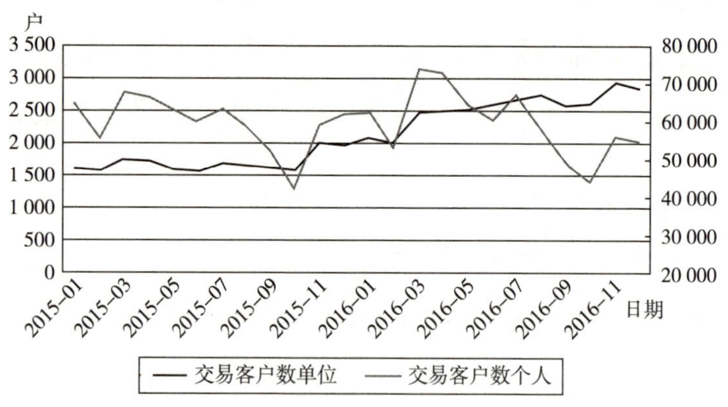

图 15-12 LLDPE 市场交易客户数结构变动情况

4. 持仓集中度增加

2016年LLDPE期货市场持仓集中度月均值为52.48%，比2015年上升1.6%，年内整体持仓集中度4月最高达到60%，全年持仓集中度的波动幅度有所下降，只有5月和6月两个月的持仓集中度低于50%，其他月份均高于50%，10月到12月持仓集中度稳定在50%到51%之间，非常平稳（见图15-13）。

从多空持仓集中度来看，2016年LLDPE期货市场卖仓集中度要高于买仓集中度。买卖仓集中度差与2015年出现结构性变化，2015年主要表现为买仓集中度高于卖仓集中度，多空集中度差的均值在1.99%，而到了2016年这个多空集中度差的均值变为-9.67%，这种多空情况的转变与这两年市场走势的变化关系密切。2016年化工市场供应端收缩叠加原油成本的上升，LLDPE市场价格出现了趋势性上涨，卖方的集中度开始上涨，其中2016年6月多空集中度差一度达到-24.14%，也是近两年来的最低值（见图15-14）。

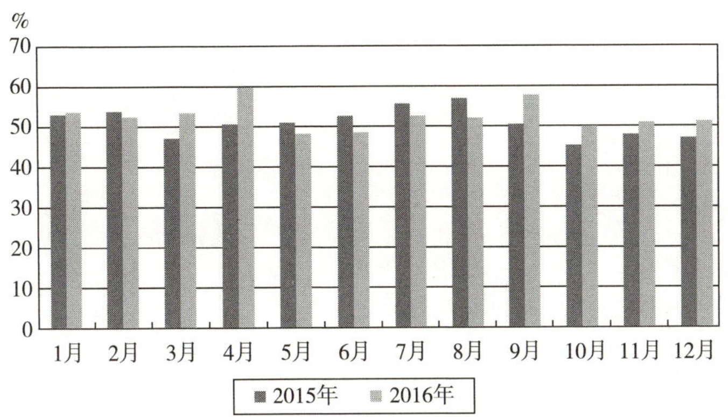

图 15-13　2015 年及 2016 年 LLDPE 期货市场持仓集中度

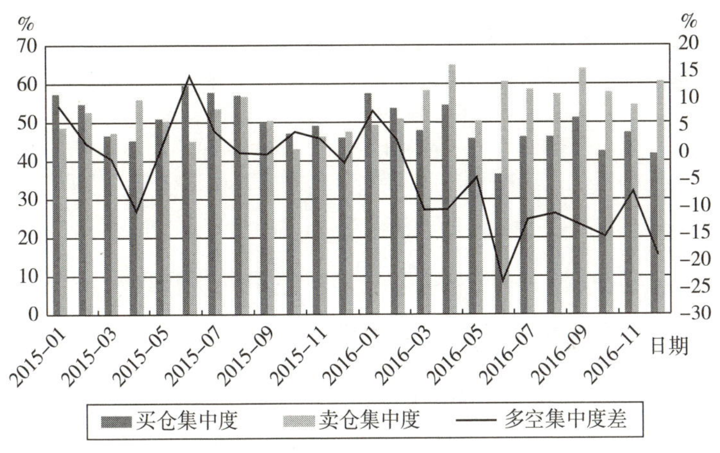

图 15-14　2016 年 LLDPE 多空持仓集中度情况

（四）交割情况分析

1. 交割运行顺畅

2016年LLDPE总交割量为10 649手（涉及交割数量按单边计算），与2015年相比增加4 634手，交割率0.01055%。从单个月来看，1月、5月和9月三个月单月交割量最大，分别为292手、2 280手和

8 069手，6月和7月交割量很少，仅为5手和3手，其他月份交割量为0（见表15-2）。

表 15-2　　2016 年 LLDPE 交割率

单位：手（单边）

	成交量	交割量	交割率
201601	11 596 033	292	0.00252%
201602	8 275 542	0	0
201603	16 767 396	0	0
201604	12 653 652	0	0
201605	7 723 053	2 280	0.02952%
201606	6 806 356	5	0.00007%
201607	8 495 647	3	0.00004%
201608	6 634 139	0	0
201609	4 968 056	8 069	0.16242%
201610	4 240 817	0	0
201611	6 681 906	0	0
201612	6 088 536	0	0

2016年机构客户数上升到53家，比2015年增加6家，主要是因为市场的成熟度在增加，越来越多的客户注重期货和现货结合的业务发展，市场参与者对期现价格的收敛性认同度快速提升，也说明了期货市场正在向更高效的方向发展。

2. 交割集中在华东地区

大商所LLDPE指定交割仓库共18个，其中9个设立在华东地区，5个在华北地区，4个在华南地区。2016年华东地区的浙江和上海共完成LLDPE期货交割8 055手，占全国交割总量的75.6%，是全国交割的集中地，该地区比2015年交割量增加4 700手，山东和北京地区交割量稳定，华南地区福建交割量增加1 044手，广东减少811手。

3. LLDPE期货市场功能发挥情况

2016年面对国内化工市场整体价格的大幅上涨，LLDPE市场全年涨幅平缓，趋势性更强一些，并且期货价格与市场变化相关度更高，机构客户运用期货进行套期保值规避风险的效果良好，也为广大产业客户提供了一个管理风险的良好平台。

（一）价格发现功能指标分析

2016年LLDPE的期现价格相关性稳定在0.87左右，比2015年有所下降，但仍处于较高水平，同时两者相关性均通过了显著性检验和协整关系检验。2016年LLDPE价格引导关系为期货引导现货，LLDPE期货价格充分反映了价格发现功能，也符合现货市场走势（见表15-3）。

表 15-3　　2015—2016 年 LLDPE 期现价格相关性

检验项 \ 年份		2015	2016
期现价格的相关性	系数	0.90	0.87
	显著性检验	通过检验	通过检验
期现价格是否存在协整关系		存在	存在
期现价格引导关系		期货引导	期货引导

注：现货价格为天津地区 LLDPE 市场价，期货价格为活跃合约结算价，数据为日度数据。

（二）套期保值功能发挥情况

1. 市场反向结构出现转变

LLDPE现货价格高于期货价格表现为反向市场。2015年是LLDPE市场反向结构表现较为突出的一年，但是到了2016年这种明显的反向结构有明显的收敛。历史上出现反向结构一般主要有两个原因：一是近端市场对商品的需求旺盛，推动现货价格高于期货价格，另一个原因是预计未来商品市场供应过剩导致期货价格低于现货价格。反向市场下游企业接货意愿不强往往会加大企业套保的难度。而在正向市场结构下，企业套保参与率会有大幅提升。

2016年LLDPE基差均值为303.88元/吨，比2015年减少34.9%，基差区间由-240元至1 415元/吨缩减至-310至1 230元/吨，到期日基差也由138.13元/吨缩减至-86.88元/吨，收敛性有所上升。2016年LLDPE市场改变前期反向结构的主要原因是5月之后在国内检修导致产能损失的情况下LLDPE市场出现了供需紧平衡的格局，并且新增产能投产力度比年初预期大幅减少，再加上产油国原油的限产协议，都进一步推升了远期市场价格的预期，市场的反向结构开始出现明显改变。12月份期货市场价格曾一度升水现货市场385元/吨，较低的基差为现货生产企业套保提供了窗口，套保比率上升，随着市场上套保盘的参与，市场基差在1周的时间内得到修复，期货和现货市场价格保持了良好的收敛性。

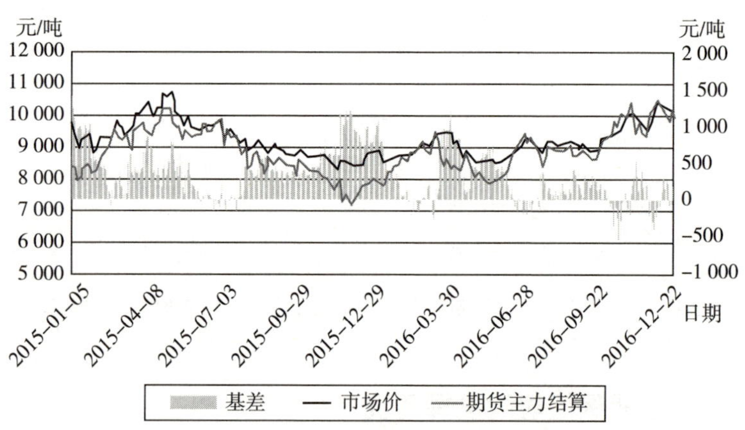

注：现货价格为天津地区LLDPE市场价，期货价格为活跃合约结算价，数据为日度数据。

图 15-15　2015—2016 年 LLDPE 期现价格及基差变化

表 15-4　2015—2016 年 LLDPE 套保有效性

指标			2015	2016
基差	均值	元	466.44	303.88
	标准差	元	338.00	333.97
	变异系数		0.72	0.14
	最大	元	1 415	1 230
	最小	元	-240	-310

续表

指标			2015	2016
到期价格收敛性	到期日基差	元	138.13	-86.88
	期现价差率	%	1.48	-0.94
套期保值效率	周（当年）	%	36.52	83.53

注：现货价格为天津地区 LLDPE 市场价，期货价格为活跃合约结算价，数据为日度数据。

2. 套期保值效率上升

套期保值效率用于衡量相比于现货市场单边操作，企业在参与套期保值后，其所面临的价格波动风险的降低程度，这个指标是期货市场能否为现货企业提供有效风险对冲工具的重要标准。套保周期设定为5天，2016年LLDPE的套期保值效率为83.53%，相比于2015年的36.52%，出现明显上升。2016年期货市场价格整体呈现震荡上涨走势，现货市场的淡旺季往往会有较大的市场波动，期货市场的套保功能为企业提供了有效的规避价格波动风险的功能。特别是在基差大幅走低，市场出现正向结构的情况下，LLDPE的套保效率更是得到大幅提升。此外期现价格相关性高达0.87，表明LLDPE期货市场相比2015年更加成熟稳定、流动性更强，对冲风险作用也得到充分发挥。

（三）期货市场功能发挥实践

1. 期货市场价格发现和效率传导机制助力国家供给侧改革

2016年是国家“十三五”规划的开局之年，在中国经济持续深化改革的新常态下，期货市场的价格传导机制将在国家供给侧改革方面发挥更加重要的作用。

供给侧改革有三个主要方面：去库存、去产能、去杠杆。在去产能方面，大宗商品价格经历了2014年和2015年价格下跌之后，市场价格的调解作用将一些高成本的落后产能淘汰掉了，过剩产能逐步出清，并且新增产能也受到抑制。经历了2016年煤化工方面煤炭成本的上涨

101%，煤化工方面制烯烃成本迅速增加，利润转为亏损，一系列煤化工项目纷纷推迟或者停止申请，聚烯烃市场的产能过剩得到缓解。

LLDPE期货市场还能起到调节社会库存的作用。一般情况下，每年的3月是农用薄膜的消费旺季，供应偏紧，企业可以选择在1月左右提前在LLDPE期货市场买入，建立虚拟库存，这样就缓解了企业建立过大实货库存占用资金的压力，原来企业保留10天的库存是一个安全的边际，在2016年很多产业客户可以只保留3天到5天的安全库存，因为库存边际越少，也相应降低了企业财务出现大幅波动的风险。企业维持低库存，期货市场的价格发现作用就得到了更大的发挥，如果观察到期货市场价格出现变动，现货企业包括贸易商、生产商等都会及时调整库存。期货市场价格发现的作用有效帮助了市场参与者及时、准确地把握价格变化，提高现货企业的经营能力与市场决策水平。

2. 结合期货市场创新贸易模式实现企业稳定经营

国内石化行业市场参与主体逐步多样化，2016年投资者结构不断优化，参与大商所塑料期货交易的单位客户数上升到2 862户，比2015年增加45.35%，涵盖了塑料行业上中下游全链条客户和众多投资机构，期货现货市场的联动性越来越强。对于行业内中间环节的贸易商来说，他们既要承载上游刚需的生产和销售，又要面对下游随机分散采购，以前传统的买卖赚中间差价模式的利润越来越少，在这样的行业环境中，市场需要突破这种传统的加价搬货第三方分销的盈利模式，这就需要贸易商涉足期货业务，不断创新贸易模式。其中聚烯烃行业中期货加减升贴水的定价模式在行业内逐步应用。

点价模式是指以某月份的期货价格为计价基础，以期货价格加上或减去双方协商同意的升贴水来确定双方买卖现货商品的价格的交易方式。目前，聚烯烃市场的点价交易模式多在贸易商与大型下游工厂之间进行。在点价过程中，贸易商在期货市场上建立空头头寸，同时结合现货市场价格确定合理升贴水并报给下游工厂，下游工厂接受升贴水报价后在点价期内通过期货市场点价确定结算价格，贸易商把手上的现货转给下游工厂，并对期货头寸进行平仓。相比单纯的期货套期保值，点价模式的卖家可自主确定升贴水，而买家也可以选择点价的时间点，可以有效降低基差波动风险。

国内大型的塑料贸易商远大石化已经实现点价操作，能够帮助工厂提前锁定下游订单。通过远大石化的这种点价模式的案例应用，市场发现这种点价模式一方面是以企业作为纽带，便利了下游交割，促进了期现有效衔接；另一方面，点价模式提升了下游定价能力，增加了买方企业参与期市积极性，这种从“现货价格定制品”的模式往“以期货价格定订单模式”的转变将扩大以往相对弱势的下游买方企业的话语权，进一步提升市场效率。另一家华东大型化工贸易公司浙江前程石化2016年在塑料产品上，点价的数量也很大，而且他们运用期货市场建立远期的虚拟库存以减少现货库存，也节约了大量成本。

3. LLDPE期货相关规则调整

2016年，大商所延续在节假日期间调整保证金、涨跌停板等制度，充分防范市场风险，维护市场健康运行。风险管理调整的具体措施如表15-5所示。

表 15-5　　LLDPE 期货涨跌停板幅度调整情况

时间	通知名称	调整措施
2016/1/28	关于2016年春节期间调整各品种最低交易保证金标准和涨跌停板幅度的通知	自2016年2月4日（星期四）结算时起，LLDPE品种涨跌停板幅度调整至6%；2016年2月15日（星期一）恢复交易后，自各品种持仓量最大的两个合约未同时出现涨跌停板单边无连续报价的第一个交易日结算时起，聚乙烯品种涨跌停板幅度恢复至5%。 对同时满足《大连商品交易所风险管理办法》有关调整涨跌停板幅度的合约，其涨跌停板幅度按照规定数值中较大值执行。
2016/3/24	关于2016年春节期间调整各品种最低交易保证金标准和涨跌停板幅度及夜盘交易时间的通知	自2016年3月31日（星期四）结算时起，LLDPE涨跌停板幅度调整至7%。2016年4月5日（星期二）恢复交易后，自各品种持仓量最大的两个合约未同时出现涨跌停板单边无连续报价的第一个交易日结算时起，聚乙烯品种涨跌停板幅度恢复至5%。 对同时满足《大连商品交易所风险管理办法》有关调整交易保证金标准和涨跌停板幅度的合约，其涨跌停板幅度按照规定数值中较大值执行。

续表

时间	通知名称	调整措施
2016/5/31	关于2016年端午节期间调整各品种最低交易保证金标准和涨跌停板幅度及夜盘交易时间的通知	自2016年6月7日（星期二）结算时起，LLDPE涨跌停板幅度调整至7%。2016年4月5日（星期二）恢复交易后，自各品种持仓量最大的两个合约未同时出现涨跌停板单边无连续报价的第一个交易日结算时起，聚乙烯品种涨跌停板幅度恢复至5%。 对同时满足《大连商品交易所风险管理办法》有关调整交易保证金标准和涨跌停板幅度的合约，其涨跌停板幅度按照规定数值中较大值执行。
2016/9/22	关于2016年国庆节放假期间调整各品种最低交易保证金标准和涨跌停板幅度及夜盘交易时间的通知	自2016年9月29日（星期四）结算时起，LLDPE涨跌停板幅度调整至7%。2016年10月10日（星期一）恢复交易后，自各品种持仓量最大的两个合约未同时出现涨跌停板单边无连续报价的第一个交易日结算时起，将聚乙烯品种涨跌停板幅度恢复9月29日结算前标准。 对同时满足《大连商品交易所风险管理办法》有关调整交易保证金标准和涨跌停板幅度的合约，其涨跌停板幅度按照规定数值中较大值执行。

表15-6　　LLDPE期货最低保证金标准调整情况

时间	通知名称	调整措施
2016/1/28	关于2016年春节期间调整各品种最低交易保证金标准和涨跌停板幅度的通知	自2016年2月4日（星期四）结算时起，LLDPE最低交易保证金标准调整至8%；2016年2月15日（星期一）恢复交易后，自各品种持仓量最大的两个合约未同时出现涨跌停板单边无连续报价的第一个交易日结算时起，聚乙烯品种最低交易保证金标准分别恢复至6%。 对同时满足《大连商品交易所风险管理办法》有关调整交易保证金标准和涨跌停板幅度的合约，其涨跌停板幅度按照规定数值中较大值执行。
2016/3/24	关于2016年春节期间调整各品种最低交易保证金标准和涨跌停板幅度及夜盘交易时间的通知	自2016年3月31日（星期四）结算时起，LLDPE最低交易保证金标准调整至9%；2016年4月5日（星期二）恢复交易后，自各品种持仓量最大的两个合约未同时出现涨跌停板单边无连续报价的第一个交易日结算时起，聚乙烯品种最低交易保证金标准恢复至6%。 对同时满足《大连商品交易所风险管理办法》有关调整交易保证金标准和涨跌停板幅度的合约，其涨跌停板幅度按照规定数值中较大值执行。
2016/4/21	关于调整豆一、豆粕、玉米、聚乙烯、玉米淀粉、聚丙烯、聚氯乙烯、铁矿石品种涨跌停板幅度和最低交易保证金标准的通知	自2016年4月25日（星期一）结算时起，LLDPE最低交易保证金标准调整至7%；对同时满足《大连商品交易所风险管理办法》有关调整交易保证金标准和涨跌停板幅度的合约，其涨跌停板幅度按照规定数值中较大值执行。

续表

时间	通知名称	调整措施
2016/9/22	关于2016年国庆节放假期间调整各品种最低交易保证金标准和涨跌停板幅度及夜盘交易时间的通知	自2016年9月29日（星期四）结算时起，LLDPE最低交易保证金标准调整至9%；2016年10月10日（星期一）恢复交易后，自各品种持仓量最大的两个合约未同时出现涨跌停板单边无连续报价的第一个交易日结算时起，将聚乙烯品种涨跌停板幅度恢复9月29日结算前标准。 对同时满足《大连商品交易所风险管理办法》有关调整交易保证金标准和涨跌停板幅度的合约，其涨跌停板幅度按照规定数值中较大值执行。

表15-7　LLDPE期货指定交割库的调整情况

时间	通知名称	调整措施
2016/3/18	关于调整线形低密度聚乙烯、聚丙烯、聚氯乙烯指定交割仓库的通知	自2016年3月18日(星期五)起,设立江苏武进港务有限公司、杭州临港物流有限公司为线性低密度聚乙烯基准制定交割仓库，从即日起接受办理相关品种期货交割业务。取消上海长桥物流 有限公司线性低密度聚乙烯备用交割仓库资格。
2016/8/18	关于调整线形低密度聚乙烯、聚丙烯、聚氯乙烯指定交割仓库的通知	自2016年8月18日（星期四）起，设立江苏正盛仓储物流有限公司为线形低密度聚乙烯基准交割仓库。 从即日起接受办理相关品种期货交割业务。
2016/10/28	关于指定交割仓库更名的通知	自2016年10月28日(星期五)起，大商所指定交割仓库“江苏武进港务有限公司”更名“江苏奔牛港务集团有限公司”。

表15-8　LLDPE期货指定质检机构的增设情况

时间	通知名称	调整措施
2016/3/18	关于增设线形低密度聚乙烯、聚氯乙烯指定质检机构的通知	自2016年3月18日（星期五）起，增设宁波出入境检验检疫局检验检疫技术中心为线性低密度聚乙烯指定质检机构，即日起接受并办理相关品种期货检验业务。
2015/9/22	关于2015年国庆期间调整各品种最低交易保证金标准和涨跌停板幅度的通知	自2015年9月29日（星期二）结算时起，聚乙烯最低交易保证金标准调整至8%。2015年10月8日（星期四）恢复交易后，自各品种持仓量最大的两个合约未同时出现涨跌停板单边无连续报价的第一个交易日结算时起，各品种最低交易保证金标准恢复至5%。对同时满足《大连商品交易所风险管理办法》有关调整交易保证金标准和涨跌停板幅度的合约，其涨跌停板幅度按照规定数值中较大值执行。

二、产业前景、问题以及下一步工作设想

（一）产业前景

1. 预计新增煤制烯烃装置提升产业格局多元化

2016年在聚乙烯产能中，石油基烯烃占比70%，而煤基烯烃占比30%，2017年国内聚乙烯行业还会有一轮扩能高峰，新增企业多为煤制烯烃产业，2017年我国聚乙烯新增产能117万吨，从原料方面来看，除了壳牌扩能是传统的石脑油制烯烃装置，其他装置全部是煤制烯烃，将进一步打破油制烯烃单一的产业格局，实现原料多元化。从我们计划投产的装置地区可以看出，新增的装置主要集中在中西部地区。这将使我国聚烯烃产业分布格局更为合理，也符合国家大力促进中西部发展的战略。

从2014年来看，煤化工项目的盈利性比石油化工制烯烃要高，不断地有煤制烯烃项目出现，但是到了2015年和2016年随着原油价格的下降，这种比较优势出现了改变，特别是2016年由于煤炭行业去产能的作用，煤炭价格全年上涨幅度接近100%，煤化工利润出现了明显下降。

“十三五”规划中限制煤炭的产能扩增，或支撑煤炭的价格平稳运行，由于煤化工受到水资源和环境的双重约束，未来再新增煤化工项目的经济性降低，但是从现在的市场来看，煤化工项目的聚烯烃产能使得聚烯烃市场的竞争更充分了。

2. 环保检查趋严再生塑料替代量下降

2016年再生塑料价格几乎全年都在缓慢上行。截至年末，再生塑料综合价格上升至7 449元/吨，较2015年底上涨1 106元/吨，涨幅高达17.43%。但是从年初开始，环保严查在全国范围内进行。以宿迁市场为例，宿迁作为全国废塑料厂家的集中地，再生厂家有近7 000家，从业人员多达10万人，年初到4月，宿迁市场完全被取缔。2016

年再生市场整体开工率在25%左右，较2014年和2015年普遍下降10%~20%。2016年国内聚乙烯估计回收量在412万吨左右，较2015年降幅在18%。

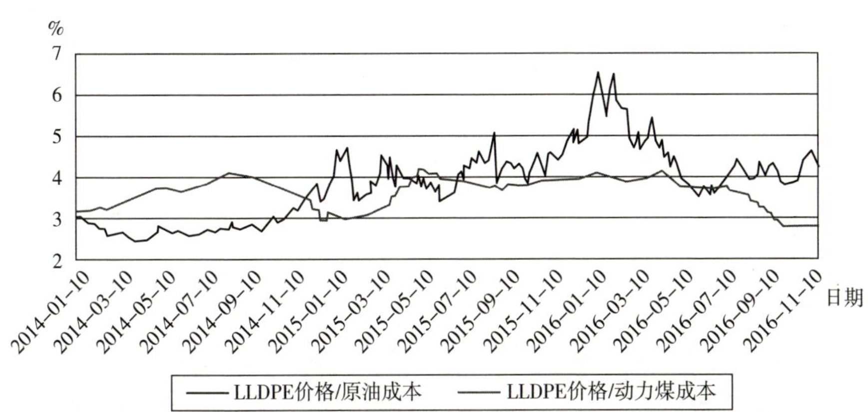

数据来源：Wind 数据库

图 15-16　LLDPE 期货指数与油、煤价格比值走势

由于2016年再生塑料市场前所未有的环保整顿，致使毛料货源难寻，再生厂家产销受限，产量难提高，即使在2016年第四季度新料的猛烈上涨，加之新料市场对再生料市场的滞后期较长，致使新旧料价差被扩大到4 000元/吨左右，而再生塑料市场运行开工情况仍处于10%到20%的历史低位。部分回料现货呈现紧缺局面，又加之再生厂家开工不稳，难以有大量库存，因而场内再生料呈现供应偏紧局面，由于再生料回升量的快速下降，其对新料的替代量也有缩减。2017年国内环保整顿仍会持续，像河北、山东、江苏等废塑料作坊式的企业在环保整顿过程中将被淘汰。再生料的量仍将维持低位，对新料的替代作用偏弱。

3. 人民币贬值化趋势继续刺激聚乙烯出口

2016年美元指数保持强势并推动人民币向7元关口逼近，美联储进入加息周期，美元强势的趋势还会持续，2017年市场预计在岸人民币兑美元贬值到7.1元到7.3元。2016年聚乙烯出口全年总计29.86万吨，比2015年同期上涨10.9%，聚乙烯主要是低端料的出口，出口地区主要是是马来西亚、越南等东南亚地区，其次是朝鲜、韩国等，主要出口地集中在亚洲，依靠的是中国—东盟自由贸易协定关税减免的政策。人民币贬值化的趋势也将继续推动聚乙烯市场出口的增加。

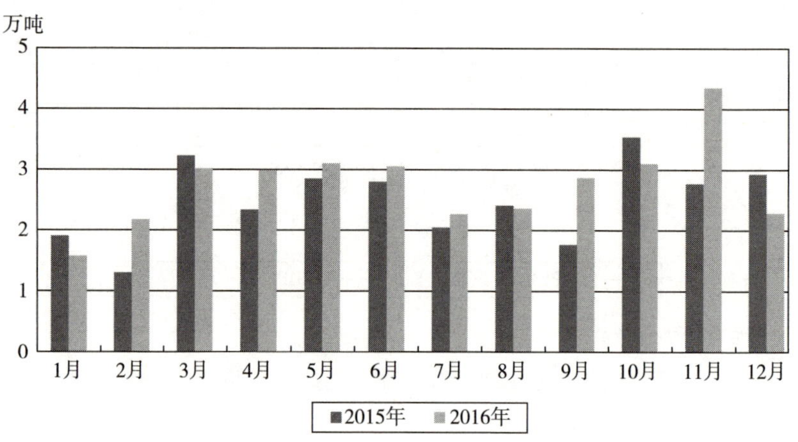

数据来源：Wind 数据库

图 15-17　聚乙烯出口数量

（二）存在的问题

1. 聚烯烃通用料过剩而高端牌号供应不足

我国聚乙烯生产和消费市场存在着结构性的不平衡，2016年我国聚乙烯自给率接近60%，虽然对外依存度下降，但是国内聚烯烃高端产品仍然高度依赖进口，而以拉丝料、线形膜料为主的聚乙烯通用型产品，产品同质化严重，其供应日渐趋于饱和，行业内存在着低端料的低价无序竞争的现象。特别是近年来新增投产的煤化工料形成的对石油化工产品的价格冲击较为明显。这种石化行业内部结构的不平衡，需要通过低端通用料的价格调节和增加高端产能投入来实现，聚烯烃的产业升级也是石化行业供给侧改革的一项重要内容。

2. 全球聚乙烯迎来投产高峰价格或受冲击

预计2017年到2020年，聚乙烯的全球产能大概增加2 500万吨，需求量大约增加2 100万吨，产能的投放增速会大于需求增长。2017年全球PE计划新增产能611.5万吨，同比增速5.6%，较2016年放缓，中国投放占比由17%提升至34%；虽然装置投放带来的新增压力不会完全在2017年体现，但PE装置近两年属于全球投产大年，且2017年前三季度要消化2016年第四季度境内外投放的装置压力，相比较而言实际供应增速压力较大，所以2017年会迎来聚乙烯装置产量高峰的可能性很大。另外根据统计，由于北美地区大量开采页岩气，其中乙烷含量12%~35%，过量的乙烷没有配套的裂解装置消耗而采取直接出口或者回注方式，预计2017年美国乙烷过剩约1 100万吨，除了满足已达成海运的合约和管道的出口量，仍有约200万吨余量供出口。届时美国低廉的乙烷将会流向全球贸易中，并且乙烷裂解乙烯的技术成熟，成本低，收率高，投资少，污染少等优点会部分取代石脑油裂解装置生产的相对低价的乙烯，也会降低下游产品聚乙烯的价格。这样来看，新装置投产和低廉的原材料都将对聚烯烃市场结构和价格造成比较大的冲击。

（三）下一步工作设想

1. 继续开发聚乙烯产业链上的新期货品种服务供给侧改革

聚乙烯根据不同的聚合方法，可得到密度不同的产品，如低密度聚乙烯（LDPE）、高密度聚乙烯（HDPE）和线性低密度聚乙烯（LLDPE）、超高分子量聚乙烯、分子量和支链可控的茂金属聚乙烯等系列产品，其中以LDPE、LLDPE和HDPE为主。其中HDPE的消费能占到总表观消费量的45%左右，比LLDPE的消费量略大，HDEP的下游主要应用领域有中空吹塑、薄膜制品和注塑，其中HDPE作为理想的注塑材料被广泛应用到各个领域，作为聚乙烯下游的一个重要分支，也可以尝试研究HDPE的期货新品种，起到延伸和覆盖塑料期货主要品种的目的，通过期货市场的价格发现功能，助力行业供给侧改革。

2. 优化交割仓库布局特别是西北地区服务“一带一路”政策导向

国家推出“一带一路”政策之后，西北地区成为国家战略政策的一个重点方向，随着西部经济活力的提升，化工产品的需求将会有较大发展。西部地区也有自己的重要石油和煤炭资源，以延长石油为代表的石油化工企业都具有广阔的化工销售市场，但是目前LLDPE期货制定交割库集中在华东和华北地区，在西北地区还没有交割库。通过引导西北地区运用期货工具做好风险管理的同时，适时的在西北地区布局交割库，符合国家战略需要和当地市场需求。

3. 通过企业调研案例的方式推广期货操作服务实体企业

经过统计，大连商品交易所企业客户数量从2016年年初的2 000户上升到年底的2 800户，企业客户出现大量增加，相对的个人户下降了13%。企业参与期货来套期保值和从事期现业务的越来越多，而化工板块相对于上市较早的农产品和有色黑色板块，市场对化工品期货的认知度还有待进一步提升。大商所可以从这种客户结构入手，一方面通过行业会议和内部培训方式提升客户参与度和客户运用期货工具降低经营风险的能力；另一方面可以组织企业调研，通过与期货公司具有实际操作期现结合的操作人员合作，将企业成功的套保和期现结合的模式案例进行总结并推广，切实提高企业运用期货工具的方式和能力。

专栏

2016年LLDPE期货大事记

1月14日，应申诉方的撤回申请，美国商务部决定取消对华聚乙烯零售包装袋的本次反倾销行政复审调查。

1月18日，伦敦报道，与2014年同期相比，韩国2015年前11个月出口欧盟的聚乙烯和聚丙烯大幅增加了29.6%。

2月25日，神华新疆煤基新材料PP装置已完成试车，计划3月底到4月初出PP粒料合格品，5月出PE合格品。

4月6日，中煤蒙大新能源化工有限公司50万吨工程塑料项目位于乌审旗乌审召化工项目区，总投资104亿元。项目全面启动，进行逐步投料，4月底产出合格产品。

4月29日，证监会新闻发言人张晓军表示，证监会将继续指导期货交易所采取稳妥措施，坚决抑制过度投机，保持市场平稳有序。相关措施实施后，一周以来期货市场交易量明显下降，投机气氛有所降低。

5月19日，陶氏化学表示，其位于得克萨斯州自由港聚乙烯扩能项目将于2017年中期投产。目前，这套世界级规模的蒸汽裂解装置已经完成了50%的建设任务。

5月31日，国务院发布《土壤污染防治行动计划》，共十条（以下简称“土十条”），圈定了土壤污染防治的目标任务和部委分工。“土十条”中明确指出，加强工业固体废物综合利用。对电子废物、废轮胎、废塑料等再生利用活动进行清理整顿，引导有关企业采用先进适用加工工艺、集聚发展，集中建设和运营污染治理设施，防止污染土壤和地下水。政策的出台无疑说明了我国对环境保护的重视，再生塑料行业的发展也将面临更大的挑战。

9月4日，G20峰会在浙江省杭州市举办。为保证峰会期间的空气质量，浙江省出台了打造“西湖蓝”行动环境保障计划，并将辖区内污染企业按地域及等级划分，分别采取停产、限产等保障措施。随着G20临近，华东地区部分装置将降负荷运行，如上海赛科

60万吨PE装置、镇海炼化45万吨全密度装置、上海石化45万吨PE装置降负荷50%运行。9月中旬，降负荷运行装置将恢复至正常运行。

9月21日，《超限运输车辆行驶公路管理规定》将施行，相比原标准，新标准在超限方面明显收紧。这次统一执行的强制性国家标准（GB 1589）规定，2轴车载重不得超过18吨，3轴车不得超过27吨，6轴及以上车辆不得超过49吨。9月21日起半挂车减吨，总重不得超49吨，理论上运费单价必然有所上涨。

11月28日，石油输出国组织OPEC各成员国达成原油减产协议，决定削减120万桶的原油日产量，随后非OPEC国家也同意减产55.8万桶。减产协议将在2017年1月1日正式实施。

报告十六
聚氯乙烯期货品种运行报告（2016）

2016年，聚氯乙烯（以下统称“PVC”）现货市场景气好转，价格震荡上涨，期货市场发展运行情况显著回暖。从行业来看，持续几年的去产能化，叠加环保限产和限超载政策，PVC供应端稳中趋紧，同期受房地产市场带动，消费端持续扩张，全年表现为供应略紧。从期货市场成交和持仓来看，2016年是快速增长年，无论是持仓量、成交量、客户参与数都有显著的增幅，但绝对量相较其他活跃的化工品期货依然偏低，PVC期货市场还需继续培育，未来发展空间很大。2016年大商所PVC期货市场运行取得较好的成绩，在未来的行业发展中，大商所将继续扶持、培育PVC期货市场，使之更好地为实体经济服务。

一、PVC期货市场运行情况

2016年PVC期货市场明显回暖，成交量和持仓量（均按单边计，下同）均有显著回升，且在期货市场中的影响力持续上升。

（一）市场规模情况分析

1. 成交持仓持续攀升

2016年，PVC期货市场的运行情况延续2015年回暖趋势，成交量和持仓量在上半年持续回升，在下半年大幅攀升，月间波动较大，成交额下半年同步显著上升。

PVC全年成交1 124万手，显著高于2015年的156万手，同比上升620%；全年成交额高达3 658亿元，而2015年仅400亿元，同比上升814%。从月度成交规模看，出现持续攀升的态势，尤其是9月起，成交量大增，并在11月达到全年月度成交量峰值364.72万手，2015年同期最高也是11月，但成交量仅为20.60万手；11月成交额也为年内最高值，达1 360亿元，2015年同期仅为58.75亿元。整体来看，成交量和成交额相较2015年取得了巨大的同比增幅，尤其是在下半年中表现非常亮丽（见图16-1）。

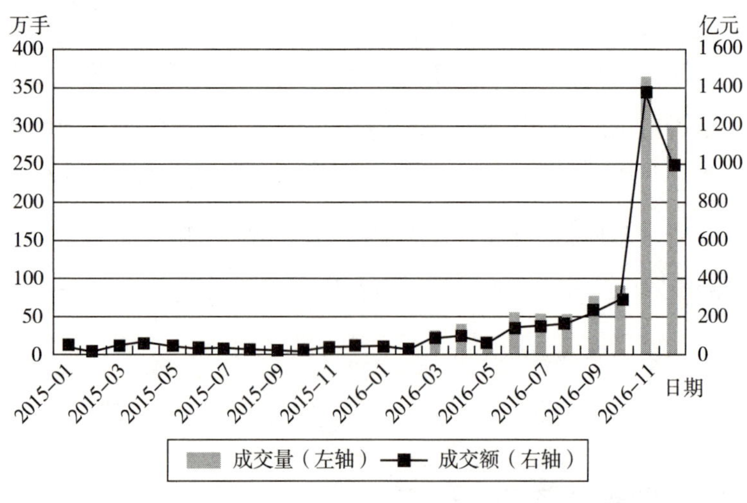

图 16-1　PVC 期货月度成交变化情况

2016年PVC期货月均持仓量7.50万手，2015年同期为2.34万手，同比上升220%，虽同比大增，但同比增幅低于成交量增幅。各月持仓波动较大，仍体现出明显的季节性，主要受现货市场季节性影响，表现为春秋两季持仓峰值：第一个峰值为6月的9.74万手，第二个峰值为10月的15.02万手。从持仓的各月分布情况来看（该持仓量为月度最后一个交易日的持仓量），全年高于9万手的月份有6个，为除8月外的6—12月。上半年持仓量与2015年相比略增，下半年显著上升，可能是PVC供需出现错配，从而吸引了更多资金关注（见图16-2）。

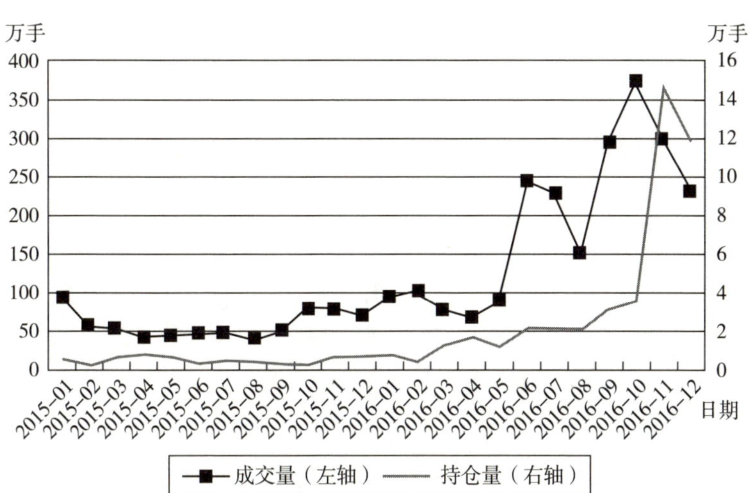

图 16-2　PVC 期货月度成交持仓变化情况

2. 期货市场占比率仍偏低，但明显上升

目前，PVC期货在期货市场的占比率还是偏低，但呈现显著上升的趋势。在大商所品种中，PVC成交量占比一改2015年持续下滑的态势，显著上扬，年度均值0.80%，2015年仅为0.14%。可以看到，成交量占比在10—12月已经突破1%，最高位为12月的2.77%（见图16-3）。

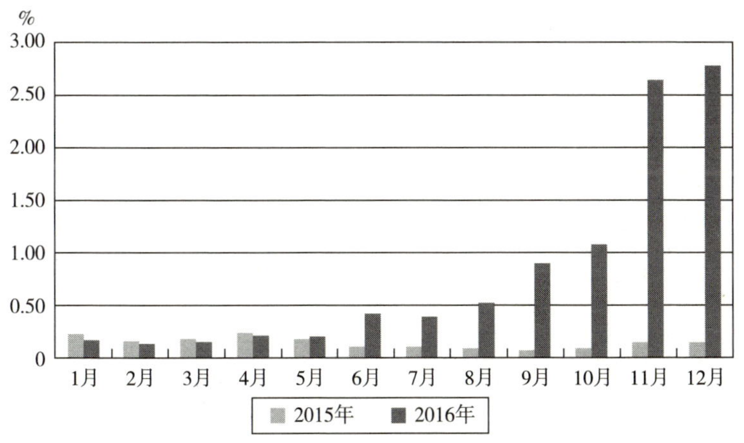

图 16-3　PVC 期货在大商所期货的成交比重

在大商所品种中，2016年的PVC持仓量占比依然很低，但相对有明显的上升，月度均值在1.21%，2015年仅0.48%，持仓占比较好的月份主要分布在下半年，峰值为10月份的2.09%（见图16-4）。

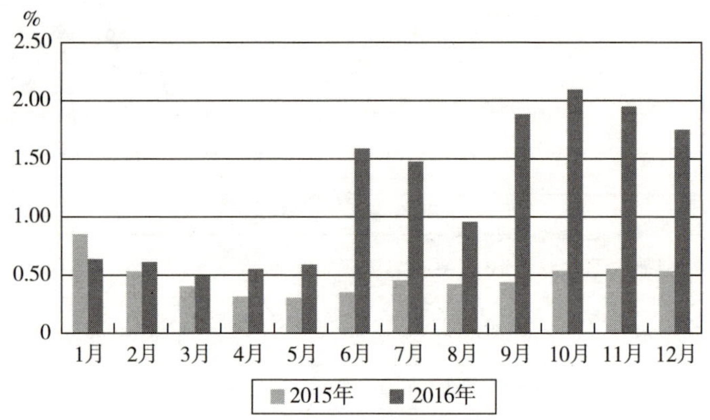

图 16-4 PVC 期货在大商所期货的持仓比重

在国内化工品期货市场中（不含燃料油期货），PVC 成交量和持仓量依然垫底，但相对值已经有明显改善。2016年化工品期货间格局再度发生剧烈变化，2015年甲醇、PP是成交量上升明星，2016年则成为石油沥青，其成交量迅速增至第一位位置，而PTA蝉联第二位。2016年PVC的成交量为石油沥青的6.0%，2015年与成交量第一位的甲醇相比仅0.5%；2016年成交量与PTA比为6.5%，PP为9.1%，LLDPE为11.1%，甲醇为8.2%（见图16-5）。

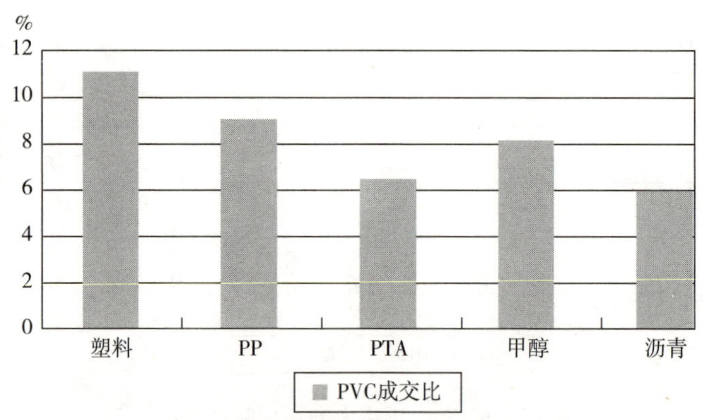

图 16-5 PVC 与国内化工品期货总成交量对比

（二）PVC期现货市场价格走势

1. 期价震荡上涨，整体重心大幅上移

2016年，PVC期价震荡上涨，波动率显著加大。全年行情主要分为五个阶段：1—3月中旬，文华财经PVC期货指数（以下简称PVC期指）持续小幅上涨，自年初4 805元/吨涨至3月中旬5 465元/吨，涨幅13.73%，这段行情主要受估值修复驱动和供需错配影响，涨幅有限。3月中旬至6月中旬，价格有所调整，基本在5 000~5 400元/吨震荡，表现出旺季不旺的特点。6月中旬—8月，受前几年去产能和2016年持续的供给侧改革影响，PVC供需错配状态得到加强；因而PVC期指在6月底再度拉升至5 800元/吨一线，随后7—8月内做一个高位震荡平台，震荡区间5 500~5 900元/吨。9月—11月中旬，供应端继续受制于环保限产等供应端收缩，而房地产销售大幅好转带动PVC消费回升开始逐渐发力，叠加外围市场明显好转、出口大幅上升、限超载政策提高运费等因素，PVC期指大幅上扬，自5 500元/吨一线持续拉涨最高触及7 925元/吨，涨幅达44.09%。随后国庆节房地产新政显著打压房地产销售氛围，加上PVC淡季来临，同时过热的商品市场令监管层比较敏感，交易所积极出台相关限制过热的措施，PVC期指展开调整行情，大幅回落直至年底，最低点为6 010元/吨，跌幅为24.16%。2016年的行情是超出预期的行情，核心因素来自供需两方面，供应端PVC继续去产能并受制于环保限产等政策，需求端因房地产去库存带来销售超预期的转好，促进了PVC消费量回升，且国际市场的供给端去化更剧烈，导致外围市场价格高于国内市场价格，促进了国内出口，加剧了国内供需矛盾（见图16-6）。

2. 宏观形势复杂，房地产市场转暖带动PVC消费

2016年全球经济宏观形势低位复苏，然而黑天鹅事件频发，如英国公投、美国特朗普当选总统、OPEC八年来达成首次减产协议等。美国经济一枝独秀，促使美联储开始加息周期，全球流动性从扩张转

为紧缩，中国也不例外。中国央行通过缩长放短的方式，勉强维持国内短期流动性不至于过快收缩，减缓外汇储备下降速度，降低人民币贬值预期。但年初金融市场动荡、实体经济投资放缓、产业机构调整还需深化等因素，促使政府以“稳中求进”为基调，强调抑制资产泡沫，并加大供给侧改革力度，促进产业快速回暖。

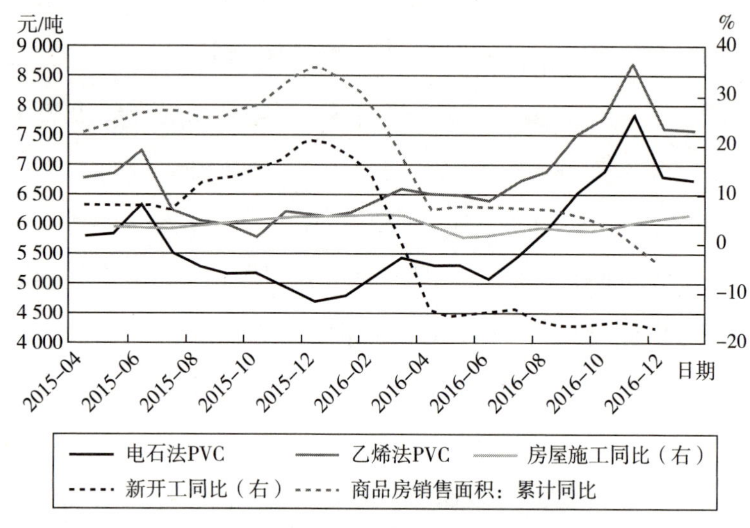

图 16-6 2016 年 PVC 价格与房地产同比走势比较

在去房地产库存的基调下，2016年房地产销售强劲复苏，房价大幅上涨，且房地产新开工和施工同比也有持续回升。从施工面积累计同比来看，全年基本持平，均值在4.5%。从新开工累积同比来看，一改2015年的负值增速，峰值在4月的21.4%，随后受5月人民日报“权威人士发言”影响，下半年持续回落；全年维持在7%以上，尤其是上半年多在15%。从商品销售累积同比来看，全年都在20%以上，12月数据为22.50%。考虑到PVC 70%以上用于建筑领域中，可明显看到房地产数据领先PVC价格大约6个月。

房地产开工和销售的好转一方面大幅消化房地产库存，刺激未来消费的预期；另一方面带动了房地产相关商品的消费，这种价格上涨同步发生在与房地产相关的各大品种中，如钢材、有色、汽车、家电等，装修入户相关的PVC、玻璃等。尽管这些商品来自不同行业且各种产业格局有较大差异，但在2016年都出现了不同幅度的上涨。

3. 产能出清，供需趋紧，成本推动

全球PVC 产能接近6 000万吨，主要集中在我国和美国，占比分别为40%和30%。过去几年，我国西北产能依托成本优势大量扩产，但实际情况却是盈利情况大幅低于预期，其根本原因就在于美国页岩气革命后导致北美产能成本也大幅下降。美国每年的出口量高达500万吨以上，成为全球最大的出口国。但过去几年的价格战也导致高成本的欧洲、日本产能大量退出，甚至连美国的低成本产能都出现大规模的兼并重组，供给压力大幅降低。中国过去2014—2015年两年时间总共闲置或淘汰了245万吨产能；同期海外产能也大量兼并重组，美国5 大厂商已经整合为3 家，欧洲三大厂商更是只剩下1家，累计关闭产能接近300万吨，占比高达12.5%。

目前国内外最终生存下来的企业开工率都比较高，中国达80%，美国达90%。由于资源、环保和成本因素，除中美两国外其他国家已关停的产能短期再开的可能性极小。

2016年中国PVC企业共64家，其中甘肃新川长期停产中，杭州电化、泰州正大生产少量特种树脂。全年在供给侧改革政策之下，国内PVC整体产能变化有限。截至2016年年底，PVC总产能2 075万吨，其中一体化产能974 万吨、外购电石产能744 万吨、乙烯法PVC 产能357 万吨，较2015年略有增加。产量约为1 660万吨，累积同比增加3.5%；总供应量1 736.93万吨，较2015年同比增加2.67%；总需求量达到1 655.46万吨，同比增加9.4%，供需关系得到明显改善。

2016年原料端的大幅上涨对PVC价格构成支撑。2016年受煤炭供给侧改革影响，电石价格大涨，从2016年初的2 600元/吨（华东价）

涨至年底的3 325元/吨，涨幅27.88%。同期进口乙烯价格从年初1 085美元/吨至年末980美元/吨，并未出显著上涨。成本端的因素影响了成品端的价格表现，从图16-8可看出，全年电石法PVC价格波动更加剧烈，年内最低价5 250元/吨，最高价8 250元/吨，差值3 000元/吨；乙烯法PVC价格相对滞涨抗跌，高低价差值仅为2 575元/吨；而文华PVC期指高低价差高达3 320元/吨。

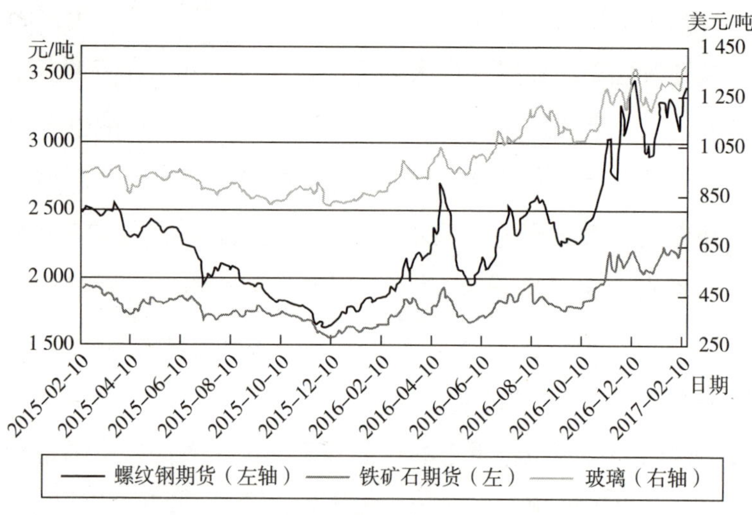

图 16-7 2016 年房地产相关品种价格走势

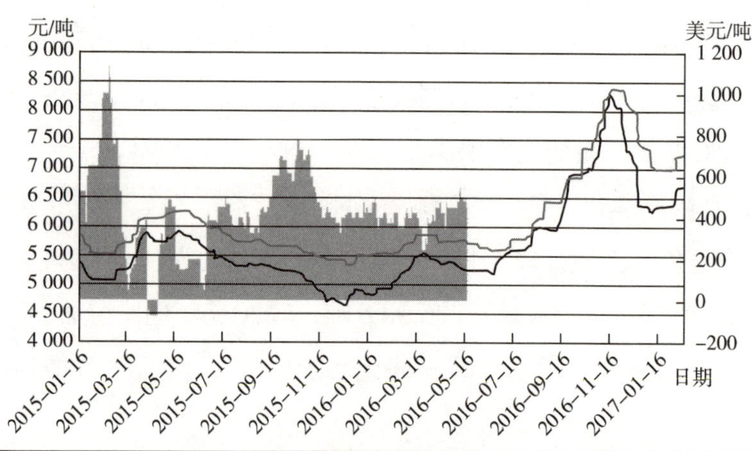

图 16-8 PVC 现货价格走势及两者价差

4. 国家产业政策扰动助推现货市场

2016年的政策扰动主要体现在供给侧改革、环保限产、限超载等。在供给侧改革战略思路下，氯碱行业“十三五”规划以“结构性矛盾和资源、环保约束问题”为首要任务，PVC新上产能速度明显减缓。

为治理雾霾，贯穿全年的环保限产严政，影响了钢铁、化工、有色等产业的供应。环保督察组分别在7月、10月和12月于西北、华北、华中等地区进行巡视，导致PVC企业不断采取停工、降负、检修等策略规避政策方向，形成供应端收缩性扰动。

9月初国家交通运输部《超限运输车辆行驶公路管理规定》的制定，意味着汽运将走上一条正规路，在此期间，运输部将对超载方面做严格查处，相对应的运输成本也将提高20%~50%。这正是PVC常用的物流工具，该物流成本最终也体现在销售价格上。

（三）期货市场结构分析

2016年，PVC期货市场结构相比2015年总量增加但结构基本不变。具体来看，市场参与者个人与法人客户都显著增加，但两者占比变化不大，持仓集中度在下半年有下降趋势。

1. 市场参与者明显增加

从法人客户数方面看，2016年法人客户数比起2015年显著上升。2014年初，期货月度参与法人客户数均值在157户左右，2015年该均值增至688户，其中11月最高为1 470户，均值新增497户，同比上升260%。

从个人客户数方面看，2014年月均为4 391户，2015年月均为4 799户，2016年则高达15 547户，增幅10 748户，同比增幅224%，较2015年大幅提高（见图16-9）。

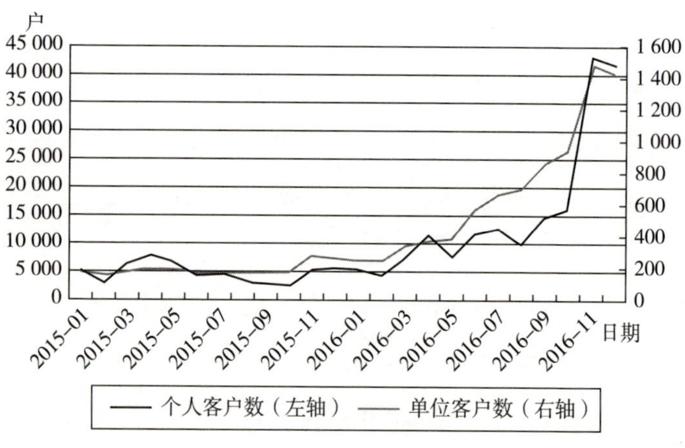

图 16-9 PVC 客户数情况

不难看出，2016年PVC市场客户参与数量大幅提升，与成交量、持仓量的大幅提升相互呼应，表明PVC期货市场在强劲复苏；客户数增幅不如持仓量增幅，更逊于成交量增幅，可能是由于PVC价格大幅上涨带来的计算因素。

2015年法人和自然人客户在客户数量上是持续攀升的过程，可喜的是法人客户占比也有所上升。2015年法人客户占比月均值为4.16%，2016年小幅增至4.66%，这在交投氛围显著增加的市场下，是很可贵的，表面机构和产业客户更加关注并运用PVC期货市场。从全年月均值变化来看，仍体现出春秋两季峰值的季节性，两个峰值为3月的5.41%和8月的6.58%（见图16-10）。

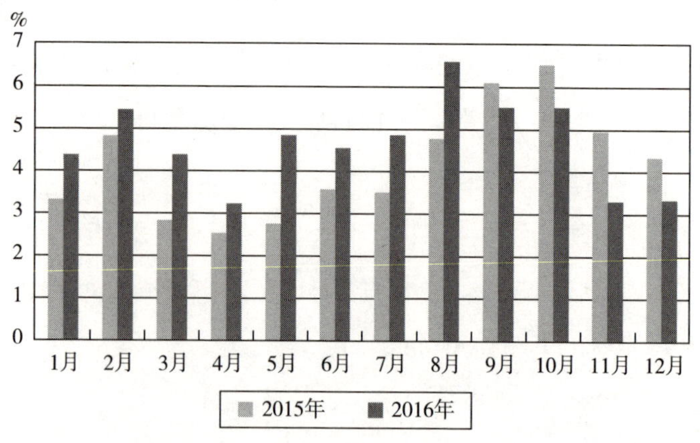

图 16-10 法人客户所占比例变化情况

2. 持仓集中度小幅下降至75%

2016年PVC期货持仓集中度（指持仓量前N名客户的持仓量/市场持仓量）不增反降。持仓排名前N名客户的持仓量之和与总持仓量的比例均值降至75.26%，2015年则为89.95%。这种明显下降趋势从6月起，到12月止；这与2014—2015年的表现截然不同。持仓集中度的下降一改过去两年参与者的集中化、寡头化等特点，这反映了参与者尤其是个人投资者的增多，使得PVC期货价格定价功能更客观，发现价格功能体现得更良好（见图16-11）。

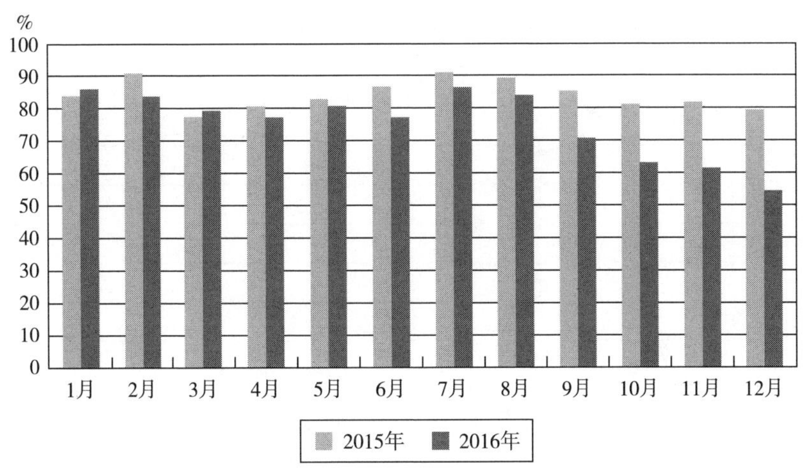

图 16-11　PVC 持仓集中度情况

期货持仓集中度差值，反映了期货市场多空强弱的对比，体现了投资者对未来价格的预期，与产业供求关系的变化以及期货价格走势有一定程度相关性。2016年买方前N名持仓集中度低于卖方前N名持仓集中度3.12%，这与价格上涨的趋势是相反的，同样的特点也体现在2015年持仓集中度买卖差值上。2016年卖方集中度更高可能有以下几方面原因：一是行业回暖，利润转好，产业有套保锁定利润的需求，体现在持仓上为卖出为主；二是价格波动剧烈，市场多方参与者同场博弈，对价格分歧较大，但参与者普遍低估了PVC价格弹性，还受制于过去几年疲软的市场表现上，表现在对价格趋势的反应相对滞后。

分月份来看，4月、9月是持仓集中度买卖差值最大的月份，分别为-24.80%、-15.53%。这可能跟房地产开工销售好于预期，而市场反应相对滞后有关；从图16-12中可看出，4月、9月随后的几个月内，持仓集中度买卖差值都出现了明显回升，尤其是11月，该差值达到了8.11%，体现为较强的买入情绪。

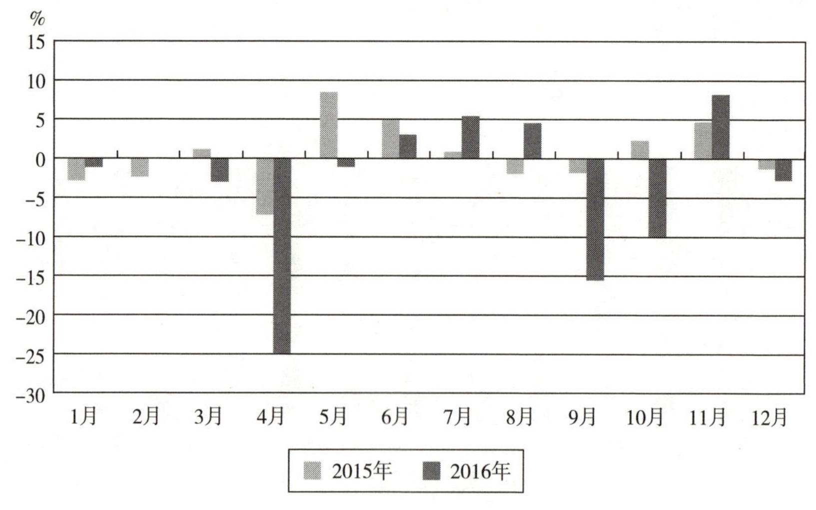

图 16-12 PVC 多空持仓集中度差情况

3. 成交集中度持续下降，短线成交占比有所下降

2015年PVC期货前N名成交占比月均值为57.87%，2016年降至49.30%，年内最低为11月的34.55%。从前N名短线成交占比来看，2016年月均值为54.94%，小幅低于2015年的60.97%。尽管大商所在PVC平今仓免收手续费的优惠措施下，在PVC价格波动更剧烈的市场表现下，短线成交占比依然小幅下降，这说明市场参与者趋于理性，更多是追求趋势交易机会。

（四）交割情况分析

1. 交割量、交割率依然很低，同比延续显著增加

2015年PVC期货交割量（以单边计，下同）2 606手，同比增长272%；2016年交割量高达10 239手，同比增幅293%。2016年交割量大增，主要受参与者增加、期现货套利者增加和基差较大所致，企业在1月、5月和9月三个主力合约交割，1月、5月交割率依然很低，分别为0.79%、0.53%，但9月显著增加达14.71%，原因是9月交割前PVC基差较大，而1月、5月并不显著。交割量显著增加加强了期现货联动性，有助于价格发现和套期保值功能发挥（见图16-13）。

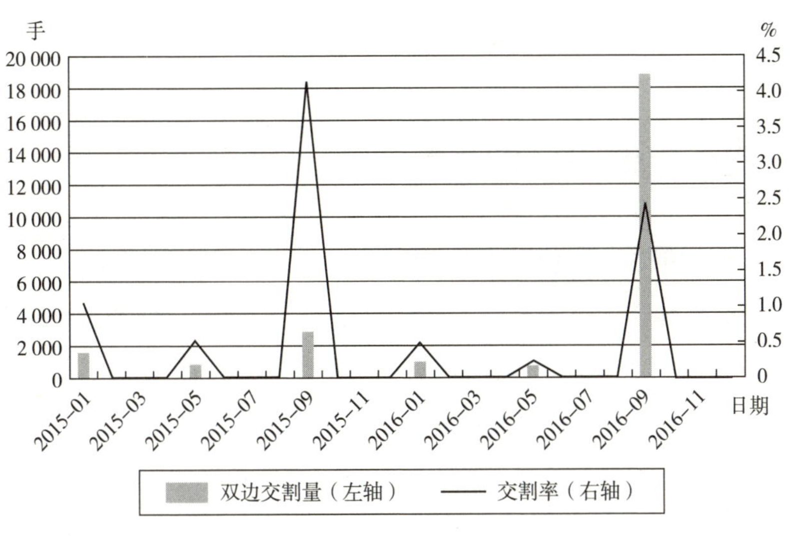

图 16-13　PVC 交割量分区域

2. 交割地区相对集中，交割客户数增加

2016年交割的区域与2015年基本一致。2016年依然是华东地区交割为主，为9 889手，占比91.69%；华南地区为296手，华北地区由2015年的84手显著增至555手。从交割客户数来看，2015年仅17户，2016年增至31户，这与大商所所有期货品种交割客户数由2015年的498户下降至2016年的365户形成鲜明对比，2016年PVC交割客户数占比增至8.49%（见图16-14）。

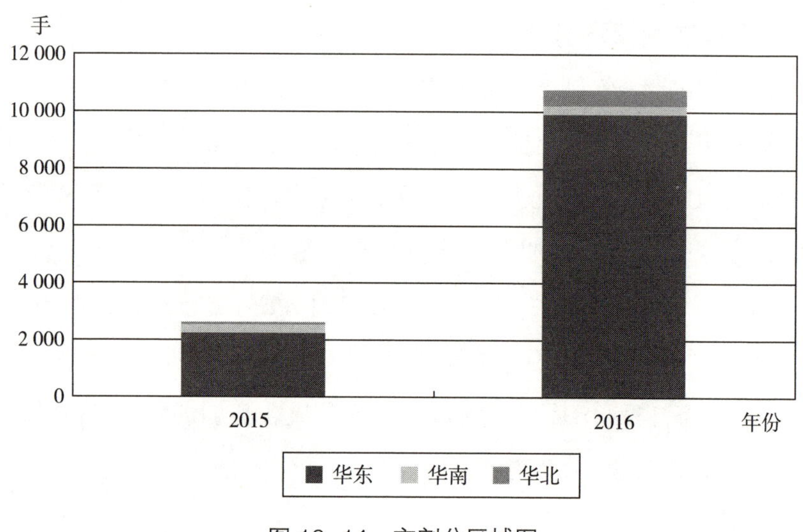

图 16-14　交割分区域图

二、PVC期货市场功能发挥

（一）价格发现功能发挥情况

价格发现功能持续增强。期现价格相关性显著且期现货双向引导关系显著。2016年PVC的期现货相关系数0.96，比2015年的0.94增加2个百分点，强相关性得到进一步增强。从引导关系来看，呈现出期货现货双向引导的特点，期现联动显著增加，表明PVC市场在投资者客户和产业客户博弈下，价格不仅受现货市场供需影响，也受到市场参与者对未来宏观经济、产业格局等因素的影响，这种立体的价格影响因素正是成熟期货市场的特点。毋庸置疑，品牌交割机制推出和客户交割意愿增强，约束了基差的变化，是期现货双向引导性增强的重要影响因素，PVC期货市场服务实体的影响力正在逐步恢复（见表16-1）。

表 16-1　　2015—2016 年 PVC 期现价格相关性

项目		2015	2016
期现价格的相关性	系数	0.94	0.96
	显著性检验	通过检验	通过检验
期现价格是否存在协整关系		存在	不存在
期现价格引导关系		期货引导	双向引导

注：现货价格为珠三角 PVCSG5 市场价，期货价格为主力合约结算价，数据频率为日度。

（二）套期保值功能发挥情况

1. 基差均值小幅扩大，期现价差率也有所增加

2016年PVC基本保持正基差，基差均值154.45元/吨，2015年为144.36元/吨；从期现价差率来看，2016年从2015年的1.80%增至2.85%。基差和期现价差率呈现扩大势头，核心是现货升水期货，期货上涨又助推现货涨势，主要支撑因素有产业进入去产能深水区、环保限产等供应端扰动不断、出口转好等。

2. 套保效率显著提升

2016年，PVC期货套期保值效率大幅提升为70.70%，这远高于2015年的40.84%。从期现货相关性续增及交割量显著增加来看，PVC期货市场再度成为现货企业参与并应用于风险管理的重要手段；也与大商所为积极培育、大力扶持PVC期货市场而出台的措施有关，如交割品牌注册制、降低手续费、与甬商所建立仓单串换合作等。

3. 到期日基差不回归加大了套保实践的难度

套期保值的核心目的是将绝对价格风险转为相对价格风险，也即基差风险。套期保值发挥作用的关键是基差在交割时有回归零值附近的本能属性，这代表期现终将回归，也即基差风险在可控范围内。根据数据分析（见表16-2），2016年PVC期货到期日基差并未回归到零值附近，而是155.63元/吨。这种基差不回归的状态将使得套保实操面

临较大的基差风险，加大了套期保值的难度。

表 16-2　　2015—2016 年 PVC 期货套保有效性

指标 \ 年份			2015	2016
基差	均值	元	144.36	154.45
	标准差	元	128.87	183.35
	变异系数		0.89	0.08
	最大	元	455	610
	最小	元	-175	-260
到期价格收敛性	到期日基差	元	98	155.63
	期现价差率	%	1.8	2.85
套期保值效率	周价（当年）	%	40.84	70.7

注：现货价格为珠三角 PVCSG5 市场价，期货价格为主力合约结算价，数据频率为日度。

（三）期货市场功能发挥实践

1. 企业应积极利用期货参与套保

PVC价格大幅上涨，生产商拥有较好的利润，但对下游而言价格的上涨风险是很可观的；同时，在淡季时，现货成交下降，库存开始累积，较好的利润并不能完全兑现，而期货又长期处于贴水状态，卖出保值并不有利，这加大了企业套保的难度。在这种情况下，企业需要根据趋势分析和基差分析来良好调整套保策略。

某西南PVC生产企业并非大商所认定的交割品牌企业。该企业月度产量约为10万吨，在11月底时，期货价格上涨之势疲软，现货逐渐进入淡季，尽管销售的现货依然拥有较好利润，但库存开始累积，同时现货价格高于期货价格，且西南地区PVC价格与大商所PVC期货价格之间无法用交割来衔接。该企业显然具有卖出保值的需求，根据套保原则，在价格趋势向下运行的情况下，即便基差不利，也要积极卖出保值。

实际套保过程中，企业套保操作的基本思路应是：一是每日统计现货敞口风险，将产供销部门整合起来；二是分析基差走势，在基差处于历史上相对较高的时候，减少套保的比例，而在基差处于偏低水平时候，加大卖出保值的比例；三是根据自己的产量，对未来的库存增量做一个评估，须将未来库存增量进行风险管理。从宏观经济和产业分析等角度，可制定套保策略如下：

（1）这几年产能淘汰加剧，导致PVC开工不足，现货紧缺，叠加房地产销售好转刺激下游消费，带动了2016年这一轮上涨。然而国庆节限购房政使得房地产销售大幅下降，后续消费恐难持续。

（2）电石原料煤炭价格受发改委制约，动力煤出现滞胀甚至回调的苗头；倘若调整276天工作日至330天，那么动力煤将不再紧缺，后市成本支撑将弱化。这也是导致PVC远期贴水较大的主要原因。

（3）目前来看，虽然基差很大，现货远高于期货，但PVC盘面利润依然可观，企业积极套保可以锁定静态生产利润。

（4）冬季逐渐进入淡季，PVC消费趋淡，企业库存虽然偏低可能会累积，预计每个月将增加库存2万~5万吨。

（5）考虑到PVC1705贴水较大，前期卖出保值仓位先建在PVC1701合约，在12月底之前再移仓至PVC1705合约。

（6）考虑成本，PVC跌至华东当前成本价6 800元以下是很可能的（不考虑成本下移）。

（7）风险点：PVC淡季的消费超预期；宏观利多因素导致系统性上涨。

（8）建仓策略：考虑基差因素，对基差做一个评级并赋予10%权重，则适当降低套保比例，套保比例为93%。按已有库存和未来预计增加库存的量中，分批在期货市场建立空单，并做好资金划拨和价格波动风险预案。

2. 灵活运用套保理论优化现货经营模式

企业还可以根据PVC期货与现货的波动率及两者的相关性，计算出套保系数L为：

L=σ^现货/（σ^期货）×R；

其中R为期货、现货的相关系数，σ为波动率，波动率选取最近100个交易日为基准。由此可算得：

L=0.80×（856/769）=0.89。

也即，在不考虑交割的情况下，理论上企业应该用0.89×N吨期货来对N吨现货进行对冲，才能使得风险最小化。从上公式可看出，现货的波动率大于期货的波动率，这是少见的，因此这种建立在风险平价的套保系数具有一定的科学性。2016年下半年以来，PVC成交量和持仓量显著增加，有利于企业积极且规模较大去套期保值。

三、PVC期货合约相关规则调整

（一）PVC品种仓单注册及交割等业务

1. 质检机构和交割库管理

2016年3月18日，增设宁波出入境检验检疫局检验检疫技术中心为PVC指定质检机构。

2016年3月18日，增设上海远盛仓储有限公司（1.5万吨）、江苏武进港务有限公司（1.5万吨）、杭州临港物流有限公司（2万吨）为PVC非基准库，交割升贴水都为0；2016年8月18日，增设江苏正盛仓储物流有限公司为PVC非基准库（3万吨），升贴水0。

2016年10月28日，大商所指定聚氯乙烯交割仓库“江苏武进港务有限公司”更名为“江苏奔牛港务集团有限公司”，该库为非基准库，升贴水0。

2. 交割注册品牌管理

2016年10月28日，大商所聚氯乙烯期货交割注册品牌生产企业“内蒙古君正能源化工股份有限公司”更名为“内蒙古君正能源化工集团股份有限公司”，注册品牌“通宝”调整为“君正”，“通宝”品牌停止使用。

（二）其他规则调整

根据《大连商品交易所风险管理办法》第九条规定：如遇法定节假日休市时间较长，交易所可以根据市场情况在休市前调整合约交易保证金标准和涨跌停板幅度。2016年大商所在PVC的保证金、涨跌停板和持仓限额等方面进行了4次调整（见表16-3）。

表 16-3　　2016 年节假日 PVC 合约交易保证金调整情况

时间	通知名称	调整措施
2016-2-4	关于2016年春节期间调整各品种最低交易保证金标准和涨跌停板幅度及夜盘交易时间的通知	自2016年2月4日（星期四）结算时起，将聚氯乙烯品种涨跌停板幅度和最低交易保证金标准分别调整至6%和8%；2016年2月15日（星期一）恢复交易后，自各品种持仓量最大的两个合约未同时出现涨跌停板单边无连续报价的第一个交易日结算时起，涨跌停板幅度和最低交易保证金标准分别恢复至4%和5%。
2016-3-31	关于2016年清明节期间调整各品种最低交易保证金标准和涨跌停板幅度的通知	自2016年3月31日（星期四）结算时起，将聚氯乙烯涨跌停板幅度和最低交易保证金标准分别调整至7%、9%；2016年4月5日（星期二）恢复交易后，在聚氯乙烯持仓量最大的两个合约未同时出现涨跌停板单边无连续报价的第一个交易日结算时起，将聚氯乙烯品种涨跌停板幅度和最低交易保证金标准分别恢复至4%、5%。
2016-4-21	关于调整豆一、豆粕、玉米、聚乙烯、玉米淀粉、聚丙烯、聚氯乙烯、铁矿石品种涨跌停板幅度和最低交易保证金标准的通知	根据《大连商品交易所风险管理办法》，经研究决定，2016年4月25日（星期一）结算时起，我所将聚氯乙烯品种涨跌停板幅度调整至5%，最低交易保证金标准调整至7%。
2016-9-22	关于2016年国庆节放假期间调整各品种最低交易保证金标准和涨跌停板幅度及夜盘交易时间的通知	自2016年9月29日（星期四）结算时起，聚氯乙烯涨跌停板幅度和最低交易保证金标准分别调整至7%和9%，2016年10月10日（星期一）恢复交易后，自各品种持仓量最大的两个合约未同时出现涨跌停板单边无连续报价的第一个交易日结算时起，涨跌停板幅度和最低交易保证金标准分别恢复至9月29日结算前标准。

四、PVC期货市场发展前景、问题与建议

（一）发展前景

1. PVC企业应把握行业回暖好机会，优化经营，稳健发展

2016年我国PVC行业扭转亏损局面，实现大幅盈利；大部分企业从年初的亏损到盈利，其中低成本的一体化企业在11月最高达2 000元/吨的盈利。从外采电石或乙烯制PVC的利润估算来看，上半年行业还处于盈亏平衡附近，下半年尤其是9—11月，利润大幅好转，而12月后出现明显回落（见图16-15）。

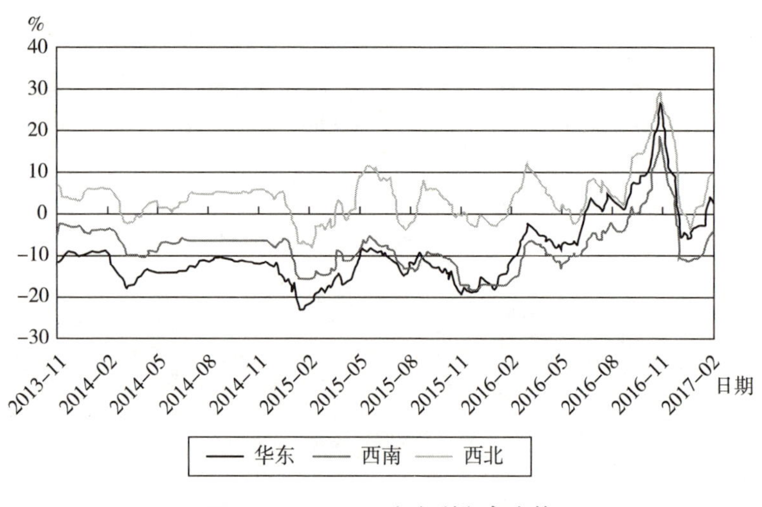

图 16-15 PVC 生产利润率走势

近几年来，氯碱企业不断淘汰落后产能、提高环保标准，国内PVC行业不再盲目扩张，叠加消费回暖，紧平衡格局下现存企业经营明显改善。然而从利润走势可以看到， 2016年整体有利润，但有利润的月份也并不多，而且利润率的波动幅度也较大，这对现货销售和财务风控提出了较大的挑战。当此时，企业应抓住行业回暖的好时机，优化现货经营模式，积极运用衍生品工具，锁定有效利润，稳健企业发展。

2. 期现联动性增强有助于服务实体

2016年期现相关性继续增强。选取过去100天期现货价格来计算相关系数（R），通过回溯历史数据，可以得到时间序列的R（100）。从图16-16中可以看到，在2016年4月之前，R（100）值并不高，在0.4~0.7，这表明期现联动存在较大的不确定性，这显然是不利于企业使用期货来对冲现货价格风险。究其原因，跟这段时间为PVC消费淡季有关，且PVC尚处于行业从寒冬到回暖的过渡，现货价格反应迟钝，有一定的失真。

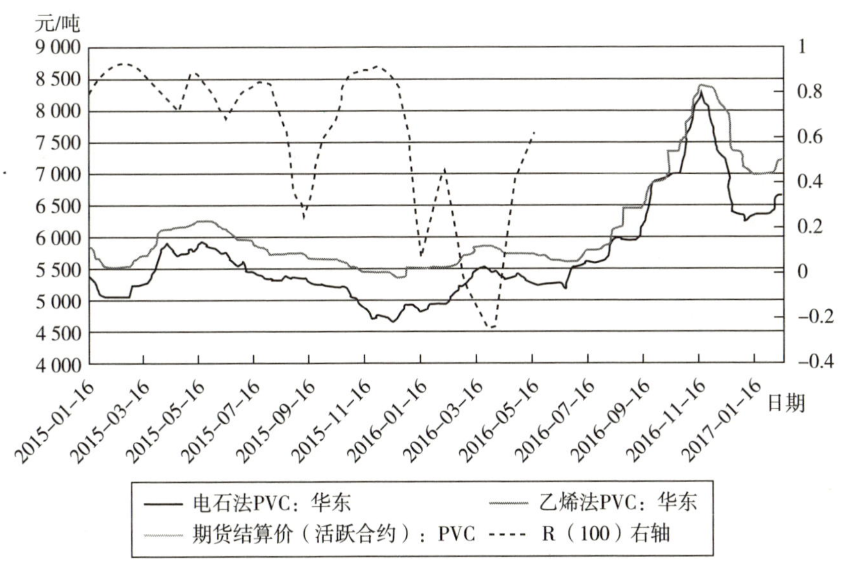

图 16-16　PVC 期现货相关系数显著增加

从2016年5月起，期现相关系数出现明显的增大，同时运行较为平稳，基本保持在0.8~0.95。较强的相关性增强企业管理价格风险的安全性，有助于企业积极参与期货市场，增强价格发现功能，进而也有助于投资者关注PVC品种，挖掘基本面信息，博取产业链研究带来的红利，从而形成期货市场活跃的正反馈。

（二）当前存在的问题

从整体看，2016年PVC市场明显回暖，主要受消费好转、供应端不断扰动、外围市场好转等因素支撑。然而作为基础化工产业，PVC行业依然面临很多问题。

1. 利润向好，产能可能重启扩张

PVC产业壁垒受成本而非工艺技术的影响较大。当行业利润好转时，供应端很可能再度扩张。当前价格下，无论是乙烯法制PVC还是电石法，均有可观的利润。尤其是华东、西南等传统成本偏高的地区，更勿论成本洼地西北地区一体化产能。2016年我国PVC产能淘汰了约97万吨，全为电石法，主要是东北、华东和西南地区；同期新增产能约132万吨，主要分布在西北、华北和华东，其中乙烯法60万吨，电石法72万吨。产能有继续向西北聚集的趋势，这有利于提高行业集中度。2017年闲置产能可能在第三、第四季度重启，可能产生一定供应压力。

2. 需求弹性大，受房地产、基建影响

需求端主要受房地产市场和基建影响。2016年国庆节期间，房地产新政一定程度上打压了房地产投资情绪，不难看出，房地产销售走弱传导到PVC行业有一定周期。目前市场对房地产市场的预期分歧较大，政府的相关措施也具有一定的不确定性，相对应的PVC消费也容易受到扰动。尽管当前关于2017年大基建的话题预期较好，据统计全国地方政府基建投资总额高达45万亿元；但这些项目的资金和落地进度仍有存疑。在流动性整体趋紧的形势下，基建投资仅能保持经济托底的效果，不应成为经济复苏的主导力量。

3. 价格波动可能加剧，行业应重视期货工具

从供需两端来看，2017年可能在供需平衡附近，供需两端拉锯阶段下，价格重归历史低位不大可能，但继续冲高的幅度估计有限，全年维持大幅震荡的概率较大。随着投资者增加对PVC期货的关注，

PVC价格波动加剧是大概率事件，相应地基差波动也会增加，这为企业管理价格风险提出了更高的挑战。现今行业参与期货市场的比例依然不够，相关从业人员对期货工具的运用需要更科学系统的风险管理理念和策略。

（三）期货市场发展设想

1. 继续推进产业尤其是中西部企业参与期货市场

目前生产企业尤其是中西部企业参与PVC期货依然相对较少，这需要交易所和期货公司从多个层面去推广和培育，让更多企业认识到期货工具的优势。在PVC期货市场活跃度不断上升的好形势下，拉动更多企业参与期货市场，既有助于企业利用期货做风险管理，优化经营模式，也会加强价格发现功能，促进期货市场良性循环发展。

2. 增强非主力合约的活跃度

2016年产业客户参与PVC期货市场更加积极，但仍限于主力合约1月、5月、9月上。从成交、持仓和交割来看，非主力合约基本没有表现。实际上，上下游企业对PVC风险管理的需求是连续的。2016年大商所在铁矿石合约上积极推进非主力合约的活跃工作，通过现货做市商、降低非主力合约手续费等措施，来培育非主力合约。PVC期货市场也具有这方面的需求，在时机成熟时可考虑研究并施行相关措施。

专栏

2016年PVC期货大事记

2016年4月20日，韦拉克鲁斯的巴哈利多（PAJARITO）氯乙烯生产厂发生爆炸后，墨西哥化工（MEXICHEM）在当地的生产项目处于临时停产状态。墨西哥化工厂爆炸将造成聚氯乙烯供应短缺。

2016年，全球多国发起聚氯乙烯反倾销政策。2016年4月26日，印度发布聚氯乙烯糊树脂反倾销日落复审调查终裁，建议继续对原产于中国大陆、台湾地区、韩国、马来西亚、俄罗斯、泰国和欧盟的聚氯乙烯糊树脂征收反倾销税，中国产品的征税额为88美元/吨。2016年11月3日，巴西对美墨悬浮聚合型聚氯乙烯继续征收为期5年的反倾销税。2016年11月29日，巴基斯坦对华悬浮级聚氯乙烯发起反倾销调查。

2016年8月30日，环保部会同国家质检总局发布五项污染物排放新标准。《烧碱、聚氯乙烯工业污染物排放标准》（GB 15581—2016）是此次制定、修订的标准之一。实施新标准后，预计废水化学需氧量、废气颗粒物、氯乙烯、非甲烷总烃排放量与执行现行标准相比，分别削减77%、51%、72%、58%。

2016年12月8日，据普氏能源资讯报道，成立于1863年的总部位于比利时布鲁塞尔的全球著名化工集团索尔维集团星期三在布鲁塞尔宣布，巴西氯碱和烧碱制造商Unipar Carbocloro公司收购其麾下阿根廷分公司聚氯乙烯制造商索尔维Indupa公司一事日前获得了巴西监管机构的批准。

报告十七
聚丙烯期货品种运行报告（2016）

2016年，聚丙烯（PP）期货交易和持仓规模显著增加，产业参与度大幅提升，客户结构不断优化，整体运行平稳。受现货市场库存低位运行的影响，聚丙烯期货价格全年呈现持续上涨态势，近远月升贴水结构发生阶段性变化。随着聚丙烯期货品种成熟度的提升，期现价格相关性增加且套期保值效率提高，聚丙烯期货价格逐渐成为行业定价的重要参考因素，其价格发现和风险管理功能将得到进一步的发挥。

一、聚丙烯期货市场运行情况

2016年，聚丙烯期货市场运行良好，成交和持仓稳步增加，交割顺畅，投资者对该期货品种的认可度进一步提高。

（一）市场规模及发展情况

1. 成交量呈“倒V”形走势，3月和4月达到年内高点

2016年，聚丙烯期货全年成交总量高达12 377万手，成交总额43 534亿元。2016年月度平均成交量达到1 031万手，相比2015年增长15%；月度平均成交额达到3 628亿元，相比2015年增长12%。具体来看，1月延续了2015年末较大的成交量；2月在节日因素影响下，成交量环比大幅萎缩；3月受期货价格大幅上涨的影响，成交量大幅上

涨；4月成交略有下降，但是仍保持高位；交易所在4月下旬提高期货交易保证金和手续费后，5月成交量环比下降幅度达69%；6月至7月，随着价格的反弹上涨，交易量成小幅上升趋势；8月至10月，成交量逐月下滑，降至年内最低点。国庆节后，PP期货价格开始新一轮上涨，11月底OPEC达成减产协议后，价格继续上涨至年内高点，11月至12月的成交量也随之增加，但是仍远低于3月至4月的成交量（见图17-1）。

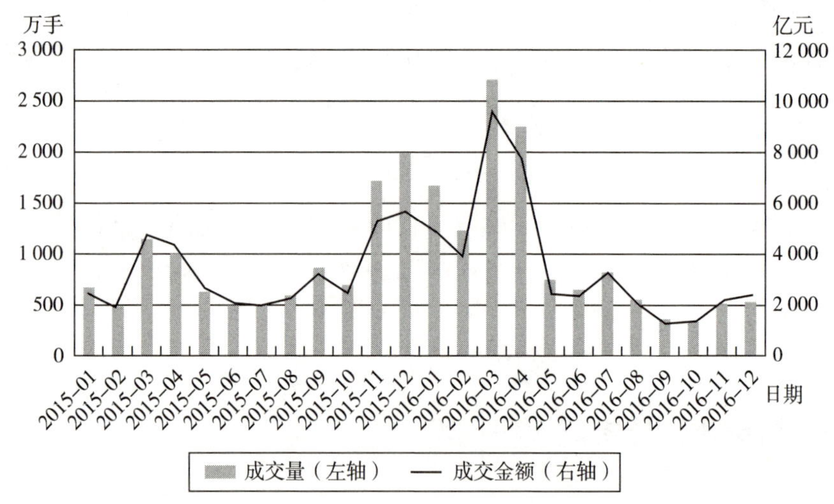

图 17-1 2015—2016 年聚丙烯期货月度成交情况

2. 持仓量整体增长，呈现先升后降的趋势

2016年聚丙烯期货月度平均持仓量达到41万手，相比2015年增长49%，持仓量大幅增长。具体来看，1月至3月持仓量平稳上升，月度持仓水平都高于去年的最高值。4月下旬，提高期货交易手续费后，持仓量锐减，环比下降23%；之后，月度持仓量继续攀升，进入6月后，持仓量快速上升，并于7月达到年内最高约54万手，随后开始下降。自9月开始PP持仓量再次开始上涨，从39万手一路上涨至10月的45万手。11月开始，持仓量大幅下滑，12月持仓量降到23万手，达到年底

最低点（见图17-2）。

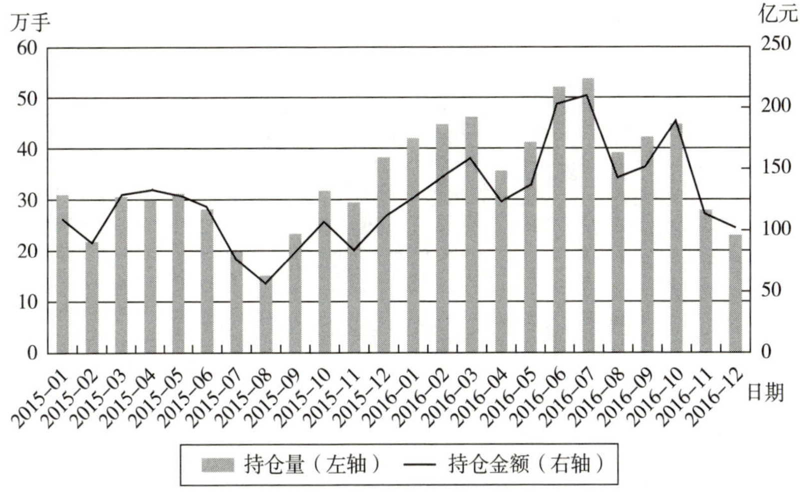

图 17-2　2015—2016 年聚丙烯期货月度持仓情况

3. 聚丙烯期货延续良好成长趋势，成交和持仓量稳居国内化工品前列

截至2016年底，国内共上市化工期货品种七个，分别为LLDPE、聚丙烯（PP）、PVC、PTA、甲醇、燃料油和沥青。2016年，聚丙烯成交量达到1.2亿手，落后于沥青、PTA和甲醇，位居第四位，排名与2015年一致。在7个化工品种中，2016年有3个品种的成交量呈正增长。其中，聚丙烯成交量保持增长，增幅达15%，延续了上市以来的良好成长趋势。从月度成交量来看，聚丙烯1月至2月的成交量在七个化工期货品种中排名第一位，3月至4月的成交量也排名靠前，但是5月以后的成交量排名较为靠后。从月度持仓量来看，2016年较长时间内聚丙烯在国内化工期货品中大部分时间处在第三位。其中，6月和7月的持仓增长较快，排名也曾一度跃至第二位（见图17-3、图17-4、图17-5）。

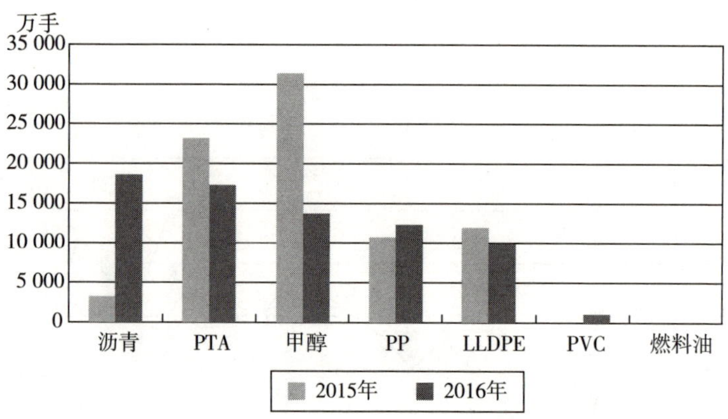

图 17–3　2016 年国内化工品期货成交情况

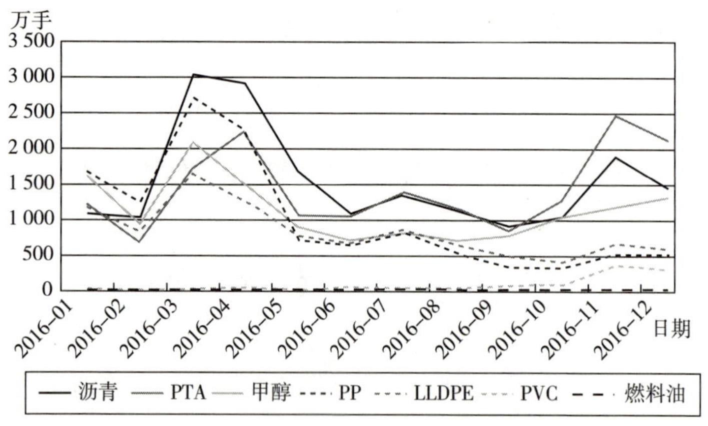

图 17–4　2016 年国内化工品期货月度成交情况

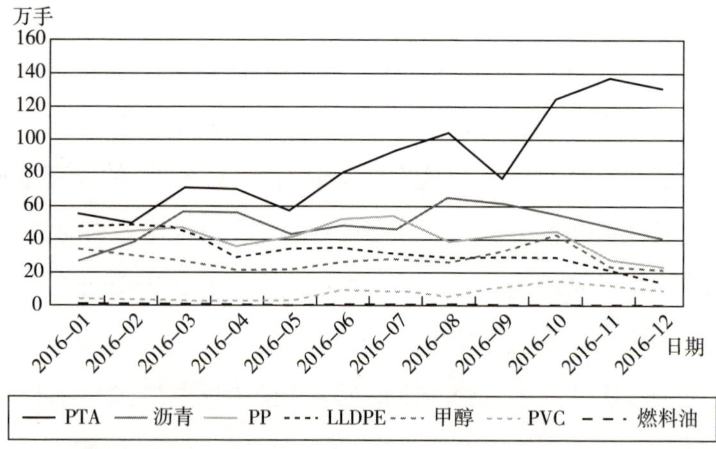

数据来源：Wind 数据库

图 17–5　2016 年国内化工品期货月度持仓情况

（二）价格运行规律分析

1. 聚丙烯期货价格全年呈现持续上涨

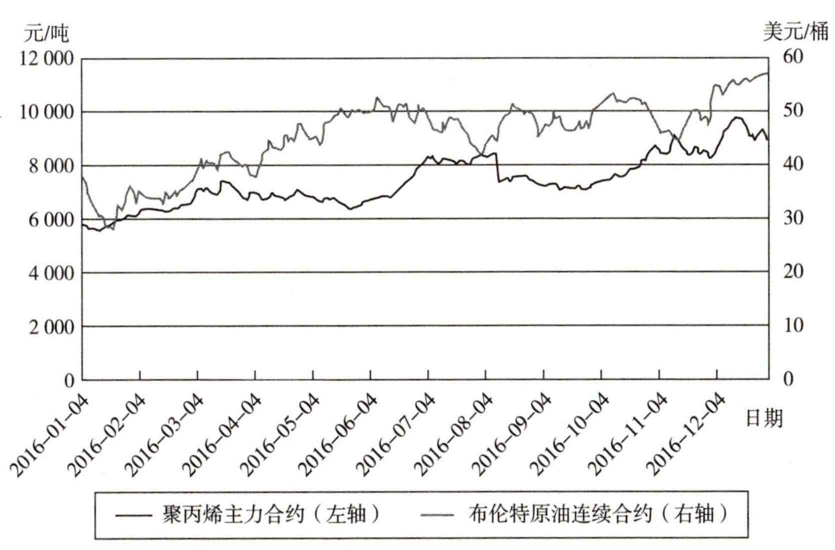

数据来源：Wind 数据库

图 17-6　2016 年聚丙烯与 Brent 原油期货价格走势

2016 年聚丙烯市场呈现震荡反弹走势，市场上涨的时间远长于下跌的时间。全年聚丙烯期货主力合约价格涨至8 910元/吨，较年初上涨53.59%；现货价格涨至9 100元/吨，较年初上涨41.09%。2015年底至2016年4 月初，聚丙烯期现货跟随国际原油价格走势双双展开强势反弹走势，聚丙烯期货价格涨幅更为明显。2016年4 月初至5 月下旬，受现货市场去库存和国际油价回落影响，聚丙烯期现价格呈现冲高回落走势。6 月初开始，由于新增装置投产推迟的影响，现货供应量明显低于此前预期，期现价格走出一轮强势上涨走势。9 月，受期货价格货源量较大的影响，期现价格一路震荡走低，尤其是期货价格明显大于现货价格。国庆节假期过后，受现货成交好转的影响，期现价格展开一路强势上涨走势，期货价格涨幅明显大于现货涨幅。

2. 库存低位运行成为常态，资金推动和监管政策共同影响期货价格走势

聚丙烯作为供需矛盾不大的品种，其价格波动更多来自上下游库存结构的变化。由于聚丙烯整个产业链价格传导机制比较顺畅，下游产成品库存极低，原材料补库行为是本轮价格上涨的主要原因。化工等大宗商品市场经历了近三年的价格下跌，市场囤货待涨的商家越来越少，低库存成为常态。随着终端需求的逐步释放，商品社会库存持续下降。化工品出现供应偏紧的状态，石化库存一直维持在低位运行，对聚丙烯的价格形成一定支持。

2016年大宗商品特别是工业品的上涨很大程度上是受资金影响。在资金的作用下商品的运行具有很强的同涨同跌的特性。受期货市场做多情绪的影响，聚丙烯期货品种也出现价格大幅上涨的现象。2016年3—4月，部分期货品种短线交易率过高、换手率快速提升且持续保持高位，出现过度投机趋势。交易所相继出台一系列监管举措，短线炒作势头得到遏制，聚丙烯等化工品种的价格也出现调整。11月，黑色系商品价格大幅上涨，交易所相继出台提高保证金等措施，聚丙烯等化工品受到资金流出的影响，价格也出现一定的调整。

3. 近远月升贴水结构发生阶段性变化

受油价大幅下跌和产能增加预期的影响，2016年之前聚丙烯期货远月合约持续贴水近月合约，体现出市场对于未来该品种价格预期的悲观态度。但是进入2016年后，部分时间段聚丙烯期货远月合约持续升水近月合约，表明了市场对未来该品种价格上涨的预期。近远月升贴水结构发生变化的时间段集中在两个时期，第一个时期是4月下旬，交易所提高交易保证金和手续费后，当时的主力合约1605价格出现下跌，所以远月合约1609的价格相对1605的价格开始升水。再一个时间就是11月末，OPEC会议达成减产协议，市场形成对未来原油及其下游产品价格上涨的强烈预期，因此聚丙烯期货1705合约相对1701合约

出现大幅升水（见图17-7、图17-8、图17-9）。

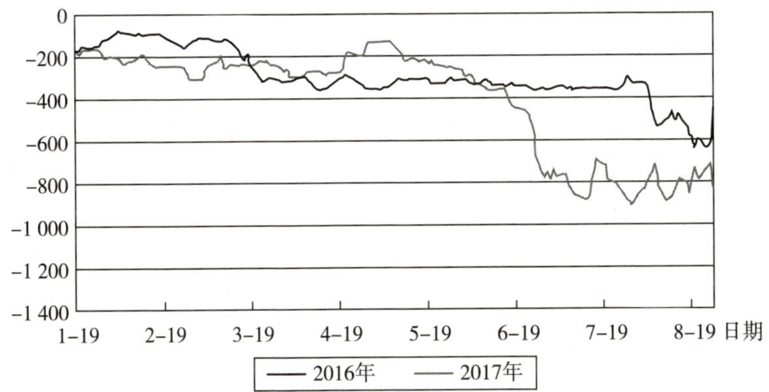

图 17-7　聚丙烯 1—9 合约价差季节性（2016：1601—1509、2017：1701—1609）

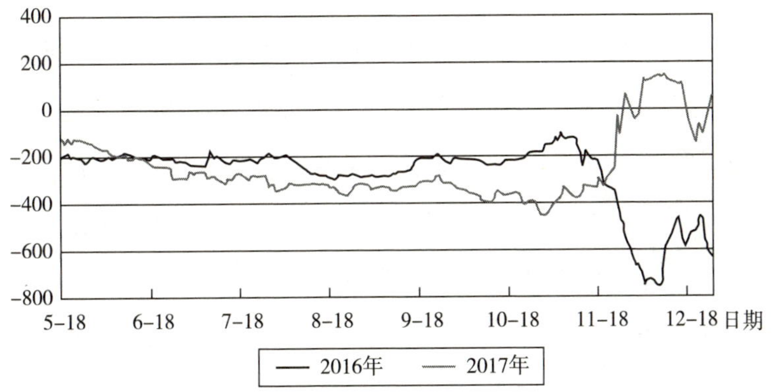

图 17-8　聚丙烯 5—1 合约价差季节性（2016：1605—1601、2017：1705—1701）

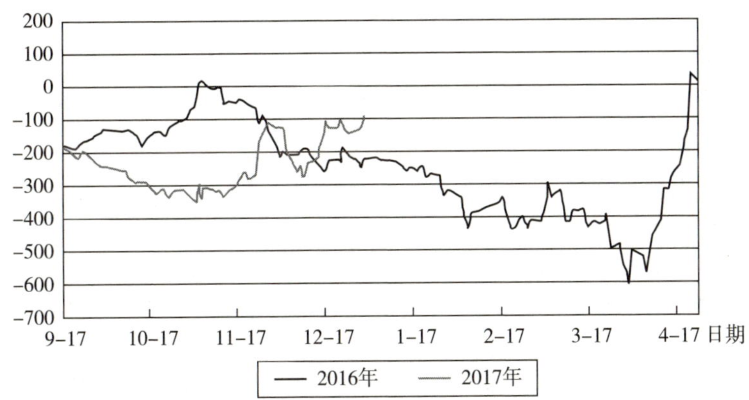

数据来源：Wind 数据库

图 17-9　聚丙烯 9—5 合约价差季节性（2016：1609—1605、2017：1709—1705）

（三）期货市场结构分析

1. 单位客户积极入市，法人客户占比大幅增加

2016年，聚丙烯期货个人和单位客户参与数量走势呈现分化，个人客户参与数量减少，单位客户参与数量增加。2016年12月的单位客户参与数量为2 971户，较2015年同期的1 956户增长52%，2016年12月的个人客户参与数量为53 942户，较2015年同期的67 249户减少20%。从2016年的年内走势看，聚丙烯期货单位客户参与度不断提高，总体保持持续增长态势。个人客户参与数量则呈现先增后减的趋势。走势分化发生在5月，之后个人客户数不断降低，单位客户则小幅回落，保持持续增长态势。主要原因是4月下旬提高了聚丙烯日内交易手续费，对日内和非日内交易手续费实行差异化收取措施，对投机客户产生一定的抑制效果，降低套保成本，增加了机构投资者和产业客户的参与度。因此，2016年聚丙烯期货市场的投资者结构也得到了改进和完善，法人客户数占比也出现了大幅度的增长。2016年12月的法人客户数占比为5.22%，较2015年同期的2.83%增长了2.4个百分点。年内看，从5月开始法人客户数占比开始逐步增长，8月增幅较大，环比增幅超过了1个百分点。随后，2016年10月法人客户占总客户数的比值达到年内高点5.96%，也是聚丙烯期货上市以来的最高水平（见图17-10、图17-11）。

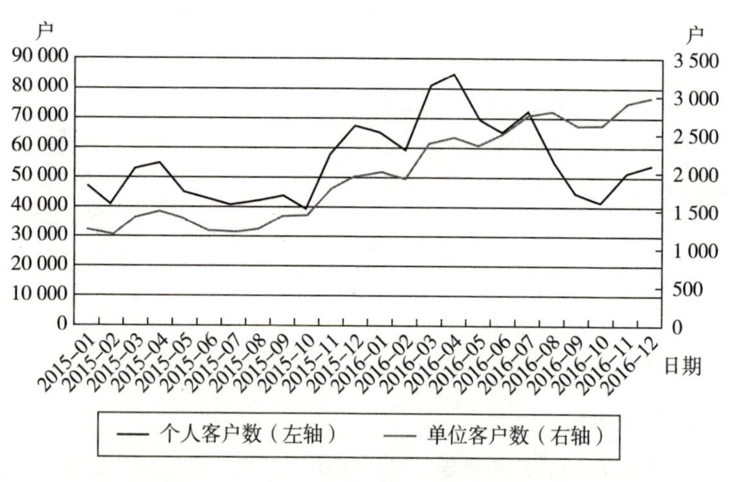

图 17-10　2016 年参与聚丙烯期货客户数量

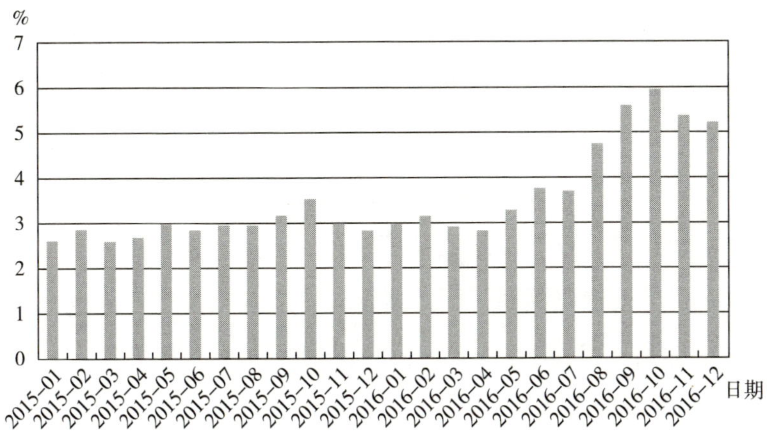

图 17-11　2016 年参与聚丙烯期货法人客户数量占比变化情况

2. 持仓集中度呈下降态势

2016年聚丙烯期货月度持仓集中度平均值为50%，相比2015年下降2.4个百分点，说明聚丙烯期货参与者日益多元化和分散化。2016年聚丙烯期货月度持仓集中度总体保持相对稳定，大部分时间围绕50%的集中度水平波动。但是个别月份的持仓集中度也出现大幅增长的情况，4月的持仓集中度接近60%，随后很快下降到均值水平。

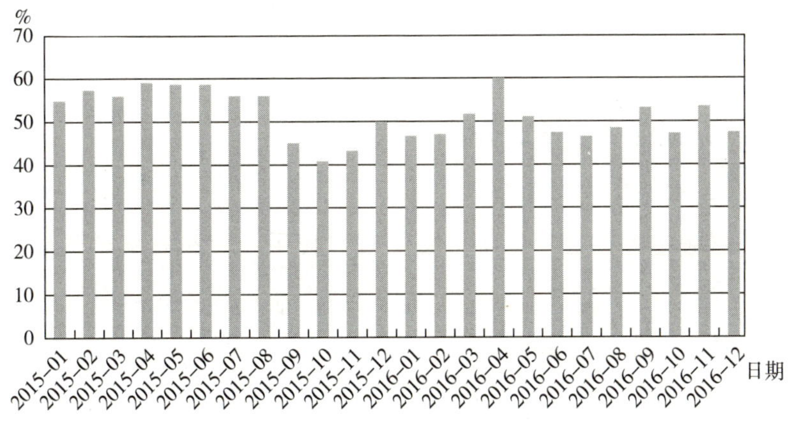

图 17-12　聚丙烯持仓集中度变化情况

从聚丙烯多空双方持仓集中度差值的变化情况看，2016年差值为正值的月份多于2015年，说明2016年总体来看买方的看涨预期更为强烈，聚丙烯期货的价格也保持上涨态势。年内看，多空力量的博弈也非常激烈，但是5月到8月连续四个月多空双方持仓集中度差值为正值。原因是5月中下旬后，聚丙烯新装置投产不及预期，贸易商和下游企业开始补库存，形成了较为强烈的看涨预期，市场买方力量占据优势。11月末，OPEC达成减产协议后，原油价格大幅上涨，增强了聚丙烯期货的看涨预期，因此多空双方持仓集中度差值也由10月的-6.81%增加到了11月的7.41%（见图17-13）。

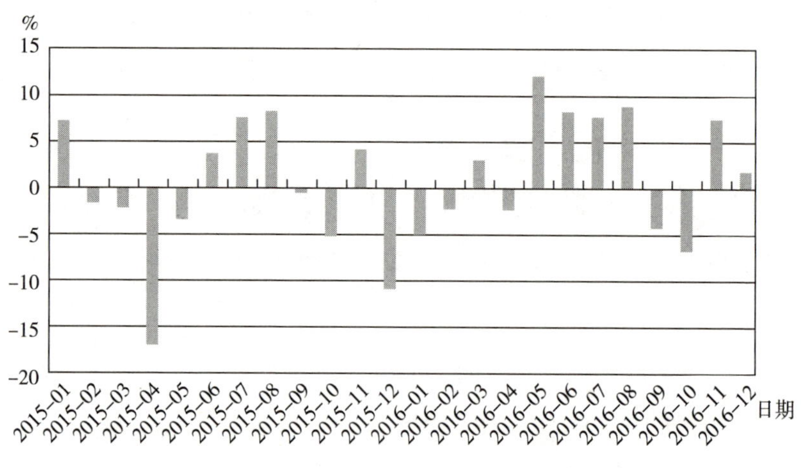

图 17-13　聚丙烯多空持仓集中度差值变化情况

（四）期货交割情况分析

1. 交割量同比大幅增加

聚丙烯期货2016年共实现交割17 746手，较2015年增长4%，主要集中在主力合约1月、5月和9月。交割总体运行顺畅，期现价格收敛情况良好，全年交割金额达到7.0亿元。主力合约交割月（1月、5月和9月）的交割量保持持续增长态势。9月的交割量达到了13 065手，创下聚丙烯期货上市以来月度交割量的最高值。2016年，非主力合约交割月的交割量相比2015年明显减少，3月和8月的交割量相比2015年减少到没有交割量。2016年参与交割的客户数量为68个，总量基本上与

2015年持平（见表17-1）。

表 17-1　　2015—2016 年聚丙烯期货各交割月交割情况

单位：手、万元、个

项目		1月	2月	3月	5月	6月	7月	8月	9月	合计
2015	交割量	4 753	8	42	10 425	44	62	33	1 668	17 035
	交割金额	20 324	33	192	49 310	193	276	132	6 577	77 038
	客户数	26	2	5	33	4	6	3	28	70
2016	交割量	1 047	28	—	3 589	13	4	—	13 065	17 746
	交割金额	3 249	82	—	12 039	47	17	—	54 808	70 242
	客户数	14	3	—	19	4	2	—	46	68

注：4 月、10 月、11 月和 12 月四个月无交割量。

2. 华北地区交割参与度显著提升

大商所聚丙烯期货目前共设立交割库16个，主要集中在华东的浙江省、江苏省和上海市、华南的广州市以及华北的青州、临沂市。从参与交割的客户所在省市来看，2015年和2016年聚丙烯交割量最大的省份均为浙江省，分别达到12 537和21 120手，占比从2015年的36.8%增加到了2016年的59.5%，与排名第二的省份交割量的差距加大，地区影响力继续提升。参与交割的省份由原来的9个增加到12个，交割的地域范围进一步拓宽。

2016年，华东地区（浙江、上海、江苏和安徽4省市）交割量达到25 483手，占总交割量的71.8%；华北地区（山东、天津和河北等4省市）交割量达到7 091手，占总交割量的20.0%，该地区交割活跃度进一步提升；华南地区（广东和福建）交割量达到2 818手，占总交割量的7.9%，交割量有所下降（见图17-14、图17-15）。

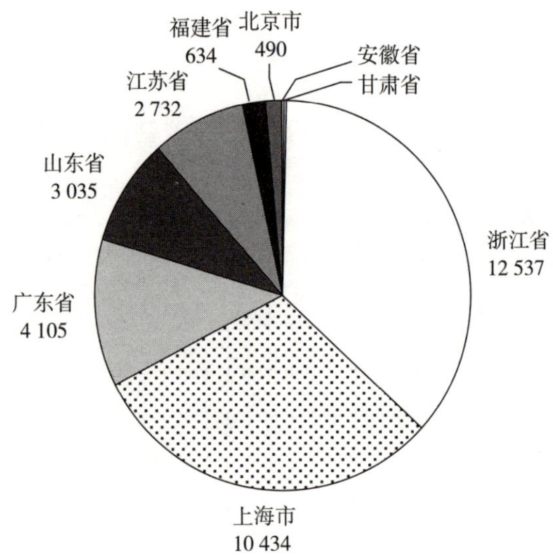

图 17-14　2015 年参与 PP 交割客户区域

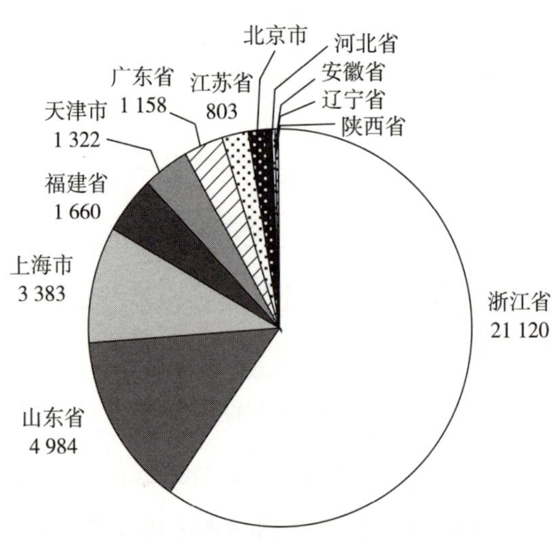

图 17-15　2016 年参与 PP 交割客户区域

二、聚丙烯期货市场功能发挥情况

（一）价格发现功能发挥情况

聚丙烯期货自2014年2月28日上市以来，对现货市场一直产生着重要影响。随着期货市场流动性的提高，价格发现功能日趋增强。2016期现价格相关系数从2015年的0.92上升至0.95，且均通过显著性检验，说明聚丙烯期货与现货价格之间的相关性进一步增强。聚丙烯期货波动较现货更为频繁，且波动略早于现货市场，表明聚丙烯期货对现货市场的影响作用十分明显。由于2016年聚丙烯现货市场呈现“震荡上涨”走势，现货市场贸易商与下游多通过期货进行套保或套利操作以规避自身风险，当天期货走势成为现货市场的重要参考（见表17-2）。

表 17-2　　2015—2016 年聚丙烯期现价格相关性

检验项 \ 年份		2015	2016
期现价格的相关性	系数	0.92	0.95
	显著性检验	通过检验	通过检验
期现价格引导关系		期货引导	期货引导

注：现货价格为余姚 PP 市场价，期货价格为主力合约结算价，数据为日度数据。

（二）套期保值功能发挥情况

1. 期货价格仍长期贴水现货，但基差波动幅度缩窄

受产能不断投放和需求持续疲软的影响，2014年以来化工等大宗商品价格一路下跌，市场形成了对未来价格的悲观预期。但是， 2016年随着市场需求的复苏，行业去产能和库存政策的推进，供给过剩的矛盾得到了极大缓解。11月底，OPEC达成减产协议以后，市场看涨未来的原油价格，聚丙烯的生产成本可能也进一步增加。由于以上原因，聚丙烯期货价格也开始逐步上涨，改变了市场对价格继续下跌的悲观预期，期现货的升贴水结构也发生了转变。2016年，基差的均值由2015年的625.21大幅下降到了2016年的-9.52，期货升水现货最高时达290.5元/吨（见图17-16）。

2. 套期保值效率增强

基差相关指标和套期保值效率是衡量期货市场能否为现货企业提供有效的风险对冲工具的重要标志。2016年基差的标准差相比2015年进一步降低，说明聚丙烯期货和现货之间的基差波动范围缩窄，套期保值面临的基差风险降低。2016年，套期保值效率也从2015年的87.69%减少至67.99%，仍保持相对较高水平，且到期日基差进一步减少，说明聚丙烯期货的到期收敛性增强，聚丙烯期货市场仍然发挥较好的套期保值功能（见表17-3）。

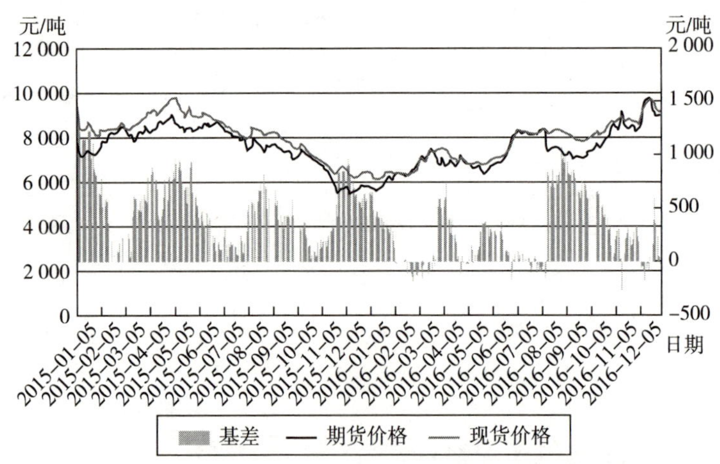

注：现货价格为余姚 PP 市场价，期货价格为主力合约结算价，数据为日度数据。

图 17-16　2015 年 2 月以来聚丙烯期现价格及基差变化

表 17-3　　2015—2016 年聚丙烯期货基差及套保效率

指标＼年份			2015	2016
基差	均值	元	625.21	−9.52
	标准差	元	324.55	123.36
	变异系数		0.52	0.05
	最大	元	1 742	172
	最小	元	64	−290.5
到期价格收敛性	到期日基差	元	68.91	56.81
	期现价差率	%	0.72	6.41
套期保值效率	60 日（当年）	%	87.69	67.99

注：现货价格为余姚 PP 市场价，期货价格为主力合约结算价，数据为日度数据。

（三）期货市场功能发挥实践

1. 期货价格成为行业定价的重要参考因素

伴随越来越多的聚丙烯现货市场参与者进入期货市场，聚烯烃期货规模不断扩大，影响力日益增强，包括石化和煤化工在内的生产企业以及贸易商广泛地将聚丙烯期货价格作为报价的重要参考依据，为其定价和生产经营提供科学的指导，期货价格已逐渐成为行业定价基准。

2. 行业逐渐开始采用基差交易的定价模式

2014年以来，聚烯烃价格大幅波动，企业进行风险管理的需求增加，更多的企业利用期货工具进行套期保值，期货与现货市场的联动性越来越强，聚烯烃市场逐渐开始采用期货价格加升贴水的定价模式。贸易商就可以以期货价格加上一定无风险套利成本，再加上一定的利润形成远期价格。对于贸易商来说，基差交易能够改变过去囤货赌行情的模式，在确定基差价格时即锁定合理的利润，规避价格波动的风险，减少资金压力。对于下游工厂来说，基差交易可以自由掌握点价节奏，灵活控制采购成本，合理安排原材料采购进度和库存管理。

3. 利用期货市场建立虚拟库存

实体企业积极实践利用期货市场进行虚拟库存管理。通常，在上游供应商检修或者突发故障停车时，就会面临货物采购不足，从而不能履行对贸易商下游客户的合同约定，面临客户流失的风险。此时，企业可以利用期货市场建立虚拟库存，满足其采购销售需求。当企业缺乏某种产品库存，因担心现货市场供货量不足，或价格面临上涨风险背景下，选择在期货市场买入相应商品期货合约，并持有至交割期限，在期货市场上完成交割操作，获得产品现货。目的是建立虚拟采购线，规避价格上涨及货源不足带来的风险。

三、聚丙烯期货合约相关规则调整

（一）合约及交割流程修改

1. 最低交易保证金的修改

2016年4月21日，大商所发布《关于调整豆一、豆粕、玉米、聚乙烯、玉米淀粉、聚丙烯、聚氯乙烯、铁矿石品种涨跌停板幅度和最低交易保证金标准的通知》，通知显示：根据《大连商品交易所风险管理办法》，经研究决定，2016年4月25日结算时起，大商所将聚乙烯和聚丙烯品种的最低交易保证金标准调整至7%。

2016年8月12日，大商所发布《关于调整聚丙烯1609合约最低交易保证金标准的通知》，通知显示：根据《大连商品交易所风险管理办法》，经研究决定，自2016年8月17日结算时起，大商所将聚丙烯1609合约最低交易保证金标准调整至10%。

2. 调整部分交割仓库及升贴水

设立上海远盛仓储有限公司、杭州临港物流有限公司、中储发展股份有限公司（上海浦东分公司）为聚丙烯基准指定交割仓库，自2017年3月18日起接受并办理聚丙烯期货交割业务；设立江苏武进港务有限公司为聚丙烯非基准指定交割仓库，与基准指定交割仓库的升贴水为-50元/吨，自2017年4月1日起接受并办理聚丙烯期货交割业务；指定交割仓库青州中储物流有限公司、立晨物流股份有限公司与基准指定交割仓库的升贴水调整为-150元/吨，自2017年4月1日开始实施；设立江苏正盛仓储物流有限公司为聚丙烯非基准指定交割仓库，与基准指定交割仓库的升贴水为-50元/吨，自2017年8月1日起接受并办理聚丙烯期货交割业务。

表 17-4 大连商品交易所聚丙烯期货合约

交易品种	聚丙烯
交易单位	5 吨 / 手
报价单位	元（人民币）/ 吨
最小变动价位	1 元 / 吨
涨跌停板幅度	上一交易日结算价的 5%
合约月份	1 月，2 月，3 月，4 月，5 月，6 月，7 月，8 月，9 月，10 月，11 月，12 月
交易时间	每星期一至星期五上午 9:00 ~ 11:30，下午 13:30 ~ 15:00，以及交易所规定的其他时间
最后交易日	合约月份第 10 个交易日
最后交割日	最后交易日后第 3 个交易日
交割等级	大连商品交易所聚丙烯交割质量标准
交割地点	大连商品交易所聚丙烯指定交割仓库
最低交易保证金	合约价值的 7%
交割方式	实物交割
交易代码	PP
上市交易所	大连商品交易所

（二）其他规则调整

表 17-5 2016 年聚丙烯交易手续费调整

时间	通知名称	调整措施
2016/04/21	关于调整铁矿石和聚丙烯品种交易手续费收取标准的通知	自 2016 年 4 月 25 日起，聚丙烯品种手续费标准调整为成交金额的万分之 0.9。
2016/04/25	关于调整铁矿石等品种交易手续费收取标准的通知	自 2016 年 4 月 26 日起，聚丙烯品种手续费标准由成交金额的万分之 0.9 调整为成交金额的万分之 1.8。
2016/04/26	关于调整焦炭等品种交易手续费收取标准的通知	自 2016 年 4 月 27 日起，聚丙烯品种手续费标准由成交金额的万分之 1.8 调整为成交金额的万分之 2.4。
2016/05/06	关于调整焦炭等品种交易手续费收取标准的通知	自 2016 年 5 月 10 日起，聚丙烯品种非日内交易手续费标准调整为成交金额的万分之 0.6，同一合约当日先开仓后平仓交易手续费标准维持不变。

表 17-6　　2016 年聚丙烯节假日手续费调整情况

时间	通知名称	调整措施
2016/01/28	关于2016年春节期间调整各品种最低交易保证金标准和涨跌停板幅度及夜盘交易时间的通知	自 2016 年 2 月 4 日（星期四）结算时起，将聚丙烯的涨跌停板幅度和最低交易保证金标准调整至 6% 和 8%。2016 年 2 月 15 日（星期一）恢复交易后，自各品种持仓量最大的两个合约未同时出现涨跌停板单边无连续报价的第一个交易日结算时起，将聚丙烯涨跌停板幅度和最低交易保证金标准分别恢复至 5% 和 6%。 对同时满足《大连商品交易所风险管理办法》有关调整交易保证金标准和涨跌停板幅度的合约，其涨跌停板幅度按照规定数值中较大值执行。
2016/03/24	关于2016年清明节期间调整各品种最低交易保证金标准和涨跌停板幅度及夜盘交易时间的通知	自 2016 年 3 月 31 日（星期四）结算日起，将聚丙烯涨跌停板幅度和最低交易保证金标准分别调整至 7% 和 9%。2016 年 4 月 5 日（星期二）恢复交易后，自各品种持仓量最大的两个合约未同时出现涨跌停板单边无连续报价的第一个交易日结算时起，将聚丙烯涨跌停板幅度和最低交易保证金标准分别恢复至 5% 和 6%。 对同时满足《大连商品交易所风险管理办法》有关调整交易保证金标准和涨跌停板幅度的合约，其涨跌停板幅度按照规定数值中较大值执行。
2016/09/22	关于2016年国庆节放假期间调整各品种最低交易保证金标准和涨跌停板幅度及夜盘交易时间的通知	自 2016 年 9 月 29 日（星期四）结算时起，将聚丙烯的涨跌停板幅度和最低交易保证金标准调整至 7% 和 9%。2016 年 10 月 10 日（星期一）恢复交易后，自各品种持仓量最大的两个合约未同时出现涨跌停板单边无连续报价的第一个交易日结算时起，将聚丙烯涨跌停板幅度和最低交易保证金标准分别恢复至 9 月 29 日结算前标准。 对同时满足《大连商品交易所风险管理办法》有关调整交易保证金标准和涨跌停板幅度的合约，其涨跌停板幅度按照规定数值中较大值执行。
2016/12/22	关于2017年元旦期间调整相关品种最低交易保证金标准和涨跌停板幅度的通知	自 2016 年 12 月 29 日（星期四）结算日起，将聚丙烯涨跌停板幅度和最低交易保证金标准分别调整至 7% 和 9%。2017 年 1 月 3 日（星期二）恢复交易后，自各品种持仓量最大的两个合约未同时出现涨跌停板单边无联系报价的第一个交易日结算时起，将聚丙烯涨跌停板幅度和最低交易保证金标准分别恢复至 5% 和 7%。 对同时满足《大连商品交易所风险管理办法》有关调整交易保证金标准和涨跌停板幅度的合约，其涨跌停板幅度按照规定数值中较大值执行。

四、聚丙烯期货市场发展前景、问题及工作设想

（一）发展前景

1. 聚丙烯期货价格与原油的相关性下降

由图17-6可以看出，2016 年国际原油与聚丙烯期货价格趋势拟

合度不高，呈现较弱的正相关性，但仍阶段性主导聚丙烯期货价格的走势。1月至4月上旬，国际原油与聚丙烯期货价格走势基本吻合，但是4月中旬之后，相关性逐渐减弱。6 月之后，英国脱欧以及美国页岩油产量增加对国际原油走势形成较强的制约，而聚丙烯现货市场受新装置推迟投产以及贸易商和下游补库存的进行的影响，价格展开大幅上涨走势，聚丙烯期货走势明显强于油价。11月30日晚，OPEC八年来首次达成减产协议，将减产约120万桶/天，新的产量目标为3 250万桶/天。受此影响，原油期货大涨至前一个月的高位。聚丙烯的成本端出现价格攀升的现象，聚烯烃期现价格也受成本推动的影响价格不断上扬。

2016年以来，聚丙烯期货价格和国际油价多次出现背离，相关性下降，但和螺纹钢的关联性却在显著增强，涨跌节奏上较为一致。随着煤制烯烃的兴起，传统的油制烯烃在总产能中的占比逐渐下降，造成了原油对煤制烯烃影响的下降，煤炭对于烯烃的影响在上升。煤炭与螺纹钢有很强的相关性，这造成了螺纹钢和烯烃价格的相关性上升。螺纹钢作为工业品的代表，它的涨跌预示着宏观经济和未来需求的扩张与收缩预期，进而影响到化工品的库存周期（见图17-17）。

数据来源：Wind 数据库

图 17-17　2016 年聚丙烯与螺纹钢期货价格走势

2. 聚丙烯销售格局呈现多元化发展趋势，点价交易逐步推广

目前国内聚丙烯行业传统线下销售仍是主流销售模式，但是随着生产企业数量的增多，尤其是地方企业、煤制聚丙烯企业增多，销售模式越来越呈现多样化。点价交易以及电商平台的高速发展继续蚕食传统贸易企业的市场份额，而上游企业普遍对直销率的重视更是令传统贸易企业的生存环境雪上加霜。随着期货市场的快速发展，点价交易模式在石化塑料领域迅速推广，传统贸易企业利用期现结合的操作方式成为常态化。点价交易主要是在中下游产业链中应用，能够很好的规避风险。对于贸易商来说，能够改变过去囤货赌行情的模式，减少资金压力，规避价格波动的风险，赚取合理的利润。而对于下游工厂来说，可以提前锁定利润，减少资金压力，将精力集中于生产销售方面。类似塑编、BOPP膜等多数聚丙烯下游行业产能过剩带来的产品同质化严重的矛盾令下游的竞争格局不断加剧，而下游工厂利用点价交易、期现结合等金融工具来降低原料采购成本的操作已经越来越常见并成为企业增加利润的最主要方式之一。

3. 煤质产能占比将会继续增加，但是竞争力下降

高油价是诱发聚丙烯原料多样化的主要因素，但近两年以及未来一年低油价的常态化预期令油头企业话语权依然处在领先地位，虽然煤化工企业的市场份额正在逐年扩大，但由于煤化工企业各自为战以及缺乏油头企业完善并领先的定价机制等，煤化工企业的发展依然任重道远。油制PP在中国市场中依然占据着主要地位，截至2016年11月，油制PP的产能达到1 157万吨，占比60%。但近几年油制PP 的新增装置较少，其产能占比正在受到煤化工企业的挤占，未来几年占比将继续呈现下降趋势。煤制PP是目前聚丙烯中增长最快的一种原料来源方式，2016年煤制PP的产能达到416万吨，占比21%。未来几年聚丙烯的新增产能以煤为源头的仍占多数，因此预计其产能占比仍将会较快增长。数据统计显示，2016年国际原油价格波动区间基本在

30~50 美元/桶，油制聚丙烯的成本在4 800~6 500 元/吨波动，因原油价格维持在低位整理，2016年油制聚丙烯的低成本优势比较突出。而2016年煤炭价格持续上涨，以鄂尔多斯原煤Q5200坑口含税价格为例，年初价格在115元/吨，11月已上涨至300元/吨，涨幅高达161%。再考虑到蒸汽裂解装置丰富的产品产出和煤制烯烃装置高昂的成本折旧费用，两者相比，煤制聚丙烯的成本已高于油制聚丙烯，竞争力下降。

（二）当前存在的问题

1. 2016年下半年聚丙烯期货的市场流动性有所下降

适度的投机是期货市场流动性的保证。日内短线交易作为投机资金的重要组成部分，不能完全抑制，要保持日内短线交易维持在合理水平。2016年3月以来，针对市场交易过热行为交易所大幅提高了部分品种的日内交易手续费标准，聚丙烯期货的换手率也相应下降。一方面说明调高手续费等监管政策发挥了抑制市场过度投机的作用，另一方面也说明手续费的调高也在一定程度上增加了客户参与期货交易的成本，影响了PP期货市场的流动性。

2. 产业客户利用聚丙烯期货进行基差交易的比例较低

不少国内企业对于常规的期货套保操作已较为娴熟，基差交易模式在聚丙烯行业应用越来越广泛，但仍处于起步发展阶段。相比豆粕、豆油等农产品领域，聚丙烯行业基差交易模式还不成熟，基差交易应用比例较低。目前，在长三角、珠三角等现货市场较为成熟的地区，基差销售几乎成为豆粕、豆油等农产品销售的主要模式，50%的豆粕、40%的豆油等现货贸易都采用基差定价。但是在聚丙烯行业，传统线下现货销售仍是主流销售模式，下游工厂对于远期现货的采购非常谨慎，多数偏好随拿随用的采购方式，采购数量有限。加之，部分下游企业不熟悉期货工具的使用，所以基差交易在整个聚丙烯贸易中占比较低。

3. 华东地区库容压力较大

随着聚丙烯期货成交量和持仓量持续上涨，交割量也快速上涨。华东是我国PP最大的消费地，也是PP期货基准交割地，当地参与期货交易交割的产业客户数量众多。而且，PP期货的升贴水设置使得大多数情况下华东为最便利交割地，也是交割量最大的地区，导致在大交割月时华东库容压力较大。

（三）下一步工作设想

1. 加强市场培育，加大基差交易的推广力度

继续组织开展面向国内石化企业的中高层管理人员培训，帮助行业企业深入了解与掌握金融衍生品的功能作用和交易特点，提升风险管理能力。要促进基差交易的运用，期货交易所、期货公司应该加大对基差交易模式的推广力度，对市场参与者进行基差定价知识和运用的推广以及培训，让企业加深对基差交易模式在贸易中运用的认识和了解。要定期举办基差交易模式推介会，介绍聚烯烃行业基差定价模式的典型经验。

2. 适度合理降低聚丙烯期货的交易成本

将持续密切跟踪聚丙烯期货运行情况，在把握好时机和节奏的前提下，研究并考虑适时调整聚丙烯期货交易手续费收取标准和最低交易保证金的可行性，在确保有效抑制市场过度投机的同时，合理减少客户参与聚丙烯期货交易的成本，以促进聚丙烯期货市场流动性的增加和期货功能更好的发挥。

3. 适时优化交割库设置，确保交割库容充足

始终坚持服务产业发展，贴近现货市场变化对期货品种进行优化，进一步增强期货市场价格发现和套期保值功能。贴近现货市场变化，定期评估品种运行情况，适时优化交割库设置，确保库容充足，

为产业客户进行聚丙烯期货交割提供更大的便利。

专栏

2016年聚丙烯期货大事记

1月12日，国际原油价格双双下跌。全球股市下跌引发石油市场新一轮抛盘，对经济减缓的预期和供应过剩的担忧交织，WTI 自2003年以来首次跌破每桶27 美元，为2015年9 月以来最大单日跌幅。上周美国原油库存可能增加，当前进口原油具有吸引力，因为布伦特原油和WTI 差价缩窄，且船运费下跌。

3月1日，央行下调金融机构人民币存款准备金率0.5个百分点。短期内国内PP市场价格大幅上涨，均聚涨300元/吨左右。人民币市场受期货上涨及石化调涨出厂价带动，贸易商入市积极性明显提高，大宗商品溢价效应明显大于挤出效应。

3月6日，中景石化PP装置开车成功，试产的膜料供内部下游工厂使用。神华新疆30万吨/年PP装置5月出产品；宁波福基50万吨/年PP装置6月投产。

3月17日扬子石化塑料厂与北京化工研究院合作开发的“三高”聚丙烯汽车专用料成功完成工业化生产。此次完成工业化生产的聚丙烯汽车专用料PPB-MM60-VH，是乙烯和丙烯共聚产品，具有高融脂、高抗冲和高模量“三高”特性，主要用于改性企业对汽车行业不同用料的改性，以满足汽车不同部件的抗冲击、高刚性等要求。国内目前没有同类高等级牌号供应，国内市场目前该类产品需求在20万吨左右，需求靠国外进口满足。该产品填补了国内“三高”产品的空白，形成了替代进口潜力。

5月4日加拿大大火及尼日利亚、利比亚局势动荡等供应中断情况缓解供应过剩压力；鉴于闲置产能下降，下半年伊拉克及委内瑞拉供应中断风险上升，原油的供应或将继续下滑，对国际油价构成明显的支撑，对聚烯烃有一定的成本支撑。

8月22日，以三元共聚聚丙烯产品列为新产品开发重点项目的独山子石化公司聚丙烯新产品TF1005和TF1007于近日试产成功。三元共聚聚丙烯具有低温热封性、透明性以及抗粘连性等特性，可满足越来越快的包装速度对薄膜热封性的更高要求，在食品、香烟、化妆品和服装等高档包装领域应用广泛。

9月4—5日G20峰会在杭州召开，聚丙烯停车装置产能在230万吨左右损失估量在6.64万吨左右，其中镇海炼化降负荷在50%~60%，上海石化8月24日—9月6日轮番停车，宁波富德、宁波台塑、绍兴三圆等装置在G20峰会期间也有计划停车，供应端有所收紧，对PP近月合约有一定的支撑。

9月21日，运输新政策正式实施，运费上涨30%左右，一吨粒料运费上涨30~50 元/吨，对物流车多有限制，终端采购成本增加。尤其煤化工生产企业， 厂区一般在西部地区，而消费主地区则在华北、华东、华南等地，因此运输新政策的实行对煤化工企业影响较大，聚丙烯的运费上涨成本增加。

11月30日欧佩克达成减产协议提振市场气氛。根据“阿尔及尔协议”，大会决定履行欧佩克14个成员国每日产量3 250万桶的目标，以加速过剩的库存持续下降，促进石油市场重新平衡进程，该协议2017年1月1日起生效，同时非OPEC国家减产60万桶。OPEC多次会谈，试图达成限产协议，稳定原油价格，一旦协议生效原油价格有望突破60美元大关，稳定在55美元左右。原油的商品属性和金融属性完美结合，国际油价是国内聚丙烯市场的重要影响因素，在2017年原油、丙烯上游产品大幅走高的背景下，出厂成本走高，带动PP价格高位运行在所难免。

后 记

经过3个多月的精心组织和紧张工作，《大连商品交易所品种运行情况报告（2016）》终于出版面世了。在此，我们向支持《大连商品交易所品种运行情况报告（2016）》编撰和出版工作的领导、专家、研究人员及社会各界人士表示由衷的感谢！

2016年，大商所期货市场整体运行平稳，成交规模大幅增长，产业客户参与积极性明显增强，期货品种服务实体经济功能进一步提升。《大连商品交易所品种运行情况报告（2016）》通过翔实的数据分析和指标运算，力求客观公正地评估大商所上市的16个期货品种市场运行和功能发挥情况，报告还对期货市场存在的问题进行探究，并作了前景展望。

参与本书编撰的人员有：张秀青、冯凯慧、鲁娟、魏政、刘硕、何琳、朱世伟、孙明磊、刘冰欣、李宏磊、方森宇、于婉娇、张丽丽、刘亮亮、相超，研究中心的实习生李江坤、朱紫雯、谢泓潭等同学对报告编辑和部分内容撰写也提供了帮助。

《大连商品交易所品种运行情况报告（2016）》在出版过程中得到了相关领导、众多专家及外部单位的大力支持和帮助。大连商品交易所李正强理事长、研究中心孙大鹏总经理等对本书的出版提供了大力支持和悉心指导；大连商品交易所农业品事业部王玉飞部长和工业品事业部陈伟部长等对期货品种分报告提出了具体的修改意见；南华期货和永安期货研究人员对部分品种报告的撰写提供了大力支持；中国金融出版社进行了精心编校。正是由于他们的鼎力相助，使得报告的质量不断提升。在此，对所有支持和帮助我们的领导和同仁致以诚挚的谢意。

由于本书成稿仓促，难免存在瑕疵，不当之处敬请各界人士批评指正。

北京大商所期货与期权研究中心有限公司
2017年4月